BLUE BOOK OF CHONGQING

重庆文化和旅游

发展报告（2022）

冉华章 主编

中国出版集团

研究出版社

图书在版编目（CIP）数据

重庆文化和旅游发展报告 . 2022 / 冉华章主编 . ——
北京 : 研究出版社 , 2023.12
（重庆蓝皮书）
ISBN 978-7-5199-1593-3

Ⅰ . ①重… Ⅱ . ①冉… Ⅲ . ①文化产业—产业发展—
研究报告—重庆— 2022 ②地方旅游业—旅游业发展—研究
报告—重庆— 2022 Ⅳ . ① G127.719 ② F592.771.9

中国国家版本馆 CIP 数据核字（2023）第 227958 号

出 品 人：赵卜慧
出版统筹：丁 波
责任编辑：寇颖丹
助理编辑：何雨格

重庆文化和旅游发展报告（2022）

CHONGQING WENHUA HE LÜYOU FAZHAN BAOGAO（2022）

冉华章 主编

研究出版社 出版发行

（100006 北京市东城区灯市口大街 100 号华腾商务楼）

北京新华印刷有限公司 新华书店经销

2023 年 12 月第 1 版 2023 年 12 月第 1 次印刷

开本：710 毫米 × 1000 毫米 1/16 印张：26.75

字数：424 千字

ISBN 978-7-5199-1593-3 定价：198.00 元

电话（010）64217619 64217652（发行部）

编委会

序　言

2022 年，重庆市文化旅游系统坚持以习近平新时代中国特色社会主义思想为指导，在市委、市政府的坚强领导下，全面落实习近平总书记对重庆所作重要讲话和重要指示批示精神，深入学习宣传贯彻党的二十大精神，认真落实市第六次党代会和市委六届二次全会精神，紧紧围绕建设文化强市和世界知名旅游目的地目标，坚持以文塑旅、以旅彰文，统筹新冠疫情防控和行业发展，主动作为、攻坚克难，推动全市文化和旅游融合发展取得新成效。

——文化旅游区域协调发展凸显新格局。《重庆市文化和旅游发展"十四五"规划》《重庆市旅游业发展"十四五"规划》《重庆全域旅游发展规划》《重庆渝东南武陵山区文化和旅游产业融合发展规划》等重大、专项规划发布实施，推动全市文化旅游协调发展。立足"一区两群"整体布局，提档升级"大都市"国际知名旅游目的地产品体系和服务体系，协同打造"大三峡"长江三峡国际黄金旅游带，建设"大武陵"渝东南武陵山区文化产业和旅游产业融合发展示范区。开展"成渝地·巴蜀情"系列群众文化活动，推动成渝两地 7 个特色旅游区协同发展，推出巴蜀文化旅游走廊十大主题游，开展"川渝一家亲 景区惠民游"活动，共建巴蜀文化旅游走廊。

——文艺创作展演获得新突破。川剧《江姐》获得第十七届中国文化艺术政府奖"文华大奖"，杂技《摇摆青春》获"金菊奖"金奖，龙舞《铜梁焰火龙》获第十五届中国民间文艺山花奖，电视剧《绝密使命》获中宣部第十六届精神文明建设"五个一工程"奖、第三十三届电视剧"飞天奖"优秀电视剧大奖，重庆青年合唱团获第十九届群星奖。圆满举办第五届川剧节，开展重庆都市艺术节、中国顶尖舞者成长计划等主题艺术活动，城市艺术氛围得到提升。授牌 22 家演艺新空间，联合高德地图推出全国首个"演艺地图"，首批上线 100 个重庆演艺文化场所，推动形成富有巴渝山水颜值、独特人文气质的都市演艺聚集区。启动舞台艺术国家级领军后备人才工程，组建重庆市本土艺术创作人才库。

——文旅公共服务实现新提升。创新拓展文旅公共服务网络，打造文化驿站、文化礼堂、乡村戏台等新型公共文化空间 278 个。持续丰富公共文化服务供给，深度打造"乡村村晚"、乡村艺术节、"舞动山城"街舞大赛、广场舞、群众大家唱等品牌活动。公共文化云内容丰富，全民阅读、有线电视惠民服务等极大增强了群众文化参与度与获得感。入选文化和旅游部"中国民间文化艺术之乡"建设典型案例 3 例，建成公共文化机构与新时代文明实践中心融合发展市级示范点 4 个。做好"科技＋文旅"文章，建成重庆市智慧文旅广电云、巴渝文化云，开通运行重庆云上博物馆。

——助推乡村振兴取得新进展。持续培育乡村旅游品牌，3 个乡镇（街道）入选全国乡村旅游重点镇（乡）名录，6 个村（社区）入选全国乡村旅游重点村名录，9 条线路入选全国乡村旅游精品线路。武隆区荆竹村入选 2022 年联合国世界旅游组织"最佳旅游乡村"名单，巫山县竹贤乡"生态、人文、旅游融合发展助力乡村振兴"及武隆区荆竹村"一二三产＋旅游助推乡村蝶变"成功入选《2022 世界旅游联盟——旅游助力乡村振兴案例》。"非遗助推乡村文化振兴——壹秋堂非遗工坊培育新农村手艺人"入选第三届全球减贫案例名单。助力 27 个区县乡村文旅品牌营销，帮扶 119 个乡村文旅商家实现线上交易转化，累计成交额 4000 万元。

——文旅产业复苏回暖迈出新步伐。出台《支持服务业等困难行业纾困恢复十条措施》《重庆市贯彻〈关于促进服务业领域困难行业恢复发展的若干政策〉的措施》，扎实开展助企纾困。制定旅游营销奖励政策，推动实施文化增值税优惠政策，争取市级文化产业发展专项资金，加强银企对接，加大对文旅企业扶持力度。大力推进文化产业示范园区、示范基地建设，持续打造文旅消费高地，分别新增第二批国家级、市级夜间文化和旅游消费集聚区 6 个、20 个。出版集团、帕斯亚科技获评 2021—2022 年国家文化出口重点企业,"时光系列"游戏项目获评 2021—2022 年国家文化出口重点项目。全年文化产业增加值 1122.08 亿元,旅游产业增加值 1063.26 亿元。

——文化遗产保护利用取得新成效。颁布施行《重庆市红色资源保护传承规定》《重庆市关于在城乡规划建设中加强历史文化保护传承的实施意见》等多项政策法规。启动长江三峡(重庆段)国家考古遗址公园等 10 大重点项目建设,实施长征国家文化公园(重庆段)项目 46 个、重点石窟寺保护项目 19 项。钓鱼城范家堰南宋衙署遗址、渝中区老鼓楼衙署遗址入选"新时代百项考古新发现"。文物活化利用成效明显,建成开放全国首个考古虚拟展示体验馆、考古标本陈列馆、重庆故事馆和考古书院"三馆一院"研学基地,全国首创文物修复、动植物考古透明工作坊。白鹤梁水下博物馆获评"2021—2025 年第一批全国科普教育基地"。非物质文化遗产保护得到加强。市委、市政府首次将非遗工作纳入 2022 年区县经济社会发展业绩考核指标。公布第六批市级非遗代表性传承人 240 名。19 个项目成功入选首批"全国非遗与旅游融合发展优选项目"名录。

——文化旅游品牌打造彰显新特色。旅游资源开发取得实效。奉节白帝城·瞿塘峡景区成功创建国家 5A 级景区,成功创建 2 个国家级旅游休闲街区、2 个国家工业旅游示范基地,2 个全国甲级旅游民宿。推进 50 个品质提升示范项目建设,举办 2022 武陵山国际森林音乐季等近 200 项特色文旅活动,推出"高山避暑""康养度假""红色传承"等 70 余条旅游线路。宣传营销提升文旅美誉度。携手互联网平台开展"美好目的地"重庆 2022 共建计划、"重庆旅游攻略"微博话题建设计划,推出《开往春天的列车》《云海列车》等爆款短视频。积极参加国际旅游节会活动,成功打造"渝见不同""国际文旅经贸沙龙"等活动品牌。重庆市入选搜狐旅游、抖音美好城市榜等多个旅游榜单第一名。

——文化旅游行业管理展现新作为。着力提升文化和旅游市场管理水平,全面实施市场准入负面清单制度,落实"非禁即入"。加强对"剧本杀"、密室逃脱等新业态监管力度,出台规范文件,维护市场良性发展。守好行业安全生产底线,加强文化旅游、保密和网络、信访稳定等领域安全工作。着力筑牢文物安全底线,建成全国领先的文物安全监管系统。加强法制保障,依法推进《重庆市旅游条例》等修正工作，健全落实重大行政决策制度。

2023 年是全面贯彻落实党的二十大精神的开局之年，是全面建设社会主义现代化新重庆开局起步的重要一年。全市文化和旅游工作将紧紧围绕"举旗帜、聚民心、育新人、兴文化、展形象"的使命任务，以满足人民文化需求、增强人民精神力量为着力点，努力创作优秀文艺作品、提供优秀文化产品和优质旅游产品，推进文化和旅游深度融合，持续抓好文化强市和世界知名旅游目的地建设，在新时代新征程全面建设社会主义现代化新重庆中展现新作为。

目　录

>> 专题篇

>> 区县篇

>> 特载篇

综　合　篇

2022年重庆文化旅游发展综述

办公室

2022年，全市文化旅游系统坚持以习近平新时代中国特色社会主义思想为指导，以迎接宣传贯彻党的二十大为主线，认真贯彻落实市第六次党代会和市委六届二次全会精神，紧紧围绕建设文化强市和世界知名旅游目的地目标，坚持以文塑旅、以旅彰文，统筹新冠疫情防控和行业发展，主动作为、攻坚克难，使全市文化和旅游融合发展取得新成效。

一、党的建设各项工作全面加强

（一）习近平新时代中国特色社会主义思想和党的二十大精神学习贯彻深入推进

围绕学习贯彻习近平总书记重要讲话和重要指示批示精神，党委理论学习中心组开展专题学习研讨8次，党委会传达学习27次。围绕迎接宣传贯彻党的二十大，组织开展系列主题文艺创作、演出演播、展览展示、群文活动等。党的二十大胜利召开后，及时开展各类理论学习500余次、专题宣讲90余次，开设党的二十大精神学习专栏和《喜迎二十大·书写新篇章》《奋进新征程·建功新时代》等新闻专栏，创作播出大型电视理论节目《思想的田野》（重庆篇），开展"恢宏新时代 逐梦向未来"重点节目展播活动，采编节目《二十大时光·声音——外币上的"中国建造"彰显大国担当》受到国家广电总局表扬，市文化旅游委在全国文化和旅游厅（局）长会议上作交流发言。

（二）全面从严治党不断深化

始终把党的政治建设放在首位，坚决拥护"两个确立"、坚决做到"两个维护"。认真落实管党治党政治责任，加强党建统筹力度，将党的建设贯穿融入文化旅游各领域、全过程。党建工作规范化制度化力度加大，落实党建工作专题会议制度，严格"三会一课"、主题党日、党员领导干部双重组织生活等制度，完善党建工作考核评价机制。党风廉政建设深入推进，坚持纠"四风"树新风并举，深化运用监督执纪"四种形态"，组织召开"以案四说"警示教育会。扎实抓好市委巡视整改后半篇文章，在第五届市委巡视整改工作情况汇报会上作交流发言，分享经验做法。切实用好巡察利剑，设置巡察办公室，对4个委属单位开展常规巡察，加强巡察整改督导，推动全面从严治党向纵深发展。

（三）意识形态管理持续加强

认真落实《党委（党组）意识形态工作责任制实施办法》《党委（党组）意识形态工作责任制实施细则》《意识形态形势定期分析研判机制》等规章制度，严格管理论坛、讲座、报告会、研讨会等阵地，审核把关展览展演、论坛讲座、文化演出等内容。加强网络视听行业监管，督导落实内容监听监看、播前三审和重播重审等制度，下架违规影视剧3000余部。文娱领域综合治理不断深化，落实电视剧和网络影视剧片酬管理等有关要求，坚决整治艺人违法失德、"阴阳合同"、高价片酬、唯流量论、泛娱乐化等问题，持续开展"清朗视听"内容安全专项行动，意识形态主阵地进一步巩固。

二、文化旅游一体化深度发展

（一）文旅发展规划持续优化

主动对接国家有关部委，推动市政府印发实施《重庆市文化和旅游发展"十四五"规划（2021—2025年）》，配套印发《重庆市旅游业发展"十四五"规划（2021—2025年）》《重庆全域旅游发展规划》《重庆渝东南武陵山区文化和旅游产业融合发展规划》等重大规划、重点规划和《重庆市高速公路与文旅融合发展规划》等专项规划，"十四五"文化和旅游发展"1+N"规划发展体系健全完善，全市文化和旅游协调发展新格局凸显。

（二）巴蜀文旅走廊加速建设

推动国家层面印发实施《巴蜀文化旅游走廊建设规划》，联合四川启动共建巴蜀文化旅游走廊重大活动。签订川渝石窟寺国家遗址公园建设等战略合作协议64份，成立川渝博物馆联盟等合作联盟13个，推进重点任务119项、重点文物保护项目200个，联合举办展览展示活动53个。联合主办"澜湄世界遗产城市对话活动"，开展"成渝地·巴蜀情"系列群众文化活动，圆满举办第五届川剧节，成功取得2025年第十四届中国艺术节举办权。推动7个特色旅游区协同发展，推出巴蜀文化旅游走廊十大主题游，发布"川渝一家亲——景区惠民游"活动，资源共用、客源共享、市场共建机制不断深化。

（三）区域协调发展重点突破

深化落实《加快建设重庆旅游发展升级版实施意见》《"大都市、大三峡、大武陵"旅游发展升级版实施方案》，成功召开主城都市区文化旅游协作组织工作会议，加快推进长嘉汇、艺术湾等项目建设，提档升级"大都市"国际知名旅游目的地产品体系和服务体系。规划实施"大三峡"旅游升级八大工程，优化三峡旅游集散中心功能，推动组建"大巴山·大三峡"文化旅游发展联盟，统筹打造"三峡库心·长江盆景""三峡原乡"，举办"高铁带你游三峡"主题活动，发布"畅游三峡·欢快之旅"等四大主题旅游线路。成功举办第十三届中国长江三峡国际旅游节系列活动，协同打造中国长江三峡国际黄金旅游带。深化"大武陵"发展战略，建成武陵文旅推广中心。成功举办2022中国武陵文旅峰会，鄂湘黔相关市区县政府等19个单位加入联盟，共同签署《中国武陵文旅目的地共建计划》，合作项目16个，签约金额243.99亿元。

三、文化事业发展取得新的实效

（一）文艺精品创作成果丰硕

坚持以精品奉献人民，川剧《江姐》获第十七届"文华大奖"，重庆青年合唱团获第十九届群星奖，龙舞《铜梁焰火龙》获第十五届中国民间文艺山花奖，杂技《摇摆青春》获"金菊奖"金奖；舞剧《绝对考验》成功入选国家艺术基金资助项目，火锅舞片段精彩亮相虎年央视春晚，是全市首个以成品舞蹈节目登上春晚舞台的节目。电视剧《绝密使命》获中宣部第十六届精神文明建设"五个一工程"奖、第三十三届电视剧"飞天奖"优秀电视剧奖和第三十一届中国电视金鹰奖优秀电视剧奖；电视剧《玉面桃花总相逢》《勇者无惧》《摧毁》、纪录片《我和我的新时代——下庄村的年轻人》《天下大足》、广播剧《玉兰花开》6部作品分别登录央视、头部卫视播出，《破晓——重庆解放密档》《思想的田野（第五季）》等10部广播电视作品、《大足石刻：跨越时空与历史对话》等3部网络视听作品获得省部级以上奖项，《人民的英雄 英雄的人民》获第二十九届中国公益广告黄河奖特别金奖。

（二）公共服务质效有力提升

文图两馆总分馆加速建设，每万人拥有"三馆一中心"面积达到700平方米，累计建设图书馆分馆1842个、文化馆分馆1272个，24小时自助图书馆（城市书房）105个；打造文化驿站、文化礼堂、乡村戏台等新型公共文化空间278个，覆盖30个区县，覆盖率76.9%。加强示范引导，铜梁、綦江、梁平等3个区经验做法入选文化和旅游部"中国民间文化艺术之乡"建设典型案例，重庆图书馆世纪游轮分馆、重庆故宫文物南迁纪念馆获评2022年长三角及全国部分省市最美公共文化空间大赛"最美公共文化空间大奖"。申报"全国示范性旅游厕所"9座，旅游厕所电子地图定位标注率达99.8%。以群众为主角，深度打造"乡村村晚"、乡村艺术节、"舞动山城"街舞大赛、群众大家唱等品牌活动，举办群文活动2.1万场次，惠及群众2000万人次（含线上）；持续开展"阅读之星"市民诵读大赛、"红岩少年"阅读大赛，吸引17万余人参赛。持续开展"我们的中国梦"——文化进万家重庆市送演出进基层活动，组织 9 家市级文艺院团赴区县演出 200 余场。推动实施 5 个老少边及欠发达地区县级应急广播体系建设，建成应急广播终端 5.9 万组，覆盖 9185 个行政村（社区）。

（三）助力乡村振兴成效明显

坚持绘就文旅服务底色，持续培育乡村旅游品牌，3 个乡镇（街道）入选第二批全国乡村旅游重点镇（乡）名录，6 个村（社区）入选第四批全国乡村旅游重点村名录，8 个乡镇入选首批市级乡村旅游重点村名录，45 个村（社区）入选第四批市级乡村旅游重点村名录。加强乡村旅游节会、线路建设指导，"苗乡养心古镇游"等 5 条线路、壮美三峡观光游等 2 条线路、现代田园乡村游等 2 条线路分别入选"乡村四时好风光——春生夏长·万物并秀""乡村是座博物馆""稻花香里说丰年"全国乡村旅游精品线路。发布 2022 年重庆市乡村休闲旅游精品线路，推出乡村旅游线路 125 条；加强车田乡民宿产业指导，打造"走进云端车田·助力乡村振兴"旅游线路产品，发动旅行社组织游客 2400 多人次消费购物。武隆区荆竹村"一二三产＋旅游助推乡村蝶变"及巫山县竹贤乡"生态、人文、旅游融合发展助力乡村振兴"案例成功入选《2022 世界旅游联盟——旅游助力乡村振兴案例》，荆竹村获评联合国世界旅游组织最佳旅游乡村。

四、文化产业和旅游业复苏回暖

（一）助企纾困政策释放动能

制定出台《支持服务业等困难行业纾困恢复十条措施》《重庆市贯彻〈关于促进服务业领域困难行业恢复发展的若干政策〉的措施》，对 59 家文旅企业实施贷款贴息 952.36 万元，推动 17 个项目申报文旅领域设备购置与更新改造贷款贴息，即申即退旅行社质保金 1.57 亿元，为全市 2215 家文化旅游企业发放失业保险稳岗返还费 1217.48 万元，落实旅游行业增值税加计抵减费用 1255.22 万元。推动实施宣传文化增值税优惠政策，退税金额 1989.01 万元。建立市区两级重点文旅企业（项目）名单对接机制，支持 59 个企业（重点项目）获得融资 77.34 亿元。加强银企对接，13 家金融机构为武陵山区 71 家文化和旅游企业集中放款、授信 77 亿元。渝中区进入 2021 年文化产业和旅游产业工作国务院督查激励名单。全年文化产业增加值 1122.08 亿元，旅游产业增加值 1063.26 亿元。

（二）重大项目建设克难推进

以全市招商活跃指数考核为抓手，多批次组织企业赴区县投资考察和项目对接，与区县联合招商签订意向协议总投资 123 亿元，正式签约项目总投资 43.7 亿元。促进营商服务，获国务院支持在重庆市试点设立符合条件的外商投资旅行社从事除台湾地区以外的出境旅游业务。探索"信易 +"模式，推动"信易游"试点，武隆区、铜梁区被文化和旅游部认定为首批信用经济试点地区。扎实推进文化贸易升级，推荐渝中区、重庆高新区申报国家对外文化贸易基地，出版集团、帕斯亚科技获评 2021—2022 国家文化出口重点企业，"时光系列"游戏项目获评 2021—2022 国家文化出口重点项目。7 个市级重大文旅项目建设加快推进，市青少年活动中心完成主体建设，国际马戏城二期、文化艺术职业学院 D 栋项目建成投用，广播电视发射新塔（一期）进展顺利，浮图关广播电视发射塔大修排危项目通过验收。

（三）文化旅游消费激发活力

持续发力刺激文旅消费，新入选第二批国家级夜间文化和旅游消费集聚区 6 个，总数达 12 个，位列全国第二。《重庆统筹推进文化和旅游消费示范试点城市建设》专报被中央文改办采编印发。推出"重庆人游重庆"景区惠民活动，举办第七届重庆文化旅游惠民消费季（春夏），发放消费补贴 1.6 亿元，直接拉动文旅消费 6.09 亿元。启动第七届重庆文化旅游惠民消费季（冬季），成功举办 2022 年"文化和自然遗产日"非遗宣传展示重庆主场活动——非遗购物节·第七届重庆非物质文化遗产暨老字号博览会，销售产品近 70 万件，成交金额达 9000 万元。与抖音平台深度合作开展"重庆 DOU 是好风光"活动，助力 27 个区县乡村文旅品牌营销，累计帮扶 119 个乡村文旅商家实现线上交易转化，累计成交额达 4000 万元。组织市内 50 余家旅行社和部分导游召开《重庆1949》大型红色舞台剧营销推广工作会，旅行社带客数量和剧场上座率大幅提升。

五、历史文化保护传承焕发新彩

（一）文物保护体系更加完善

市人大常委会修正通过《重庆市大足石刻保护条例》，颁布施行《重庆市红色资源保护传承规定》，市政府颁布《重庆红岩革命旧址保护区管理办法》，市委办公厅、市政府办公厅印发实施《关于进一步加强红色资源保护利用工作的通知》《重庆市关于在城乡规划建设中加强历史文化保护传承的实施意见》，出台推动文化创意产品开发等政策文件8件，具有地方特点的文物保护法规体系更加完善。印发实施革命文物、三峡文物、石窟寺保护利用等专项规划，市政府新公布11处革命文物市级文物保护单位，市级以上文物保护单位总量达444处，公布全市417处不可移动革命文物名录。

（二）重点文物保护成效明显

积极融入国家重大区域发展战略，成功争取长江重庆段纳入长江国家文化公园重点建设区，编制完成长江国家文化公园（重庆段）建设实施方案、建设保护规划。启动长江三峡（重庆段）国家考古遗址公园等十大重点项目建设，推进长征国家文化公园（重庆段）文物保护项目46个。加强红色资源利用，圆满举办"中国革命纪念馆高质量发展峰会·2022"，挂牌成立重庆市革命文物保护中心，革命文物保护利用改革经验纳入市级重大改革项目"我最喜欢的10项改革"宣传推广，国家文物局改革专报专刊推广重庆市革命文物保护利用先进经验。红岩文化公园首期项目、曾家岩文化客厅对外开放，完成重点革命文物保护展示27处，"红色三岩"保护利用项目荣获第三届（2021）"全国革命文物保护利用十佳案例"。加强石窟寺文物保护，实施重点项目19个，大足石刻宝顶山摩崖造像圆觉洞综合性保护工程纳入国家重点项目，大足石刻数字展示中心、大足石刻文物医院建成开放。"考古中国——巴蜀文明进程研究"项目加快推进，钓鱼城范家堰南宋衙署遗址、渝中区老鼓楼衙署遗址入选"新时代百项考古新发现"。钓鱼城遗址列入《"十四五"文物保护与科技创新规划》重点申遗培育项目，完成白鹤梁题刻与埃及尼罗尺石刻联合申遗可行性论证研究。

（三）文物活化利用有力推动

制定出台《关于推进博物馆改革发展的实施方案》，新增备案博物馆8家，总数达131家，区县公共博物馆覆盖率达95%，6家博物馆入选全国"大思政课"实践教学基地，3家博物馆入选"首届全国博物馆志愿服务典型案例推介"项目，3个展陈入选"弘扬中华优秀传统文化、培育社会主义核心价值观"主题展览推介项目，25家博物馆获第九届"博博会""弘博奖——最佳展示奖"及其他奖项。圆满举办2022年"5·18国际博物馆日"暨重庆市第十三届文化遗产宣传月活动、文化和自然遗产日川渝地区主场城市活动，开展十大板块168项活动。策划推出传承优秀传统文化、弘扬爱国主义精神等临时展览及社教活动1000余场次，网上展览及活动参与逾3亿人次。

（四）非遗保护传承守正创新

扎实做好非物质文化遗产系统性保护，全面落实《关于进一步加强非物质文化遗产保护工作的意见》，推动市委、市政府首次将非遗工作纳入2022年区县经济社会发展业绩考核指标。认定公布第六批市级非遗代表性传承人240名。加快建设武陵山区（渝东南）土家族苗族文化生态保护实验区，打造黔江濯水古镇等6个文化生态保护示范点。联合中央广播电视总台录制播出《艺览吾"遗"——非遗文化寻访特别节目》重庆专辑，全网累计曝光量近1.5亿人次。组织70个非遗美食项目参与中国非遗美食大集视频展播，播出重庆非遗美食短视频56期。19个项目成功入选首批"全国非遗与旅游融合发展优选项目"名录，重庆市在全国非遗保护工作会上作经验交流发言。

六、现代传播能力体系加速构建

（一）舆论引导能力不断增强

深化广播电视媒体"头条"和网络视听平台"首页首屏首条"建设，突出做好习近平新时代中国特色社会主义思想宣传，推出《总书记的足迹》《领航新时代》等主题报道，策划举办"新时代奋斗者——重庆市最美人物发布仪式"。围绕奋斗"十四五"、2022年全国两会、北京冬奥会、市第六次党代会等重大主题开展系列宣传，两会宣传报道2次受到中宣部表扬。强化新冠疫情防控宣传，开设《众志成城　守望相助　坚决打赢疫情歼灭战》等特色专栏，推出《防疫"心"守护》健康直播系列节目和"主播喊话"系列短视频，重庆广电"第1眼"App等全媒体平台同步发声，重庆的典型做法被国家广电总局《广播电视评论》专期刊发。

（二）广电视听作品量质提升

深化"新时代精品工程"，强化全流程质量管理，加强扶持引导和创新推优，电视剧《绝密使命》获中宣部第十六届"五个一工程"奖及第三十三届电视剧"飞天奖"优秀电视剧大奖，《嗨！十年》等12部广播电视作品、《大足石刻：跨越时空与历史对话》等3部网络视听作品均获得省部级以上奖项，3件作品获国家广电总局公益广告专项扶持奖励，《人民的英雄　英雄的人民》获第二十九届中国国际广告节公益广告黄河奖组委会特别金奖。《玉面桃花总相逢》《勇者无惧》《我和我的新时代——下庄村的年轻人》等5部广播电视作品分别登录一线卫视、中央人民广播电台播出，《浩哥爱情故事》《摇滚狂花》等2部网络视听作品跻身同类作品票房榜前列，《重庆面孔》等5件作品网络点击量突破千万。

（三）媒体融合发展不断深化

"第1眼"入选"新时代·新品牌·新影响"广电媒体融合新品牌，重庆广电集团（总台）融媒体新闻中心入围国家广电总局先导单位提名。推动重庆有线网络整合，推进"全市一网"整合股权转让工作，优化重庆地区IPTV

电视管理运营，推动重庆移动"魔百和"电视业务规范整改，加快推进重数传媒上市。推进 4K 超高清电视频道建设和车载 4K 融合生产中心建设，全市 31 个电视频道实现高清播出。

七、文化旅游品牌打造彰显特色

（一）旅游资源开发不断掘新

实施全市旅游景区品质提升行动，推进 50 个品质提升示范项目建设，新评定国家 A 级旅游景区 14 家、市级旅游度假区 6 家、市级智慧旅游景区典型 7 家、市级工业文化创意街区 7 个。奉节白帝城·瞿塘峡景区成功创建国家 5A 级景区，重庆国际生物城、TESTBED2 贰厂文创公园获评国家工业旅游示范基地，北碚既白民宿、巴南花境院子成功创建全国甲级旅游民宿，开州遇见·云上成功创建全国乙级旅游民宿。授牌南浦剧场、国乐故事馆等 22 家演艺新空间，富有巴渝山水颜值、独特人文气质的都市演艺集聚区雏形基本形成。围绕消夏避暑、露营休闲、欢乐冰雪等主题，举办 2022 武陵山国际森林音乐季、开启"玩转大武陵·欢乐冰雪季"等近 200 项特色文旅活动，推出"高山避暑""康养度假""红色传承"等 70 余条旅游线路，评选推出全市露营地、自驾精品线路和旅游新玩法 TOP10，"世界自然遗产地·武隆喀斯特自然生态研学"线路、"重庆人·重庆城"主题研学课程入选 2022 年度"港澳青少年内地游学推荐（潜力）产品"。参加中国特色旅游商品大赛，斩获金、银、铜奖共 4 个，市文化旅游委获评最佳贡献单位。

（二）科技赋能数字文旅发展

做好"科技＋文旅"文章，"中华民族文化形象符号的动漫话语转化与海外传播策略研究"成功立项文化和旅游部部级社科研究项目，"国家文化安全战略研究"入选国家社科基金艺术学重大项目，"5G 社区居家养老""来点微电视"等典型案例入选"全国智慧广电网络新服务"智慧城市、智慧家庭创新应用项目，"基于用户行为深度学习的智能推荐系统"等 4 个项目斩获全国奖项。建成重庆市智慧文旅广电云、"巴渝文化云"等平台，完成"口袋云"

升级改版并向区县授权使用，推进重庆智慧文旅广电云平台新增接入文旅场景 103 家，游客接待数据的准确性和功能性大幅提升，平台数据覆盖面和接入规模在国内处于领先水平。开通重庆云上博物馆，永川云上智慧博物馆正式上线，白鹤梁水下博物馆获评"2021—2025 年第一批全国科普教育基地"。

（三）宣传营销提升文旅形象

持续开展宣传营销，加强区域交流和国际合作，携手互联网平台开展"美好目的地"重庆 2022 共建计划、"重庆旅游攻略"微博话题建设计划，与高德地图合作推出重庆演艺地图，宣传推广"5·19 中国旅游日""百万市民游重庆"等活动，开展"万人游昌都"活动，围绕旅游全要素，推介全市旅游资源。《开往春天的列车》成为 2022 年重庆爆款短视频，《云海列车》全网传播量超 10 亿次。推进澜湄旅游城市合作联盟总部申报工作，积极组团参加中国进博会、第十届澳门国际旅游（产业）博览会等重大节会，围绕"中荷建交 50 周年""2022 中意文化和旅游年"等主题开展系列活动 20 余项，成功举办"老挝、缅甸驻华大使访渝文旅考察交流活动""2022 重庆旅游澳门推介会"等 10 余场文化交流和旅游推广活动；重庆国际文旅之窗"窗口"和"桥头堡"作用发挥明显，成功打造"渝见不同""国际文旅经贸沙龙"等活动品牌。巨量引擎城市研究院发布《2022 美好城市指数城市线上繁荣度白皮书》，重庆短视频企业账号数量和发布视频量均为全国第一，在 2022 年全国"抖音美好城市榜"排名中位列第一。搜狐旅游发布全国旅游城市品牌影响力百强榜单，重庆位列第一。中国旅游研究院发布"非凡十年·魅力二十城"2012—2022 年全国游客满意城市 20 强，重庆排名第一。中国旅游研究院最新调查数据显示，后疫情时代中国人最想去的城市旅游目的地重庆位居第一。

八、文化旅游行业管理持续加强

（一）市场环境秩序持续向好

着力提升文化和旅游市场管理水平，规范完善文化市场管理工作领导小组工作机制、文化和旅游市场"月点评、季通报、年考核"考核通报机制，创新实施文化旅游市场监管新闻媒体通报机制，通过媒体公布 10 件行政处罚典型案例。联合执法查处"违规接待未成年人""不合理低价游"等突出问题，查办案件 881 件，有效维护了重庆市旅游形象。3 个案件被评为 2021—2022 年全国文化市场综合执法重大案件。铜梁区"拓展应用信用场景 发展文化旅游市场信用经济"获全国信用案例暨信用应用场景优秀微视频最佳纪实奖，成为全国文化旅游系统唯一获奖单位。打击整治养老诈骗和私设"景点"专项整治行动经验做法被文化和旅游部转发。落实演出管理"三项制度"，对重点营业性演出项目约谈率和所有营业性演出承诺率达 100%。遴选 11 个区县开展旅游服务质量提升试点，获文化和旅游部通报表扬。探索"信易+"模式，推动"信易游"试点，武隆区、铜梁区被文化和旅游部认定为首批信用经济试点地区。全面实施市场准入负面清单制度，落实"非禁即入"。加强对"剧本杀"、密室逃脱等新业态监管，出台规范文件，维护市场良性发展。

（二）行业领域保持安全稳定

守好行业安全生产底线，狠抓防风险、保安全、护稳定。围绕特种设备及高风险游乐项目、人流管控、高温天气和汛期文物安全等重点，统筹开展安全生产大排查大整治大执法，加强文化旅游、保密和网络、信访稳定等领域安全工作，完成安全生产专项整治三年行动目标任务，安全生产和自然灾害防治工作在全市考核中被评定为先进等次。统筹新冠疫情防控和经济社会发展，坚持常态化精准防控和应急处置有机结合，有效阻断新冠疫情通过文化旅游场所和活动传播链条，有力保障行业领域健康发展。会同市消防总队召开全市文化旅游消防安全管理工作现场会、开展全市文化旅游系统一线从业人员消防安全技能竞赛，应急处置能力全面提升。市文化旅游委在全国文化和旅游行业新冠疫情防控、安全生产和假日市场工作电视电话会议上作交流发言。着力筑牢文物安全底线，建成全国领先的文物安全监管系统，破获文物犯罪案件 25 起，追缴涉案文物 194 件，拍摄制作打击防范文物犯罪拍案说法节目《斩断伸向文物的黑手》，全市文物安全形势平稳向好。加强广播电视阵地管理，播出、制作、传送机构和网络视听平台管理规范有序，非法卫星电视接收设施整治工作首次纳入区县平安建设暨基层平安创建考核指标体系，压实区县属地管理责任。加强广播电视安全播出保障，整治播出安全隐患 328 项，圆满完成党的二十大、北京冬残奥会、全国和全市两会等 21 天重要保障期保障任务，全年实现安全生产"零事故"、舆情"零事件"、重要节目"零停播"目标。

（三）文旅行业发展保障加强

加强法制保障，依法推进《重庆市旅游条例》等修正工作，健全落实重大行政决策制度。深化"放改服"改革，持续推进"证照分离""全渝通办""川渝通办"等改革，提高政务服务效能，优化文化旅游领域营商环境。加强人才队伍建设，选拔 15 名舞台艺术国家级领军后备人才按照"一人一策"要求培养，同厦门大学、上海戏剧学院联合开展经营管理、舞台美术人才培养，组织开展 36 名青年拔尖人才及 4 个后备人才培养班项目。扎实做好离退休同志服务管理工作。开展评比表彰推荐工作，推荐 5 名国家高层次人才特殊支持计划青年拔尖人才、6 名文化和旅游部乡村文化和旅游带头人，1 个集体、3 名个人分别被人力资源和社会保障部、国家文物局表彰为全国文物系统先进集体、先进个人和劳动模范，2 名个人分别荣获首届中国播音主持"金声奖"、第十二届中国曲艺牡丹奖表演奖。加强财政投入保障，争取中央和市级财政投入 17.81 亿元，持续做好政府采购监督和管理。

2022年重庆文化旅游发展统计分析报告

财务处、科技与大数据处

2022年，面对持续的极端高温和旱灾、复杂多变的新冠疫情等一系列严峻挑战，全市文化和旅游系统深学笃用习近平新时代中国特色社会主义思想，深入学习宣传贯彻党的二十大精神，纵深打好"三峡、山城、人文、温泉、乡村"五张牌，着力打造"大都市、大三峡、大武陵"三大旅游品牌，紧紧围绕建设文化强市和世界知名旅游目的地目标，坚持以文塑旅、以旅彰文，统筹新冠疫情防控和行业发展，主动作为、攻坚克难，全市文化和旅游融合发展取得新成效。中国旅游研究院最新调查数据显示，后疫情时代中国人最想去的城市旅游目的地重庆位居第一；发布的"非凡十年·魅力二十城"榜单中，重庆游客满意度综合排名居全国第一。搜狐旅游发布的2022年全国旅游城市品牌影响力重庆排名全国第一。

一、主要指标情况

（一）机构和人员

2022年末，重庆市纳入统计范围的各类文化文物和旅游机构共有6967个，较2021年减少582个，同比下降7.7%；从业人员78891人，较2021年减少8507人，同比下降9.7%。2019年至2022年，纳入统计范围的各类文化文物和旅游机构数年均下降10.9%，从业人员数量年均下降4.9%（见图1、表1）。

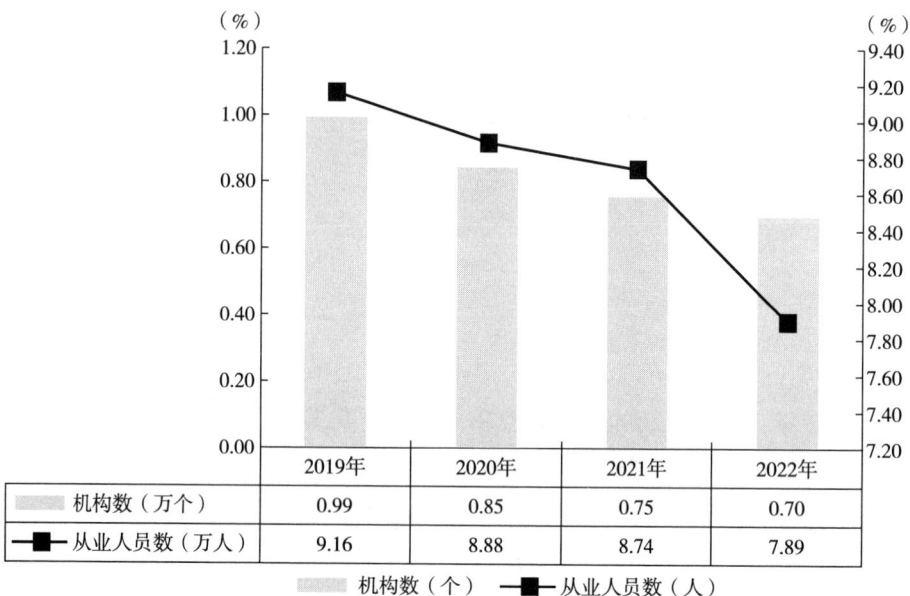

图 1　2019—2022 年重庆市各类文化文物和旅游机构人员情况机构和人员情况

表 1　2022 年重庆市文化旅游及相关产业机构和人员情况

单　位	机构数（个）			从业人员数（人）		
	2022 年	2021 年	同比增幅（％）	2022 年	2021 年	同比增幅（％）
总　计	6967	7549	−7.7	78891	87398	−9.7
公有制艺术表演团体	19	20	−5.0	1583	1583	−
公有制艺术表演场馆	18	19	−5.3	77	83	−7.2
公共图书馆	43	43	−	1045	1046	−0.1
文化馆	41	41	−	932	932	−
文化站	1031	1031	−	4056	4034	0.5
艺术创作展览机构	17	14	21.4	132	131	0.8
艺术教育业	2	2	−	525	572	−8.2
文化科研机构	1	1	−	37	37	−
行政主管部门	40	40	−	1706	1704	0.1
其他文化机构	58	59	−1.7	1424	1543	−7.7
娱乐场所	1386	1405	−1.4	12586	14160	−11.1

续表

单　位	机构数（个）			从业人员数（人）		
	2022 年	2021 年	同比增幅（%）	2022 年	2021 年	同比增幅（%）
互联网上网服务营业场所（网吧）	1614	2004	−19.5	7550	8370	−9.8
非公有制艺术表演团体	1126	1266	−11.1	15835	17779	−10.9
非公有制艺术表演场馆	49	43	14.0	1629	1680	−3.0
经营性互联网文化单位	154	278	−44.6	2371	4105	−42.2
艺术品经营机构	73	102	−28.4	669	803	−16.7
演出经纪机构	121	79	53.2	2322	2141	8.5
旅行社	818	753	8.6	9197	9834	−6.5
星级饭店	139	150	−7.3	11502	13167	−12.6
文物业	217	199	9.0	3713	3694	0.5

（二）文化、文物经费

1. 文化经费。2022 年，全市文化部门总收入 43.50 亿元，较 2021 年的 38.61 亿元增长 12.7%。2022 年财政拨款预算收入 24.11 亿元，较 2021 年的 24.98 亿元下降 3.5%。从 2018 年到 2022 年，重庆市的财政拨款预算收入年均增长 5.4%（见图 2）。

2. 文物经费。2022 年，全市文物业总收入 10.80 亿元，较 2021 年的 12.24 亿元下降 11.8%，其中财政拨款 9.35 亿元，较 2021 年的 9.76 亿元下降 4.2%。从 2018 年到 2022 年，重庆市文物业财政拨款年均增长 5.2%（见图 3）。

（三）文化和旅游及相关产业增加值

2022 年，全市文化及相关产业实现增加值 1122.08 亿元，同比增长 1.5%，占 GDP 比重 3.9%；全市旅游及相关产业实现增加值 1063.26 亿元，同比下降 1.2%，占 GDP 比重 3.7%。2018 年到 2022 年，文化及相关产业增加值年均增长 6.7%，旅游及相关产业增加值年均增长 3.2%（见图 4）。

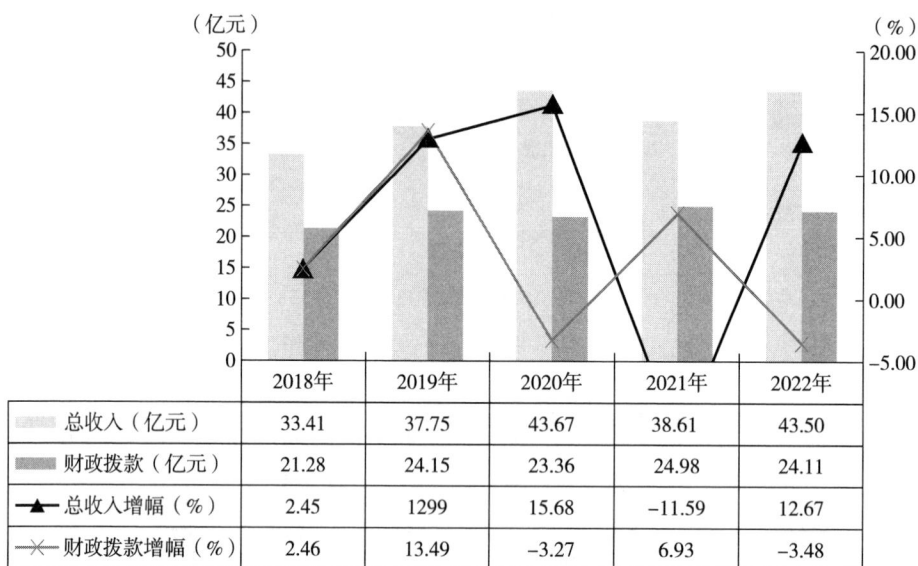

	2018年	2019年	2020年	2021年	2022年
总收入（亿元）	33.41	37.75	43.67	38.61	43.50
财政拨款（亿元）	21.28	24.15	23.36	24.98	24.11
总收入增幅（%）	2.45	1299	15.68	−11.59	12.67
财政拨款增幅（%）	2.46	13.49	−3.27	6.93	−3.48

图 2   2018—2022 年重庆市文化部门经费情况

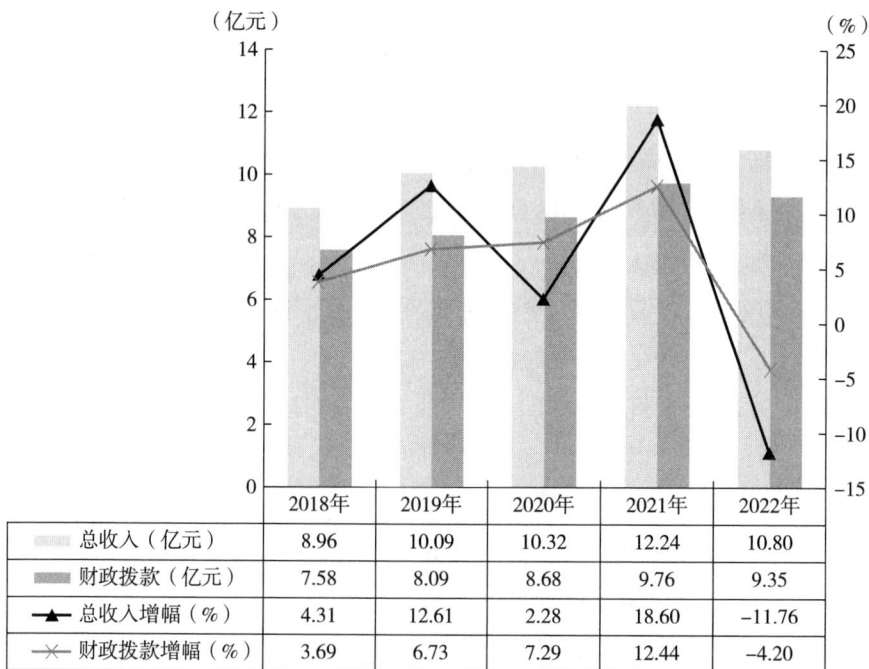

	2018年	2019年	2020年	2021年	2022年
总收入（亿元）	8.96	10.09	10.32	12.24	10.80
财政拨款（亿元）	7.58	8.09	8.68	9.76	9.35
总收入增幅（%）	4.31	12.61	2.28	18.60	−11.76
财政拨款增幅（%）	3.69	6.73	7.29	12.44	−4.20

图 3   2018—2022 年重庆市文物业收入情况

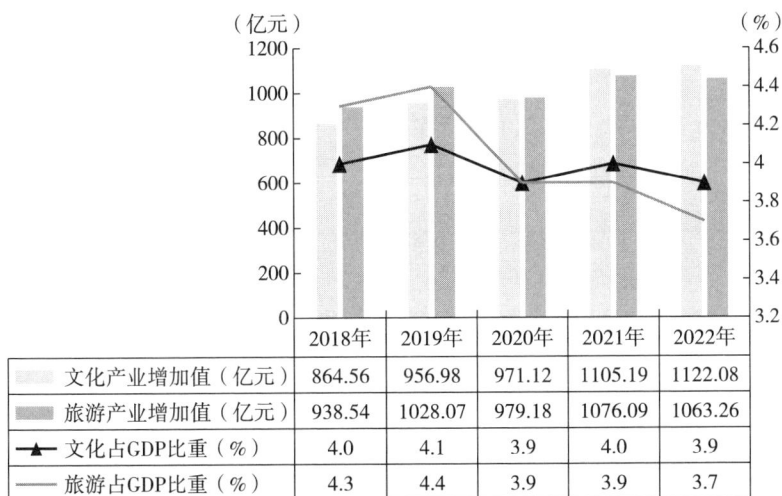

（亿元）	2018年	2019年	2020年	2021年	2022年
文化产业增加值（亿元）	864.56	956.98	971.12	1105.19	1122.08
旅游产业增加值（亿元）	938.54	1028.07	979.18	1076.09	1063.26
文化占GDP比重（%）	4.0	4.1	3.9	4.0	3.9
旅游占GDP比重（%）	4.3	4.4	3.9	3.9	3.7

图 4　2018—2022 年重庆市文化、旅游产业增加值及占 GDP 比重

二、公共文化服务体系

（一）机构、从业人员相对稳定

2022 年末，纳入统计的全市公共文化机构 1270 个（不含文化市场机构数），与 2021 年持平。其中公有制艺术表演团体 19 个；公有制艺术表演场馆 18 个；公共图书馆 43 个；文化馆 41 个；文化站 1031 个；艺术创作展览机构 17 个；艺术教育业 2 个；文化科研机构 1 个；行政主管部门 40 个；其他文化机构 58 个。

2022 年末，纳入统计的全市公共文化机构从业人员 11517 人，同比下降 1.27%，其中公有制艺术表演团体从业人员 1583 人，与上年持平；公有制艺术表演场馆从业人员 77 人，同比下降 7.2%；公共图书馆从业人员 1045人，同比下降 0.1%；文化馆从业人员 932 人，与上年持平；文化站从业人员 4056 人，同比增长 0.5%；艺术创作展览机构从业人员 132 人，同比增长 0.8%；艺术教育业从业人员 525 人，同比下降 8.2%；文化科研机构从业人员 37 人，与上年持平；行政主管部门从业人员 1706 人，同比增长 0.1%；其他文化机构从业人员 1424 人，同比下降 7.7%。

（二）公共文化服务效能不断提升

2022 年，创新拓展文旅公共服务网络，文图两馆总分馆加速建设，累计建设图书馆分馆 1842 个、文化馆分馆 1272 个，24 小时自助图书馆（城市书房）105 个。持续丰富公共文化服务供给，深度打造"乡村村晚"、乡村艺术节、"舞动山城"街舞大赛、广场舞、群众大家唱等品牌活动，举办群众文化活动 2.1 万余场次，惠及群众 7100 余万人次（含线上）。全民阅读参与广泛，组织开展"阅读之星"市民诵读大赛、"红岩少年"阅读大赛，参赛人数超过 20 万人。川渝阅读"一卡通"项目顺利推进。

一是公共图书馆服务能力进一步提高。全市公共图书馆服务升级，藏书量、流通人次和阅览室座席数增长明显，但受新冠疫情影响举办现场活动次数略有下降。现有总藏量 2727.01 万册，全年总流通 1552.09 万人次，书刊文献外借 465.48 万人次、1149.5 万册次。阅览室座席数 36878 个，本年新增藏量 301.57 万册，全市公共图书馆为读者组织各类讲座 1551 次，19.24 万人次参加；举办展览 1288 次，161.88 万人次参观；举办培训班 1418 次，9.49 万人次参加。实际使用房屋建筑面积 41.06 万平方米（见表 2）。

表 2　2021—2022 年重庆市公共图书馆基本情况

类别	单位	2022 年	2021 年	同比增幅（％）
总藏量	万册	2727.01	2340.69	16.5
总流通人次	万人次	1552.09	1455.21	6.66
组织各类讲座	次	1551	1535	1.04
举办展览	次	1288	1379	−6.6
举办培训班	次	1418	1438	−1.39
阅览室座席数	个	36878	33944	8.64
建筑面积	万平方米	41.06	40.05	2.52

二是群众文化生活不断丰富。全市共有群众文化机构 1072 个，受新冠疫情影响各种线下文化活动略有下降，文化服务惠及 1223.72 万人次。共举办展览 5400 次，247.14 万人次参观；组织文艺活动 26595 次，844 万人次参观；举办各类训练班 21360 次，培训 123.18 万人；组织公益性讲座 520 次，9.38

万人参加（见表 3）。

表 3　2021—2022 年重庆市文化馆（站）线下活动情况

类别	单位	2022 年	2021 年	同比增幅（%）
文艺活动	次	26595	27309	-2.61
展览	次	5400	6056	-10.83
训练班	次	21360	26185	-18.43
讲座	次	520	590	-11.86
文化服务惠及人次	万人次	1223.72	1648.79	-25.78

三、旅游业发展情况

2022 年，全市接待过夜游客 5456.46 万人次，同比增长 -38.2%；旅游及相关产业实现增加值 1063.26 亿元，同比增长 -1.2%，占全市 GDP 比重 3.7%（见表 4）。

表 4　2022 年重庆市旅游接待及收入情况表

指　标	单位	绝对值	同比增长（%）
接待过夜游客人次数	万人次	5456.46	-38.2
旅游及相关产业增加值	亿元	1063.26	-1.2
旅游及相关产业增加值占全市 GDP 比重	%	3.7	较 2021 年下降 0.2 个百分点

（一）区域旅游协同联动发展

2022 年，"一区两群"各区域协同发展（见表 5）。

表 5　"一区两群"旅游产业增加值情况表

区　域	旅游产业增加值（亿元）	增加值增速（%）	占全市 GDP 比重（%）
主城都市区	752.17	-3.0	3.4
渝东北三峡库区城镇群	197.61	4.1	3.8
渝东南武陵山区城镇群	86.25	5.9	5.3

（二）旅游市场主体更加健全

2022 年，全市旅游业总体业态体系更加丰富、旅游市场主体更加健全。

①旅行社。2022 年末，全市共有旅行社 818 家，同比 2021 年底增加 65 家。其中：出境游旅行社 92 家，与上年持平；一般旅行社 726 家，同比增加 65 家。全年共审批设立一般旅行社 84 家（见图 5）。

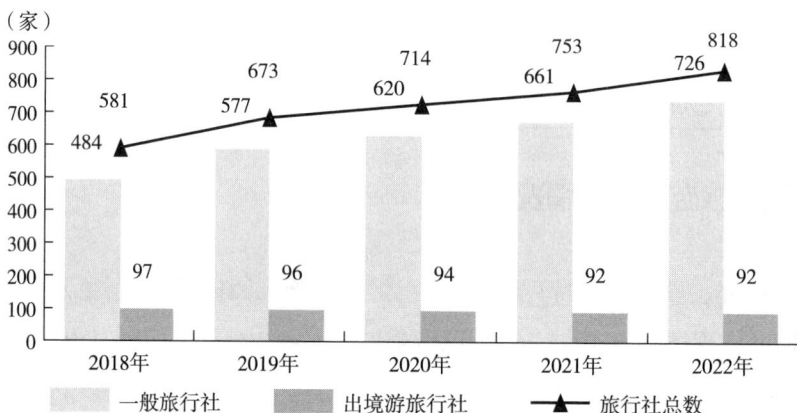

图 5　2018—2022 年重庆市旅行社数量趋势

②星级旅游饭店。2022 年末，全市拥有星级饭店总数 139 家，其中：五星级 27 家，四星级 44 家，三星级 58 家，二星级 10 家（见图 6）。

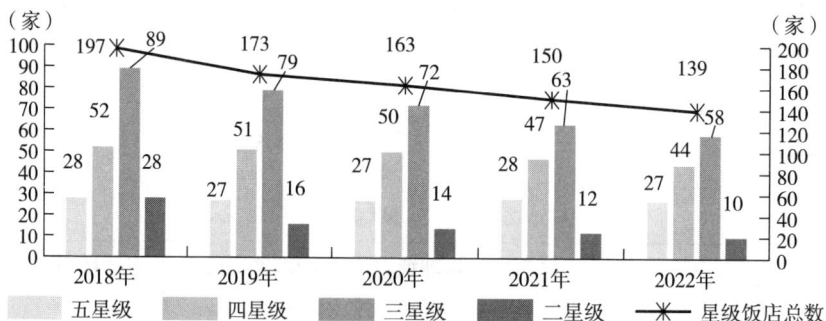

图 6　2018—2022 年重庆市星级饭店数量趋势

③旅游景区。2022 年末，全市拥有国家 A 级旅游景区 272 个，其中：5A 级景区 11 个，4A 级景区 140 个，3A 级景区 83 个，2A 级景区 37 个，1A

级景区 1 个。新评定 17 个 A 级景区，其中：5A 景区 1 个，4A 景区 10 个，3A 景区 4 个，2A 景区 2 个（见图 7）。

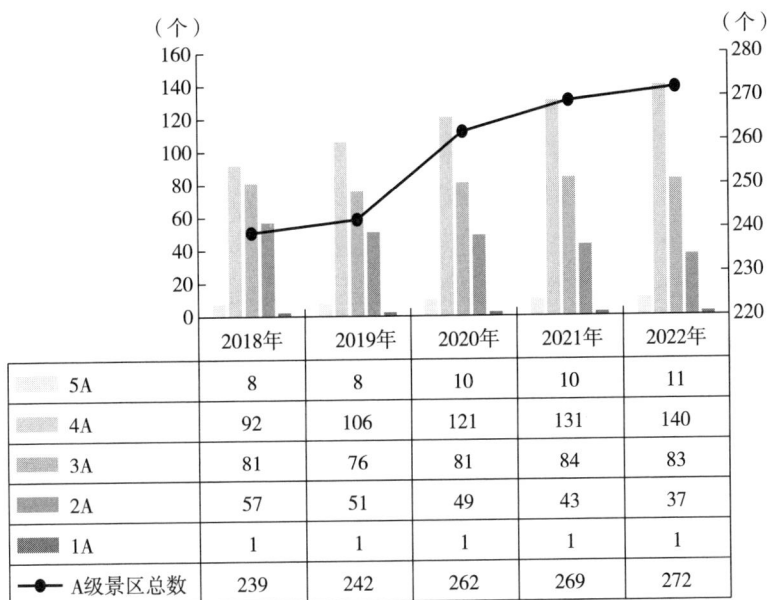

	2018年	2019年	2020年	2021年	2022年
5A	8	8	10	10	11
4A	92	106	121	131	140
3A	81	76	81	84	83
2A	57	51	49	43	37
1A	1	1	1	1	1
●—A级景区总数	239	242	262	269	272

图 7 2018—2022 年重庆市 A 级景区数量趋势

④旅游度假区。2022 年末，全市拥有市级以上旅游度假区 31 个，含国家级旅游度假区 2 个（武隆仙女山旅游度假区、丰都南天湖旅游度假区）。市级五星级温泉旅游企业 3 家。

⑤旅游船。2022 年末，全市拥有三峡游轮 33 艘，其中已评五星级游轮 22 艘，经营重庆"两江游"企业 3 家，共有"两江游"游船 8 艘。

⑥文化和旅游消费示范、试点城市。截至 2022 年末，全市已创建国家文化和旅游消费示范城市 1 个、试点城市 5 个。已创建国家级夜间文化和旅游消费聚集区 12 个。

⑦旅游从业人员。2022 年末，全市旅游从业人员 173.82 万人，其中：直接从业人员 28.97 万人。全市持有正常状态的电子导游证的导游 10906 人，其中：特级 1 人，高级 56 人，中级 332 人，初级 10517 人。共有领队 1284 人，其中：高级 16 人，中级 82 人，初级 1186 人。

（三）乡村旅游助力乡村振兴

2022 年末，全市拥有全国乡村旅游重点村 41 个、重点镇 6 个，市级乡村旅游重点村 139 个、市级乡村旅游重点镇 8 个；全国休闲农业和乡村旅游示范县（区）12 个，全国休闲农业和乡村旅游示范点 23 个，市级休闲农业和乡村旅游示范乡镇 168 个、示范村（社区）471 个、示范点 666 个。武隆区仙女山街道荆竹村、巫山县竹贤乡入选《2022 世界旅游联盟——旅游助力乡村振兴案例》。璧山区将军村登上由中央电视台、文化和旅游部联合摄制的大型文旅探访节目《山水间的家》。加强对区县乡村旅游节会、线路建设指导，"苗乡养心古镇游"等 5 条线路、壮美三峡观光游等 2 条线路、现代田园乡村游等 2 条线路分别入选"乡村四时好风光——春生夏长·万物并秀""乡村是座博物馆""稻花香里说丰年"全国乡村旅游精品线路。

（四）文旅重点项目扎实推进

2022 年，开设文旅产业招商项目专栏，推介招商项目 200 个，公布 2022—2024 年市级重点文旅产业项目 98 个，预计总投资 3600 余亿元。举办重庆市文化和旅游企业品牌价值榜发布活动。组织 2022 中国武陵文旅峰会招商推介会，现场意向签约项目 16 个，签约金额 245 亿元。

（五）旅游资源开发成效显著

一是规划引领助力空间布局持续优化。推动文化和旅游部、国家发展改革委、重庆市人民政府、四川省人民政府联合印发实施《巴蜀文化旅游走廊建设规划》，明确"双核驱动、三带引领、七区联动、多线联通"的空间格局。全面完成全市旅游资源普查，形成《重庆市旅游资源普查报告》《重庆市旅游资源普查报告便览》《重庆市特品级旅游资源图册》等一批成果，建立了重庆市旅游资源数据库。编制实施《重庆长江三峡地区旅游一体化发展规划》，高质量打造峡谷三峡、诗画三峡、生态三峡、美丽乡村三峡核心产品体系。实施八大提升工程助力"大三峡"旅游升级迭代，推进实施"十四五"重大旅游项目 159 个，投资 2322.2 亿元。

二是文旅融合助力公共服务不断完善。建成非物质文化遗产展示馆 11

家、博物馆 22 家，实施国家级非遗项目 9 项、市级非遗项目 188 项。成立文化馆、图书馆行业联盟，全面完成文化馆、公共图书馆以及基层综合文化服务中心标准化建设，全面实现各区县博物馆、文化馆和公共图书馆至少配置 1 处的目标，渝东北公共服务设施服务面积达到 645 平方米 / 万人。

三是文旅帮扶助力乡村振兴再结硕果。派驻文化旅游委帮扶集团入驻巫山县竹贤乡，高标准完成竹贤乡"1+4"乡村振兴规划。指导推进产业发展等项目建设 46 个，累计完成投资 12218 万元。巫山县竹贤乡下庄村成功入选"建党百年红色旅游百条精品线路"，被评为"全国乡村旅游重点村""全国乡村治理示范村""重庆市传统村落名录""全国村晚示范点名单"，被重庆市委、市政府命名为"重庆市爱国主义教育基地"；"下庄天路"故事入选文化和旅游部《100 个乡村中的党史故事》。

四是文物保护助力长江国家文化公园建设开局争先。建成全国首个文物保护装备基地、三峡文物科技保护基地、三峡数字博物馆、三峡文物标本库房等重点文物科技项目。成功获批《重庆三峡库区出土文物修复三年行动计划》，拟修复三峡文物 1.25 万件，提档升级重庆中国三峡博物馆、重庆三峡移民纪念馆、忠州博物馆等综合性博物馆 17 家。成功举办《世纪工程国家行动——三峡文物抢救保护工程成果展》《神秘的巴国》等长江文物专题展览 31 个。

五是品牌创建加速推进。2022 年共评定 A 级旅游景区 17 家，其中 4A 级景区 10 家，3A 级景区 4 家；成功评定甲级旅游民宿 2 家、乙级旅游民宿 1 家。同时，向社会推出首批等级旅游民宿名录。全市创建认定国家级旅游休闲街区 5 个、市级旅游休闲街区 10 个。依托乡村生态旅游资源优势，大力实施生态旅游乡村振兴工程，加快推动全市乡村旅游由传统的"食宿、观光"为主向"休闲、度假"转变，大力发展特色旅游民宿、自驾露营、户外运动、研学科考等乡村休闲旅游项目。

四、文艺创作

川剧《江姐》获第十七届"文华大奖"，重庆青年合唱团荣获第十九届群星奖，杂技《摇摆青春》、龙舞《铜梁焰火龙》分别荣获金菊奖、山花奖等国家级专业类大奖。川剧《樵子口》、话剧《雾重庆》等作品入选全国地方戏精粹展演、全国话剧季展演、中国儿童戏剧节、全国优秀青年杂技人才展演。舞剧《绝对考验》成功入选国家艺术基金资助项目，火锅舞片段精彩亮相虎年央视春晚。

全市文化部门艺术表演团体 19 个，原创首演剧目 18 个，国内演出场次0.19 万场，国内演出观众人次 117.40 万人，演出收入 2825.6 万元。受国内新冠疫情影响，演出场次和演出收入下降明显（见表 6）。

表 6　2021—2022 年重庆市文化部门艺术表演团体情况

类别	单位	2022 年	2021 年	同比（%）
本团原创首演剧目	个	18	23	−21.74
国内演出场次	万场	0.19	0.22	−13.64
国内演出观众人次	万人	117.40	111.83	4.98
演出收入	万元	2825.6	4425.9	−36.16

五、文化遗产保护利用

（一）文物保护管理体系更加完善

市人大常委会修正通过《重庆市大足石刻保护条例》，颁布施行《重庆市红色资源保护传承规定》，市政府颁布《重庆红岩革命旧址保护区管理办法》，市委办公厅、市政府办公厅印发实施《关于进一步加强红色资源保护利用工作的通知》《重庆市关于在城乡规划建设中加强历史文化保护传承的实施意见》，出台推动文化创意产品开发等政策文件 8 件，具有地方特点的文物保护法规体系更加完善。印发实施革命文物、三峡文物、石窟寺保护利用等专项规划，市政府新公布 11 处革命文物市级文物保护单位，市级以上文物保护单位总量达 444 处，公布全市 417 处不可移动革命文物名录。

（二）重点文物保护工程见行见效

成功争取长江重庆段纳入长江国家文化公园重点建设区建设，编制建设实施方案和保护建设规划，启动长江三峡（重庆段）国家考古遗址公园等十大重点项目建设，实施长征国家文化公园（重庆段）项目46个。累计实施文物保护项目260个，高质量完成大田湾体育场等重点文物保护利用项目127个，"红色三岩"提升项目获评"全国革命文物保护利用十佳案例"，重庆开埠遗址公园超额完成建设任务。完成革命文物保护利用项目113处，举办"中国革命纪念馆高质量发展峰会·2022"，挂牌成立重庆市革命文物保护中心，革命文物保护利用改革经验纳入市级重大改革项目"我最喜欢的10项改革"宣传推广，国家文物局改革专报专刊推广重庆先进经验。实施重点石窟寺保护项目19项，大足石刻宝顶山摩崖造像圆觉洞综合性保护工程纳入国家重点项目，大足石刻数字展示中心、大足石刻文物医院建成开放，8K球幕电影《大足石刻》震撼首演。"考古中国——巴蜀文明进程研究"项目取得新突破，钓鱼城范家堰南宋衙署遗址、渝中区老鼓楼衙署遗址入选"新时代百项考古新发现"。钓鱼城遗址列入国家《"十四五"文物保护与科技创新规划》重点申遗培育项目，完成白鹤梁题刻与埃及尼罗尺石刻联合申遗可行性论证研究。

（三）文物活化利用成效明显

依托博物馆讲好文物故事，出台《关于推进博物馆改革发展的实施方案》，新备案博物馆8家，全市博物馆备案数量达130家，区县公共博物馆覆盖率达95%，推出精品展览274个，开展线上线下社教活动2117场次，开发文创产品1409种，云上参观量达2463.8万人次，线下参观量达1166.4万人次，《虎妞说碳——低碳艺术研学体验展》等3个展览入选"弘扬中华优秀传统文化、培育社会主义核心价值观"主题展览推介项目。依托文物考古展示巴渝文脉独特魅力，市文物考古研究院建成开放全国首个考古虚拟展示体验馆、考古标本陈列馆、重庆故事馆和考古书院"三馆一院"研学基地，在全国首创文物修复、动植物考古透明工作坊。重庆抗战金融机构旧址群——美丰银行旧址打造成为渝金融法院，巫溪红三军政治部标语、秀山红三军倒马坎战斗遗址等革命旧址成为红色美丽村庄的精神标识。大足石刻研究院推出的《大美大足》《殊胜大足》在央视《考古公开课》《人类的记忆》栏目播出，全球播放大足石刻系列微视频 2000 万次，海外媒体覆盖人群达 3 亿人次。25 家博物馆荣获第九届"博博会""弘博奖——最佳展示奖"及其他奖项。

（四）非物质文化遗产保护得到加强

扎实做好非物质文化遗产系统性保护，市委、市政府首次将非遗工作纳入 2022 年区县经济社会发展业绩考核指标。认定公布第六批市级非遗代表性传承人，新增市级代表性传承人 240 名。加快建设武陵山区（渝东南）土家族苗族文化生态保护实验区，打造黔江濯水古镇等 6 个文化生态保护示范点。联合中央广播电视总台录制播出《艺览吾"遗"——非遗文化寻访特别节目》重庆专辑，全网累计曝光量近 1.5 亿人次。组织 70 个非遗美食项目参与中国非遗美食大集视频展播，播出重庆非遗美食短视频 56 期。19 个项目成功入选首批"全国非遗与旅游融合发展优选项目"名录。

2022 年重庆文化旅游公共服务体系建设报告

公共服务处

　　2022 年是学习贯彻党的二十大精神开局之年，全市文化旅游公共服务工作坚持以习近平新时代中国特色社会主义思想为指导，深入贯彻党的二十大精神，全面落实习近平总书记对重庆提出重要指示要求，紧扣市委、市政府关于文化旅游工作的部署，文化旅游公共服务体系建设取得显著成效，为保障人民基本文化权益、满足人民日益增长的美好生活需要发挥了重要作用。

一、夯基固本，公共服务阵地建设拓展延伸

（一）公共服务标准建设不断推进

　　将公共文化服务体系建设纳入全市国民经济社会发展总体规划，围绕贯彻落实文化和旅游部《"十四五"文化和旅游发展规划》《"十四五"公共文化体系建设规划》，制定出台《重庆市文化和旅游公共服务"十四五"规划》《重庆市基本公共文化服务实施标准（2021—2025）》《重庆市关于推动公共文化服务高质量发展的实施意见》等系列配套政策法规，推动完善公共图书馆、文化馆、基层综合文化服务中心的建设和服务标准规范，完善《重庆市"三馆一中心"免费开放绩效评价指标体系》，推动修订《重庆市公共图书馆服务规范》，启动《重庆市公共图书馆》立法计划，以标准化管理机制带动市、区县、乡镇（街道）、村（社区）四级公共文化服务建设进一步规范化、科学化和常态化。

（二）基层公共文化设施纵深覆盖

科学规划公共文化设施布局，推动纳入国土空间规划、城市更新规划和乡村振兴规划。重大文化设施建设取得积极进展。重庆青少年活动中心建设主体完工进入智能化项目建设阶段，重庆图书馆分馆初步选址渝北区，江北、永川图书馆、大渡口文化馆新馆正式投入使用，双桥、奉节、巫溪图书馆新馆及沙坪坝、梁平文化艺术中心建设进入装修阶段，九龙坡图书馆新馆、丰都书院以及南岸、万州文化艺术中心、潼南公共文化中心进入主体施工阶段。公共文化阵地进一步向基层拓展，累计建成乡镇（街道）综合文化服务中心1031个、村（社区）综合文化服务中心11119个，实现市、区县、乡镇（街道）、村（社区）四级全覆盖。截至2022年底，全市共有公共图书馆43个、文化馆41个、公立美术馆12个，文化馆一级馆率95%，位居全国第二、西部第一，公共图书馆一级馆率81.4%，位居全国第三、西部第一。每万人拥有公共文化设施面积增至746平方米，超过全国平均水平。

（三）新型公共文化空间逐步拓展

依托文图总分馆改革创新打造新型公共文化空间，区县文图两馆总分馆触角进一步向村（社区）一级延伸，累计建设图书馆分馆1842个、文化馆分馆1272个，累计建成文化驿站、文化礼堂、乡村戏台、文化广场、非遗传承体验场所等新型空间278个，覆盖30个区县，覆盖率达76.9%。在推动文图总分馆制改革和新型空间建设过程中，积极探索实践，打造了一批有特色、有品位、小而美、特而精的公共阅读和艺术空间，为群众提供了便捷的高品质文化生活。渝北区"家庭＋图书馆，探索全民阅读新路径"、铜梁区"生态分馆：建设主客共享的美好乡村文化空间"入选全国基层公共文化服务高质量发展典型案例，重庆图书馆"世纪游轮江上图书馆——重庆图书馆世纪游轮分馆"、"重庆故宫文物南迁纪念馆"、曾家岩书院及石柱县冷水风谷森林书屋荣获长三角及全国部分省市最美公共文化空间大奖。

（四）文化阵地集群效应显现

在全国第一、二批公共文化服务体系示范区复核（共63个地区）中，渝中区、北碚区以"优秀"档次顺利通过复核。铜梁区（铜梁龙灯龙舞）、綦江区（农民版画）、梁平区梁山街道（梁山灯戏）、荣昌区安富街道（荣昌陶器制作技艺）、万盛经开区金桥镇（金桥吹打）等5个区县入选"中国民间文化艺术之乡"，铜梁、綦江、梁平的经验做法被评为全国典型案例。

（五）旅游公共服务持续扩容

加速推进旅游集散体系建设，累计建成运营市级旅游集散中心9个，设立区县旅游集散分中心22个。推进自驾车旅居车配套服务体系建设，重庆冷水风谷休闲度假营地被中国旅游车船协会认定为全国首批4C级自驾车旅居车营地。开展重庆市旅游新产品新业态评选，评出重庆露营地TOP10、自驾精品线路TOP10。深入推进"旅游厕所革命"，总数达到4680座，区县所属A级景区全部开通"全国旅游厕所管理系统"账号，创建申报"全国示范性旅游厕所"10座，旅游厕所电子地图定位标注率达99.9%。

二、优化供给，品牌效应不断凸显

（一）群众文艺创作和活动生动活泼

全市文化馆系统深耕力拓群文精品创作，推出了一批聚焦时代主题、弘扬新风正气的优秀作品。精心创造打磨6件作品入围全国第十九届群星奖决赛，数量居全国前列，重庆青年合唱团荣获群众合唱门类群星奖。独幕剧《过年吃饺子》入选国家艺术基金（一般项目）2022年度舞台艺术创作资助项目，童声表演唱《心中的小萝卜头》获重庆市第十六届精神文明建设"五个一工程"奖。群文战线力克新冠疫情影响，坚持月月有活动、季季有主题、全年都精彩，以群众为主角，开展了"乡村村晚"、乡村艺术节、"舞动山城"街舞大赛、广场舞大赛、群众大家唱等品牌活动，线上线下联动，覆盖人群、社会效益急速放大。全年累计举办市级重点群文活动64场次，其中动态活动23场次、展览41场次，惠及群众2000万人次。

（二）阅读推广活动成效显著

全市年开展基层阅读活动 8000 场次以上，其中大型主题阅读活动超 1000 场次，参与群众 1300 万人次。市、区县联动打造出市级"阅读之星""红岩少年""格林童话之夜""书香润万家"和渝中区"城墙故事会"、江北区"悦读汇"、永川区"书香漂流"、云阳县"梯城·悦读吧"、奉节县"诗词六进"、石柱县"书香山寨行"等一批富有影响力的阅读品牌活动。其中"阅读之星"市民诵读大赛举办初赛、复赛、决赛、总决赛共计 14 场次，参赛人数达 14 万余人。"红岩少年"阅读大赛，吸引 1231 所中小学 6 万余名少年儿童参赛，共报送作品 2.75 万件，线上线下观赛市民达到 104.2 万人次。大型原创亲子阅读推广活动"格林童话之夜——走进北碚"异常火爆，通过融合书籍、阅读、音乐、表演等元素打造沉浸式体验，将阅读推广不断推向新高度。

（三）文化惠民工程深入人心

根据基层群众精神文化需求，依托农闲、传统节日、重大节庆，挖掘地方特色，探索"行走一小时文化圈"，组织开展群众乐于参加、便于参与的歌咏、读书、文艺演出、陈列展览、书画摄影、短视频比赛等文化活动，形成"一区一品、一县一特色"的良好局面。全年开展流动文化进基层超 3 万场次，送戏进村 2814 场，参与群众 3000 万人次。

（四）免费开放效能显著提升

"三馆一中心"全部面向社会免费开放，年服务群众 7200 万人次以上。图书馆建筑面积达 49.05 万平方米，总藏量达 3440 万册，流通人次 1746 万人次，举办各类活动超 1 万场次。文化馆总建筑面积 31.63 万平方米，全年组织各类文化活动 1.3 万场次。公立美术馆建筑面积 4.4 万平方米，全年组织各类展览、讲座等活动 800 余场次。乡镇（街道）综合文化服务中心建筑面积达 72.8 万平方米，举办各类文艺活动、培训 4.7 万场次，指导群众业余文艺团队 7386 个，极大丰富了城乡居民的精神文化生活。

三、共建共享，融合发展深度推进

（一）跨区域领域联动日趋密切

川渝阅读"一卡通"项目顺利推进，如期完成二期项目建设，川渝两地读者凭社保卡（电子社保卡）、身份证可在重庆市主城都市区 26 家公共图书馆及四川省 26 家图书馆通借通还。"成渝地·巴蜀情"区域文化品牌效应显现。举办"川渝乐翻天"、两地优秀剧目展演、民俗民间歌舞展演、成渝德眉资文旅区域联动、川渝十地书画摄影作品联展、文采会等活动 24 场次。渝鲁协作持续加码，争取山东省级财政资金援助鲁渝共建乡村振兴工坊建设、"十万山东人游重庆"和"十万重庆人游山东"宣传营销、鲁渝乡村旅游带头人精准交流培训、鲁渝共建红色文化题材文艺作品交流互演和鲁渝共建"孔子学堂"等 5 个项目。文明实践功能融合渐入佳境，推进公共文化服务机构与新时代文明实践中心融合发展，与市委宣传部共同确定南岸区、江津区、南川区、巫山县等 4 个市级示范点。全市 621 个图书馆文化馆（含分馆）、829 个乡镇（街道）、9005 个村（社区）综合文化服务中心建成新时代文明实践中心（所、站、点）。

（二）文旅融合渐入佳境

深挖传统文化资源，充实旅游文化内涵，形成文旅融合新亮点，文图美三馆、基层综合文化服务中心以及 24 小时城市书房等公共文化设施成为网红打卡点；7 个全国文化和旅游公共服务机构功能融合试点区县，统筹推进文旅融合，集合特色小镇、美丽乡村、巴渝民居、民间传说等，规划打造了一批文化旅游设施线路以及惠民性文旅演艺节目。其中，武隆区荆竹村在传统的旅游开发基础上，通过文化挖掘、植入和创新，将乡村旅游体验上升到精神维度，打造出目前市场空缺的美好乡村生活聚集地，被联合国世界旅游组织评选为 2022 年"世界最佳旅游乡村"。

（三）社会参与扩面增效

努力加大政府购买公共文化服务力度，探索社会力量参与公共服务的方式。修订制发《重庆市文旅志愿服务规范指引》，健全志愿者服务体系。加强"重庆文旅志愿者"网站建设，策划"文旅志愿巴渝行"品牌。截至 2022 年底，新增志愿者 3102 人，新增志愿者团队 176 个；登记在案的志愿者总数 2.8 万人、志愿者团队 2333 个。

四、科技赋能，智慧服务提质增速

（一）公共文化网络平台建设进展积极

以重庆图书馆作为全国首批智慧图书馆支撑平台承建馆为契机，系统推进全市智慧图书馆体系建设，高标准完成"智慧图书馆资源服务基础支撑平台"建设，加速推进区县公共图书馆智慧化建设。依托国家公共文化云，以重庆群众文化云、市群众艺术馆微信公众号、视频号、抖音号以及各区县自媒体为主阵地，持续推进重庆公共文化云建设，不断扩充线上公共文化产品和服务，建成 43 家数字图书馆、41 家数字文化馆，全市图书馆 100% 接入国家数字图书馆推广工程网络。

（二）公共文化数字资源库不断丰富

全市图书馆系统持续优化数字资源采购、验收流程，整合打造 PC 端、移动端数字资源服务体系，加强数字阅读优质内容供给，数字资源总量达 2050.12 TB，推出"云上重图"数字资源平台，提供数字阅读、重图到家、线上续借等一站式服务。全市文化馆系统 2022 年实施重庆市"乡村村晚"、广场舞展演等百姓大舞台品牌活动项目直录播 35 场，线上数字文化服务推广活动 4 项，各省市直播联动 98 场，服务总数 1342.22 万人次。截至 2022 年底，可提供数字资源 40.6 万个、文化资讯 6 万余条，用户数达 114.9 万个。

（三）公共文化服务智慧应用场景持续拓展丰富

积极探索智慧应用场景建设，开发完善"智慧重图微体验区"场景功能，创新打造"重图映像""智慧小图"等 5 个智慧场景线下应用并实现下沉，重庆图书馆行业首创打造运用"开放式无感智慧借阅系统"。加快推进公共文数字化转型，推开云直播、云展览、云讲座、云培训、云阅读等线上服务内容，积极运用官方微博、微信公众号、抖音视频号、B 站视频号等新媒体服务平台打造全媒体服务矩阵，重庆公共文化云年均服务超 5000 万人次，累计访问量突破 3 亿人次。重庆图书馆年度推文阅读量、视频播放量超 130 万次，粉丝活跃度位居全国前十强，公共文化服务数字化智慧化水平进一步提升。

2022 年重庆市文化旅游经济运行情况

产业发展处

一、2022 年发展回顾

2022 年，新冠疫情对经济社会的影响持续加深，重庆同时遭遇高温、限电、山火、干旱等不利因素影响，全市文化和旅游产业在复杂环境中曲折前进。一方面，文旅纾困组合拳政策推动行业复苏回暖，文旅蓝图不断优化为疫后发展储备力量。另一方面，需求收缩与行业转型并行，消费市场深刻变革，文旅供需市场线上化、区域化、本土化趋势明显。全市文化和旅游产业呈现以下发展态势。

（一）文化和旅游产业整体上基本保住发展基本盘

尽管遭受新冠疫情的巨大冲击，但全市文化和旅游产业均表现出巨大韧性。2022 年全市文化产业总产出预计达 2802.82 亿元，同比增长 2.3%，文化产业增加值预计达 1122.08 亿元，同比增长 1.5%，占全市 GDP 比重 3.85%；全市旅游产业增加值预计达 1063.26 亿元，同比下降 1.2%，占全市 GDP 比重降至 3.65%。过去五年来，文化和旅游产业增加值年均增速分别达 13.5%、3.17%。

（二）产业结构如实反映宏观经济和新冠疫情影响情况

文化产业方面，一是文化消费场所因新冠疫情防控长期关停，导致文化娱乐休闲服务增加值大幅下降 7.8%；二是宏观经济进入下行区间，属于生产性服务业的创意设计服务、文化辅助生产和中介服务增加值均从往年 10% 以上的增长分别变为同比负增长0.2%、7.9%；三是新冠疫情防控期间"宅经济"强力拉动数字文化内容创作和传播，新闻信息服务和内容创作生产增加值分别同比增长8.3%、14.8%，特别是动漫游戏数字内容服务、其他文化宣传数字内容服务、智能无人飞行器制造、其他智能文化消费设备制造规上企业营收同比分别增长34.6%、164.7%、32.7%、721.6%（见表1）。旅游产业方面，旅游景区、旅行社和旅游交通受新冠疫情影响较大，旅游交通运输业和其他旅游服务业增加值分别同比下降5.8%、2.6%；近郊乡村旅游的火热带动旅游农业和渔业同比逆势增长4.2%（见表2）。

表1   2022年全市文化及相关产业增加值

单位：亿元、%

行业分类	绝对额	现价增速
文化及相关产业	1122.08	1.50
一、文化核心领域	826.02	2.60
（一）新闻信息服务	33.16	8.30
（二）内容创作生产	190.98	14.80
（三）创意设计服务	394.70	−0.20
（四）文化传播渠道	115.48	0.10
（五）文化投资运营	8.71	21.30
（六）文化娱乐休闲服务	82.99	−7.80
二、文化相关领域	296.06	−1.30
（七）文化辅助生产和中介服务	176.14	−7.90
（八）文化装备生产	37.14	32.20
（九）文化消费终端生产	82.78	2.50

表2   2022年全市旅游及相关产业增加值

单位：亿元、%

行业分类	代码	1—4季度	
		本期增加值	现价增速
旅游及相关产业	—	1063.26	−1.2
旅游农业和渔业	01	20.66	4.2

行业分类	代码	1—4 季度	
		本期增加值	现价增速
旅游零售业	02	300.97	−1.0
旅游交通运输业	03	245.39	−5.8
旅游住宿和餐饮业	04	273.64	2.3
旅游金融业	05	63.73	4.2
其他旅游服务业	06	158.87	−2.6

（三）各区域文化和旅游产业发展稳步推进不乏亮点

主城都市区文化产业增加值预计实现 976.13 亿元，继续保持占全市文化产业 87% 和占区域 GDP4.4% 左右的比重，大足区通过建设打造大足石刻文创产业园、巴南区通过引进大型文化企业，文化产业增加值均同比增长超 23%；主城都市区旅游遭到重创，旅游产业增加值同比下降 3.0%。渝东北因渝万高铁开通利好，文化、旅游产业增加值分别同比增长 1.0%、4.1%，巫山、云阳旅游产业增加值分别增长 6.8%、4.2%。渝东南加快布局文化和旅游产业融合发展，文化、旅游产业增加值分别同比增长 1.7%、5.9%，均超过全市平均水平（见表 3、表 4）。

表 3　2022 年各区域文化产业增加值、增速及 GDP 占比

单位：亿元、%

区域	增加值	增速	GDP 占比
全市	1122.08	1.5	3.9
主城都市区	976.13	1.6	4.4
渝东北三峡库区城镇群	102.78	1.0	2.0
渝东南武陵山区城镇群	43.50	1.7	2.7

表 4　2022 年各区域旅游产业增加值、增速及 GDP 占比

单位：亿元、%

区域	增加值	增速	GDP 占比
全市	1063.26	−1.2	3.7
主城都市区	752.17	−3.0	3.4

区域	增加值	增速	GDP 占比
渝东北三峡库区城镇群	197.61	4.1	3.8
渝东南武陵山区城镇群	86.25	5.9	5.3

（四）文化和旅游市场主体增速放缓效益下滑

2022 年新设立文化市场主体 14344 家，注销 6610 家，年末共有文化市场主体 143591 家，同比增长 5.69%。文化规上企业 1130 家，比上年新增 34 家；文化规上企业全年总营收 2757.72 亿元，同比下降 29.06%；全年总利润 369.85 亿元，同比增长 13.43%；年末总资产 2683.14 亿元，同比下降 20.88%；年末从业人数 14.45 万人，同比下降 31.95%。全年新设立旅游市场主体 1581 家，注销 777 家，年末共有旅游市场主体 22130 家，同比增长 3.77%。旅游规上企业 316 家，旅游规上企业全年总营收 116.83 亿元，全年总利润 –10 亿元，年末总资产 974.19 亿元，年末从业人数 2.66 万人。（由于 2022 年初规范旅游规上企业统计口径和办法，故无法与往年数据进行对比）

（五）文化产业平台载体发展向好支撑作用明显

据粗略统计，全市 35 家市级文化产业示范园区及 3 家创建园区入驻企业共 13959 家，其中文化企业 7813 家，占比达 56%；园区全年总营收为 832 亿元，其中文化类企业总营收 403.9 亿元，占整体营收比重达 48.5%。7 个园区参加文化和旅游部"文化产业园区携行计划"，与东南沿海结对园区开展深度交流合作。全市 81 家市级文化产业示范基地全年总营收为 101.9 亿元；其中文化业务总营收 88.2 亿元，占整体营收 86.6%。全市对外文化贸易重点监测企业贸易额稳步增长，进出口总额 31.63 亿元，其中进口额 12.95 亿元，出口额 18.67 亿元，同比分别增长 41.39%、34.06%、46.78%。业绩最亮眼的是重庆泓艺九洲国际文化艺术发展有限公司，进出口总额达 24.23 亿元，同比上年实现翻番。渝中区、重庆高新区申报创建国家对外文化贸易基地。出版集团、帕斯亚科技获评"2021—2022 国家文化出口重点企业"，"时光系列"游戏项目获评"2021—2022 国家文化出口重点项目"。

（六）旅游市场始终疲软行业加速"洗牌"

旅游出行决策中的"不确定性"因素增加，国际旅游陷入停滞，国内旅游出行人次和旅游收入降至近 4 年来最低水平。2022 年全市接待过夜游客 5456.46 万人次，同比下降 38.2%。假日出行比例升高，远途游消费需求持续被抑制，周边游、短途游等微旅游业态占据主流。2022 年全市共评定 A 级旅游景区 17 家，其中 4A 级景区 10 家，3A 级景区 4 家；A 级旅游景区总数达 272 家，其中 5A 级景区 11 家，4A 级景区 140 家，3A 级景区 83 家。评定甲级旅游民宿 2 家，乙级旅游民宿 1 家。同时，首批等级旅游民宿名录向社会公布。创建获评国家级旅游休闲街区 5 个，市级旅游休闲街区 10 个。新设立旅行社 84 家，注销旅行社 15 家。旅行社、星级酒店等遭遇前所未有的生存危机。

（七）招商引资和重大项目在困难中强力推进

组织多批次企业赴九龙坡、万盛、石柱、垫江、云阳等区县进行投资考察和项目对接，聚焦重点领域做实重大项目，搭建招商平台、夯实招商基础。2022—2024 年市级重点文旅产业项目名单正式公布，共 98 个项目，预计总投资 3600 余亿元。市文化旅游委门户网站开设"文旅产业招商项目"专栏，推介招商项目 200 个。2022 中国武陵文旅峰会招商推介会顺利举办，现场意向签约项目 16 个，签约金额 245 亿元，13 家银行为武陵山区 71 家文化和旅游企业集中放款、授信 77 亿元。截至 2022 年末，全市文化旅游在建重大项目 78 个，其中旅游景区类 23 个，文旅消费综合体 13 个，康养旅游类 16 个，文创园区类 9 个，主题公园类 2 个，其他类 15 个，累计投资额为 235.67 亿元。其中国有投资 99.81 亿元，占比 42.35%；非国有投资 135.86 亿元，占比 57.65%。

（八）基本形成恢复和提振文旅消费长效机制

一是强化文化消费阵地建设。新获评第二批国家级夜间文化和旅游消费集聚区 6 个，总数达 12 个，位列全国前茅；完成第二批市级夜间文化和旅游消费集聚区申报评审，新增市级集聚区 20 个，总数达 31 个。二是探索建立文旅消费统计监测机制。《重庆市文化和旅游消费示范、试点城市及夜间文化和旅游消费集聚区综合统计报表制度》并获市统计局审批通过，成为正式统计制度。三是做深做实文旅惠民消费季。举办第七届重庆文化旅游惠民消费季（春夏）活动。举办 1 个主会场启动仪式、10 余个特色主题活动、多个区县分会场活动以及网络惠民活动，共计发放消费补贴 1.6 亿元，拉动文旅及相关衍生消费超过 30 亿元。四是大力整合资源促进消费。联合相关区县与中国银联联合实施"百城百区"文旅消费助企惠民行动，专门针对夜间文旅消费发放补贴 180 万元。与抖音平台深度合作开展"重庆 DOU 是好风光"活动，助力 27 个区县乡村文旅品牌营销，累计帮扶 119 个乡村文旅商家实现线上交易转化，累计成交额 4000 万元，相关话题播放量 6.4 亿次。组织市内 50 余家旅行社和部分导游召开《重庆 1949》大型红色舞台剧营销推广工作会，旅行社带客数量和剧场上座率大幅提升。

（九）纾困组合政策强力推动产业复苏回暖

5 月 25 日国务院召开全国稳住经济大盘电视电话会议后，各相关部门均将文化、旅游作为重点纾困行业，先后联合制定出台《支持服务业等困难行业纾困恢复十条措施》《重庆市贯彻〈关于促进服务业领域困难行业恢复发展的若干政策〉的措施》等助企纾困政策措施。一是对 59 家中小微文旅企业实施贷款贴息 952.36 万元；推动 17 个项目申报文旅领域设备购置与更新改造贷款贴息，有 6 个项目签订意向协议，1 个项目获得银行放款 4800 万元。二是 2022 年度市级文化产业发展专项资金为 41 个重大项目安排扶持资金 520.5 万元；共为 4 家动漫企业减免增值税、所得税 798.62 万元；财政、税务、人力社保等部门为全市 2215 家文化和旅游企业发放失业保险稳岗返还费用 1217.48 万元；为旅游行业落实增值税加计抵减费用 1255.22 万元；继续实施宣传文化增值税优惠政策，退税金额 1989.01 万元。三是建立市区两级重点文旅企业（项目）名单对接制，形成企业融资需求清单，定期向中国人民银行重庆营业管理部共计推送 207 个重点文旅企业（项目）融资需求 393.7 亿元，截至年末共支持 59 个重点企业（项目）获得融资共计 77.34 亿元。四是协调解决难点问题。协调 7 家温泉康养星级酒店为 1564 名援沪医疗队员提供集中健康休养场所，为酒店创造营收 1600 余万元；推动解决拖欠旅行社营销奖励、基层工会采购旅行社专业服务等重点难点问题，均取得重要进展。

（十）文化和旅游产业发展基础持续夯实

区县文化和旅游产业增加值考核制度进一步完善，将文化和旅游产业新增纳入 2022 年市级督查激励，对区县产业发展激励作用进一步增强。渝中区成功进入文化产业和旅游产业领域全国仅十个名额的督查激励名单。依托"重庆智慧文旅广电云平台"，优化文化和旅游产业数据季度监测网络系统，提升季度文旅经济形势分析水平。完成《重庆市文化消费现状调查》《重庆文化产业发展现状和特色研究》《重庆旅游产业发展现状和特色研究》；开展全市文旅国有投资平台基本情况、经营情况和发展需求摸底调查。先后指导专业研究机构《渝东南武陵山区文化产业和旅游产业融合发展示范区案例分析和路径探索》《重庆红色文化旅游产业发展研究》《社会资本投资文旅产业政策研究》，为谋划下一步工作提供一手资料和现实参考。年内举办 2022 年重庆文化旅游产业大讲坛五期，线上收看达 530 万人次。

二、存在的问题

一是受三年新冠疫情影响，多数文旅企业遭受重创，现金流吃紧，还未完全恢复，再加上文旅消费市场变化更加深刻而迅猛，大众消费意愿、消费习惯也随之改变，因此文旅投资市场观望情绪浓厚，投资节奏还未恢复到新冠疫情前。

二是财政支持文旅产业发展资金进一步缩减，对搭建平台、打造项目、扶持企业、提振消费的支持力度与沿海和周边省市相比差距巨大；现行金融、土地、人才等资源配置机制不能完全契合文化产业特点，轻资产融资困局、用地需求无法保障、中高端人才匮乏等一些关键痛点仍然存在。

三、2023 年发展思路

（一）注重协同合作，深化文旅领域交流

深入推动川渝全方位合作，共同打造巴蜀文化旅游走廊。打造"大都市、大三峡、大武陵"文旅发展升级版，依托长江三峡黄金水道，联动沿江城市，开设郑渝高铁旅游专列，一站式打造江海联程旅游新通道。持续举办中国武陵文旅峰会，推动武陵山文旅发展联盟扩容增效、提档增速，联合周边省市共推武陵山区文化产业和旅游产业融合发展。大兴调研之风，开展"数字文化产业""康养旅游产业""培育文化新业态"等重大调研。

（二）注重项目引领，全力支持企业发展

持续抓好项目策划和招商引资，落实央地合作机制，坚持发布市级文化产业和旅游产业三年滚动重点项目名单，举办精品项目交流对接会。培育大足石刻文化创意产业园、永川大数据数字文创产业园等新产业平台，创建新一批国家级示范园区和示范基地，落实文化产业园区携行计划。强化文旅与金融合作，加快推动武隆 Reits 基金项目，健全与人行重庆营管部的银企对接机制，进一步畅通"长江渝融通"文旅企业融资渠道，向金融机构推送重点文旅企业和项目融资需求。

（三）注重内容为王，推动产品供给品牌化

打造富有重庆文化特色的都市演艺集聚区。在 2021 年评选公布 22 个演艺新空间的基础上，启动第二批演艺新空间申报工作，并安排奖励资金，引导旅行社组客观看旅游驻场演出。办好新一届中国西部旅游产业博览会、重庆（国际）文化旅游产业博览会、温泉产业博览会。策划举办"中国剧本娱乐之都嘉年华""电竞嘉年华"，发布首届"重庆文旅品牌榜"。

（四）注重创新赋能，培育文旅新兴业态

加紧培育元宇宙、线上演播、剧本娱乐、定制旅游等新业态新模式。深度推进文化产业赋能乡村振兴试点工作，配套政策资金，支持打造示范项目。安排专项资金，鼓励旅行社组客前往渝东北、渝东南地区，特别是国家乡村振兴重点帮扶县旅游消费。与市总工会联合落实政策，鼓励公务活动、群团活动委托旅行社等文旅企业代理安排。

（五）注重扩大消费，加速文旅市场复苏

融入国际消费中心城市建设，强力推进文化和旅游消费试点城市建设，争创国家级示范城市。开展第三批国家级夜间文化和旅游消费集聚区创建工作，评选第三批市级集聚区。发挥川渝两省（市）文旅等资源优势，推出巴蜀文旅年票，联合开展"百万职工游巴蜀"促消费活动。举办第八届重庆文化旅游惠民消费季活动，力争整合更优平台、加大惠民投入、支持各地创新、取得更大成效。

2022 年重庆文化旅游市场发展报告

市场管理处

2022 年，重庆市文化和旅游市场监管系统始终坚持以习近平新时代中国特色社会主义思想为指导，以迎接党的二十大胜利召开为主线，按照文化和旅游部、市委和市政府相关工作部署，统筹常态化新冠疫情防控和市场管理，积极推动行业复苏，文化和旅游市场整体呈现出业态体系不断丰富、市场主体健康发展的良好态势，全市文化和旅游市场实现安全"零事故"、舆情"零事件"、意识形态"零事件"目标，重庆市 3 个案件被评为 2021—2022 年全国文化市场综合执法重大案件，重庆游客满意度累计 33 个季度排名前 10 位，综合位居全国第一。

一、市场主体情况

截至 2022 年底，全市文化市场主体达 13.6 万家，其中规模以上文化企业 1091 家。2022 年全市文化产业增加值 1122.08 亿元，旅游产业增加值 1063.26 亿元。目前，全市正常营业的文化市场经营单位共 9319 家。其中：娱乐场所共 2067 家（含歌舞娱乐场所和游戏游艺娱乐场所），互联网上网服务营业场所 2555 家，文艺表演团体 2262 家，经营性互联网文化单位 986 家，艺术品经营机构 443 家，演出经纪机构 351 家，演出场所 83 家，剧本娱乐经营场所 572 家（桌面剧本场所 222 家，沉浸式剧本场所 199 家，密室逃脱娱乐场所 151 家）（见表 1）。

表1　2022年重庆市文化市场主体统计表

市场主体类别	机构数（家）
娱乐场所	2067
互联网上网服务营业场所	2555
文艺表演团体	2262
经营性互联网文化单位	986
艺术品经营机构	443
演出经纪机构	351
演出场所	83
剧本娱乐经营场所	572
共计	9319

二、文化执法机构设立情况

全市现设有市文化综合执法总队和39个文化执法支队，两江新区、高新区未单设文化执法支队、通过综合执法局开展文化执法。其中：区级文化执法机构为副处级单位，县级文化执法机构为正科级单位（垫江县例外，为副科级），领导班子设置支队长、副支队长职位，大部分区县班子设置政委一名，有四分之一的区县未设置政委职位。各区县核定执法人员编制719名，在编618人，在岗442人。在编人员中，本科及以上学历占比接近70%，专科及以下学历约占30%，平均年龄约为43岁。各区县均实行执法资格管理制度，要求全体执法人员持证上岗。2022年，重庆市为所有执法人员发放文化市场综合行政执法服装，提振了执法队伍精气神。

三、文化旅游市场管理情况

（一）机制建设实现新突破

一是考核通报机制更加完善。持续完善全市文化和旅游市场"月点评、季通报、年考核"考核通报机制，修订印发《2022年度全市文化和旅游市场管理水平通报方案》。创新实施文化旅游市场监管新闻媒体通报机制，通过市内主流媒体曝光文化旅游市场乱象，并公布 10 件行政处罚典型案例。积极发挥考核指挥棒作用，完善 2022 年对区县政府的文化旅游市场管理考核实施细则，将"综合满意度"和"投诉下降率"两项内容纳入考核指标，进一步压实区县政府属地属事责任。二是综合协调机制更加顺畅。调整充实市文化市场管理工作领导小组，吸纳成员单位 17 个，完善办文、办会、通报等工作机制，梳理市旅游经济发展领导小组等涉市场管理综合协调机制 20 个，明确联络人员，加强工作对接。对上加强汇报，与文化和旅游部、市委、市政府保持步调一致。横向加强联动，与市场监管、公安、交通、网信、消防、卫健等部门保持密切协作，开展联合执法，形成监管合力。内部加强统筹，市、区（县）两级文化执法机构注重统筹文化、旅游、文物、广播电视等领域执法，做到监管不缺项、不漏项。三是市场监管机制更加多元。针对新情况新问题，探索建立一系列切实管用的工作机制，先后建立歌乐山景区旅游市场联合治理机制、川渝文旅市场审批管理事项通办和行政执法联动机制、行政执法与刑事司法衔接合作机制、"扫黄打非"与文化旅游市场综合执法协同机制、异地联合执法办案机制等，全年联合公安、市场监管等部门开展"不合理低价游"执法检查 86 批次，会同公安出入境部门开展"三非"外国人专项治理 4 次。

（二）行业管理迈上新台阶

一是深化"放管服"改革。扎实推进文化市场综合行政执法改革，出台《重庆市文化市场综合行政执法事项指导目录（2022 年版）》，修订完善《重庆市文化市场综合行政执法行政处罚自由裁权基准（试行）》，印发《关于深化"放管服"改革促进演出市场繁荣发展的通知》和《关于新设立娱乐场所和互联网上网服务营业场所审批有关事项的通知》，更新文化市场行政审批（备案）事项，压缩审批办理时限，进一步优化营商环境。二是推进信用体系建设。推动信用经济试点工作，武隆区和铜梁区被文化和旅游部认定为首批信用经济试点地区。全面加强信用信息采集，科学实施信用运用，完成信用信息查询公示 4620 条，反馈完成率 100%。将重庆市文化和旅游市场严重失信主体、轻微失信主体纳入信用管理，将 3 家市场主体及其法定代表人纳入严重失信主体管理。严格落实"双随机、一公开"制度，全市通过平台双随机抽取检查941批次，抽取执法人员3.94万人次，抽取经营单位1.61万家次。三是加快信息化建设。全面实施审批事项清单管理和事项在线办理，积极推动部、市平台融合、数据共享，全面落实在线平台100%办理，未发生一件投诉举报、复议和诉讼。完成与市国安局、市台办、市文化综合执法总队、相关区县文化执法支队、市信用信息平台的演出信息共享。全市206家3A级以上旅游景区和演出场所、网吧等视频全部接入重庆文旅广电云平台实行动态监管。在全市推广使用文化旅游安全监管小程序，接入场所达3833家，注册用户1.4万人，累计产生超过480万条工作数据。四是强化新兴行业管理。组建调研组对全市剧本娱乐经营场所开展专题调研，形成《重庆市剧本娱乐行业发展情况调研报告》，联合市公安局、市市场监管局等5部门印发《关于进一步加强重庆市剧本娱乐经营场所管理的通知》，组织全市41个区县文化旅游部门相关负责人参加备案管理培训，督促区县加快推进备案工作。五是加强演艺市场管理。落实演出管理"三项制度"，对重点营业性演出项目约谈率和所有营业性演出承诺率达100%，社会关注度高、影响面广的重点演出项目落实票务报告和约谈制度达100%。转发文化和旅游部《演出经纪人员资格证管理规定（试行）》和《演出经纪人员继续教育实施意见》，并对相关规定进行解读；做好重庆考区2022年全国演出经纪人员资格认定考试的统筹协调工作，在新冠疫情防控压力大且全国仅10个省份开考的严峻形势下，重庆市迎难而上，组建工作专班、落实防疫要求、明确任务分工，精心筹备考试的各项工作，确保了3599名考生顺利参考、平稳可控。六是强化旅游市场管理。建立完善投诉转办机制，全市共收到旅游投诉（举报）1346件，均得到妥善处理。创新设立旅游"调解工作室"，妥善处理矛盾纠纷，为游客挽回直接经济损失35万余元。印发《加强旅游服务质量监管提升旅游服务质量实施方案》，推进全市"质量月"活动，设立"文明旅游"专栏。积极开展服务质量提升试点工作，遴选11个区县，通过8个课题开展为期一年的试点工作，获得文化和旅游部通报表扬。推荐红岩联线和巫山神女景区参评国家级文明旅游示范区建设，积极推进市级文明旅游示范单位创建。

（三）专项整治取得新成效

一是开展系列重点专项整治。按照党中央、国务院部署开展的打击整治养老诈骗专项行动要求，组织开展文旅行业涉养老诈骗专项整治，综合利用线上线下手段加强宣传教育，广泛开展识骗防骗普法宣传，市区两级文化执法机构围绕旅游市场和艺术品市场两个领域，严查涉养老诈骗违法违规经营行为，检查各类文化旅游场所 1 万余家次，累计排查整治问题隐患 31 条，整治率 100%，其中涉嫌犯罪移送司法机关依法打击的问题 6 个，对 6 家违规企业作出行政处罚 10.7 万元。根据文化和旅游部统一部署，开展私设"景点"问题专项整治，要求旅行社、在线旅游企业等旅游经营者不得将私设"景点"作为旅游产品予以销售或推荐，共收到问题线索 36 条，认定其中 26 条为私设"景点"问题并全部整改完毕，其中完善行政许可或备案 4 个，责令恢复生态 2 个，责令停业整改 6 个，规范整治安全隐患、经营不规范行为等 15 个，其经验做法被文化和旅游部转发。开展全市文化娱乐场所专项整治行动，组建暗访组先后赴 20 余个区县，以明察暗访、调取视频监控、抽查歌曲点播系统等方式开展暗访，发现问题 80 余条，整改率 100%，并将暗访结果纳入全市文化旅游市场管理水平考评中。二是狠抓文化市场专项整治。先后组织开展暑期文化市场集中执法、扫黄打非、"清风行动"、文娱领域综合治理、艺术品市场整治等系列专项整治行动，全市共出动执法人员 2.2 万人次，检查各类场所 8396 家次，开展联合执法检查 828 次，发现问题 262 个，责令整改 83 家次，当场处罚 53 家次，办结案件 176 件，移交问题线索 15 条，立案查处涉艺术品案件 2 件，罚没款 4 万余元。三是强化旅游市场专项整治。严厉查处打击"四黑"问题及"票串串""带路党"，整治"不合理低价游"、擅改行程、强迫购物、未经许可经营旅行社业务等突出问题，网络巡查在线旅游经营平台 2720 家次，发现不规范问题 179 个，责令整改 78 家次，共办结案件 18件，"行转刑"移交公安机关案件 1 件，有效维护了重庆市旅游市场秩序。

四、文化市场综合执法情况

2022 年，全市两级文化综合执法机构共出动执法人员 17.8 万人次，检查各类市场主体 7.2 万余家次，查办案件 1122 件，罚款 351 万余元，责令停业整顿 21 家次，取缔无证照经营场所 51 家次，吊销许可证 7 家次，收到各类咨询举报投诉 10195 件（其中投诉举报 1674 件）。

（一）重点集中整治情况

一是推进未经许可经营旅行社业务、"不合理低价游"专项整治。全市网络巡查在线经营平台 2720 家次，发现不规范问题 179 个，责令整改 78 家次，共办结涉旅违法违规案件 18 件，"行转刑"移交公安机关案件 1 件。市文化执法总队办理的"重庆大脸猫国际旅行社有限公司未征得旅游者书面同意委托其他旅行社履行包价旅游合同案"系重庆市首例文化和旅游市场严重失信主体案，该公司被吊销旅行社业务经营许可证。二是开展保护未成年人合法权益专项行动。清理文化市场含有侵害未成年人合法权益内容的文化产品，全市检查督导各类文化旅游场所 8396 家次，发现企业经营不规范问题 262 个，责令整改 83 家次，当场处罚 53 家次，办结各类违法违规案件 176 件。三是集中清理查处"问题图书"。检查出版物市场 4300 家次，收缴各类非法出版物 11000 余册，查办案件 45 件。三是开展广电市场专项整治。开展非法卫星电视接收设施专项整治行动，收缴高频头 8 个，拆除非法安装使用的卫星电视接收设施 218 套，取缔非法销售"小耳朵"门店 1 个，收缴非法卫星电视接收设施 13 套，清理全市广播电视节目制作机构 728 家。四是开展文物保护专项执法行动。检查文物保护单位 1460 家次，博物馆 47 家次，文物保护项目工程 8 家次，整改安全隐患 281 处、限期整改 18 处，立案查处 1 起擅自拆除不可移动文物案件，罚款 10 万元。"渝中区巴渝民风博物馆未经批准擅自改变国有文物保护单位的用途案"系市文化执法总队首例查处的改变国有文物保护单位用途案。

（二）意识形态领域管控情况

一是稳妥处置涉意识形态案事件。共核查文化和旅游部、"扫黄打非"等部门转办线索 110 批次 218 条，成功查办"重庆港渝影视文化传媒有限公司未经批准擅自设立新闻单位驻地方机构案"，稳妥处置了重庆现实加文化传媒有限公司模仿"鱿鱼游戏"招募全国多地人员来渝开展密室游戏事件等一批敏感案事件。二是净化版权和新闻出版市场环境。扎实开展"剑网2022""秋风2022"等专项整治行动，全市共收缴侵权盗版出版物11万件，办理涉及侵权盗版的投诉举报177件，办结著作权案件43件。"重庆高洁科技有限公司未经权利人许可故意避开破坏技术措施案"是《著作权法》新修订后市文化执法总队查处的首例侵犯著作权典型案例。三是营造清朗网络空间。整治网络非法传播视听节目，排查网站1678个，约谈网站15家，关停违规网站29家，立案5件，罚款7万余元。强化互联网文化产品内容监管，先后查处关闭"趣话漫画""羞羞漫画"等一批含有禁止内容的App，罚没款11.6万余元。组织开展点播影院专项整治，共检查点播影院115家次，下达责令整改通知书25家次，立案3件。加强线上出版物市场监管，巡查网上书店平台800余家次，对50余家网站进行约谈和责令整改。

（三）执法队伍建设情况

配全配齐市、区（县）两级文化综合执法人员服装和标志，印发《行政执法制服和标志管理办法（试行）》《行政执法专用章使用管理规定（试行）》，推动规范化建设。加强执法人员业务培训，开办"执法大讲堂"，每月邀请相关专家为市文化和旅游发展委员会机关、市文化综合执法总队相关执法人员开展专题培训；组织开展第三届全市文化市场综合行政执法岗位练兵技能竞赛活动，选拔优秀人员参加文化和旅游部组织的竞赛活动；组织各区县执法骨干参加全国执法业务线上培训，组织师资力量对河北、西藏昌都、四川宜宾等地开展线上线下授课培训10余次。

2022 年重庆文化旅游系统对外和对港澳台交流合作工作报告

国际处

2022 年，重庆市文化和旅游系统坚持以习近平新时代中国特色社会主义思想为指导，全面贯彻落实党的二十大精神，深入贯彻学习习近平总书记关于文化和旅游工作新论述新要求，紧紧围绕文化强市和世界知名旅游目的地建设中心目标，准确识变、科学应变、主动求变，印发实施《重庆市"十四五""一带一路"文化和旅游发展行动计划》，并以此为重要行动纲领精准施策推进对外和对港澳台文化和旅游工作，重庆文化和旅游国际传播力和品牌影响力进一步提升。

一、积极服务国家总体外交和发展大局

（一）持续深化重庆与湄公河国家文旅合作

以全力争取澜湄旅游城市合作联盟总部落户重庆为引领，先后成功举办"2022 澜湄青年新春联欢会""老挝、缅甸驻华大使访渝文旅考察交流活动""中国（重庆）—老挝文旅企业交流座谈会"等系列交流推广活动；市文化旅游委与缅甸饭店与旅游部综合司正式签订合作备忘录；认真策划"澜湄合作机制下跨境旅游合作高级研修班"并获批 2022 年重庆市人民政府外国留学生市长奖学金丝路项目。

（二）持续推动重庆与上海合作组织国家文旅合作

紧紧围绕中白建交三十周年等重要背景，成功举办"重庆市—明斯克州

文化旅游线上推介会""中白建交三十周年图片展暨重庆—明斯克电视周开播仪式"等系列交流推广活动。

（三）深化拓展重庆与新加坡文旅合作

市文化旅游委与新加坡旅游局签订《关于加强旅游合作的谅解备忘录》，该合作成果作为重庆与新加坡三大重点合作成果之一在中新互联互通项目联合协调理事会第六次会议上进行展示；与市中新项目管理局、新加坡旅游局联合推动成立"中新（重庆）文化和旅游产业联盟"，着力打造立足渝新、面向中西部、链接陆海新通道沿线国家的文化旅游常态化交流合作机制；与新加坡旅游局共同指导重庆国际文旅之窗、新加坡科学中心、重庆图书馆联合举办"重庆—新加坡无人机友谊赛"，国内首创以面向青少年的无人机友谊赛方式开展重庆、新加坡特色旅游目的地推介。

（四）协同打造区域性文旅对外推广品牌

川渝两地共同主办"6·11 文化和自然遗产日"和"5·18 国际博物馆日"川渝主会场活动，牵手亮相 2022 中国国际旅游交易会并联合开展巴蜀文化旅游走廊精品路线推介，共同举办"澜湄世界遗产城市对话活动"，助力打造具有国际范、中国味和巴蜀韵的世界级休闲旅游胜地；渝鄂携手做靓做强长江三峡国际黄金旅游带品牌，成功举办第十三届中国长江三峡国际旅游节，举办世界大河歌会、长江三峡（巫山）国际红叶节等 20 余项系列活动；邀请缅甸等 9 国驻渝蓉总领事馆，中国—东盟中心等 4 个国际组织，越南工贸部驻重庆贸易促进办公室等 2 个外国政府驻华机构代表出席 2022 中国武陵文旅峰会，积极推动重庆、湖北、湖南、贵州四省市交界地区的武陵山片区一体化协同发展。

二、持续深化渝澳港台文旅交流合作

组团参加第十届澳门国际旅游（产业）博览会，其间，成功举办 2022 年"重庆旅游澳门宣传推广周"活动，重庆武隆旅游产业（集团）有限公司与澳门万国旅游集团签订战略合作协议，重庆武隆旅游产业（集团）有限公司与澳门雄狮旅行社有限公司签订"澳门万人同胞游武隆"合作协议，重庆山水都市旅游开发有限公司与澳门里程国际旅行社有限公司签订战略合作协议，重庆与澳门在文化和旅游领域交流合作的广度与深度得到进一步拓展；市文化旅游委联合香港贸易发展局共同主办"中国文化和旅游 IP 授权·重庆沙龙"，积极探索港渝两地文旅共建、共创、共融、共享新模式；线上出席由文化和旅游部主办的 2022"美丽中国·心睇验"推广活动暨 2022 对港澳文化和旅游推广季启动仪式，重庆中国三峡博物馆受邀作"探秘博物馆之旅"主题推介；与中华文化联谊会共同主办"文化赋能·乡村振兴——两岸青年创意设计展"，以网站及元宇宙形式展出以乡村振兴为主题的两岸创意设计作品，对接海外中国文化中心向驻在国公众进行展示，促成两岸创意设计工作者在交流中深化拓展合作；"世界自然遗产地·武隆喀斯特自然生态研学"线路、"重庆人·重庆城"主题研学课程分别入选港澳青少年内地游学联盟 2022 年度"港澳青少年内地游学推荐产品""港澳青少年内地游学潜力产品"。

三、持续深化多领域对外交流合作

（一）多层次开展文化艺术国际交流

一是大力推进跨国音乐合作。邀请比利时籍著名钢琴演奏家、指挥家和作曲家彼德·利兹来渝担任重庆风雅云歌文化传播有限公司艺术顾问，先后为重庆市"从多瑙河到长江"大型交响音乐会专门创作交响诗《中国随想曲》并举办全球首演，受邀在 CCTV 4《环球综艺秀》节目中演奏原创作品《中国随想曲》及《我爱你中国》《乌苏里船歌》等多首中国名曲，参演"民族的就是世界的·武陵交响诗画"音乐晚会，举办重庆"音乐之窗：彼德·利兹公益钢琴独奏沙龙"，代表重庆参演第七届兰州国际钢琴艺术周，举办大型交响音乐会《爱·中华》全球首演，以钢琴艺术带动国内外音乐文化交流互动，增进中外文化互进互融。在我驻比利时大使馆的大力推动下，比利时作曲家尚·马龙创作的管弦乐《东方旋律》在 2023 年重庆新春音乐会上首次由中国的交响乐团在华首演，讲述了外国人眼中的美好中国，得到了文化和旅游部胡和平部长的高度肯定。联合市外专局和市政府外办，在渝成功举办"万象更新·渝见未来"2022—2023重庆市科技工作者跨年嘉年华，重庆节日交响乐团、重庆芭蕾舞团、重庆市国际标准舞协会、重庆大剧院爱乐童声合唱团、乌克兰歌唱家露茜、小提琴演奏家吴博、著名男高音歌唱家范竞马等艺术团体和艺术家代表呈献精彩演出。在彭水摩围山举办"2022武陵山国际森林音乐季"，通过户外音乐会的形式，将海外经典交响曲目与武陵山地区民俗歌舞传唱融于一体，实现高雅艺术与民俗文化的交融诠释，是推进"音乐＋旅游"深度融合的一次全新尝试。

二是积极推动重庆优秀演艺"走出去"。重庆芭蕾舞团舞剧《百年红梅颂》云演出精彩亮相哥伦比亚胡里奥·马里奥·圣多明戈大剧院国际云舞蹈季，献礼中哥建交42周年，受到我驻哥伦比亚大使馆高度肯定。重庆芭蕾舞团录制的《山水重庆》《大足气韵》等芭蕾舞视频及创排的《死水微澜》《追寻香格里拉》等芭蕾舞剧在南美洲主流媒体平台和国际戏剧节中展播并推广。支持重庆杂技团赴加拿大参加"世界魔术的奥林匹克"——第28届FISM总决赛；与我驻马来西亚大使馆密切合作，非遗表演《铜梁火龙》亮相2022年马来西亚"欢乐春节"活动。

三是携手外国驻华使领馆热情"请进来"。支持重庆图书馆借墨西哥、爱尔兰等国家驻华使节访渝契机开展"大使推荐一本好书"读书会、图书捐赠等活动；支持重庆图书馆与法国驻成都总领事馆合作举办第六届图像小说节——《发现法国和比利时的漫画大师》活动；支持重庆图书馆、澳大利亚驻成都总领事馆联合举办"2022澳大利亚原住民艺术展"，以艺通心促进中澳民心相通；支持重庆大韩民国临时政府旧址陈列馆联合韩国驻成都总领事馆举办"大韩民国临时政府暨韩国光复军在重庆"临时展览，共促中韩文化交流；邀请缅甸、柬埔寨、日本等8个驻渝总领事馆外交官出席第五届川剧节开幕式，深度感知川剧文化的别样魅力。

（二）多渠道组织重庆旅游国际推广

市文化旅游委主任刘旗在世界温泉与气候养生联合会第73届年会暨国际

科学大会上发表视频致辞并被世界温泉与气候养生联合会董事会授予"卓越领导奖"；组团参加 2022 中国国际旅游交易会、2022 中国—东盟博览会旅游展、第十届澳门国际旅游（产业）博览会等 3 个国际性旅游展会，充分借助境内国际性展会开展境内外旅游营销推广；积极参加"世界旅游联盟·黄河对话"等国际性组织举办的品牌活动，邀请联合国开发计划署与世界旅游城市联合会来渝考察调研；武隆区荆竹村被联合国世界旅游组织评为"最佳旅游乡村"，武隆仙女山街道荆竹村《"一二三产 + 旅游"助推乡村蝶变》、巫山县竹贤乡《生态、人文、旅游融合发展助力乡村振兴》成功入选"2022 世界旅游联盟——旅游助力乡村振兴案例"。

（三）全方位推进文物和广电国际合作

推动大足石刻研究院与复旦大学、日本奈良文化财研究所线上签订三方协议，合作开展大足石刻峰山寺摩崖造像保护，重庆 2 篇考古发现文章将在瑞士德语区知名文物期刊 *Antike Welt* 刊登，完成《中国白鹤梁题刻—埃及尼罗尺石刻联合申遗可行性论证研究》，文物"走出去"步伐不断加快。市文化旅游委与四川外国语大学、科大讯飞股份有限公司等单位共同建设国际影视产业学院（西部影视译制中心），广电"走出去"步伐更加有力。

四、创新推进重庆文化和旅游国际传播

一是高质量完成文化和旅游部"部省合作"项目。与卢森堡中国文化中心密切合作，精心录制"欢乐春节——山水之城·美丽之地"文艺晚会，配套开展重庆优秀旅游演艺项目海外推广、重庆地方美食制作技艺线上教学、重庆綦江农民版画展暨非遗大师工作坊等 5 项活动，充分依托我驻外机构开展文化传播和旅游推广，讲好中国故事重庆篇章，我驻卢森堡大使馆发来感谢信。

二是充分释放"重庆国际文旅之窗"平台聚合效能。与境外驻华机构成功举办重庆—新加坡青少年无人机邀请赛、2022 重庆国际文旅经贸沙龙启动仪式暨加拿大悦享最"加"健康生活沙龙、"渝见澳洲"少年推荐官选拔赛、

第五届中国国际进口博览会推介会暨首场招商路演（成渝地区双城经济圈专场）等20余场活动，成功打造"国际文旅经贸沙龙""渝见不同"两大活动品牌，外国驻华使领馆、旅游推广机构纷纷寻求合作，自主平台搭建取得较大成功。

三是充分发挥华侨民间友好交往优势开展借力营销。支持市侨办、市侨联主办"四海传音·情系巴渝"重庆市侨界贺新春活动，与加拿大魁北克四川同乡会暨商会联合主办"巴蜀闹元宵"云展演，参加香港民政事务总署主办的"同乡文化名胜展"，支持香港重庆总会举办"重庆火锅美食汇"，通过铜梁龙舞、川剧、杂技等巴蜀地方特色节目和火锅、小面等重庆特色美食，合力推动中华优秀文化"走出去"。

五、严格履行文化交流事项审批管理职责

2022年，累计完成对外和对港澳台文化交流项目70余项。其中，因公出访2批24人次，分别出访加拿大和中国澳门地区；来访商业演出98批304人次。科学研判国际形势和新冠疫情发展态势，针对涉外文化旅游活动骤增的情况，进一步健全涉外文化活动审批机制，加强事前审核、事中监督、事后复盘，牢牢守住意识形态安全底线。

2022年重庆市文化旅游系统人才队伍建设报告

人事处

2022年，重庆市文化旅游系统人才队伍建设工作认真贯彻落实党的二十大精神和习近平总书记关于新时代人才工作的新理念新战略新举措，贯彻落实中央、市委和市文化旅游委系统人才工作会议精神，以规范建设、队伍充实、项目引领、培训提升、激励体系等为重点，为文化强市和国际知名旅游目的地建设提供了强有力的人才保障。

一、问题导向强化规范建设

（一）目标定位

针对文化旅游系统人才队伍建设存在的问题，组织召开市文化旅游委系统人才工作会，进一步明确文旅人才工作目标任务、工作举措，强化组织领导、经费投入、氛围营造等。

（二）档案管理

组织开展全系统干部人事档案专项审核工作，组建督导工作组，对纳入审核范围的人员档案进行仔细盘点，通过随机抽查、现场指导等方式，切实做到审核内容不漏项、程序环节不变通，各单位按照要求和标准完成干部人事档案专项审核和整改工作。

（三）工资津贴

严格执行清理规范公务员工资津贴政策规定和纪律要求，清理规范机关公务员 2021 年考核奖、2021 年绩效奖金、2021 年未休年休假。

（四）岗位聘用

深化整改部分事业单位"已评未聘"问题，进一步理顺职称评审和岗位聘用关系，将岗位聘用规范化、制度化，保障职工合法权益。

二、拓宽渠道充实干部队伍

（一）公开招聘

机关处室通过公开招录补充文物、艺术、广电等方面公务员 4 名；接收 1 名定向招录选调生，充实规划专业队伍。组织重庆市文物考古研究院、重庆市川剧院等 9 个事业单位，参加市属事业单位 2022 年公开招聘、重庆英才大会考核招聘，充实教师、图书、文物保护等专业人才 80 余人；进一步贯彻《关于为高层次和急需紧缺文艺人才引进提供编制保障的复函》（渝委编办〔2021〕221 号）精神，落实岗位聘用问题，为改制文艺院团引进急需紧缺高层次人才。按照《市级专业文艺院团 2020—2022 年创作表演人才引进培养计划》（渝文旅发〔2020〕91 号）要求，强化督促，配齐配强改制文艺院团创作表演人才。

（二）直接商调

坚持调动标准、条件和程序，通过直接商调，为重庆红岩联线文化发展管理中心等单位补充优秀管理专业人才 30 余名。

（三）政策安置

按照市委退役军人事务工作领导小组统一部署，2022 年，机关处室通过考试考核、双选等方式安置转业军官 4 人；重庆中国三峡博物馆、重庆红岩联线文化发展管理中心、重庆自然博物馆等三个单位安置 3 名退役士兵。重庆市群众艺术馆安置 1 名随军家属。

三、精准高效开展人才项目

（一）积极开展项目推荐

推荐 5 名国家高层次人才特殊支持计划青年拔尖人才及 6 名文旅部乡村文化和旅游带头人项目。永川大数据产业园数字文创产业发展案例等 17 个项目申报文化和旅游创新创意案例。重庆红岩联线文化发展管理中心等单位 8 人申报文博精品共享课程。重庆文化艺术职业学院 4 个项目入选 2022 年度文化艺术职业教育和旅游职业教育提质培优行动计划。

（二）严格落实国家项目

组织开展文化工作者服务支持艰苦边远地区和基层一线专项工作，为受援区县招募文化工作者 315 名，上挂培养文化工作者 14 名。

（三）扎实做好市级项目

牵头实施 2022 年重庆英才计划·名家名师项目（文化旅游领域），评出 10 名人选，并给予科研经费支持其创作研究。

（四）高效实施自有项目

区分领军人才、青年拔尖人才、后备人才开展针对性培养。选拔 15 名舞台艺术领军后备人才，按照"一人一策"的要求制订培养计划，开展精准培养；各委属文艺院团积极实施 36 名青年拔尖人才及 4 个后备人才培养班项目。

四、优化资源推进干部培训

（一）统筹培训项目

围绕"举旗帜、聚民心、育新人、兴文化、展形象"这一使命任务，制定《2022 年市文化旅游委培训计划》，全年培训项目 28 个，涉及 1.5 万余人次。加强与高校合作，制定实施《重庆文化旅游复合型高级人才及经营管理人才培养方案》，培养高素质专业化干部 50 人。

（二）开展调训选派

按要求完成文化和旅游部、国家广电总局、国家文物局等单位调训任务，共选派 500 余人参加宣传贯彻党的二十大提升"六个能力"专题网络培训、全媒体文艺人才媒体融合创作专题培训等。

（三）加强资格管理

克服新冠疫情不利因素，组织 431 人参加全国广播电视播音员主持人职业资格考试（重庆考区）。加强广播电视播音员主持人执业注册管理，办理播音主持证 150 余件，注销播音主持证 20 余件。

五、多措并举完善激励体系

（一）荣誉激励

全年委系统共有 1 个集体、3 名个人分别被国家文物局表彰为全国文物系统先进集体、先进工作者和劳动模范，2 个集体、5 名个人受到市级部门表彰。

（二）收入激励

完成委属事业单位超额绩效备案工作，积极争取市人力社保局和市财政局支持，委属事业单位超额绩效参考线最高到 6.6 万元，较 2021 年增长 10%。

（三）评价激励

推进文化旅游领域职称制度改革，修订全市文化艺术行业特殊人才职称申报业绩条件，23 项业绩之一可直接申报正高职称、15 项业绩之一可直接申报副高职称，为专业技术人员提供更加便利的职称晋升绿色通道；修订文物博物、播音主持、艺术、图书资料等专业职称申报条件；及时对 12 个委属单位、市科协文化旅游专业职称中评委进行换届调整。完成 2022 年度职称评审工作，全市文化旅游专业新增高级职称人员 110 人、中初级职称人员 397 人。

2022年重庆市文化旅游委系统党建工作报告

组织干部处

2022年，重庆市文化旅游委党委坚持以习近平新时代中国特色社会主义思想为指导，深入学习宣传贯彻党的二十大精神，全面落实市第六次党代会和市委六届二次全会各项部署，扎实推进新时代党的建设新的伟大工程，以党的政治建设统领党的建设各项工作，把坚持和加强党的全面领导贯穿到工作全过程各方面，以强烈的自我革命精神从严从实从细扛起管党治党政治责任，推动市文化旅游委系统党的建设全面加强。

一、以政治建设为统领，毫不动摇坚持和加强党的全面领导

（一）旗帜鲜明讲政治

始终把党的政治建设摆在首位，深刻理解把握"两个确立"的决定性意义和实践要求，深化政治忠诚教育，引导委系统党员干部增强"四个意识"、坚定"四个自信"、做到"两个维护"，时时忠诚核心、事事紧跟核心、处处维护核心、坚决捍卫核心，坚决做到"总书记有号令、党中央有部署，重庆见行动"。严肃党的政治纪律和政治规矩，发展积极健康的党内政治文化，传承红色基因和优良传统，进一步从政治上思想上正本清源、固本培元。

（二）压紧压实管党治党政治责任

认真贯彻《党委（党组）落实全面从严治党主体责任规定》和市委《关于深化落实全面从严治党主体责任的意见》，抓实委党委、党委书记、党委班子成员3个全面从严治党主体责任清单。落实党建工作专题会议制度，定

期专题研究党建工作，分类研究部署机关处室、事业单位、国有企业党建重点任务。完善党建工作考核评价机制，组织开展基层党组织书记抓党建述职评议考核工作，强化考核结果运用。党委书记和班子成员均按照要求建立支部工作联系点，并深入联系点解剖"麻雀"，提出对策建议和发展措施。

（三）全面贯彻落实党中央决策部署和市委工作要求

对照中央关心的大事要事、对照全市改革发展中心工作，不断完善全市文化旅游工作思路、工作部署和政策措施。加速构建文旅融合发展新格局，大力传承和弘扬红岩精神，坚持以文塑旅、以旅彰文，纵深打好"三峡、山城、人文、温泉、乡村"五张牌，着力打造"大都市、大三峡、大武陵"三大旅游品牌。形成"十四五"文化和旅游发展"1+N"规划发展体系，深入推进巴蜀文化旅游走廊建设，"一区两群"文旅协调发展重点突破，建成武陵文旅推广中心，成功举办2022中国武陵文旅峰会，推出稳住文化旅游领域经济一揽子政策共6个方面近20条具体举措。文艺繁荣取得丰硕成果，全市舞台艺术连续荣获文华大奖、金菊奖、牡丹奖、山花奖等国家级大奖。公共服务惠民共享走深走实，文化遗产保护利用不断加强，广电和网络视听取得持续发展。助力乡村振兴成效明显，3个乡镇（街道）、6个村（社区）分别入选全国乡村旅游重点镇、重点村，推出乡村旅游线路125条，9条线路入选全国乡村旅游精品线路。中国旅游研究院最新调查数据显示，后疫情时代中国人最想去的城市旅游目的地重庆位居第一。中国旅游研究院发布的"非凡十年·魅力二十城"榜单，重庆游客满意度综合排名位居全国第一，特别是最近五年3次位居第一。在搜狐旅游发布的《2022年全国旅游城市品牌影响力报告》中，重庆在全国城市旅游影响力百强榜单中位居第一。

（四）从严从实抓好意识形态

认真落实意识形态工作责任制，加强基层文化阵地、公共文化场所、景区、论坛讲坛等阵地的建设与管理，强化艺术创作、展陈展览的内容管理，抓好营业性演出、农村演出市场、歌舞娱乐、网络文化经营内容、播出机构和频率频道、网络视听内容、广播电视广告等监管，深化文娱领域综合治理。定期研判意识形态风险，强化应急管控和舆论引导举措，全市文化和旅游领域意识形态总体平稳。

二、以思想建设为核心，全力推动党的创新理论入脑入心入行

（一）营造党的二十大浓厚宣传氛围

深化广播电视媒体"头条"和网络视听平台"首页首屏首条"建设，突出做好习近平新时代中国特色社会主义思想宣传，开设"迎接党的二十大"新闻专栏，推出《总书记的足迹》等主题报道，组织开展"恢宏新时代 逐梦向未来"重点节目展播活动，开展"礼赞新时代、奋进新征程"优秀电视剧和"喜迎二十大、奋进新征程"优秀网络视听作品展播活动，做好"二十大时光"特别报道，采编的《二十大时光·声音——外币上的"中国建造"彰显大国担当》受到国家广电总局表扬。

（二）深入学习宣传贯彻党的二十大和市第六次党代会精神

精心做好党代表推荐提名工作，委系统 3 名党员出席市第六次党代会。第一时间召开党委会、干部大会，传达学习党的二十大和市第六次党代会及市委六届二次全会精神，通过理论学习中心组、宣讲报告会、专题辅导讲座、"三会一课"等形式，指导委系统各级党组织开展各类理论学习 500 余次、专题宣讲 90 余次。邀请市委宣讲团成员、市委宣传部常务副部长曹清尧为委系统党员干部宣讲党的二十大精神，举办党的二十大精神宣讲暨全市文旅系统宣传工作培训会。利用委系统门户网站开设党的二十大精神学习专栏，依托市、区县两级文旅单位"两微一端"新媒体矩阵，先后转发和推送各类新闻报道、宣传文稿和学习视频 1200 余条次。充分发挥文化旅游的行业优势，组织全市 A 级景区、文化馆、图书馆和博物馆等文旅场所，利用宣传栏、横幅和 LED 显示屏等多种载体，张贴、悬挂和播放相关标语、口号和视频 1800 余条次，兴起学习贯彻党的二十大精神热潮。

（三）持续强化理论武装

党的二十大报告深刻阐释了新时代坚持和发展中国特色社会主义的一系列重大理论和实践问题，描绘了全面建设社会主义现代化国家、全面推进中华民族伟大复兴的宏伟蓝图，概括提出并深入阐述中国式现代化理论。习近平总书记在学习贯彻党的二十大精神研讨班开班式上的重要讲话，是党的二十大报告的重要续篇，极大丰富和发展了中国式现代化理论，通篇闪耀着马克思主义的真理光芒。委党委坚持"第一议题"专题学、组织生活常态学、线上线下联动学机制。充分发挥党委理论学习中心组领学促学作用，组织集中学习8次，邀请西南政法大学校长讲授习近平法治思想，组织委系统党员干部认真学习《习近平谈治国理政》第四卷等原著原文。以学习党的二十大精神、市第六次党代会精神和市委六届二次全会精神为重点，组织培训80余名委系统党组织书记及党务工作者，组织30余名党务工作者赴巫山下庄参观学习。优化组建4个青年理论学习小组，大力实施青年理论学习提升工程。巩固拓展党史学习教育成果，持续开展"四史"宣传教育，充分运用市内党建红色资源看、学、听、讲，引导党员干部更好知史爱党、知史爱国。同时，充分利用学习强国、重庆干部网络学院、红岩魂智慧党建等学习平台，抓好线上学习。

（四）坚定不移加强思想政治建设

认真贯彻落实《关于新时代加强和改进思想政治工作的意见》，围绕举旗帜、聚民心、育新人、兴文化、展形象的职责使命，广泛开展中国特色社会主义和中国梦宣传教育，弘扬和践行社会主义核心价值观。深入把握新形势下思想政治工作特点和规律，认真落实思想政治工作定期分析报告制度，建立健全经常性谈心谈话制度，及时了解掌握干部职工思想动态和心理健康状况，做好解疑释惑、理顺情绪、化解矛盾、凝聚共识工作，把解决思想问题同解决实际问题结合起来，汇聚起团结干事的强大正能量。

三、以组织建设为基础，着力建强堡垒提升基层党组织战斗力

（一）扎实推进基层党组织规范化标准化建设

突出以标准化引领规范化，以建设"政治功能强、支部班子强、党员队伍强、作用发挥强"党支部为目标，切实发挥党支部在服务中心工作、落实重大任务、推动经济发展中的政治引领、督促落实、监督保障作用，不断增强党组织政治功能和组织功能。坚持每月发布党支部组织生活参考，每季度发布党建工作重要任务提醒，从严落实"三会一课"、主题党日、党员领导干部双重组织生活、基层党支部工作联系点等制度，指导委系统163个党支部开好组织生活会，对2192名党员进行民主评议。全年委党委班子成员参加基层党组织双重组织生活168次，委班子成员和机关支部书记上党课149次，覆盖党员956人次。指导督促30个机关支部、13个委属单位党组织按期换届、3个党组织及时增补委员。培训党员发展对象、入党积极分子150余人，发展预备党员67名。落实党内激励关怀帮扶制度，组织走访慰问1469名困难党员、老党员、老干部，发放慰问金67万余元，为11名老党员颁发"光荣在党50年"纪念章。深入推进委机关党建工作"三基"建设和绿色机关建设，不断强化政治机关意识，坚持以机关带基层、抓委属单位、管行业系统，全面推进模范机关创建。《营造无烟机关 创建美好生活》典型案例被市委直属机关工委评为绿色机关建设"十佳特色案例"。加强文旅行业社会组织党建工作，以提升"两个覆盖"有效性为重点，对71家行业社会组织选派党建指导员，推动1家行业社会组织成立党组织，完善3家行业社会组织党组织建设，对2家涣散党组织开展整顿。

（二）全面激发党建活力

组织"七一"表彰活动，表彰委系统优秀共产党员273名、优秀党务工作者68名、先进党组织34个。全年委系统共有1个集体、3名个人获得省部级表彰。组织开展委系统"学习新思想 礼赞新时代 奋进新征程"喜迎二十大文化旅游知识竞赛，举办市文化旅游系统"近悦远来谱华章"旅游主题联谊会，重振行业信心。组织党员干部观看川剧《江姐》、话剧《红岩魂》、舞

剧《绝对考验》、舞台剧《重庆·1949》，以及电影《最后58天》《你是我的春天》等，从优秀文化作品中汲取信仰力量。

（三）突出文旅特色抓党建

充分发挥文旅行业资源优势，把党建与业务紧密结合，推动基层单位党建工作主动融入城市基层党建大格局，在共享党建资源、服务人民群众等方面取得良好效果。持续开展"我们的中国梦"——文化进万家送演出进基层活动，组织9家市级文艺院团赴各区县为群众奉上精彩演出200余场。定期开展红岩广播故事会、沉浸式情景剧演出等文明旅游特色活动。开展"寻找红岩发声人""让烈士回家""小萝卜头进校园"等活动，共开展主题宣讲20余场，线下观众1690人。开展第五届"书香重庆 阅读之星""溯传统 学四史——青少年'传统文化''四史教育'主题图书专架展""红岩少年"阅读大赛等活动。在视听网站、IPTV、有线视频点播开设《在希望的田野上》《奋进新征程 建功新时代》等专栏，及时播出相关主题视听节目。策划推出传承优秀传统文化、弘扬爱国主义精神等临时展览及社教活动1000余场次，3项展览入选"弘扬中华优秀传统文化、培育社会主义核心价值观"主题展览推介项目，6家博物馆入选全国"大思政课"实践教学基地。传承红色基因，创新打造"红岩革命故事展演"特色党史课，赴全国各地演出415场、受众达550万人次，获评"2021全国文化遗产旅游百强案例"。依托革命文物推出系列精品展览，打造市级党史学习教育阵地40个，推出9大主题20条红色研学旅游线路，充分发挥了革命文物在服务党史学习教育、革命传统教育、爱国主义教育等方面的重要作用。

（四）扎实做好下沉工作

新冠疫情管控期间，充分发挥基层党组织战斗堡垒作用和党员先锋模范作用，委系统2418名党员干部闻令而动、向疫而行，坚持人民至上、生命至上，主动下沉抗疫一线，积极参与核酸检测、卡点值守、物资运送、秩序维护、政策宣传、文明劝导等志愿服务工作，并推出《抗疫有我文旅担当——市文化旅游委系统党员干部在行动》系列报道，相关先进事迹被"中央广电总台国际在线"等媒体刊播，充分展示了文旅党员干部踊跃投身抗疫一线的精神风貌，形成了正向激励，营造了向上向善的良好氛围。江北、巴南等区委组织部及有关街道、社区纷纷向我委发来感谢信，树立了委系统党员干部良好形象。为进一步丰富市民战"疫"期间精神文化生活，整合联动全市43家数字图书馆为市民提供24小时免费数字图书资源；推出云上博物馆、文化馆等线上文化资源服务；推出"艺心抗疫·相约云端"系列优秀文艺作品网上展播，精选44部优秀文艺作品在13个媒体平台云上展演，向有线电视用户免费提供20多万小时付费点播节目，每天与全市观众相约艺术"云剧场""云课堂"，丰富市民宅家生活，贡献文旅抗疫力量。

四、以队伍建设为抓手，努力构建风清气正的干事创业氛围

（一）坚持正确选人用人导向

落实新时期好干部标准，深入贯彻干部任用条例，严把选人用人政治关、廉洁关、能力关，确保干部德配其位、才配其位。持续抓好委属单位领导班子建设，进一步优化年龄结构、专业结构和经历结构。2022年共提拔处级领导干部和委属单位领导班子成员26人，领导干部试用期满转正12人，推荐1名副处级领导干部、1名正科级干部到委属厅级单位任中层领导，转任调任处级领导干部3人。晋升二级巡视员3人，一级至四级调研员14人，一级主科科员及以下职级公务员17人次。交流轮岗处级领导干部9人，选派2名优秀干部赴昌都和成都交流挂职，组织23名机关和委属单位干部开展双向交流锻炼。机关公开招录文物、艺术、广电等专业技术公务员4名，定向招录规划专业选调生1名；委属事业单位公开招聘、考核招聘、商调工作人员110余名；安置退役军人7名。

（二）强化干部管理监督

落实巡视巡察、经济责任审计、重大事项请示报告、"一报告两评议"、提醒函询诫勉等制度，开展班子回访调研，做到管思想、管工作、管作风、管纪律相统一。落实新修订的领导干部报告个人有关事项规定及查核结果处

理办法，抓好领导干部配偶、子女及其配偶经商办企业常态化管理，健全个人报告、组织查核认定机制。进一步加强和规范领导干部兼职审批管理。扎实推进干部档案专项审核及数字化信息化管理进程。

（三）抓实干部教育培训

制订《2022年市文化旅游委培训计划》，全年培训项目28个、涉及1.5万人次。加强与高校教育培训合作，制定《重庆文化旅游复合型高级人才及经营管理人才培养方案》，为促进文旅融合发展培养高素质专业化干部50人。完成文化和旅游部、国家广电总局、国家文物局等单位调训任务，共组织500余人参加宣传贯彻党的二十大精神提升"六个能力"专题网络培训、全媒体文艺人才媒体融合创作专题培训等，选派22人参加市委组织部调训。通过教育培训，使干部素质能力跟上党中央要求、事业发展需要、时代发展步伐。

（四）加强人才队伍建设

牵头实施2022年重庆英才计划·名家名师项目（文化旅游领域），评出10名人选，给予科研经费支持其创作研究。推荐特殊支持计划青年拔尖人才5名、乡村文化和旅游带头人6名。选拔16名舞台艺术领军后备人才，按照"一人一策"的要求制订培养计划，开展精准培养；开展实施36名青年拔尖人才及4个后备人才培养班项目。修订全市文化艺术行业特殊人才职称申报业绩条件，为专业技术人员提供更加便利的职称晋升通道。

五、以作风建设为保障，聚力赋能文化旅游工作高质量发展

（一）常态化开展警示教育

坚持党性党风党纪一起抓，分层级开展党风廉政例行谈话，在元旦春节、五一端午、国庆、中秋等重要时间节点进行廉政提醒，印发节日期间正风肃纪工作通知，及时推送节日廉政信息提醒，通报违反中央八项规定精神典型案例，给党员干部打好"预防针""免疫针"。扎实开展新时代廉洁文化建设，围绕严重违纪违法问题和五起典型违纪违法问题，组织召开委系统"以案四

说"警示教育会，组织委机关党员干部和委属单位主要负责人集中观看警示教育片，一体推进不敢腐、不能腐、不想腐。开展家庭家教家风教育，引导党员干部严格管好家属子女，廉洁修身、廉洁齐家，不断营造崇廉拒腐的良好氛围。

（二）深化党风廉政建设

组织召开委系统2022年度党建暨党风廉政建设工作会，制定《2022年党风廉政建设和反腐败工作要点及责任分解》，梳理4个方面内容17条工作举措并纳入年度考核。坚持纠"四风"树新风，持续加固中央八项规定堤坝，针对违规接受吃请、收受红包礼金、公车私用私车公养以及酒驾醉驾、赌博吸毒等问题持续开展整治，进一步严实纪律作风。完善监督惩防体系，认真落实中央关于加强"一把手"和领导班子监督的意见及市委贯彻措施，强化"关键少数"监督管理，对6家委属单位进行经济责任审计，加强内控建设，确保权力在阳光下运行。精准运用监督执纪"四种形态"，全年受理信访10件次、对1个单位主要负责人进行书面函询、责成1个单位进行情况说明、对7名干部进行诫勉谈话、办理党员违纪案件2起。对13个委属单位进行明察暗访，现场指出问题并跟踪督促纠改。举办委系统纪检干部培训班，培训纪检、巡察干部80余人。

（三）用好巡察利剑

扎实抓好市委巡视整改后半篇文章，市文旅委在第五届市委巡视整改工作情况汇报会上做交流发言。经市委编办同意，正式在机关党办加挂巡察办牌子，进一步加大巡察工作力量。制订年度巡察工作计划，明确工作目标、巡察重点等，组建4个巡察组，对4个委属单位党组织进行常规巡察，针对巡察发现的问题，巡察组和被巡察党组织坚持"同题共答"，对症下药、立行立改。认真落实《关于加强巡视整改和成果运用的意见》，不断强化巡察的震慑、遏制和治本作用。针对重庆京剧院巡察整改成效不明显的问题，派驻巡察整改督导组进行为期一个多月的督促整改，深入挖掘存在问题，指导化解矛盾困难，切实推动解决整改。

2022 年重庆舞台艺术发展报告

艺术处

2022 年是奋进"十四五"、进军第二个百年奋斗目标新征程的重要一年，重庆市舞台艺术创作生产工作始终以习近平新时代中国特色社会主义思想和习近平总书记对重庆工作系列重要指示精神为指导，坚持把艺术创作生产工作放在更加突出的位置，持续推动各项重点工作再上新台阶，并取得了较好的工作成绩。

一、扎根本土，艺术创作生机勃勃

围绕迎接和宣传贯彻党的二十大精神，以坚定的文化自信，组织全市艺术工作者持续探扎，从本土文化中汲取丰厚养分，有序推进全市各艺术门类作品创排。街舞剧《超燃的青春》、川剧《巴蔓子将军》、民族管弦乐《朝天扬帆》等 3 个剧目创作入选文化和旅游部相应重点创作项目，进行动态管理；舞剧《绝对考验》、小歌剧《战命运》《星汉灿烂中国现代美术在重庆》等一批创作、交流、人才培养项目入选国家艺术基金扶持项目。舞剧《绝对考验》、川剧《中国公主杜兰朵》、民族管弦乐《弦上巴渝》、原创儿童剧《魔法拼图》、曲艺剧《疾风知劲草》等 5 个剧目及一批反映新时代中国特色的节目成功站到舞台，力求通过艺术作品弘扬重庆"行千里·致广大"人文精神，讲述可信、可爱、可敬的中国故事。

二、久久为功，勇攀艺术高峰取得佳绩

2022 年，全市艺术工作者以更加昂扬的姿态奋发有为，用优异的成绩迎接和庆祝党的二十大胜利召开。在第十三届中国艺术节上，川剧《江姐》荣获第十七届中国文化艺术政府奖"文华大奖"，重庆时隔 22 年再度登临国家舞台艺术的"天花板"；重庆合唱《川江畅想》荣获第十九届群星奖，庞茂琨《黄金时代》等 13 幅美术作品入围第十三届中国艺术节优秀油画雕塑书法篆刻作品展览。同时，杂技《摇摆青春》、四川扬琴《血写春秋》、龙舞《铜梁焰火龙》分别荣获"金菊奖"金奖、牡丹奖、山花奖等全国性专业类奖项；川剧《樵子口》、话剧《雾重庆》等一系列作品入选全国地方戏精粹展演、全国话剧展演季展演、中国儿童戏剧节、全国优秀青年杂技人才展演等全国性展演，全市优秀艺术工作者在更加宽广的舞台学习交流，锤炼提升，不断追寻艺术梦想。

三、艺术为民，线上线下演出活动如火如荼

一是成功在渝举办第五届川剧节，助力成渝地区双城经济圈国家战略。组织了川渝两地优秀剧目展演、人才交流、川剧嘉年华、川剧广场舞表演等丰富多彩的艺术活动，川剧大幕戏、精品折子戏专场等惠民演出还通过"抖音""快手"等新媒体平台线上展播，进一步加深两地共同情感纽带，促进群众相亲相融。二是开展 2022 重庆都市艺术节、2022 中国顶尖舞者成长计划、新年音乐会等主题艺术活动，统筹全市各类艺术资源，培养市民艺术修养，提升城市艺术氛围。三是持续开展"我们的中国梦"——文化进万家重庆市送演出进基层活动，组织 9 家市级文艺院团赴各区县为群众奉上精彩演出 200 余场。四是积极开展优秀文艺作品网络展演活动。组织"艺心抗疫·相约云端"优秀文艺作品展播，整合 13 个市级传播平台，TV 端、PC 端、移动端多媒体联动，每天与全市观众相约艺术"云剧场""云课堂"，共享线上文化服务。

四、开拓创新，艺术事业与产业共育共促

一是培育鼓励演艺新空间发展。授牌 22 家演艺新空间，运营主体涵盖市级国有专业文艺院团、区县文旅单位及民营文旅企业，日均提供观演座位近万个。以脱口秀、相声、小品、话剧、儿童剧、舞台剧、杂技秀等多种形式，推出《魔幻之都·极限快乐 Show》、扯馆儿喜剧专场、索道喜剧脱口秀等一批观众喜爱的演出品牌。二是联合高德地图推出全国首个"演艺地图"，首批上线 100 个重庆演艺文化场所，实现了文化和旅游的完美融合，基本形成了富有巴渝山水颜值、独特人文气质的都市演艺聚集区的雏形。三是制定旅行社组客观看旅游驻场演出营销推广奖励措施，做好文旅企业纾困，促进文旅消费。

2022 年重庆非物质文化遗产保护传承情况报告

非遗处

一、2022 年非遗保护工作开展情况

2022 年，重庆市非遗保护工作坚持以习近平新时代中国特色社会主义思想为指导，全面贯彻党的十九大、十九届历次全会和二十大精神，认真落实中共中央办公厅、国务院办公厅《关于进一步加强非物质文化遗产保护工作的意见》，不断完善非遗保护工作制度、着力提升非遗系统性保护水平、积极拓展非遗传播实践载体、推进非遗融入国家战略，全面完成了年度工作目标任务。

（一）持续完善非遗保护工作制度

结合重庆市非遗保护工作实际，起草《关于进一步加强非物质文化遗产保护工作的实施方案》。根据文化和旅游部《国家级文化生态保护区管理办法》，制定《重庆市生态保护区管理办法》，启动市级文化生态保护区申报创建工作；市委、市政府首次将非遗工作纳入对区县经济社会发展业绩考核内容，制定《重庆市非遗考核工作细则》，进一步完善非遗保护工作机制，建立起符合重庆非遗工作实际的法律法规政策体系。

（二）不断提升非遗保护传承水平

目前，全市共有国家级非遗代表性项目 53 个、传承人 59 人；市级非遗代表性项目 707 个、传承人 951 人；区县级代表性项目 4679 个、传承人 5494 人。加强传承人队伍建设，推荐 21 名市级非遗代表性传承人申报第六

批国家级非遗代表性传承人；公布认定第六批市级非遗代表性传承人，新增代表性传承人 240 名。选派 38 名非遗工作者参加文化和旅游部组织的"非遗与旅游融合发展"线上培训，选派 9 名国家级传承人参加长江沿线国家级非遗代表性传承人研修班；联合研培高校开展中国传承人研修培训班，共举办荣昌陶器制作技艺、巫溪嫁花和木洞山歌培训 3 期，培训传承人 115 名。完成国家级、市级非遗代表性传承人年度传承评估工作，有 10 名国家级传承人在评估中被评为优秀。推进国家级非遗代表性项目学术丛书编撰和国家级非遗代表性传承人记录工程，出版《走马民间故事》《梁平癫子锣鼓》《梁平竹帘》和纪实文学《记忆流传——重庆非遗撷英》。

（三）大力推进非遗融入国家战略

扎实做好武陵山区（渝东南）文化生态保护区创建验收准备工作，加强黔江濯水古镇、武隆后坪、石柱西沱古镇、秀山西街、酉阳龚滩古镇、彭水蚩尤九黎城等 6 个文化生态保护示范点建设，参与举办武陵文旅峰会和原生民歌节，形成社会参与文化生态保护区创建的良好氛围。持续做好非遗助力乡村振兴工作，依托传统工艺工作站、非遗工坊开展夏布、苗绣、巫山烤鱼等技艺培训 7 期，培训乡村人才 245 名。与四川省联合建立川渝非遗保护联盟，广泛开展非遗展演、展示、展销等交流活动，策划跨省非遗旅游路线，积极发挥非遗在成渝双城经济圈建设中的作用。

（四）精心策划和参与各类非遗活动

春节期间组织开展"文化进万家——视频直播家乡年"活动，铜梁龙舞、彭水高台狮舞、梁平木版年画等 50 余项非遗代表性项目通过短视频、直播等形式在网络平台记录呈现，让群众感受到浓浓的家乡年味。成功举办"2022文化和自然遗产日"非遗宣传展示重庆主场活动和非遗购物节，活动期间开通重庆地铁非遗专列，线上线下共有 900 余名非遗传承人、500 余家非遗店铺、130 余家老字号企业、83 个非遗工坊参与活动，销售产品近 70 万件，成交金额 9000 余万元。中国传统制茶技艺及其相关习俗成功列入联合国教科文组织人类非遗代表作名录，全市联动开展"茶和天下·共享非遗"主题活动。组织夏布织造技艺、四川扬琴、酉州苗绣、彭水苗绣、武隆仡佬族蜡染传统制作技艺5项非遗项目参加第七届中国非物质文化遗产博览会，组织花丝镶嵌、龙水小五金锻打技艺参加"金色之光——2022年长江流域非遗金属工艺主题展"，充分展示巴渝文化魅力。与市经信委联合开展首届传统工艺美术精品认定工作，共认定首批传统工艺美术精品48件、优秀作品55件。在重庆美术馆、九龙坡区巴人博物馆分别举办"匠心——重庆市首届工艺美术大师和非遗代表性传承人精品展"和"山城奇艺　巴渝匠心——重庆市首届传统工艺美术作品展"，尽显工艺之美、非遗之美。

（五）积极拓展非遗传播实践载体

不断拓展非遗保护平台、创新非遗传播方式，通过创作抗疫作品、开设非遗线上展览和课堂等多种形式继续为新冠疫情防控贡献非遗力量。组织70个非遗美食项目参与中国非遗美食大集视频展播，已播出重庆非遗美食短视频24期。2022年有19个项目入选首批"全国非遗与旅游融合发展优选项目"名录，包括磁器口古镇、安居古城、西街民俗文化景区、酉阳桃花源景区4个非遗旅游景区，西沱古镇、双江古镇、濯水景区、木洞古镇、龚滩古镇、洪安古镇、松溉古镇、秀湖国际非遗手艺特色小镇、白沙古镇9个非遗旅游小镇，重庆十八梯传统风貌区1个非遗旅游街区，后坪苗族土家族乡文凤村天池苗寨、小南海镇新建村、鞍子苗寨、花田乡何家岩村、龙凤坝镇大寨村5个非遗旅游村寨。同时，重庆市评选发布"非遗与旅游融合发展优秀案例"10个、"非遗进校园优秀实践案例"40个。联合中央广播电视总台录制播出《艺览吾"遗"——非遗文化寻访特别节目》重庆专辑，重庆非遗项目第一次在央视集中亮相，全网累计曝光量近1.5亿人次，微博主话题累计阅读量超6530.8万人次。依托铜梁龙灯龙舞、綦江农民版画、梁山灯戏等非遗项目，铜梁区、綦江区、梁平区梁山街道入选"中国民间文化艺术之乡"建设典型案例。国家级非遗项目川剧《江姐》荣获第十七届中国文化艺术政府奖"文华大奖"，国家级非遗项目四川扬琴《血写春秋》获第十二届中国曲艺牡丹奖表演奖，国家级非遗项目铜梁舞龙《铜梁焰火龙》荣获文艺山花奖"优秀民间艺术表演作品奖"，市级非遗项目重庆大漆制作技艺作品《朱金斑菠萝漆长方文盒》获 2022 薪传奖"优秀奖"。重庆市蜀绣国家级非遗代表性传承人康宁被评为"第八届中国工艺美术大师",市级非遗项目万古鲤鱼灯舞保护传承所获评全国"优秀文化空间案例"。"非遗助推乡村文化振兴——壹秋堂非遗工坊培育新农村手艺人"在第三届全球减贫案例征集活动中入选获奖案例名单。在文化和旅游部召开的全国非遗保护工作会议上,重庆市就非遗与旅游融合发展情况作交流发言。2022 年 1 月,我委被文化和旅游部评为中国原生民歌节优秀组织单位。

二、存在的矛盾困难

一是受新冠疫情影响,2022 年拟开展的国家级文化生态保护实验区创建验收和奉节木雕非遗研培班推迟举办。

二是非遗保护经费投入不足,非遗宣传、展示、体验场馆设施建设和非遗项目记录工作实施较为困难。

三是非遗保护人员严重不足,非遗传承人平均年龄较大,有的项目甚至后继乏人,急需加强传承队伍建设。

三、2023 年工作思路及重点任务

2023 年,重庆市非遗保护工作将以习近平新时代中国特色社会主义思想为指导,认真贯彻习近平总书记关于非遗保护工作重要指示批示精神,全面贯彻学习党的二十大精神,推动中华优秀传统文化创造性转化和创新性发展。

一是巩固非遗保护工作格局。进一步完善《重庆市非遗考核工作细则》,建立考核评价指标体系,引导各级加大非遗保护人力财力投入力度。支持和规范社会力量参与非遗保护,充分发挥行业组织作用,优化保护传承体制机制和社会环境。

二是加强非遗项目保护管理。启动第七批市级非遗代表性项目申报工作,完成国家级非遗代表性项目保护单位评估调整。实施传统工艺振兴计划,支持传统工艺工作站、生产性保护示范基地建设。实施曲艺传承发展计划,组

织开展曲艺类项目存续状态调查与评估工作。

三是推动非遗保护能力建设。加强对传承人的认定和管理，组织开展非遗代表性传承人年度传承活动评估，对接做好第六批国家级非遗代表性传承人申报后续工作。继续实施中国非遗传承人群研培计划，提升传承人技艺，不断壮大传承队伍。

四是加强非遗系统性保护。认真对照《武陵山区（渝东南）土家族苗族文化生态保护实验区总体规划》和验收标准，做好国家级文化生态保护区验收准备。积极推进市级文化生态保护区申报创建。研究探索非遗特色村镇、街区建设。开展重庆非遗馆建设前期工作。

五是服务重大国家战略。加强长征、长江国家文化公园非遗保护。继续推进鲁渝共建乡村振兴非遗技艺培训及工坊建设，配合乡村振兴部门做好乡村工匠培育。推动巴蜀文化旅游走廊建设，立足川渝非遗保护联盟平台，参加成都国际非遗节，举办蜀绣研培班和川渝曲艺展演大会等活动。

六是开展非遗传播实践。推动非遗与旅游融合发展，策划实施非遗进社区、进校园等系列活动，积极争取中国原生民歌节在渝举办。探索打造非遗集市，集中展示展销非遗产品。在传统节日、文化和自然遗产日等时节组织丰富多彩的宣传展示活动，形成人人参与非遗保护传承的社会氛围。

2022 年重庆市文化体制改革工作发展综述

政策法规处

2022 年重庆市文化旅游改革工作坚持以习近平新时代中国特色社会主义思想为指导，深入贯彻党的二十大精神，切实把成渝地区双城经济圈建设"一号工程"作为总牵引，统筹谋划好文化体制年度改革工作。对标对表具有重庆辨识度、全国影响力的标杆和要求，着力推动一批文化领域重点改革工作取得实效。紧紧围绕全市中心工作深化改革，更加注重理念创新、机制重塑，奋力打造西部文化体制改革开路先锋。

一、深化理论武装和文明实践

在市委、市政府正确领导下，在文化和旅游部、国家广电总局、国家文物局和市文改小组的大力指导下，委党委高度重视改革工作，始终坚持以习近平新时代中国特色社会主义思想为指导，全面落实习近平总书记对重庆提出的营造良好政治生态，坚持"两点"定位、"两地""两高"目标、发挥"三个作用"和推动成渝地区双城经济圈建设等重要指示要求，多次召开党委会议深入传达学习习近平总书记关于改革工作系列重要指示，深入贯彻落实中央全面深化改革委员会、重庆市委全面深化改革委员会系列会议精神。2022 年 9 月 27 日，委党委书记、主任刘旗同志主持召开会议，专题研究部署委系统年度改革工作任务，及时拟制并印发委系统改革工作要点。

二、积极完善文化旅游管理体制机制

一是健全履行社会责任的引导机制。制定《直属企业考核管理办法》并在直属企业年度考核工作中贯彻落实，坚持"双效"业绩考核体系，坚持把社会效益放在首位。重庆演艺股份有限公司已按市文改领导小组要求，发布了2021年度社会责任报告。按照市文改领导小组的要求及部署，逐步指导和推动委直属企业通过网络等方式发布社会责任年度报告。二是深化文化领域"放管服"。严格落实文旅市场主体信用信息公示制度。严格落实执法事项公开，坚持在市政府相关网站主动公开总队执法事项、职责、权限、依据、程序和随机抽查事项清单等信息，坚持每件行政处罚决定作出之日起7个工作日内在"信用重庆"公开，切实完善事中事后监管，提升监管执法的公平性、规范性和有效性。截至2022年10月底，市文化执法总队共组织"双随机、一公开"检查226家次，办结行政处罚案件32件，所有检查结果和行政处罚信息均在"信用重庆"予以公示。待国家出台下发《文化市场综合行政执法管理条例》后，协调市级有关部门制定全市贯彻落实工作措施。三是深化文娱领域综合治理。开展网络视听领域违法失德艺人管理，治理"饭圈"现象，下架违法失德艺人参演的网络剧《暗夜行者》。集中检查清理全市广播电视节目制作机构728家，强化了广播电视节目源头监管。开展整治网络非法传播视听节目专项行动，排查相关网站1678个，约谈有违规嫌疑的网站15家，关停违规网站29家，移交相关线索9起，拆除非法地面卫星接收设备5套，立案5件，办结4件，罚款7万余元。强化互联网文化产品内容监管，先后查处关闭了一批含有禁止内容的App，罚没款共计11.6万余元。组织开展点播影院专项整治行动，对市内点播影院、点播院线进行拉网式、全覆盖的摸排登记检查并建立台账，共检查点播影院115家次，责令整改25家次，立案3件。

三、深化文化企事业单位改革

一是部署推动国有文化企业深化改革。已制定并下发《直属企业深化改革加快发展行动实施方案》，并在方案中明确各单位发展台账和任务清单，不定期督促和指导。制定并下发《直属企业推行经理层成员任期制和契约化管理的指导意见》，并指导演艺集团在下属重庆民乐团和芭蕾舞团开展此项试点工作，目前试行情况良好。已按照中央部署，将委属国有文化企业深化改革加快发展情况纳入我委对直属企业的巡察范围。二是深化文艺院团改革。下发《直属企业管理办法》，进一步明确了转制院团企业的管理体制机制，提高国有资本效率、增强国有文化企业活力、以管资本为主加强国有资产监管，实现国有文化企业社会效益和经济效益相统一。同时通过制定发展台账及任务清单等方式推动转制院团完善现代企业制度、盘活演出资源。联合市委宣传部、市财政局、市人力社保局等部门印发《重庆市国有文艺院团社会效益评价考核实施办法》，进一步明确了文艺院团社会效益考核评价标准，全面开展国有文艺院团社会效益考核工作。支持并推动重庆演出公司深化改革，成功完成混合所有制改革。三是推进博物馆改革。加强与市水利局、市交通局等联系沟通，帮助和协助推进博物馆项目建设，在博物馆建筑设计、陈列展览和展品征集等方面提供专家支撑和咨询服务。四是规范传媒领域治理。截至目前，已为全市各区县融媒体中心办网络视听节目许可证35个，剩余6家单位正在督促办理中。在对全市35家持证的区县融媒体中心及10家持证的社会单位开展非公有资本进入传媒领域进行清理的过程中，未发现非公有资本的进入，后期我们将继续加强监管，确保该项工作有序开展。

四、健全文化文艺发展机制

一是加强文艺创作生产引导。首次开展了视听艺术精品扶持，《重庆面孔》等5个项目被评选为本年度重庆市视听艺术精品扶持对象。二是完善影视扶持政策。成立广播电视和网络视听协会，把业界团结在一起，开展行业自律，规范发展等工作。三是推进实施文化数字化战略。成立广播电视和网络视听协会，把业界团结在一起，开展行业自律、规范发展等工作。配合宣传部、广电集团制定实施方案，推动全市公共图书馆、文化馆、博物馆、美术馆、非遗馆等加强数字文化资源建设，参与构建中华文化数据库，促进全市文化旅游企事业单位探索数字化转型升级。

五、提升公共文化服务效能

一是启动群众性廉洁文化创建活动。因新冠疫情影响暂未实施，拟制发《关于开展群众性廉洁文化创建活动的通知》，指导基层借助基层文化阵地，融入基层群众性文化活动，于2023年上半年完成。二是推进公共文化服务标准化。经调研酝酿、社会征求意见、专家论证、合法性审查等流程，现已联合市发展改革委、市财政局制发《重庆市关于推动公共文化服务高质量发展的实施意见》，并报市司法局备案。三是完善公共文化设施网络。新备案渝中区博物馆、南川区博物馆、綦江区红军长征纪念馆、潼南区博物馆、丰都县博物馆、刘邓大军挺进大西南司令部旧址陈列馆、中国工农红军第三十三军指挥部旧址群陈列馆等7家博物馆。长寿区博物馆新馆即将开放，南岸区博物馆新馆展陈大纲及文本编制通过专家评审。璧山区博物馆已开展建筑设计方案编制；云阳博物馆新馆场坪工程已完工。丰都、彭水苗族土家族自治县博物馆纳入县重点场馆建设，建设方案编制正有序推进。市青少年活动中心少儿图书馆项目主体建设已完成，因资金缺口和配套设施建设滞后未投入使用。下一步积极协调有关单位加快推进配套设施建设，力争2023年前建成投入使用。四是推动公共文化服务融合创新。累计建设图书馆分馆1842个、文化馆分馆1272个、24小时自助图书馆（城市书房）105个，创建国家公共文化服务体系示范区4个、示范项目8个，7个单位入选国家文化和旅游公共服务机构功能融合试点名单，打造文化驿站、文化礼堂、乡村戏台等新型公共文化空间278个，现覆盖区县30个，覆盖率达76.9%。五是推进公共文化数字化建设。已完成重庆文化云平台建设。有序推进智慧图书馆建设，初步完成川渝图书馆一卡通一期建设，基本实现图书通借通还。初步完成文物资源大数据库建设方案编制和论证。已建成重庆自然博物馆、重庆三峡移民纪念馆、重庆永川博物馆云上博物馆并开始运行。按照信息安全有关要求，部分项目立项审批阶段暂停。下一步将根据立项情况，加快推进文物资源大数据库、重庆图书馆"智慧图书馆"等项目的实施建设。逐步推进云上博物馆建设。

六、完善文化保护传承体系

一是深化文物保护利用改革。牵头起草了《重庆市关于让文物活起来扩大中华文化国际影响力的重点举措（送审稿）》，经委党委会议审核同意，已报市文改办拟上会审核，同时送市司法局进行合法性审核。下一步积极推进送审稿审核和印发实施。二是加强革命文化保护传承。纳入全市党史学习教育"我为群众办实事"市级层面重点民生项目清单的 60 个革命文物保护利用项目全部完成年度目标任务。运用革命旧址、纪念设施打造市级党史学习教育基地 40 个、研学线路 7 条。推出《不忘初心、牢记使命——中国革命精神联展（1929—1949）》《一代名帅刘伯承生平业绩展》《聂荣臻同志永远和我们在一起》等一批革命类专题展览，完成《千秋红岩——中共中央南方局历史陈列》改陈并对外开放。创新打造的"红岩革命故事展演"特色党史课赴全国各地演出 415 场、受众达 550 万人次，获评"2021 全国文化遗产旅游百强案例"。红岩文化公园首期项目建成开放，红岩干部学院接待市内外培训班次 122 个、学员 4220 人，曾家岩城市客厅完成布展并对外开放，"红色三岩"提升项目获评"全国革命文物保护利用十佳案例"，红岩革命文物承载的红岩精神纳入了中国革命精神谱系。完成红岩文化公园二期项目建设方案设计和可研报告。支持红岩革命历史博物馆联合西南大学正式申报了国家革命文物保护利用研究中心，形成"红色旅游"改革资政课题稿。三是推进红色基因库建设。新增纳入中央免费开放补助的革命类纪念馆 12 家，总量达 36 家。重庆红岩革命历史博物馆、聂荣臻元帅陈列馆等 8 家文博单位获评全国首批"大思政课"实践教学基地。红岩革命博物馆打造"中国红村网云平台"，建设中国红色资源公共数据库，创建红岩知识图谱。投入使用《红岩记忆》数字体验厅，推出网上展馆和精品数字展览 52 个。完成并投入使用红岩革命纪念馆、八路军办事处等 6 处文物旧址的云参观导览讲解。深入开展"传承红色基因，争做时代新人——寻找红岩发声人"等系列活动。（万州）三峡移民纪念馆完成了数据再次审核，上报区委宣传部审核，加强移民展品征集，已完成重庆市水利局及市内移民区县和移民外迁区县移民实物资料、移民口述史、影像资料等的征集，正在进行扫描、登录等工作。四是深化历史文化名城保护。市委办公厅、市政府办公厅已印发《重庆市关于城乡规划建设中加强历史文化保护传承的实施意见》，配合市规划自然资源局开展《重庆市历史建筑保护与利用管理办法》等相关配套政策和技术标准编写研究，不断完善历史文化名镇、名村、传统风貌区等保护利用机制。五是参与国家文化公园建设。成功争取长江重庆段纳入长江国家文化公园重点建设区。系统梳理重庆市世界文化遗产、世界自然遗产、国家 5A 级旅游景区、国家级非物质文化遗产等品牌资源 330 项。完成实施方案和建设保护规划征求意见稿。整合提出重点项目 8 个、一般项目 10 个，总投资概算 71.4 亿元。举办"大美重庆·乘郑渝高铁逛长江国家文化公园"大型主题采访报道活动、"高铁带您游三峡"系列宣传营销活动。共实施文物保护、纪念馆建设、文旅开发、基础设施配套、环境整治等项目 46 个，完工 19 个。完成重庆红军长征纪念馆建设方案上报和前期工作。完成綦江石壕红军烈士墓及纪念碑、红一军团司令部旧址、红一军团红二团指挥部旧址、红军桥等保护展示，长征主题研学中心、红军街建成开放。完成南腰界红三军旧址、城口红三十三军旧址部分建筑保护修缮。完成黔江万涛故居、秀山隘口红三军司令部旧址、石柱红军井保护修缮，以及彭水红军街、红军历史陈列馆提升项目。六是深化文化生态保护区建设。指导渝东南六个区县扎实做好国家级文化生态保护区创建验收工作。推进黔江濯水古镇、武隆后坪、石柱西沱古镇、秀山西街、酉阳龚滩古镇、彭水蚩尤九黎城等 6 个文化生态保护示范点建设，秀山西街民俗文化景区、酉阳桃花源景区、濯水古镇、龚滩古镇、西沱古镇入选首批"全国非遗与旅游融合发展优选项目名录"。

七、推动文化旅游融合高质量发展

一是完善旅游业发展政策。深化落实《加快建设重庆旅游发展升级版实施意见》以及"大都市、大三峡、大武陵"旅游发展升级版实施方案，成功举办 2022 年度主城都市区文化旅游协作组织工作会议，加快推进长嘉汇、艺术湾等项目建设，提档升级"大都市"国际知名旅游目的产品体系和服务体系。优化大三峡旅游集散中心功能，推动"三峡库心·长江盆景"建设，抢抓郑万高铁开通契机，举办第十三届中国长江三峡国际旅游节暨"高铁带你游三峡"活动，发布"畅游三峡·欢快之旅"等4大主题旅游线路产品，提升打造中国长江三峡国际黄金旅游带。支持武隆开展国际化旅游试点，建成武陵文旅推广中心，成功举办2022中国武陵文旅峰会，协议引资243.99亿元，推动渝鄂湘黔川五省市文旅部门签署发布《中国武陵文旅目的地共建计划》。二是推进巴蜀文化旅游走廊建设。印发实施《重庆市巴蜀文化旅游走廊建设规划实施方案》，推动成渝地区双城经济圈建设重庆四川党政联席会议第五次会上正式启动共建巴蜀文化旅游走廊重大活动。两地共同推出"川渝一家亲——景区惠民游"活动、巴蜀文化旅游走廊十大主题游产品，举办第五届川剧节精品节目展演和巴蜀文化旅游走廊建设主题展。共建巴蜀文化旅游走廊项目有序推进，已完成年度投资27.1亿元，大巴山国际旅游度假区、五华山康养休闲旅游度假区等6个项目完成年度时序目标，云阳县普安恐龙地质公园综合建设一期项目已有7个子项目开工建设。在重庆酉阳县举办2022中国武陵文旅峰会，重庆、湖北、湖南、贵州、四川省市文化旅游部门代表签署了《中国武陵文旅目的地共建计划》，逐步将武陵山片区打造成全国著名、世界知名的生态民俗文化旅游目的地，促进巴蜀文化旅游走廊建成世界级休闲旅游胜地。文化和旅游部办公厅印发《2022—2023年巴蜀文化旅游走廊建设工作方案》，将充分发挥相关部委协调指导作用和四川省、重庆市主体作用，重点从推进巴蜀文化和旅游资源保护利用、推进旅游产品提质升级、共塑区域品牌形象、抓好工作落实等4个方面，明确12项重点任务，支持推动巴蜀文化旅游走廊建设。在云南省昆明市举办2022中国国际旅游交易会，川渝联合参展亮相，两地文旅部门在展区设计、线路推荐等方面联袂展示巴蜀文化旅游走廊的别样魅力。旅交会上，两地共同推介"成渝高铁巴蜀文化游""夏季清凉避暑游""亲子研学之旅"等体现巴蜀特色的精品旅游线路，现场为嘉宾送出景区门票、文创产品等文旅大礼包。本次旅交会是巴蜀文化旅游推广联盟成员单位共同擦亮巴蜀文化旅游走廊品牌的一次有益尝试，多维度展示了巴蜀文化旅游走廊的自然风光之美和多彩人文之韵。川渝成功联合申办第十四届中国艺术节，将进一步提升巴蜀文旅影响力、知名度，促进巴蜀文化旅游走廊和成渝地区双城经济圈建设。协助推动资阳大足文旅融合示范区建设，指导印发示范区建设行动方案。经向文化和旅游部积极争取，已得到明确回复，重庆（国际）文化产业博览会和中国西部旅游产业博览会均维持原状举办。三是支持主城都市区同城化发展。制定"大都市"旅游发展升级版实施方案，成功举办 2022 年度主城都市区文化旅游协作组织工作会议，加快推进旅游观光同城化改革。创新开发主城都市区旅游产品，整合主城都市区旅游线路，并与四川省及重庆市其他区域联动，共同推出巴蜀文化旅游走廊十大主题游产品、共同开展重大文旅活动等。制定实施《加快建设重庆旅游发展升级版实施意见》以及"大都市"旅游发展升级版实施方案，加快推进涪陵武陵山大裂谷景区、歌乐山·磁器口文化旅游区高品质旅游景区建设，长嘉汇大景区、长江文化艺术湾区、国际舞蹈中心、都市演艺集聚区、重庆图书馆、青少年活动中心等文旅项目加快实施建设。建设"川渝阅读一卡通"，以社会保障卡为载体推进居民服务"一卡通"建设，实现川渝两地三馆（重图、川图、成图）基于电子社保卡的读者互通互认、通借通还。项目完成在重庆图书馆、市少儿图书馆、主城九区公共图书馆的部署，读者凭社保卡（电子社保卡）、身份证可在成都市 23 家公共图书馆及重庆市中心城区 11 家公共图书馆实现图书通借通还等服务，共享逾千万册图书。四是推动渝东南文旅融合发展。建成武陵文旅推广中心，9 月 9 日举行揭牌仪式，市政府分管副市长出席，将某打造成为渝东南武陵山文旅在主城都市区的公共服务平台和对外形象窗口。印发《乌江旅游线路整体开发和运营整合工作整体方案》《乌江旅游线路涪陵段融合发展试点方案》，开通推出"涪州画舫游"线路。根据《关于加快推进武隆旅游国际化的实施意见》《重庆市文化和旅游发展"十四五"规划（2021—2025 年）》《重庆市旅游业发展"十四五"规划（2021—2025 年）》《重庆市"十四五""一带一路"文化和旅游发展行动计划》等各类规划文件精神，支持武隆区高起点、高标准开展旅游国际化示范区建设，指导武隆旅游产品体系国际化提升、旅游服务国际化提升、宣传营销国际化提升，常态化组织武隆区参加澳门国际旅游（产业）博览会、中国国际旅游交易会、中国—东盟博览会旅游展等境内外大型国际旅游展会，依托国际平台，通过多种形式展示武隆文旅精品，提高武隆在境内外的知名度，强化武隆旅游品牌创建。五是促进文旅消费提质升级。成功创建第二批国家级夜间文化和旅游消费集聚区 6 个，总数达 12 个。评选命名第二批市级夜间文化和旅游消费集聚区 20 个，总数达 31 个。成功举办第七届重庆文化旅游惠民消费季（春夏）。共举办 1 个主会场启动仪式、14 个特色主题活动，多个区县分会场活动以及网络惠民四个部分，共计发放消费补贴 1.5 亿余元（其中市级财政 321 万元，各区县财政 1.02 亿余元，带动金融机构、消费平台和文旅企业让利投入 5400 万余元）。正按照市委宣传部统一安排开展文旅消费试点市级改革经验推广宣传。联合市政府外办印发《关于举办 2022 "重庆好礼"旅游商品（文创产品）大赛的通知》，动员组织有关区县、单位参赛参展。积极组织参加第 17 届中国义乌文化和旅游产品交易博览会和 2022 中国特色旅游商品（健康主题）大赛，提升"重庆好礼"旅游商品知名度。原定 11 月启动举办的第七届重庆文化旅游惠民消费季（秋冬）因新冠疫情影响推迟举办线下启动仪式。线上网络惠民活动于 10 月 28 日率先启动。原计划举办的 2022 "重庆好礼"旅游商品（文创产品）大赛延期举办。六是开展市场信用经济发展试点工作。指导铜梁区围绕文旅信用经济创新应用场景试点任务，强化信用信息共享、信用承诺、信用奖惩措施等基础支撑，创新推动了"信易批""信易管""信易游""信易阅""信易贷""信易传"等六大应用场景，建立健全文化旅游领域信用管理和组织保障机制，全面优化了整个文化旅游市场营商环境。武隆区围绕文旅信用经济促进信用消费试点任务，建成全域智慧旅游—信用消费平台，建立健全信用信息公示、信用分级分类评价、消费"先行赔付"、信用融资服务等机制，全面提升诚信旅游的便利性。下一步迎接文化和旅游部组织专家开展实地检查验收。七是深化文旅宣传推介。受新冠疫情等原因影响，重庆市承办的加文化和旅游部产业项目服务平台精品项目交流对接会、2022 重庆国际文化产业博览会和深圳文博会推迟举办。八是培育文旅产业园区。组织渝中区、高新区申报新一批国家对外文化贸易基地。指导制订大足石刻文创园创建国家级文化产业示范园区三年行动计划，并即将由大足区人民政府正式印发。九是加强政策咨询和人才培训。起草下发《重庆市文化和旅游系统 2022 年调研要点》，完成一般课题和重点课题的筛选分类，建立全市文化旅游调研课题库，在全国范围首次联合社科主管部门开展省部级社会科学项目研究，立项省部级社科项目 30 个。每年对区县文化产业增加值及增长率、旅游产业增加值及增长率进行考核，已委托重庆市统计方面专业机构——市统计学会进行核算。已完成2022年1—3季度测算。2023年3月完成2022年度测算。按照历年市考核工作领导小组办公室印发的区县（自治县）考核指标体系要求，每年需考核区县文化产业增加值及增长率、旅游产业增加值及增长率。2022年第一季度、前二季度、前三季度分别实现文化产业增加值265.08亿元、521.73亿元、798.04亿元，分别同比增长0.4%、同比下降2.8%、同比增长1.7%。2022年第一季度、前二季度、前三季度分别实现旅游产业增加值225.15亿元、497.84亿元、768.26亿元，分别同比下降1.5%、同比下降2.0%、同比下降1.0%。明年2月底前完成2022年度全市文化、旅游产业增加值及其增长率和占GDP比重核算，3月底前完成分区域和分区县文化、旅游产业增加值及其增长率和占GDP比重核算。坚持每季度组织开展区县文旅产业季报统计，持续优化与相关部门的统计协调机制，开展文旅经济季度分析，为市委、市政府提供决策参考。高质量举办文旅产业人才培训班——2022年重庆文化旅游产业大讲坛，全年拟举办六期，目前已举办五期（第六期专家讲座因新冠疫情影响延期举办）。每期邀请业内知名专家讲授，聚焦行业前沿热门话题，线下参加人员100人次，线上收看达530万人次。

2022年重庆旅游资源开发情况报告

资源开发处

2022年，资源开发处全面学习贯彻党的二十大精神，坚持以习近平新时代中国特色社会主义思想为指引，紧扣市委、市政府决策部署，按照委党委工作要求，着力打好"三峡牌"，以品牌打造引领行业发展，以节会活动助力宣传营销，以赛事评比促进品质提升，以复核检查筑牢安全之基，统筹推动全市旅游资源开发工作开创新局面、迈上新台阶。

一、"三峡牌"打造持续用力，区域联运走深走实

一是统筹推动规划落实和项目实施。严格落实《重庆长江三峡地区旅游一体化发展规划》《大三峡旅游发展升级版实施方案》《关于持续做靓大三峡旅游品牌助推渝东北三峡库区城镇群生态优先绿色发展的通知》，规划实施"大三峡"旅游升级八大工程，推动区县储备"十四五"重大旅游项目159个，计划投资2322.2亿元。二是统筹推动万开云旅游同城化。以"三峡旅游集散中心"建设为引领，推动组建"大巴山·大三峡"文化旅游发展联盟，助力万达开文化旅游一体化发展。助力云阳同奉节、巫山、巫溪签订《2022年长江三峡旅游一体化区域宣传营销合作协议》，共建共享三峡旅游市场。三是统筹打造三峡旅游"金三角"。同奉节县政府签订战略合作协议，共同打造长江三峡（奉节）文化旅游新高地。实地指导巫山下庄村创建国家4A级旅游景区，助力下庄精神发扬光大。把支持巫溪、城口旅游发展作为重要任务，实地调研指导巫溪红池坝、城口亢家寨创建国家5A级旅游景区，落实1000万元、600万元分别支持巫溪、城口旅游发展。四是统筹打造"三峡库心·长

江盆景"。指导忠县编制实施《"三峡库心·长江盆景"跨区域发展规划实施方案》，协助推进皇华城考古遗址公园建设。五是统筹打造"三峡原乡"。支持梁平百里竹海成功创建市级旅游度假区，助力梁平获评"中国民间文化艺术之乡"。支持垫江牡丹樱花世界、恺之峰等景区景点提档升级，积极培育旅游民宿、自驾旅居、露营地等新产品。推动丰都南天湖打造康养度假、冰雪运动产品，助力山东乡村振兴"郝峪模式"在丰都成功实践。

二、景区管理规范有序，5A 创建再结硕果

一是品牌创建加速推进。奉节白帝城·瞿塘峡景区成功创建国家 5A 级旅游景区，全市 A 级旅游景区数量达 272 家，其中 5A 级 11 家、列入 5A 预备名录 2 家，4A 级 140 家。积极争取文化和旅游部加快对涪陵武陵山大裂谷、巫峡·神女景区 5A 评定授牌，大力支持沙坪坝歌乐山·磁器口文化旅游区、合川钓鱼城等创建国家 5A 级旅游景区。二是景区品质提档升级。印发实施 2022 年 A 级旅游景区评审计划，全年新评定 A 级景区 17 家，景区产品体系进一步完善。深化开展全市旅游景区品质提升行动，督导推进 50 个品质提升示范项目，全力推动景区品相、品位、品类、品质升级。谋划开展全市旅游景区管理人员培训和市级景评员换届工作，充实完善景区智库力量。三是数据统计创新推进。深入推进 A 级旅游景区游客接待数据统计改革工作，将原通过全市直报系统填报数据的方式，优化调整为通过重庆市智慧文旅广电云平台景区票务、客流系统实时推送数据，将全市 A 级旅游景区的全口径接待数据调整为重点监测旅游景区（3A 级及以上封闭式管理的景区）的实时接待数据，游客接待数据的准确性、真实性和功能性大幅提升。四是景区安全抓实抓牢。印发实施《进一步加强旅游景区安全管理的通知》《关于切实加强春季开放式景区景点安全风险管控的提示函》《关于持续深入开展高风险旅游项目设施安全风险隐患排查整治工作的通知》等系列文件，强化属地属事安全管理责任，督促各区县按照"限量、预约、错峰"要求，精准做好旅游景区常态化新冠疫情防控。开展旅游景区暗访检查，及时发现问题，立即责令整改。

三、旅游品牌纵深推进，产品业态不断丰富

一是打造工业旅游品牌。遴选推荐重庆国际生物城、TESTBED2贰厂文创公园成功获评国家工业旅游示范基地。联合市经济信息委推动重庆工业旅游创新发展，评定九宫庙钢铁文化街区、水星工业设计文创街区等7个街区为市级工业文化创意街区。二是培育新产品新业态。同市文化和旅游发展研究会签订《重庆市文化旅游IP资源调研工作委托协议》，印发《关于协助开展文化旅游IP资源调研工作的通知》，助推文旅IP创新转化。深入贯彻落实市政府办公厅《关于印发抓好当前经济工作若干政策措施的通知》精神，评选出全市露营地TOP10、自驾精品线路TOP10和旅游新玩法TOP10。深入开展《歌乐忠魂·渣滓洞沉浸式研学体验项目文学脚本》研讨，推动红岩文物文化活化利用。

四、坚持革命文化铸魂，红色旅游蔚然成风

一是系统梳理红色旅游资源。全市有全国红色旅游经典景区16处，红色旅游景区景点112处，红色A级景区22个（其中4A级景区13个、3A级景区3个、2A级景区6个），初步构建起国家、市、区（县）三级红色旅游景区体系。二是着力打造红色A级景区。新评定中共四川省临委会扩大会议会址（周贡植故居）为国家3A级旅游景区，推动聂荣臻故里景区、建川博物馆、816工程景区等红色旅游A级景区提档升级，大力发展红色研学旅游。三是强化红色旅游宣传。联合四川省文化和旅游厅策划举办红色旅游讲解员大赛。深入开展红色讲解员进校园活动，赓续红色血脉，传承红色基因。推出十大红色旅游主题线路。

五、突出打造节会品牌，以赛促学成效明显

一是成功举办2022全国星级饭店从业人员服务技能竞赛重庆选拔赛。联合市人力社保局、市总工会、团市委、市妇联等单位举办2022全国星级饭店

从业人员服务技能竞赛重庆选拔赛，吸引全市 70 余名选手参赛，评出前厅服务、客房服务、中餐服务、西餐服务、"食"尚归来厨艺大赛一等奖 5 名、二等奖 10 名、三等奖 15 名，为全市星级饭店品质提升树立了风向标。二是积极筹办第十三届中国长江三峡国际旅游节。成功举办第十三届中国长江三峡国际旅游节暨"高铁带你游三峡"活动启动仪式，推动"高铁＋旅游"深度融合，掀开了长江三峡"高铁旅游"新篇章。全力筹办第十三届中国长江三峡国际旅游节、世界大河歌会、长江三峡渝鄂轮值主席会议、长江文化旅游发展峰会等活动，持续提升"壮美长江·诗画三峡"品牌魅力。三是积极筹备旅游商品大赛。联合市政府外办印发《关于举办 2022"重庆好礼"旅游商品（文创产品）大赛的通知》，动员组织有关区县、单位参赛参展。积极组织参加第 17 届中国义乌文化和旅游产品交易博览会及 2022 中国特色旅游商品（健康主题）大赛，提升"重庆好礼"旅游商品知名度。四是协助办好其他活动。积极对接全国智慧旅游发展论坛事宜，细化完善活动总体方案，协调落实活动场地和后勤保障。积极动员组织旅游景区、星级饭店先进旅游工作者参加全市旅游主题联谊活动，助力旅游从业人员向先进模范致敬看齐。

六、深入开展惠民援企，助力稳住经济大盘

一是推出重庆人游重庆惠民活动。组织 37 个区县、111 个景区分两批开展重庆人游重庆——旅游景区惠民活动，接待游客 462 万人次，其中免票游客 158 万人次。二是组织开展"川渝一家亲——景区惠民游"活动。按照市领导指示和重庆四川党政代表联席会第五次会议工作安排，会同四川省文化和旅游厅起草形成《"川渝一家亲——景区惠民游"活动方案》，组织川渝两省市 A 级旅游景区于 2022 年 6 月下旬—12 月 31 日分别面向重庆籍、四川籍游客开展"百万门票互送"和"门票买一送一"等优惠活动，助力成渝地区双城经济圈建设。三是积极推动长江游轮在新冠疫情防控期间发展水上酒店。全市现有长江游轮 28 艘，其中五星级游船 24 艘，2022 年上半年一直停航，下半年短暂复航后又受新冠疫情影响停航，行业整体亏损严重。为严格落实市政府领导批示精神，助力游轮企业脱困复苏，多次会同市级有关部门专题

研究推进长江游轮在新冠疫情防控期间发展水上酒店工作，梳理汇总市级有关部门意见建议和长江游轮企业意向，组织起草《长江游轮发展水上酒店应对疫情影响实施方案》并形成专题报告呈报市政府。四是加强节会调度和市场维稳。全面做好智博会、西洽会等重大节会期间景区门票优惠服务保障工作，落实现役军人、退役军人、"三属"、现役军人家属免收门票费优待政策，推出山东籍游客门票减免措施，维持旅游景区市场稳定。五是落实助企纾困政策。严格落实《支持文旅企业复工复产和生产经营的政策措施》《支持服务业等困难行业纾困恢复十条措施》，协调推动落实金融减费让利、减免房屋租金、职工社保缓缴免收滞纳金等多方面内容，助力旅游景区渡过难关。

七、星级饭店稳步提质，旅游民宿创新发展

一是促进星级饭店服务技能提升。2022年底，全市共有星级旅游饭店140家，其中五星级27家，四星级44家，三星级59家，二星级10家。万豪、洲际、艾美、希尔顿、威斯汀、喜来登、温德姆等国际品牌酒店管理公司入驻重庆。成功举办2022全国星级饭店从业人员服务技能竞赛重庆选拔赛，吸引全市70余名选手参赛，为全市星级饭店品质提升树立了风向标。二是旅游民宿政策体系逐步完善。宣传贯彻《旅游民宿基本要求与等级划分》（GB/T 1648—2022），严格落实《利用存量闲置房屋发展旅游民宿试点方案》《关于促进旅游民宿规范有序健康发展的通知》，印发实施《重庆市旅游民宿等级评定与复核工作方案》，对旅游民宿评定对象、评定组织和职责、申报和复核要求、评定流程等进行了明确，为区县开展丙级旅游民宿评定和甲级、乙级旅游民宿申报提供规范指引。三是积极开展旅游民宿等级评定。重庆现有等级旅游民宿2家，其中甲、乙级各1家。2022年择优向文化和旅游部推荐甲级旅游民宿2家，乙级旅游民宿5家，其中已评审待授牌甲级旅游民宿1家、乙级旅游民宿2家。正积极推动各区县开展丙级旅游民宿评定工作。

八、抢抓重点建设区机遇，推动长江国家文化公园（重庆段）建设开局争先

一是成功争取长江重庆段纳入重点建设区。在委主要领导和分管领导的推动下，资源开发处深入开展基础研究，组织起草申报材料，成功争取长江重庆段纳入长江国家文化公园重点建设区。二是深化落实国家总体安排部署。积极传达贯彻长江国家文化公园系列视频调度会议精神，形成专题报告报市委宣传部，研究提出建立完善工作机制、及时动员部署长江国家文化公园（重庆段）建设工作、组织编制长江国家文化公园（重庆段）建设实施方案和建设保护规划、组织谋划储备一批重点建设项目等五项具体工作措施建议。三是全面开展基础研究。系统梳理重庆市世界文化遗产、世界自然遗产等国家5A级旅游景区等品牌资源330项，起草形成社会主义先进文化、革命文化、中华优秀传统文化等文化旅游综述8个，成功争取重庆市全域纳入长江国家文化公园（重庆段）建设范围。四是科学编制长江国家文化公园（重庆段）实施方案和建设保护规划。委托重庆市文物考古研究院总牵头，整合重庆市规划设计研究院、重庆市文化旅游研究院等单位联合组成规划编制小组，加快推进长江国家文化公园（重庆段）建设实施方案和建设保护规划编制工作。目前，已完成实施方案和建设保护规划（征求意见稿），正对标国家层面实施方案和建设保护规划进行优化完善。五是统筹谋划重大项目。会同市发展改革委组织区县初步编制形成长江国家文化公园（重庆段）重点项目储备库。按照文化和旅游部要求，整合提出重点项目8个、一般项目10个，总投资概算71.4亿元。其中，长江三峡（重庆段）国家考古遗址公园、重庆中国三峡博物馆改扩建项目、巴蜀文化考古遗址公园、中国长江三峡国际文化旅游系列节会配套项目、重庆古城墙遗址公园、重庆长江古人类文化公园项目等6个项目被纳入长江国家文化公园建设保护规划。

九、支部党建走深走实，重点专项高效推进

一是全面贯彻党的二十大精神。坚持读原著、学原文、悟原理，组织支

部党员观看党的二十大开幕盛会，原文学习党的二十大报告，组织党员积极撰写心得体会，引导党员大力弘扬红色传统、传承红色基因、赓续红色血脉。二是深入推进作风建设。严格执行中央八项规定和市委实施意见，力戒形式主义、官僚主义，牢记底线、不逾红线。大力弘扬真抓实干、雷厉风行的工作作风，以钉钉子精神抓好各项工作落实。积极查找处室廉政风险点，如实向组织报告个人重大事项。要求处内干部注意言行举止，珍惜集体荣誉，自觉净化"朋友圈""社交圈""生活圈"。三是高质量完成重点专项工作。高效完成市领导指示批示工作，圆满完成市委财经委第十三次会议决策部署事项，认真办理2022年市两会期间市政府主要领导听取代表委员对政府工作意见建议。积极研究推动"长嘉汇—大南山"国家5A级景区策划与创建项目、巫溪红池坝片区综合开发等重点事项。圆满办结人大建议和政协提案40件，其中主办件19件、协办件21件。配合市级有关部门扎实推进中央生态环保督察、垃圾分类、塑料污染防治、森林草原防灭火、新冠疫情督导检查等专项工作。

2022 年重庆旅游市场拓展情况报告

市场拓展处

2022 年，重庆市文化旅游市场拓展工作紧紧围绕学习贯彻党的二十大精神和市第六次党代会精神这条主线，根据中央和市委、市政府决策部署，按照委党委各项工作要求，立足本职、精心策划、周密部署，更好统筹新冠疫情防控和经济社会发展，全力推动巴蜀文化旅游走廊建设，切实做好文化和旅游营销推广，深化区域文旅协作，扎实开展旅行社导游管理工作，圆满完成了各项工作任务。

一、总体情况

（一）巴蜀文化旅游走廊建设扎实推进

一是强化规划政策支撑。2022 年 5 月，文化和旅游部、国家发展改革委、重庆市政府、四川省政府联合印发《巴蜀文化旅游走廊建设规划》（简称《规划》），对走廊重要性、角色定位、实现路径进行了明确。出台《重庆市贯彻落实巴蜀文化旅游走廊建设规划实施方案》，对《规划》落地进行全面安排。印发实施《深化重庆四川合作推动巴蜀文化旅游走廊建设 2022 年重点工作方案》《资大文旅融合发展示范区总体方案》，编印《巴蜀文化旅游走廊建设政策汇编》，推动完善政策支撑体系。二是联合举办重大活动。2022 年 6 月，川渝两省市召开川渝党政联席会第五次会议，启动共建巴蜀文化旅游走廊重大活动。组织召开巴蜀文化旅游走廊建设专项工作组第五次联席会议，川渝联合成功申办第十四届中国艺术节，合作举办第五届川剧节，联合开展"成渝地·巴蜀情"系列群众文化活动，联动主办"澜湄世界遗产城市对话活动"。三是共促文旅产品开发。签署《川渝石窟寺国家遗址公园建设战略合作协议》，揭牌成立川渝石窟保护研究中心、联合实验室和科技创新基地，推动川渝文化遗产保护利用。联合推出巴蜀文化旅游走廊十大主题游，巴蜀非遗文化产业园、川陕苏区红军文化公园、大巴山国际旅游度假区、五华山康养休闲旅游度假区、石刻文创园区等纳入成渝地区双城经济圈建设的重大项目积极推进。四是合力促进文旅消费。联合推出宣传片《安逸四川·大美重庆》，强化巴蜀文旅整体形象宣传。开展"川渝一家亲——景区惠民游"活动，两地284家旅游景区携手开展"百万门票免费送""门票买一送一"等活动，促进文旅消费。五是共同营造发展氛围。新闻报道《川渝共建巴蜀文化旅游走廊取得阶段性成果》被文化和旅游部《地方交流》第5期采用，《重庆行政》刊发《凝心聚力 共建共享，打造富有特色的巴蜀文化旅游走廊》理论文章，通过各类媒体及时宣传巴蜀文化旅游走廊动态进展。

（二）营销推广提质增效

一是组织举办重大推介活动。2022年4月，在沙坪坝区举办了"最炫武陵风"2022武陵山文旅融合产品推介活动，武陵山片区54个文旅相关单位及文旅企业共同参与。活动发布"最炫武陵风"美好目的地（中国武陵）2022共建计划，发布5条双城精品线路和20条精选线路。7月16—18日，2022中国武陵文旅峰会在酉阳县举办，开展了武陵山文旅发展联盟会议、高峰论坛、武陵山重大文旅项目推介、招商引资集中签约、武陵山文创产品以及特色旅游商品联展、武陵山美食展、武陵山文旅摄影大赛、"中国·武陵十二景"评选等系列活动。国家相关部委，外国驻重庆总领馆，重庆、湖北、湖南、贵州四省市武陵山片区11个市（州）73个县（市、区）政府及文化旅游部门，知名国际文化旅游组织和科研机构，相关文旅企业，知名文旅专家等嘉宾出席，将峰会打造成一个集"视、听、触、嗅、味"于一体的"沉浸式峰会"，全方位、多层次展示武陵山文旅资源，多方会聚武陵山文旅发展动能，提振武陵山文旅消费市场。二是建成武陵文旅推广中心。2022年9月，武陵文旅推广中心正式揭牌。该中心由联盟秘书处统筹，市文化旅游委联合联盟9区县政府及重庆武陵文旅融合发展有限公司共同打造，以"武陵文旅在重庆的家"为定位，打造集展示推广、交流洽谈、信息咨询、互动体验、数据采集等功能于一体的武陵山文旅公共服务平台和对外形象窗口，让更多的市民游客通过这个"窗口"听见武陵、看到武陵、走进武陵、读懂武陵。三是开展主题营销推广活动。推出"百万职工游重庆"活动，整合上百家重庆本地旅游景区、演出公司等形成旅游年票，职工凭借年票可以免费游览景区景点、观看文艺演出，拉动文化旅游消费。联合高德地图正式上线发布全国首个"演艺地图"，首批上线 100 个重庆演艺场所，并发放打车优惠券，提高了重庆市演艺产品辨识度。整合重庆市"吃住行游购娱"等资源要素，编印《重庆旅行指南》。四是实施营销奖励促进市场复苏。印发《重庆市"十四五"旅游营销奖励方案（2022 年版）》，对组团前往渝东南和 4 个国家乡村振兴重点帮扶县旅游给予营销奖励。出台《重庆市旅行社组客观看旅游驻场演出营销推广奖励方案（2022 版）》，支持旅行社拓宽市场并给予组客奖励，促进全市演出演艺市场发展。

（三）行业管理规范有序

一是落实纾困帮扶各项政策，稳住市场主体。根据新冠疫情防控形势变化，及时调整重庆市跨省旅游团队运行政策，2022 年 5 月以来有序恢复全市跨省团队旅游及"机票＋酒店"业务，指导做好市内相关区县"熔断"管理；11 月中旬以来按照坚持第九版、落实二十条和新十条优化措施要求，不断落实优化新的跨省团队旅游政策，推动复工复产。认真落实国家助企纾困和稳住经济大盘相关政策措施，将旅行社、导游纾困纳入市级有关纾困政策，协调推动政策落实。2022 年为 644 家旅行社暂退（缓交）质保金 1.57 亿元，实现"即申即退"。截至 2022 年底，全市共有旅行社 818 家，较 2021 年净增 69 家。二是改进管理服务，旅行社组接客居全国前列。加强全国旅游监管服务平台、重庆旅行社管理系统运用，将旅行社服务事项纳入季度通报，加强旅行社季报、年报工作，2022 年全市旅行社各季度审核完成率均在 98% 以上，文化和旅游部发布的《2022 年度全国旅行社统计调查报告》显示，2022年度重庆市旅行社国内组织接待人次（每天）汇总排序居全国第六位。三是促进营商服务，旅行社领域试点获国家支持。国务院批复同意在重庆市暂时调整实施《旅行社条例》有关规定，允许在重庆设立并符合条件的外商投资旅行社从事除台湾地区以外的出境旅游业务，为重庆市旅游业对外开放创造良好政策环境。将港澳服务提供者在重庆自贸区投资设立旅行社的审批权限，下放至重庆自贸区各区域所在地旅游主管部门。四是做好专项整治，保障良好发展环境。加强对旅行社政策宣传引导，协同做好打击跨境赌博、打击整治养老诈骗、维护海外利益等专项行动。协助妥善处理旅行社相关纠纷，维护安全稳定大局。五是加强人才队伍建设，提升行业素质。完成金牌导游培养项目审核，新增国家金牌导游 4 人。根据新冠疫情防控形势，有序推进导游、领队、旅行社管理人员培训筹备工作，将通过线上线下协同培训全市导游、领队、旅行社管理人员约 1.2 万人次，进一步提升行业从业人员素质。积极筹备启动重庆市第四届"山水之城·美丽之地"导游词讲解大赛暨第九届重庆市导游大赛。

（四）区域协作不断深化

一是"引客入昌"和"鲁渝协作"持续发力。扎实推进旅游援藏，持续推进"万人游昌都"活动，出台对口支援昌都旅游营销奖励政策，开通"重庆—昌都旅游直通车"，重庆市旅行社组织以昌都为重要旅游目的地的团队 207 个、游客 7171 人；在重庆市轻轨 3 号线和市内公交车投放昌都旅游宣传片、平面广告，集中宣传展示昌都旅游产品、线路和品牌。持续开展"十万山东人游重庆"宣传营销活动，推动鲁渝协作走深走实。二是深化重点区域文旅协作。与四川、甘肃、陕西等合作，发起成立嘉陵江文化旅游联盟，共推嘉陵江旅游风景道建设。深化重庆、成都、贵阳"西三角"合作，开展点亮城市地标活动，实施暑期旅游联合营销推介。组团参加中国进博会等重大节会，宣传推广重庆文旅品牌形象。协助湖北、广西、青海、山西、厦门、贵阳等省市来渝开展宣传推广，促进客源市场合作。

二、下一步工作思路

（一）全力推动巴蜀文化旅游走廊建设

进一步深化沟通联系机制，组织召开巴蜀文化旅游走廊建设联席会，强化与成都"双核"联动。深入落实《巴蜀文化旅游走廊建设规划》，统筹推动一批重大项目，积极争取设立"国家文化和旅游创新改革试验区"，推动"资阳大足文旅融合发展示范区"等建设，深化共建成果。探索开行巴蜀文化旅游走廊高铁旅游专列，加强与武陵山文旅发展联盟互动，开展澜湄系列文旅交流活动，开展"成渝地·巴蜀情"系列群众文化活动和"百万职工游巴蜀"活动，依托市场主体促进双城经济圈游客互送，提升旅游消费。加强舆论宣传，强化交流共促，为巴蜀文化旅游走廊建设创造良好氛围。

（二）加大营销推广力度

联动区县、企业、媒体组织开展长三角、珠三角、成渝地区等重点客源市场营销推广活动，提升重庆文旅产品知名度；落实"十四五"旅游营销奖励、旅行社组客观看旅游驻场演出营销奖励等政策，提升旅行社企业组客积极性；组织开展一批重点文旅产品和旅游线路营销推广，加强区域旅游合作推广，助力旅游消费复苏。

（三）提升行业管理服务

抓住新冠疫情防控平稳转段契机，加强政策宣传引导，支持旅行社复工复产，努力促进行业恢复发展；按照国家和市级有关部署持续推动各项助企服务政策落实，帮助企业减负增效。继续加强数据填报、行政许可、日常管理等工作，努力提升旅游市场服务质量。举办导游大赛，组织开展导游、领队等培训，组织好导游资格考试，促进行业人才回流，提升旅行社行业队伍人员素质。

（四）推进对口支援和协作

持续推动"万人游昌都"工作，助力昌都在重庆文化旅游宣传，依托市场主体加大游客组织与输送力度；深化与山东旅游市场合作，持续开展"双十万"计划，促进两地游客互送。

2022 年重庆文化旅游宣传工作综述

宣传处

重庆市 2022 年文化旅游宣传工作坚持以习近平新时代中国特色社会主义思想为指导，以学习宣传贯彻党的二十大精神为主线，全面落实习近平总书记对重庆所作重要讲话和系列重要指示批示精神，紧扣"山水之城·美丽之地"目标定位、"行千里·致广大"人文精神，坚持自信自强、守正创新，踔厉奋发、勇毅前行，推动文化旅游宣传工作取得积极成效。

一、广泛开展线上线下文旅宣传活动

一是受邀线上参加"2022 中国城市旅游发展论坛"。委主要领导作了线上发言，中国旅游研究院（文化和旅游部数据中心）发布"非凡十年·魅力二十城"2012—2022 全国游客满意城市 20 强，重庆荣登榜首。《重庆日报》以《是实至名归，也是双向奔赴——重庆游客满意度综合排名居全国第一》为题作了专版报道。

二是加大与互联网平台合作力度。联合抖音开展"美好目的地"重庆 2022 共建计划。先后推出"最炫武陵风"、"坐高铁趣巫山"、"黄水氧成计划"、川剧节"弄丑弄弄壮共壮"、"爱上涪陵岂止榨菜"等话题。2021 年以来，相关抖音话题视频曝光量累计超过 52 亿人次、超过 67 万人参与话题视频拍摄、点赞超过 4300 万次。据抖音发布的《2022"五一"假期数据报告》和《2022 国庆旅游数据报告》，重庆均上榜最受游客欢迎城市 TOP10。与新浪微博联合设置"文艺重庆"话题，话题阅读量累计超 262.1 万人次；新浪重庆动用超 60 位"大 V"博主，粉丝量合计超 3000 万，从不同的文旅景点与角度出发，圈层营销重庆旅游。

三是扎实抓好 2022 年"中国旅游日"重庆分会场活动。活动期间全市推出针对旅游助老、助残，抗疫工作者、劳动模范等优惠政策以及公益性文艺演出、公共文化场馆扩大开放等共计四大类 130 余项利民惠民措施，统筹全市各区县及景区同步推出了大量创意辈出、线上线下结合的旅游宣传推广活动。启动仪式当天，共组织重庆卫视、新华社等 38 家媒体宣传报道。

二、广泛开展新冠疫情防控期间线上公共文化活动

一是扎实抓好优秀文艺作品线上展播。联合中国广电重庆公司、华龙网、《重庆日报》等多个平台联动推出"艺心抗疫、相约云端"优秀文艺作品展播。列出计划、倒排档期，每天定时在中国广电重庆公司大小屏、重庆日报"云剧场"、华龙网等平台统一推送，首次实现移动端、TV 端和 PV 端全端口同步播出；先后推出川剧《江姐》、京剧《双枪惠娘》、话剧《红岩魂》、音乐剧《思君不见下渝州》等 20 余部作品，累计观看量约 950 万人次，点赞超 20 万人次。

二是扎实抓好线上群众文化活动。以重庆图书馆为重点组织全市 43 家数字图书馆、以重庆市群众艺术馆群众文化云为平台组织全市 41 个云上文化馆积极开展内容丰富、形式多样的线上群众文化活动。重庆图书馆推出"静待疫散、阅读相伴"云端抗疫系列数字阅读服务活动，推出战"疫"书柜等主题书柜，开通抗疫救灾知识服务平台，免费开放云上重图数字阅读，向全市市民免费提供 50 万册正版电子书、超过 30 万小时的有声书和视频资源，累计访问流量超 126 GB。重庆群众文化云平台上线"云上艺术普及"系列活动，推出"艺心抗疫、相约云端"联展和 4 类线上文艺课堂，累计浏览量 25 万余人次。

三是扎实抓好线上文博活动。重庆云上博物馆试用上线以来，通过中国广电重庆公司大小屏陆续更新展览、文物、藏品、文博资讯等内容 200 余条，围绕展览、文物、文创、研学等多个方面推出"3D 见文物""以文物说"系列专题，精彩内容天天有。截至目前，大屏日平均曝光用户 197.4 万人次，累计访问量 17 万次，视频点播总量超 90 万次。重庆自然博物馆推出系列线

上直播"云课堂",重庆市文物考古研究院公众号推出线上历史文化大讲堂
10 场,大足石刻研究院线上展播央视大型纪录片《人类的记忆——中国的世
界遗产》影视作品。重庆中国三峡博物馆"云"游重博线上博物馆推出虚拟
展、VR 真人导览、专题视频等线上参观学习模式,总浏览量 95 万人次,总
阅读量 83 万人次。

三、持续做好新闻发布和媒体报道

一是全方位抓好新闻发布工作。深化与重庆电视台、《重庆日报》、新华
网、上游新闻、华龙网等新闻媒体合作,形成规范化、常态化新闻报道机
制。完成 2022 中国武陵文旅峰会,2022 舞动山城·国际街舞大赛系列活动,
"5·19"中国旅游日,2022 春季、夏季、秋季旅游启动,2022 年文化和自然
遗产日,2022 重庆惠民消费季等新闻发布,涵盖文化、旅游、文物、广电等
多个领域。全年共组织召开新闻发布会 15 场,参与重庆市新冠疫情防控等市
级新闻发布会 9 场。

二是扎实抓好文化旅游宣传报道。联合四川省文化旅游厅编辑制作巴蜀
文化旅游走廊《安逸四川 巴适重庆》宣传片,并在推动成渝两地党政联席
会议第五次会议上播放,获得各级好评。联合重庆市规划和自然资源局印制
"重庆夜文化地图"和"重庆乡村旅游地图"。2022 年重庆旅游宣传片改版、
2022 年《山水重庆 全域旅游》等工作有序推进。全年协调各级各类媒体发布
重庆文化和旅游相关稿件 2600 余条,其中中央级媒体发稿 800 余条。

三是加大文旅类主题文章推送宣传力度。《中国文化报》、《中国旅游报》
头版刊出委主要领导关于学习宣传贯彻党的二十大精神署名文章;《重庆日
报》头版刊出落实党代会精神系列报道和"追踪助企纾困政策大落实"系列
报道的文化旅游内容;与《重庆日报》合作开展"成渝地区双城经济圈文化
旅游负责人"访谈;与上游新闻合作开展"2022 文旅大家谈"系列采访报
道;华龙网"踔厉奋发新五年"系列报道刊出文化旅游篇章。文化旅游委官
方微信共发布 712 条信息,粉丝累计 140.6 万人,全年阅读量 214 万次;微
博共编辑发布信息 4134 条,收获阅读量 3894 万次,粉丝达到 200.8 万人。

2022年重庆文化旅游发展安全工作报告

安全应急处

2022年，重庆市文化旅游安全生产工作总体平稳向好，行业安全发展，取得较好成效，有力保障了"两奥"、全国两会、市第六次党代会、党的二十大等重点时段和重要节假日期间文化旅游行业系统安全稳定。

一、文化和旅游突发事件情况

全年未发生涉文旅安全生产责任事故和突发事件，实现了"零死亡、零舆情、零事故"，总体平稳、可控、有序。

二、主要工作成效和亮点收获

（一）安全管理体系逐步规范

压实文化旅游系统安全管理责任。定期召开委党委会议、委主任办公会议，学习传达相关文件精神，研究部署工作。每季度召开专题会议，小结工作，分析安全形势，研究解决安全生产问题的措施。根据职责调整和任务形势，及时修订《市文化旅游委领导安全生产职责清单》《市文化旅游委系统安全生产职责分工》《市文化旅游委系统安全生产与自然灾害防治重点工作清单》，明确业务领域的监管处室，将安全生产职责分解落实到相关领导及责任人员，依法依规履行安全监管责任。持续督导文化旅游企业落实企业主体责任，推广生产经营单位构建风险分级管控和隐患排查治理双重预防机制。强化企业一线岗位从业人员安全生产责任，以"知风险、明职责、会操作、能应急"为工作要求，指导企业建立一线岗位从业人员岗位风险清单、岗位职责清单、岗位操作卡、岗位应急处置卡，全市 48 家重点涉旅企业完成试点工作，并全面推广。制定发布《安全生产技术规范第 21 部分：旅游景区》，指导全市旅游景区标准化建设。

（二）安全管理机制更加完善

优化考核体系，将文化旅游安全管理相关内容进行有机整合，根据任务实际，调整优化"月点评、季通报、年考核"管理机制和委系统《目标管理绩效考核办法》中的安全考核内容，以考促管，推动责任落实。隐患排查整治成为常态，统筹发展和安全，统筹新冠疫情防控和经济社会发展，组织开展文化旅游安全大排查大整治专项行动，结合形势任务，明确排查整治重点任务，动态清除安全隐患；组织各区县文化旅游部门、委属各单位开展安全交叉检查，以检促改、以检促学，全面提升全市文化旅游安全监管人员发现问题、解决问题能力；建立区县文化旅游部门每月对辖区文化旅游场所全覆盖检查、委机关业务处室每月暗访检查、委安全生产领导小组办公室每月重点抽查、委托第三方机构随机暗访的常态化隐患检查排查机制，2022 年以来，共组织开展全覆盖明察暗访检查 4 次，配合市级各部门牵头带队开展安全生产、新冠疫情防控、森林防火、自建房、维稳安保等各类检查督查 7 次，确保隐患及时发现、及时整治。

（三）安全隐患治理取得实效

深入查找存在的问题和不足，精准制定工作措施，全面推进大排查大整治大执法，制定《重庆市文化和旅游发展委员会安全生产专项整治三年行动自评工作方案》，认真组织开展自评，7 个专题和 22 项主要任务均已按期完成，安全生产专项整治三年行动圆满收官。制定《贯彻落实安全生产工作"十五条硬措施"迎接党的二十大胜利召开工作方案》，将细化分解的 46 项重点任务明确至具体单位，围绕燃气安全、火灾防控、旅游交通、特种设备及高风险游乐项目、人流管控等重点，扎实开展安全生产大排查大整治大执法，全市各区县文化旅游部门共排查整治问题隐患 118 个。统筹开展高风险旅游项目系统性安全评估和清理整治，共清理排查高风险旅游项目 483 个，验收合格 417 个；不合格项目 66 个，正停业整改并督促景区主管部门加强指导。开展旅游景区消防安全大排查大整治行动，指导各区县文化旅游部门会同属地消防部门开展旅游景区消防安全风险开展评估，对辖区旅游景区内火灾事故易发多发场所、重点部位、关键环节开展消防安全隐患"起底式"排查检查，及时消除安全问题隐患，有效管控消防安全风险。牵头开展私设"景点"问题专项整治，制定下发工作方案、指导意见，通过召开会议、现场检查等方式，压实行业监管责任，各成员单位及区县已排查景区（点）743 个，排查出 6 类 26 个私设"景点"问题，已全部完成整改，消除了安全隐患。配合开展燃气安全、自建房安全整治，均取得较好成效。

（四）防灾减灾工作有序推进

深刻吸取郑州"7·20"特大暴雨灾害教训，引以为戒、举一反三，召开专题会议研判形势、部署防灾减灾工作，下发系列通知，指导工作落实。修订《市文化旅游委防汛抗旱应急预案》，涉文涉旅防汛抗旱工作的指导性、针对性、科学性、实用性、可操作性不断增强。加强与气象、水利、林业等部门信息共享，及时发布气象、水文灾情预报预警和出行安全提示。组织开展汛前隐患排查，督促各区县文化旅游部门和委属各单位排查整改防汛隐患186 个。开展自然灾害防治"大宣传、大培训、大演练"活动，全市文化旅游行业系统悬挂防汛标语 331 条，开展防汛培训 109 场、应急演练 142 场，行业系统防汛救灾实战能力有力提升。

（五）安全应急能力不断提升

紧紧围绕文化旅游安全管理、风险辨识、应急处置等内容，组织全市文化旅游安全监管人员开展安全应急管理培训。参加文化和旅游部组织的文化旅游安全生产线上培训，参训 1200 余人。会同市消防救援总队和云阳县召开全市文化旅游消防安全管理工作现场会，推广消防安全标准化建设经验，开展多部门、多场景、多要素消防救援演练。会同市消防救援总队联合开展全市文化旅游系统一线从业人员消防安全技能竞赛，进一步提高文化旅游系统一线从业人员火灾隐患查找、消防器材使用、初期火灾扑救、组织应急疏散引导等基础消防能力。搭建"智慧文旅广电云平台"，对文化旅游场所运行情况开展实时监测和调度，截至目前，共接入 A 级景区 150 家（3A 级及以上封闭式景区完成率 100%）、博物馆 152 家、文化馆（含美术馆）48 家、图书馆 43 家、温泉 31 家、演艺场馆 10 家。研发微信小程序版的"文旅安全日志管理系统"，依托移动互联网和手机终端，解决了文化旅游场所安全巡查不到位、隐患排查不到位，整改不落实、台账资料做假、存放遗漏缺失等问题，为监管执法赋能。

三、2023 年安全生产工作思路

（一）围绕深学笃用习近平新时代中国特色社会主义思想抓好思想引领

持续深入开展习近平总书记关于文化旅游工作、安全生产、自然灾害防治的重要论述和指示批示精神的学习贯彻，建立健全系统学习、跟进学习制度，深入学习贯彻党的二十大精神，及时传达学习习近平总书记重要讲话和指示批示精神，努力融会贯通、指导实践。

（二）围绕责任落实抓安全生产和自然灾害防治

扎实做好专项办公室工作，持续推动各部门落实旅游安全专项监管责任，召开市安委会旅游安全办公室成员单位会议，统筹协调解决重点难点问题。落实常态化安全监管"十条措施"有关要求，做好"两重两新"部署，进一步压实部门监管责任、属地责任和企业主体责任。全面加强自然灾害防范治理，强化协调联动，做好自然灾害预警预报和预防工作。

（三）围绕防范化解重大风险抓隐患排查整治

统筹开展行业系统安全隐患排查整治，持续开展重大隐患挂牌督办。制订年度检查计划，抓好交叉检查、专项检查、暗访等检查巡查，持续传导压力。加强重要时节、重大活动安全风险研判，做好风险识别、评估和管控。

督促各区县文化旅游部门做好风险信息库入库出库工作，落实专人负责，明确整改时限，加强动态管理。

（四）围绕宣传培训抓好安全意识提升防范能力

组织召开全市文化旅游安全管理工作会议，总结工作、部署任务，开展业务培训。召开现场会，会同市消防救援总队开展消防应急演练，持续开展全市文化旅游系统一线从业人员消防安全技能竞赛。及时修订完善文化旅游安全管理制度和应急预案，加强应急培训和突发事件"双盲"演练，提升应急管理能力和水平。加大文化旅游安全宣传力度，配合相关部门开展"安全生产月"等各类宣传活动，及时对公众发布安全预警与提示信息，全面提升公众安全意识和防范能力。

2022 年重庆广播电视业发展报告

传媒处

2022 年，重庆市广播电视和网络视听工作坚持以习近平新时代中国特色社会主义思想为指导，紧紧围绕迎接宣传贯彻党的二十大精神，深入贯彻落实习近平总书记关于宣传思想工作的重要思想和关于广电工作的重要指示批示精神，深刻领悟"两个确立"的决定性意义，增强"四个意识"、坚定"四个自信"、做到"两个维护"，全面落实全国宣传部长会议、全国广播电视工作会议和全市宣传部长会议精神，坚持立足新发展阶段，全面贯彻新发展理念，融入和服务新发展格局，坚持稳中求进、守正创新，自觉担负举旗帜、聚民心、育新人、兴文化、展形象使命任务，突出抓好舆论宣传引导、精品创作生产、公共服务惠民、媒体融合发展、行业综合治理五大重点任务，努力推动广播电视和网络视听高质量发展，为建设社会主义现代化新重庆贡献广电力量。

一、聚焦主题主线，提升舆论引导能力，在唱响新时代最强音上展现更大作为

一是做强主流思想舆论。深化广播电视媒体"头条"和网络视听平台"首页首屏首条"建设，突出做好习近平新时代中国特色社会主义思想宣传和领袖形象宣传，指导广电媒体及时转载主要央媒关于习近平总书记重要活动、重要会议、重要精神的报道，在首页首屏置顶开设习近平总书记活动报道专题，推出《总书记的足迹》《领航新时代》等主题报道，创作播出大型电视理论节目《思想的田野》（重庆篇），推动习近平新时代中国特色社会主义

思想"天天见""天天新""天天深"。二是加强重大主题宣传。开设"迎接党的二十大"新闻专栏，推出"一江碧水向东流"全媒体新闻行动等主题报道，策划举办了"新时代奋斗者——重庆市最美人物发布仪式"，组织开展了"恢宏新时代 逐梦向未来"重点节目展播活动，圆满完成了党的二十大两场重要活动直播转播任务，得到了国家广电总局充分肯定；全力做好"二十大时光"特别报道，采编的《二十大时光·声音——外币上的"中国建造"彰显大国担当》受到国家广电总局表扬。围绕奋斗"十四五"、2022全国两会、北京冬残奥会、市第六次党代会等重大主题开展系列宣传，其中在两会宣传报道2次受到中宣部表扬。三是强化新冠疫情防控宣传。重庆广电集团开设《众志成城 守望相助 坚决打赢疫情歼灭战》《重庆市新冠肺炎疫情防控工作新闻发布会》等特色专栏及时推送权威信息，推出《防疫"心"守护》健康直播系列节目，普及科学防疫知识；"抗疫一线 党员干部在行动"栏目制作推送《青年医学生热血奔赴重庆疫情防控一线》等节目及视频，生动讲好抗疫故事；推出"主播喊话"系列短视频，观看量突破3亿人次；重庆广电"第1眼"App、中国广电重庆公司联合推出《同心战"疫"》等专题节目，全媒体平台同步发声，重庆的典型做法被国家广电总局《广播电视评论》专期刊发。四是提升国际传播效能。支持重庆电视台与白俄罗斯广播电视台深化合作，成功举办中白建交三十周年图片展暨重庆—明斯克电视周开播仪式，重庆卫视连续播出5集白俄罗斯纪录片《我想去看》，选送《郝士福和他的四川荷叶》等39件广播电视作品参加"讲好中国故事"创意传播大赛，《百年巨变|山水重庆：轨道上的都市区》被国家广电总局评为优秀对外传播纪录片，与四川外国语大学等单位共建的四川外国语大学国际影视产业学院（西部影视译制中心）正式挂牌，提升了国际传播力、影响力。

二、聚焦内容生产，打造广电精品力作，在增强人民群众文化获得感上得到更大提升

一是强化创作能力培训。策划举办了重庆市2022年融合媒体短视频创作培训班，精心选派100余人参加纪录片创作培训、内容信息安全培训；组织

开展了线上优秀公益广告赏析交流活动，全市广播电视和网络视听精品创作生产能力得到提升。二是强化扶持激励引导。认真落实"找准选题、讲好故事、拍出精品"重要要求，聚焦新时代新征程、中国共产党人精神谱系、中华优秀传统文化等主题，深入挖掘巴渝文化、三峡文化、抗战文化、革命文化、统战文化、移民文化等题材资源，在电视剧、纪录片、动画片、广播电视节目、网络视听节目、公益广告等方面加强谋划部署，组织开展2021年度重庆市广播电视优秀作品评选活动，14件作品获"中国广播电视奖·广播电视节目奖"；落实资金48万元开展广播电视节目创新创优评选工作，对评审出的7个创新创优节目给予扶持；实施重庆市首届网络视听艺术精品扶持项目，《重庆面孔》等5件获得扶持的作品在人民网、华龙网、纪录中国、视界网等平台集中展播，网络点击量突破千万；成功举办2022年重庆市网络视听作品大赛，评选出35件优秀作品，其中宣传重庆城市文化旅游形象的《云海列车》《开往春天的列车》被新华网、光明网等权威媒体转载，成为2022年重庆爆款短视频；完成国家广电总局2021年度广播电视公益广告扶持项目、第二届全国旅游公益广告遴选和重庆市2022年度广播电视公益广告扶持项目，联合市委宣传部成功举办"喜迎党的二十大"全市公益广告大赛，共征集广播电视公益广告作品2000多件，落实40万元资金对评审出的优秀作品、优秀播出机构分别给予专项扶持，推优选送的3件作品获得国家广电总局扶持奖励，市文化旅游委获评"优秀组织单位"，联合市委宣传部推送的作品《人民的英雄 英雄的人民》荣获中国公益广告黄河奖特别金奖。三是强化精品创作展演。健全全流程质量管理机制，一批思想精深、艺术精湛、制作精良的广播电视和网络视听作品不断涌现，电视剧《绝密使命》获中宣部第十六届"五个一工程"奖、第33届电视剧"飞天奖"优秀电视剧大奖；《大头小当家》成功入选国家广电总局2021年度优秀少儿节目；电视访谈节目《愿化作星星的你常能守望人间》《让盲孩子们挺起胸膛朝前走》《有了小号我就拥有全世界》《摩友志愿者鲁森森：有需要的地方就有骑士精神》均入选国家广电总局季度优秀广播电视新闻作品；《思想的田野（第五季）》荣获国家广电总局2022年第二季度广播电视创新创优特别节目；纪录片《嗨！十年》《华夏湿地》入选国家广电总局"十四五"纪录片重点选题；《漫天晴雪映梅花——红岩英烈杨虞裳》《八小时》入选 2022 年季度优秀国产纪录片；《新时代奋斗者》系列节目入选国家广电总局 2022 年广播电视重点节目；《大足石刻：跨越时空与历史对话》等 3 部网络视听作品获得省部级以上奖项；电视剧《玉面桃花总相逢》《勇者无惧》《摧毁》、纪录片《我和我的新时代——下庄村的年轻人》、广播剧《玉兰花开》等 5 部作品分别登录一线卫视、中央人民广播电台播出，《浩哥爱情故事》《摇滚狂花》等 2 部网络视听作品跻身同类作品票房榜前列。

三、聚焦科技赋能，加快媒体融合发展，在落实国家战略、服务中心大局上实现更大突破

一是深化媒体融合发展。重庆广电集团（总台）围绕"第 1 眼"客户端打造融媒体"新闻集群"，聚合重庆卫视新闻板块、重庆新闻频道、重庆之声新闻广播、视界网新闻板块、阳光重庆网络问政平台、重庆移动视听传播中心，形成覆盖电视、广播、网络的全媒体新闻传播矩阵；"第 1 眼"客户端下载量达 1000 万次，用户超 3500 万人，日活跃量达 14.8 万，发布内容 90% 以上为原创视频新闻，逐渐成为重庆粉丝量最高、影响力最大、原创力最强的主流媒体品牌之一，被国家广电总局评为"新时代·新品牌·新影响"广电媒体融合新品牌；中国广电重庆公司加快建设"中国广电重庆订阅号"视频号，聚焦重庆本土和全网热点打造原创内容，创作的首部人物群像微纪录片《重庆面孔》、短视频《火辣重庆 等你来玩》获省部级奖励；完成 2022 年度全市广播电视媒体融合典型案例、先导单位、成长项目征集评选，"12320 优医生——智慧医疗"、"智慧养老'数字社区平台·智慧宝'"、大小屏联动等融合项目持续成长，重庆广电集团（总台）融媒体新闻中心入围国家广电总局先导单位提名；推动重庆有线网络整合，加快"全市一网"整合股权转让工作进度，优化重庆地区 IPTV 电视管理运营，推动重庆移动"魔百和"电视业务规范整改，加快推进重数传媒上市，重点改革事项稳步推进。二是推动区域协调发展。川渝两省市在联合举办广播电视节目、共同拍摄制作广播电视作品、联袂打造《成渝

双城记》电视专区等方面先行先试，首次联合举办的春节联欢晚会《川渝一家亲 滚烫幸福年》获得国家广电总局高度肯定，合作拍摄的电视剧《一路向前》完成制作、《智能大时代》有序推进，以实际行动助推成渝地区双城经济圈建设。三是推动广电文旅协同发展。围绕重庆"一区两群"协调发展布局，制作播出反映重庆城市形象、地域特色、风土人情的广播电视作品，宣传推广重庆文化旅游产品，提升重庆"山水之地、美丽之城"城市品牌形象；加快建设"直播重庆联盟"和"重庆短视频联盟"；聚焦"聚合＋宣传＋桥梁"三大定位，联合多家博物馆打造"重庆云上博物馆"，完成《重庆云上博物馆建设标准》编写、红色基因库建设，打造文化数字化战略落地的"重庆样板"；成功举办第十四届中国西部动漫文化节，吸引北京爱奇艺、阅文集团等10余家动漫及周边企业参展参会，带动重庆本土动漫产业、文化旅游数字经济加快发展。

四、聚焦惠民便民，提升公共服务质效，在促进人民精神生活共同富裕上体现更大担当

一是推进智慧广电建设。重庆广电集团（总台）自主研发升级媒体融合发展技术系统，构建形成多方式生产、多终端发布、多对多内容交换及全流程安全管控的新闻生产方式；中国广电重庆公司开发建设新一代融合化超高清 IP 视频能力平台，实现全景视频、自由视角、8K 视频等高新视频能力；开展无线发射台站智慧运维试点建设，启动 2 个广播电视无线发射台创建"有人留守、无人值班、移动管理"新模式；推动广电 5G 顺利上线；完成全国智慧广电网络新服务、智慧广电乡村工程典型案例征集评选，"5G 社区居家养老"入选智慧城市创新应用项目，"来点微电视"入选智慧家庭创新应用项目；完成全市高新技术创新应用、人工智能应用创新项目征集评选，"基于用户行为深度学习的智能推荐系统""华龙芯党政融媒体互动视频融合解决方案"等 4 个项目斩获全国奖项；完成水土智慧广电数据中心一期建设投用，建成国家标准 A 级数据中心（国际标准 T3+）和文化生产研发楼，为国家文化大数据体系重庆区域中心建设提供基础设施保障。二是加快基础设施建设。

完成地面数字电视700兆赫频率迁移，协调推进51座发射台站频率迁移工作；推动实施5个老少边及欠发达地区县级应急广播建设项目，完成37个区县应急广播系统建设，建成应急广播终端5.9万组，覆盖10200个行政村（社区），市级应急广播系统工程稳步推进；重大基础设施建设加快推进，完成重庆广播电视发射新塔一期项目论证和报批，启动实施排危抢险工程，浮图关广播电视发射塔大修排危项目通过验收，重庆有线智慧广电数据中心投入试运行。三是提升公共服务水平。全市有线电视干线光缆累计达6826.9公里，有线电视用户613.68万户，有线数字电视用户549.18万户，高清实际用户194.02万户，超高清（4K）实际用户218.29万户，广播电视直播卫星用户达188.09万户；全市广播综合人口覆盖率达99.54%、电视综合覆盖率达99.65%。支持重庆广电集团（总台）推进4K超高清电视频道建设和车载4K融合生产中心建设，全市31个电视频道实现高清播出；开展有线电视惠民服务行动，向有线电视用户免费提供20多万小时原付费点播节目，以及140套直播电视频道，丰富市民抗疫期间的精神文化生活；开辟行政审批"绿色通道"，全年审批发放网络视听节目许可35个、频率使用许可21个、传输覆盖网许可7项、广播电视节目制作经营许可148个；推动助企纾困政策落地，指导187家社会影视制作机构享受扶持优惠政策。

五、聚焦安全发展，强化行业综合治理，在守牢广播电视意识形态阵地上提供更大保障

一是强化安全播出保障。紧紧围绕迎接党的二十大广播电视安全播出和网络安全保障总目标，成立安全播出工作领导小组，制定安全播出保障方案，开展制度架构体系、技术保障体系、应急管理体系、安保消防体系自查自纠，投入8000余万元整治播出安全隐患328项，圆满完成党的二十大、北京冬残奥会、全国和全市两会等21天重要保障期保障任务，实现重大活动、重点时段和重要节目"零停播"保障目标，全年总停播时长、重大停播事故同比下降57.75%和33.33%，在国家广电总局组织的全国广播电视实战化应急演练中，重庆成为全国第2个未受到影响的省市之一。二是强化广电阵地管

理。严格落实意识形态工作责任制，把党管意识形态的要求落实到广播电视和网络视听机构、内容、产品、市场等各方面、各环节，完成 37 家播出机构"两证"换发工作，为 23 个县级综合广播颁发《广播电视频道许可证》，运用"中国视听大数据系统"对 10 个市级专业频道、33 个区县综合频道开展综合评价，督导整改违规播出行为 109 起，对违规播出机构开展约谈告诫 6 次；将非法卫星电视接收设施整治工作纳入区县平安建设暨基层平安创建考核指标体系，创建"无小耳朵"小区 198 个，拆除非法安装使用的卫星电视接收设施 218 套，收缴非法卫星电视接收设施 13 套；加强网络视听行业监管，督导落实内容监听监看、制作安全督导、播前三审和重播重审等制度规范，下架违规影视剧 3000 余部；落实电视剧和网络影视剧片酬管理、电视剧和网络影视剧细节把关、告知承诺等有关要求，坚决整治艺人违法失德、"阴阳合同"、高价片酬、唯流量论、泛娱乐化、"追星炒星"、"饭圈"等问题，持续开展"清朗视听"内容安全专项行动，意识形态主阵地进一步巩固。三是加强人才队伍建设。整合广电和网络视听人才资源，成立广播电视和网络视听协会，为广播电视和网络视听行业的发展提供智力支撑；首次举办重庆市广播电视传媒机构管理工作培训会，广播电视传媒机构管理人员综合素质和业务能力得到提升；成功举办全市 2022 年媒体深度融合创新发展专题培训班，提高从业人员推动媒体融合发展的业务能力；策划举办 2022 年重庆市广播电视技术能手竞赛，培训考核 104 名广播电视专业技术人才，择优推荐 3 名选手参加第 27 届全国广播电视技术能手竞赛；办理播音主持注册 100 余件；组织 431 人参加 2022 年全国广播电视编辑记者播音员主持人资格考试；推荐 1 人入选重庆英才计划·名家名师，重庆广播电视集团（总台）孙爽获得首届中国播音主持"金声奖"，行业高质量发展人才基础更加厚实。

2022 年重庆视听新媒体发展报告

网络处

2022 年以来，重庆视听新媒体行业围绕迎接宣传贯彻党的二十大工作主线，严格落实上级有关网络视听工作精神，积极履职尽责，各项工作取得新进展新成效。

一、视听新媒体发展情况

（一）党的二十大主题宣传有声有色

紧紧围绕迎接党的二十大胜利召开，大力弘扬主旋律，宣传正能量。各网络视听平台开设迎接党的二十大专题专栏，综合运用多种视听手段，全方位开展迎接党的二十大宣传报道。各网站大力加强"首屏首页首推"建设，在首页醒目位置开设党的二十大专题专栏。视界网、华龙网、"第 1 眼" App、IPTV 内容集成平台、中国广电重庆公司视频点播平台等编制宣传报道党的二十大方案计划，开设《喜迎二十大 书写新篇章》《在希望的田野上》《奋进新征程 建功新时代》等专题专栏，做好中央媒体关于党的二十大相关新闻报道的集纳和转载。党的二十大召开期间，各视听平台抓好值班值守，严格"三审三校"，确保视听内容安全。各区县落实属地管理责任，开展清朗视听等专项整治行动，及时处置违规视听内容，维护了意识形态安全。党的二十大胜利召开后，各平台围绕学习贯彻党的二十大精神，开设了《全面推动党的二十大精神在重庆落地生根开花结果》《学习贯彻二十大》等专题专栏，掀起了学习贯彻党的二十大精神的热潮。

（二）网络视听内容创作生产成效明显

一是推动重点网络影视剧生产。积极做好重点网络影视剧（动画片）规划备案和成片审查工作，备案信息审查和成片审查完成率达100%。2022年以来全市网络影视剧创作活跃，影响力逐步扩大，完成重点网络影视剧（动画片）规划信息备案229部、通过规划备案69部，成片上线备案15部、通过9部。网络电影《浩哥爱情故事》进入第一季度网络电影票房榜前十名，网络剧《摇滚狂花》成为当年10月所在平台7部领跑作品之一。二是积极组织参加国家广电总局推优评选。参加国家广电总局组织的2022年网络视听节目季度推优、动漫创作工程、网络视听节目精品创作传播工程扶持项目参评、"弘扬社会主义核心价值观 共筑中国梦"主题原创网络视听节目推选参评、重大题材网络影视剧项目库选题征集等工作，遴选推荐了50余部作品参加国家广电总局相关评审。其中，短视频《红色文物话百年》《大足石刻：跨越时空与历史对话》《这个说唱视频很上头！重庆镇馆之宝上分了》《袁爷爷，我们来收稻子啦！》《奔腾之歌——重走成渝线》《巴岳山下的重汽岁月》等一批网络视听作品获评国家广电总局2022年季度优秀网络视听作品推选活动优秀作品。三是大力选播优秀视听节目。按照国家广电总局开展"喜迎二十大 奋进新征程"优秀网络视听作品展播和"弘扬社会主义核心价值观 共筑中国梦"主题原创网络视听节目展播等要求，指导各网络视听平台、IPTV内容集成平台、视频点播平台，集中展示国家广电总局推荐的优秀网络视听作品。各区县文化旅游行政部门、融媒体中心与市级网络视听平台，适应新传播趋势，加强各类媒体、各类平台互联互动，围绕重庆旅游"一区两群"协调发展布局，结合打造"大都市、大三峡、大武陵"旅游发展升级版，选播制作具有当地市井烟火气的网络视听作品，充分展示重庆各区县文化、旅游、文物特色，激发人民群众获得更多温暖向上的精神力量。

（三）视听精品扶持和大赛创新开展

一是开展了重庆市首次视听艺术精品扶持评审活动。为加强网络精品内容建设，推动文旅广电深度融合，开展了重庆市首次视听艺术精品扶持评审活动。共收到全市各级视听节目制作机构选送的参评项目39个，《重庆面孔》

《直播：从黄河到长江郑渝高铁首跑云体验》《梦圆千年脱贫路——重庆市打赢脱贫攻坚》《巫咸鉴宝》《绝壁问道之劈开天渠》等5个项目被评选为重庆市视听艺术精品扶持对象，采取发放资助金等形式进行了扶持。这些作品在人民网、华龙网、纪录中国等各类平台播放，吸引了广大网友的关注，网络点击量上千万，取得了很好的社会影响。二是组织实施了2022年重庆视听作品大赛。为喜迎党的二十大，推出铸魂魄、接地气、聚人气的优秀视听作品，组织实施了2022年重庆视听作品大赛征集评选。征集作品近200个，组织行业专家进行了评审，《破局》《追光者》《黄柏新风》《巴山夜语——红色家书》《云海列车》等35个作品入选，并对入选作品进行宣传展播。由市文旅委首发的短视频《云海列车》和反映重庆城市文化旅游的短视频《开往春天的列车》，被新华网、光明网等权威媒体和著名大咖关注和转发，短时间内引发全网高度关注，转发、阅读、话题量达数亿次，成为2022年重庆爆款短视频。

（四）网络视听领域监管工作稳步推进

一是持续开展"清朗视听"内容安全专项行动。切实提高政治站位，贯彻落实国家广电总局相关工作部署，为党的二十大胜利召开营造清朗网络视听空间。联合相关市级部门，召开"清朗视听"内容安全专项行动专题会议，传达总局相关文件精神，部署专项行动工作。开展了对视频点播业务有关问题进行整改等专项工作，向国家广电总局呈报了专题函报，圆满完成了国家广电总局工作任务，确保了意识形态安全，以良好舆论氛围迎接党的二十大胜利召开。二是加强内容监测监管工作。指导全市各区县文化旅游行政部门按照网络视听行业管理要求，切实压实属地管理责任，加强与属地网信办等部门信息共享，梳理网络视听安全隐患，强化内容监听监看，加强网络电影、影视剧制作过程中的安全督导，组织督促辖区内网络视听平台查漏补缺。各区县文化旅游行政部门按照《互联网视听节目服务管理规定》等规定，进一步规范IPTV、视频点播、视听网站的传播内容，对违反有关规定的网络视听服务机构及平台予以警告、约谈整改等处置。各网站及平台强化总编辑及内容审核责任制，播出前严格落实"播前三审""重播重审"等制度，确保播出安全可控。持续开展"清风行动"专项整治，市视听节目监管中心加强监测监管，市文化市场综合行政执法总队及时查处违法违规行为。

（五）网络视听领域人才保障不断强化

一是成立了重庆市广播电视和网络视听协会。目前协会共有会员单位147个，组建了区县协作专委会等8个专业委员会。协会充分发挥行业引领桥梁纽带作用，为网络视听行业发展提供人才智力支撑。二是加强网络视听人才建设。组织重点网络影视剧审看专家学习加强网络影视剧管理有关文件精神，提高专家审看质量和水平，把好网络视听作品的政治关、导向关、审美关、质量关。对重点网络视听服务机构和广播电视节目制作机构展开了调研，了解掌握制作机构相关情况。为推动重庆市广播电视和网络视听产业高质量发展，开展了重庆市2022年融合媒体短视频创作培训班，达到以点带面的效果，培养了一批熟悉短视频内容创作的专业人才，促进了重庆市视听作品质量不断提升。

二、视听新媒体存在的主要问题

一是重庆市网络视听节目总体质量有待进一步提升。网络行业发展良莠不齐，网络视听作品质量和规模仍然不足，一些平台和作品仍然存在价值扭曲等问题，在全行业有影响的精品力作仍然不多。二是区县视听节目创作能力有待进一步提高。全市网络视听行业发展统筹需要进一步加强，行业长远发展设计和规划需要进一步厘清。区县网络视听行业主管部门属地管理仍需加强，区县视听行业创作力量仍然薄弱。三是仍然存在视听内容违规问题。视听新媒体内容存在违规隐患，相关视听平台和网站存在未持有《信息网络传播视听节目许可证》传播节目等问题。四是网络视听行业和领域存在风险性因素。网络视听管理机制和手段有待进一步提高，网络视听节目制作存在安全隐患，在节目摄制演播场所，存在伤人、火灾等安全隐患。

三、视听新媒体工作展望

2023 年，网络处将继续深入宣传贯彻党的二十大精神，围绕中国梦伟大征程，聚焦国家和重庆重大发展战略，深化文旅广电融合，推动全市网络视听工作不断创新发展。

（一）围绕主题主线做好宣传

围绕深化学习宣传贯彻习近平新时代中国特色社会主义思想，加强网络视听媒体"首页首屏首条"建设。壮大主流宣传阵地，精心策划，加强正面宣传引导。

（二）加强视听精品扶持

深化拓展视听作品创作和扶优活动，丰富原创网络视听节目征集推选和展播活动的形式及渠道，开展重庆微视频大赛和精品项目扶持。深刻把握时代主题、时代脉搏，指导重点网络影视剧创作工作，努力创作生产更多讴歌新时代的网络视听作品。

（三）深化文旅广电融合

围绕重庆旅游"一区两群"协调发展布局，结合区县文化、旅游、文物资源，创作具有区县特色的视听作品，推动重庆文化、旅游、文物、广电深度融合发展。

（四）加强视听内容监管

加强视听新媒体内容监管机制建设，推动提升网络视听新媒体监测监管能力，持续治理网络视听领域突出问题。

（五）培养网络创新人才

积极打造网络创新人才队伍，主动适应网络传播新规律、信息接收新场景，不断探索网络节目传播新方式、话语表达新范式。发挥好网络协会作用，通过广播电视和网络视听协会桥梁纽带作用，把业界各成员单位更好地团结在一起，发挥好媒体融合时代传播合力，加快推进重庆市网络视听行业高质量发展。

2022 年重庆市电视剧产业发展报告

广电节目内容管理处

习近平总书记指出："源于人民、为了人民、属于人民，是社会主义文艺的根本立场，也是社会主义文艺繁荣发展的动力所在。"做好新时代电视剧工作，必须坚持人民立场，高扬人民性，坚持以人民为中心的创作导向。电视剧作为人民群众最喜闻乐见的艺术形式，只有那些真正有筋骨、有道德、有温度的优秀作品，才能留在人民心中，才能在历史长河中获得应有的荣光。2022 年，重庆市电视剧坚持以人民为中心的创作导向，按照"找准选题、讲好故事、拍出精品"的要求，坚持思想精深、艺术精湛、制作精良相统一，围绕迎接党的二十大胜利召开、乡村振兴等重要节点，深入挖掘提炼巴渝文化、三峡文化、抗战文化、革命文化、统战文化、移民文化等题材资源，建立健全题材规划、创作引导、内容监管、扶持支持的全流程管理体系，切实推动重庆电视剧高质量发展。

一、2022 年电视剧产业发展情况

（一）全国情况

2022 年，国家广播电视总局发布了《"十四五"中国电视剧发展规划》，为我国电视剧未来五年的内容创作创新与监管、完善市场体系、加强国际传播、改善行业风气等方面指明了发展方向。赓续高质量发展指引、行业治理引导、规划调控赋能全局，成为影响全国电视剧年度走向的重要宏观因素。国家广电总局依循文艺规律，加强电视剧创作正面引导，规范演员片酬，坚决抵制流量至上、"饭圈"乱象等泛娱乐化现象，成为年度生产管理实践的关键词。

　　产量方面，2022 年全国生产完成并获得《国产电视剧发行许可证》的剧目共 160 部 5283 集，部数和集数较 2021 年 194 部 6722 集分别下降 17.53%和 21.41%。其中，现实题材剧目共计 129 部 4143 集，分别占总部数、总集数的 80.63%、78.42%；历史题材剧目共计 25 部 906 集，分别占总部数、总集数的 15.63%、17.15%；重大题材共计 6 部 234 集，分别占总部数、总集数的 3.75%、4.43%。

　　政策方面，2022 年，国家广电总局、中广联出台了《电视剧网络剧摄制组生产运行规范（试行）》《演员聘用合同示范文本》《广播电视和网络视听领域经纪机构管理办法》《广播电视和网络视听节目对外译制规范》等文件，采取切实措施规范电视剧生产运行体系，加强片酬管理和对外译制管理。组织开展了第三十三届中国电视剧"飞天奖"评奖工作，召开了"迎接党的二十大"主题电视剧重点项目推进会、迎接党的二十大重点电视剧创作暨现实题材电视剧创作工作推进会等业内重点会议，深入开展"我们的新时代"主题创作展播活动，为党的二十大营造浓厚氛围。

　　备案方面，随着政策的引导与市场需求的变化，"减量提质"成为电视剧行业的主流趋势。2022 年全国拍摄制作电视剧备案剧目共 478 部 15651 集，相比于 2021 年部数同比减少 4.02%、集数同比减少 5.06%。相比于前几年年均 20% 以上的降幅，已经趋于平稳。从备案题材上看，当代题材电视剧仍然是电视剧备案中最主要的类型，其中，又以当代都市题材为主，当代农村、当代青少、当代科幻、当代军旅、当代涉案等题材电视剧相对较少。近代题材电视剧备案情况总体平稳，近代革命题材和近代传奇题材是近代题材电视剧的主要类型。

　　播出发行方面，虽然近几年全国电视剧审查发行数量同比呈逐年下降趋势，但剧集质量不断提升，当代题材电视剧成为市场主流，黄金时段电视剧数量增加，首播剧数量增加。同时，新上线电视剧网播平台仍以优酷、爱奇艺、腾讯视频为主，爱奇艺上新量领跑大盘，青年受众增加。根据 2022 年12 月 27 日豆瓣网《2022 年度电影榜单》，2022 年收视前十的剧集分别是《觉醒年代》《山海情》《功勋》《大江大河 2》《爱很美味》《终极笔记》《我在他乡挺好的》《御赐小仵作》《叛逆者》《风声》。从全国来看，电视剧播出比重

2020年增加到34.8%，收视比重2021年达到近年来的最高点35.9%。2022年，电视剧仍是各类节目中的龙头，播出比重是28.8%、收视比重是35.1%。从供求结构上来看，电视剧在大屏上"供不应求"，吸引了观众最多的注意力，长期充当中流砥柱。

2022年，我国电视剧市场在数据上呈现出错综复杂却又层次分明的特征，"减量提质"一直在进行：从"量"上看，是一个典型的"小年"，生产量、发行量和播出量处于历史低谷；从"质"上言，可谓一个"大年"，在现实主义创作理念指导下，各类型百舸争流，不仅都市生活、社会伦理两大类题材依旧坚挺，而且时代变迁、当代主旋律、青春、商战、奋斗励志、重大题材等昔日小众题材亦成长变大。综合来看，2022年全国电视剧呈现这几大特点：一是国家广电总局着力加强制度机制建设，积极推动电视剧行业规范化、标准化。二是聚焦"喜迎党的二十大"，现实题材剧越来越为影视行业创新发展提供驱动性力量。三是新时代影视"温暖现实主义创作理念"提出，既保留了现实主义作品的表现力和锐度，同时找到一个具有建设性的积极出路。四是坚持减量提质，大IP的影视开发"分部、分季制播"成为常态。

（二）重庆市情况

2022年，重庆市电视剧牢牢把握正确政治方向、舆论导向、价值取向、审美取向，着力在提升作品的思想性、创新性、艺术性、文化性上下功夫。全年共备案公示电视剧《我家住在高岗上》《208情报站》《万家灯火之我们的冷暖人生》《风生水起》《时间与风》《街坊邻里》《千江有水千江月》等7部118集，审查发行电视剧《玉面桃花总相逢》《我家住在高岗上》《时间与风》等3部65集。

精品剧目不断涌现。获奖方面，电视剧《绝密使命》获中宣部第十六届精神文明建设"五个一工程"奖，并获第三十三届电视剧"飞天奖"优秀电视剧大奖、第31届中国电视金鹰奖优秀电视剧奖。播出方面，当代涉案题材电视剧《勇者无惧》登录北京卫视、上海东方卫视以及优酷、爱奇艺等全网平台播出，古代传奇题材电视剧《玉面桃花总相逢》登录湖南卫视、芒果TV播出，近代传奇题材电视剧《摧毁》登录江西卫视播出，近代革命题材电视剧《烈火战马》《深潜》登录爱奇艺播出，反映长江经济带发展的现实题材电视剧《一江水》、反映重庆谈判这段历史的重大革命题材电视剧《重庆谈判》、乡村振兴题材电视剧《情满石碚村》等优秀剧目正在协调上星播出事宜。

扶持政策持续发力。开展 2022 年度重庆市文艺创作项目广播电视类资助初评工作，电视剧方面，共推荐《天下同心》《近在咫尺》《新大楼里的年轻人》等 3 部剧本，以及《绝密使命》《婚姻的两种猜想》《家道颖颖之大考 2020》《无与伦比的美丽》《玉面桃花总相逢》《咱村有支部》等 6 部完成片至市委宣传部复评，有力引导精品电视剧创作方向。会同市委宣传部、市财政局、市文联、市作协出台《关于印发〈重庆市文艺精品奖励实施办法（试行）〉的通知》，对获得中宣部"五个一工程"奖、飞天奖、金鹰奖等业内大奖的电视剧给予重点奖励。

有力支持重点项目。积极推荐电视剧《中国军医》参加 2022 年度电视剧引导扶持专项资金剧本扶持项目申报，推荐电视剧《一路上有你》参加第三十三届中国电视剧"飞天奖"评选。就重大革命题材电视剧《重庆谈判》发行有关情况向市委宣传部作专门汇报，恳请市委宣传部向中宣部文艺局、中央广播电视总台大力推荐该剧在中央八套播出，以及支持该剧在重庆卫视等省级卫视播出。同时，积极支持电视剧《一江水》《情满石碚村》等的上星播出以及电视剧《曙光之裔》《智能大时代》《千江有水千江月》《中国军医》等的创作生产。

切实加强行业管理。组织市内主要电视剧制作机构选派代表参加国家广电总局电视剧高端策划制作人和导演编剧培训班，电视剧版本存储工作电视电话会，重点电视剧选题规划工作推进会等业内重要会议，提升业务水平。认真贯彻落实总局迎接党的二十大重点电视剧创作暨现实题材电视剧创作工作推进会精神，向市委宣传部报告会议情况，请求市委宣传部加大对重庆市电视剧行业领导、扶持力度。宣传推广《电视剧母版制作规范》，按照总局要求积极开展国家电视剧版本存储工作，督促指导重庆市上星播出的电视剧《玉面桃花总相逢》《摧毁》《一路上有你》《勇者无惧》严格按要求报送播出版本。积极开展"礼赞新时代、奋进新征程"优秀电视剧展播活动，指导市内各级电视台加大排播力度，在 8—12 月期间组织展播《觉醒年代》《香山叶正红》《人世间》《大决战》《跨过鸭绿江》《鸡毛飞上天》《大江大河》《外交风云》《江山如此多娇》《百炼成钢》等一批弘扬主旋律、传递正能量的优秀电视剧。

提升国际传播能力。2022 年 12 月 29 日，四川外国语大学国际影视产业学院（西部影视译制中心）正式挂牌，为充分发挥重庆在国家国际传播体系中的作用，进一步培养具有国际视野、中国情怀的影视国际传播人才提供了有力平台。四川外国语大学国际影视产业学院（西部影视译制中心）由重庆市文化和旅游发展委员会、四川外国语大学、科大讯飞股份有限公司、重庆佳左影视文化传媒有限公司联合共建。学院以四川外国语大学新闻传播学院为依托，以人才培养和社会服务为两翼，以国际传播的国家和地方服务工作为重点，努力建设成为西部地区重要的影视剧译制基地，建成影视国际传播和跨文化传播的学术研究高地。

二、重庆市电视剧产业存在的问题

一是国有机构创作乏力。重庆广播电视总台、银龙影视、重庆重视传媒等国有制作机构受制于国有资产管理以及经济实力等各方面原因，多数精力放在参投一些重点电视剧的生产中，对于主投电视剧项目缺乏相应的资金和风险承受力。

二是民营机构生存困难。近三年重庆市审查发行的 11 部电视剧中，仅有 3 部由民营企业制作。民营企业中，前几年仅有重庆笛女阿瑞斯影视保持每年 3—5 部的稳定产出，但因经营原因现在已不再产出。除此之外，再无一家民营企业可以保持每年 1 部的产出。

三是发行压力巨大。受制于行业大环境和结构调整，重庆市电视剧制作机构因规模小风险承受能力差，发行渠道和优质播出平台竞争激烈，对投资盈利信心不足，无论国有还是民营，普遍对市场预期较为悲观。

四是缺乏有效抓手。目前除"重庆市文艺精品奖励"政策（获奖门槛高，难度大），暂无其他推动精品创作的抓手，对争取优秀选题、培育市场积极性、吸引优秀项目落地方面引导能力偏弱。

三、2023 年全市电视剧产业发展思路

习近平总书记强调："必须把创作生产优秀作品作为文艺工作的中心环节"，"把提高质量作为文艺作品的生命线"。2023 年，重庆电视剧业界要继续以深入学习贯彻习近平新时代中国特色社会主义思想为主线，深入学习贯彻习近平总书记系列重要讲话精神，围绕纪念毛泽东同志诞辰 130 周年、纪念抗美援朝胜利 70 周年、纪念改革开放 45 周年、精准扶贫方略和"一带一路"倡议提出十周年等重要时间节点和重大主题，根据"找准选题、讲好故事、拍出精品"的要求，加强题材创作规划，聚焦现实题材，不断优化提升重庆市电视剧产业发展水平。

一是进一步提升重点选题规划能力。重庆电视剧的一大发展瓶颈便是优秀剧本的欠缺，我们将着力构建良性的选题规划机制，定期召开电视剧重点选题规划座谈会，加强与市作协、出版集团等的沟通协调，对于优秀剧本提早发现、全程指导，提高优秀小说改编电视剧成功率，帮助制作机构打好作品成功的基础。做好市内主要影视机构的创作调研，提前组织开展相关题材的创作组织、研讨和剧本征集，鼓励和培养不同类型的创作风格，完善优秀剧本遴选、资助、推介机制。积极向国家广电总局推荐重点选题和剧本，由国家广电总局发榜征集实力制作机构投拍。同时，继续推进电视剧《雾都谍波》《春水方生》《近在咫尺》《曙光之裔》《千江有水千江月》等重点影视作品创作。

二是深入挖掘重庆本土文化的优秀内容。不断挖掘巴渝文化、三峡文化、抗战文化、革命文化、统战文化、移民文化的优秀内容，进一步加强与区县的沟通和协调，充分了解地方需求，引导区县通过电视剧等艺术形式宣传地方历史、文化、名人、景色等文化旅游资源，帮助区县建立与市内具有较强影视制作实力的机构的沟通机制，加强创作管理，做好创作扶持政策的宣传解读，综合利用政策扶持、财政投入等多种方式，形成全要素支持重庆本土题材优秀作品的良好态势。

三是打造影视拍摄产业示范基地。以推动重庆文化产业高质量发展为契机，整合市内影视基地和旅游景区资源，不断指导完善江津白沙、荣昌万灵等重庆特色影视基地，推出特色化、专业化的影视基地服务产品，推动江津

白沙影视基地产业升级，支持永川大力发展科技影视产业。积极推介在渝拍摄剧组到江津白沙、两江影视城、主城城市风貌区等成熟景区拍摄电视剧作品，着力推动全市文化旅游广电事业提质增效。会同市电影局按照《重庆市影视拍摄示范基地管理办法（试行）》，推动市内影视基地规范健康发展，命名一批标杆性影视基地，进一步发挥影视基地在优化重庆市拍摄环境、提升电视剧拍摄质量方面的积极作用。

四是完善影视拍摄一站式服务平台功能。以有力举措完善、提升重庆市影视剧拍摄资源服务平台功能和效率。进一步优化完善"巴渝影视汇"小程序功能，优化界面和流程设计，丰富内容，提升小程序使用体验，利用"巴渝影视汇"等文化数字化公共服务平台为巴渝文化旅游产业赋能。做好市内外剧组在重庆市取景拍摄的支持协调工作。对市内文博场所、办公场所等剧组不能通过市场手段进行拍摄的特殊场所，积极做好协调服务工作，大力向剧组推介体现重庆市独特城市风貌和人文景观的拍摄地，构建一体化的广播电视产业管理服务支撑体系，进一步发挥影视基地在影视拍摄制作服务和带动文旅融合发展方面的作用。

五是支持西部影视译制中心建设。西部影视译制中心是中国和重庆影视文化实现更好"走出去"的一个支点，未来将打造成为重庆内陆开发高地的重要对外文化交流平台，为进一步增强我国文化软实力和影响力，讲好中国故事、传播好中国声音作出贡献。鉴于中心在西班牙语翻译能力和面向西语国家传播渠道拓展等方面拥有深厚积累和独特优势，将着力解决中心工作力量较为薄弱、优秀影视作品海外发行片源少、译制资金缺乏等方面的实际困难，推动西部影视译制中心尽快发展壮大，在国家实施文化走出去战略中发挥更大作用。

六是支持举办成渝影视发展大会。紧扣学习宣传贯彻党的二十大精神主线，在成渝地区双城经济圈建设背景下，系统谋划推进成渝影视文化产业高质量发展的创新举措，深入探讨成渝影视文化产业高质量发展的创新实践，加快推进成渝地区双城经济圈建设。将影视产业置于巴蜀文化旅游走廊建设之中，在充分认知川渝影视文化产业要素禀赋的基础上，共同打造影视文化产业链条、发展影视文旅产业共同体、共建影视文旅投资项目，努力谱写新时代成渝双城影视文化产业发展新篇章。

2022年重庆市广播电视传输保障工作报告

传输保障处

2022年，重庆市广播电视传输保障工作围绕迎接党的二十大广播电视安全播出和网络安全保障总目标，以学习宣传贯彻党的二十大精神为主线，扎实保障安全播出、抓好公共服务、强化服务监管、夯实人才建设四方面重点，各项工作取得较好成效。

一、围绕迎接党的二十大扎实开展安全播出保障工作

2022年全市广电系统牢牢把握正确方向，强化责任压力传导，守住守好阵地、全面落实各项安全防范措施，扎实做好安全播出、网络安全、设施保护等各项工作，实现了重大活动、重点时段和重要节目安全优质播出，全年停播次数和停播时长都明显下降，安全播出成效显著。

（一）紧紧围绕党的二十大

紧紧围绕迎接党的二十大广播电视安全播出和网络安全保障总目标，成立迎接党的二十大安全保障工作领导小组，拟定安全播出保障方案，深入开展制度架构体系、技术保障体系、应急管理体系、安保消防体系等自查检查，强化责任落实。全面加强制度、预案、设施设备等建设管理，签订各类安全责任书1100余份，修订完善200余项《安全播出应急专项预案》《网络安全事件应急预案》等，组织应急演练700余次，在国家广电总局组织的全国广播电视实战化应急演练中，重庆成为全国2个未受到影响的省市之一。组织开展安全播出大检查，发现问题隐患328项，投入8000余万元，全面完成

整改，国家广电总局第 14 检查组对重庆市安全播出安全生产工作予以充分肯定。党的二十大安全保障期间，主要领导靠前指挥，一线带班，圆满完成党的二十大重要活动安全播出保障任务，被国家广电总局通报表扬。

（二）做好广播电视安全播出监管工作

加强指挥调度，抓好广播电视播出传输单位检修、试播、停播管理和安全播出预警信息发布工作，圆满完成党的二十大、北京冬残奥会、全国全市两会、元旦、春节等 21 天重要保障期保障任务，实现重大活动、重点时段和重要节目"零停播"保障目标，安全播出优质高效。截至目前，全市发生安全播出停播事故 28 起，总停播时长 4 小时 43 分 53 秒，其中重大停播事故 2 起，同比总停播时长、重大停播事故分别减少 6 小时 27 分 58 秒、1 起，下降 57.75% 和 33.33%。

（三）加强广播电视无线电频率审批使用监管，做好"黑广播"打击工作

推进广播电视频率管理科学化、规范化。梳理汇总全市现有广播电视频率使用情况，完成全市 200 个调频电视频率核查工作，规范完善 22 个台站、38 个用频单位信息，建立频率使用管理信息库。全国广播电视传输覆盖管理电子政务系统试运行，完成传输覆盖网许可审批 7 项，新发放频率使用许可 21 个，指导各用频单位科学化、规范化使用频率，不断提升频率管理信息化水平。加强广播电视无线电频率使用监管，进一步规范广播电视播出秩序。组织开展"灰广播"及非法医药广告播出集中整治，成立了以分管委领导为组长的专项整治小组，清理清查广播频率 31 个、"灰广播"频率 3 个。定期开展广播电视无线频谱监测工作，集中开展"黑广播"监听监测 10 次，提供"黑广播"线索 9 条。

二、主抓项目建设稳步提升广播电视公共服务水平

深入推进全市应急广播体系建设，市级应急广播平台建设已进入实施阶

段，正有序推进，力争 2023 年 12 月底完成整体平台建设，实现中央、市级、区县三级上下贯通。2022 年 5 个区县（武隆、丰都、秀山、石柱、奉节）老少边及欠发达地区县级应急广播体系完成建设任务并通过市级验收，实现建设任务完成率和资金使用执行率两个"100%"的目标。争取中央专项 1405 万元，启动 2023 年 3 个区县老少边及欠发达地区县级应急广播体系建设并完成前期实地调研摸底；全市已有 37 个区县实施应急广播系统建设，应急广播终端达 5.9 万组，覆盖 9079 个行政村（社区），截至目前，年度播发信息逾 21 万条次，特别是在 2022 年战新冠疫情、战高温、战干旱、战山火及宣传报道方面，应急广播积极发挥作用，累计播发约 13 万条次信息，将新冠疫情咨询、防控科普、森林防火、抗旱救灾等内容不间断地传播到人民群众中，提升了广电公共服务的实效性和适用性，减轻公共安全威胁，有利于人民群众生命财产安全，得到各级党委政府高度认可。创新启动 2 个无线发射台站智慧运维试点建设，探索"有人留守、无人值班、移动管理"新的广播电视无线发射台站运维模式。全面完成地面数字电视 700 兆赫频率迁移，完成 51 座发射台站现场勘查，逐一审定各台站频率迁移实施方案，协调各方顺利推进施工，确保广电 5G 顺利上线。持续推动市级广播电视重大项目建设，重庆广播电视发射新塔一期项目完成《防止发生次生灾害排危抢险工程实施方案》和资金筹集方案的论证与报批，完成排危抢险工程招标工作并启动施工；浮图关广播电视发射塔完成大修排危项目施工并顺利通过验收。重庆有线智慧广电数据中心逐步完善电力、内外装修、设备安装等配套工程，完成整体调试工作并于 2022 年 6 月进入试运行。推动广电惠民服务落地落实，全市广电系统向市民开放 20 万小时原付费点播节目，以及 140 套直播电视频道，丰富市民抗疫期间的精神文化生活。

三、加快智慧广电建设，全面提升广播电视科技化、智能化水平

开展无线发射台站智慧运维试点。创新启动 2 个无线发射台站智慧运维试点建设，探索"有人留守、无人值班、移动管理"新的广播电视无线发射

台站运维模式。组织重庆广播电视技术编制完成重庆广播电视无线发射台站智慧运维建设方案，开展相关技术方案、平台建设、运维管理系统方案评审。指导督促重庆广播电视技术中心推进中央节目无线数字化覆盖台站智慧运维试点建设。

四、组织职业技能竞赛，加强广播电视专业技术人才建设

联合市人力社保局、市总工会共同举办 2022 年重庆市广播电视技术能手竞赛，继续在全国创新探索竞赛模式，相关市级部门给予优秀选手可提前两年申报上一级职称评定、放宽学历要求、推荐参评"五一劳动奖章"等政策优惠，极大地提升了竞赛的吸引力。竞赛采取线上线下相结合方式进行，全市各级广电部门推荐 104 名选手参加市级决赛，设立 35 个理论考场，50 名选手进入实操决赛，42 名选手获奖，重庆市择优推荐 3 名选手参加第 27 届全国广播电视技术能手竞赛，荣获调频和广播电视专业及卫星传输专业个人 2 个二等奖，市文化旅游委获团体二等奖。

2022 年重庆革命文物保护利用机制改革发展综述

革命文物处

2022 年，在重庆市委、市政府的高度重视下，在全社会的参与支持下，重庆革命文物工作在全国形成重要影响，红岩革命文物承载的红岩精神纳入了中国革命精神谱系，红岩革命文物保护传承工程推进经验在全国交流推广，革命文物焕发新生机，成为传承红色基因、汲取奋进力量的活力源泉。

一、强化政策供给 夯实工作保障

全市革命文物工作基础不断夯实，革命文物工作力量不断强化，革命文物保护局面日益向好。

①政策保障持续加强。市委、市政府将建设红岩文化公园、推进长征国家文化公园（重庆段）建设纳入全市"十四五"规划，召开全市革命文物工作会议，市委常委会会议、市政府党组（扩大）会议传达学习习近平总书记关于革命文物工作重要指示及全国革命文物工作会议精神，市委常委会听取红岩文化公园规划建设情况汇报，市委办公厅、市政府办公厅出台《关于推进革命文物保护利用工程（2018—2022 年）的实施方案》《关于加强文物保护利用改革的实施意见》，《重庆市红色资源保护传承规定》颁布施行，为新时代革命文物工作提供政策指引。市级文物保护专项资金向革命文物保护利用项目倾斜，"十三五"时期中央、市级文物保护专项资金投入革命文物项目1.83 亿元，占全市文物保护资金总量的 21%。

②工作基础不断夯实。开展革命文物资源"起底式"调查，革命文物资源全面廓清，公布全市革命文物名录和新一批革命文物类市级文物保护单

位。全市现有不可移动革命文物 417 处，其中全国重点文物保护单位 48 处、市级文物保护单位 106 处、区县级文物保护单位 136 处、一般不可移动文物 127 处，分布在 39 个区县。全市登记备案革命纪念馆 36 家，馆藏革命文物 29374 件（套），其中珍贵文物 5137 件（套），收藏在 54 家国有收藏单位。革命文物及革命纪念馆列入全国爱国主义教育示范基地 12 处、全国红色旅游经典景区 16 处、红色旅游 A 级景区 22 家。

③片区保护全面推进。发布《重庆市革命文物保护利用总体规划》，分级分层分类推进革命文物保护利用。9 个区县纳入国家第一批革命文物保护利用片区分县名单。其中，城口县纳入川陕革命根据地片区名单，黔江、武隆、丰都、忠县、石柱、秀山、酉阳、彭水纳入湘鄂川黔革命根据地片区名单。綦江、酉阳等 5 个区县纳入国家第二批革命文物保护利用片区分县名单。其中，綦江纳入中国工农红军第一方面军长征片区名单，酉阳、黔江、石柱、秀山纳入中国工农红军第二方面军长征片区名单。联合四川、陕西文物部门建立川陕片区协作机制，成立成渝革命纪念馆联盟，整体谋划、协同推进川陕片区革命文物保护利用和川陕苏区红军文化公园建设。连片保护、整体展示的革命文物工作新态势正在形成。

二、强化保护利用　焕发生机活力

①重点工程成效显著。统筹推进红岩村、曾家岩、虎头岩"红色三岩"保护提升，市政府出台《重庆红岩革命旧址保护区管理办法》，完成八路军重庆办事处旧址大楼、桂园、曾家岩 50 号（周公馆）、《新华日报》总馆旧址等 31 处红岩革命文物保护展示并对外开放，红岩革命纪念馆入口及周边环境显著改善，红岩干部学院挂牌运行，开通"红色三岩"精品旅游线——T777 曾家岩至红岩村专门巴士，红岩文化公园首期项目建成开放，"红色三岩"提升项目获评"全国革命文物保护利用十佳案例"。长征国家文化公园（重庆段）建设成效明显，出台《长征国家文化公园（重庆段）建设保护规划》，实施文物保护、纪念馆建设、文旅开发、基础设施配套、环境整治等项目 43 个，完成綦江石壕红军烈士墓及纪念碑、石壕红一军团司令部旧址、酉阳南腰界红

三军司令部旧址、城口红三十三军旧址等长征文物保护展示，綦江长征主题研学中心、红军街、王良同志纪念馆建成开放，完成重庆红军长征纪念馆方案设计，长征国家文化公园（重庆段）保护展示体系更加完善。

②保护利用明显加强。高质量完成中共綦江支部、聂荣臻元帅故居、刘伯承同志故居、赵世炎烈士故居、合川育才学校旧址、綦江王良故居等重点革命旧址保护展示项目 85 个，市级文物保护单位以上的革命旧址保存良好。加强馆藏资源研究、运用，推出《不忘初心、牢记使命——中国革命精神联展（1929—1949）》《一代名帅刘伯承生平业绩展》《聂荣臻同志永远和我们在一起》《中华儿女革命的典型——江竹筠烈士生平事迹展》《邱少云烈士事迹展》等一批革命类专题展览，完成《千秋红岩——中共中央南方局历史陈列》改陈并对外开放。

③红色旅游持续升温。大力推动红色资源与旅游深度融合，完成歌乐山烈士陵园环境整治 50 余个项目，创建城口苏维埃政权纪念公园、綦江石壕红军烈士墓、涪陵李蔚如故里等红色旅游精品景区。"红梅"系列和"小萝卜头"系列文创产品获评"全国优秀红色旅游文创产品"。出版《重庆市红色资源概览》，收录全市 39 个区县共 106 处红色景区景点，并制作成红色声音档案有声书在"喜马拉雅"平台发布，提升革命文物的吸引力、感染力。统筹推出红岩精神、伟人故地、片区红色印记、抗战、西南大区建设等 9 大主题 20 条红色研学旅游线路，红岩村教学区研学线路获评"全国博物馆研学优秀线路"，革命文物在助推城市提升和乡村振兴中的作用更加凸显。

三、强化传承传播 弘扬革命精神

①理论研究走深走实。坚持立足中国共产党革命精神谱系，切实加强对革命文物和文献资料的调查征集，深入挖掘提炼革命文物的思想内涵和时代价值，编辑出版《中共中央南方局历史文献选编》《中共中央西南局历史文献选编》等重要文献，进一步丰富和印证革命历史。成立红岩精神研究会，举办中共中央南方局成立 80 周年学术研讨会，组织专家学者围绕"中共中央南方局""红岩精神""川渝红色革命遗址"等主题深入开展系统研究，形成《重

庆地区红军历史资料整理与研究》《初心·使命·奋斗——巴渝革命烈士诗文选录》《全面推进红岩精神在新时代的传承和弘扬》《红色精神永放光芒》等一批重要理论成果，为传承红色基因提供理论支撑和智力支持。

②教育功能深入拓展。以革命文物保护利用助推党史学习教育走深走实，纳入全市党史学习教育"我为群众办实事"市级层面重点民生项目清单的 60 个革命文物保护利用项目全部完成年度目标任务。其中，完成保护利用项目 39 个，中共代表团驻地旧址、中法学校旧址、王朴烈士旧居、蜀都中学旧址等一批革命旧址焕发了新的光彩。运用革命旧址、纪念设施打造市级党史学习教育基地 40 个、研学线路 7 条，"踏寻红岩足迹·感悟红岩精神"等 4 条红色线路入选全国建党百年红色旅游百条精品线路。红岩联线管理中心打造的《传承弘扬革命精神 初心使命永驻心间》课程获评中组部"学习贯彻习近平新时代中国特色社会主义思想全国好课程"，红岩干部党性教育基地入选中央国家机关党校首批党性教育基地，获评全国"我最向往的党史纪念地"。

③传播方式更加多元。由国家文物局与市政府联合主办的"文物映耀百年征程——2021 年文化和自然遗产日全国主场城市活动"在重庆成功举办，推出主题论坛、文物科技论坛、革命文物保护成果展等系列精品活动，登上央视新闻联播头条，话题传播量超 3 亿次。举办红色故事讲解员大赛、红色文物话百年全媒体宣传等特色活动，由红岩革命历史博物馆自编自导自演的红岩革命故事展演特色思政课进学校、进机关、进军营 376 场次，现场观众超 41 万人次并获评"2021 全国文化遗产旅游百强案例"，4 名文博单位工作者获评"庆祝中国共产党成立 100 周年全国革命文物百佳讲述人"，生动鲜活讲好党史中的"真理故事""人民故事""奋斗故事"。新华社、国家文物局发表《新时代我国革命文物工作进展成效综述》，将重庆红岩革命历史博物馆推出的"红岩革命故事展演"活动作为亮点纷呈的革命文物新业态予以推介。电视剧《绝密使命》在央视黄金时段播出，创作推出图书《磐石》、川剧《江姐》、话剧《红岩魂》《幸存者》、杂技剧《一双绣花鞋》、舞剧《绝对考验》、电影《王良军长》等重点文艺作品，持续推进庆祝中国共产党成立 100 周年优秀影视作品展播。

2022 年重庆文物业发展报告

文物保护与考古处

    2022 年，重庆市文物系统以习近平新时代中国特色社会主义思想为指导，以迎接宣传贯彻党的二十大为主线，深入贯彻落实全国文物工作会议、市委第六届二次全会精神，坚持"保护第一、加强管理、挖掘价值、有效利用、让文物活起来"的新时代文物工作方针，全面加强文物保护管理利用，敢闯敢干，唯实争先，文物事业发展呈现新格局、取得新成效。

一、发展概况

（一）资源情况

    截至 2022 年 12 月底，全市共有不可移动文物 2.6 万处。市级以上文物保护单位 444 处，其中全国重点文物保护单位 64 处 178 个（包括世界文化遗产 1 处，列入中国世界文化遗产预备名单 2 处），市级文物保护单位 380 处 611 个，区县级文物保护单位 1979 处 2087 个。现有国家历史文化名城 1 个（重庆）、国家历史文化街区 1 个（磁器口历史文化街区）、中国历史文化名镇 23 个、历史文化名村 1 个（涪陵区青羊镇安镇村），中国传统村落 164 个，市级历史文化名城 4 个（江津区、合川区、万州区、荣昌区）、历史文化名镇 31 个、名村 45 个、街区 10 个、传统风貌区 29 个，市级传统村落 67 个，历史建筑 696 处（共六批）。其中，经重庆市人民政府同意，会同市规划自然资源局公布 2022 年新增市级历史文化名城 1 个（荣昌区）、传统风貌区 6 个〔荣昌烈士陵园传统风貌区、西南大学（荣昌校区）传统风貌区、永荣机械厂传统风貌区、永荣发电厂传统风貌区、吴家静南老街传统风貌区、铜梁区西门传统风貌区］、市级历史文化名镇 1 个（酉阳县南腰界镇）。

（二）专项调查工作情况

2022 年，共计开展了 3 次文物资源专项调查工作：

①重庆市长江流域文物资源调查：本次调查面向重庆市全域，全面检查 2.6 万处不可移动文物，进一步掌握文物资源的类别、分布、保存状况和保护利用现状。对长江重要支流以及特色文物资源开展专题调查工作，嘉陵江流域发现了旧石器遗址 62 处，采集各类石器标本 900 余件；綦河流域、小江流域新发现各时期遗存 34 处；成渝古驿道（东大路、小东路）段调查新增线性遗存线索 167 条，并进一步勘定了小东路（重庆段）主线。

②碑刻石刻文物资源调查：37 个区县共登录不可移动碑刻石刻文物 764 处 3258 方（通），可移动碑刻石刻文物资源 516 件（套）。

③文物机构和工作人员调查：全市文物机构数 217 个，其中，博物馆 130 家，文物保护管理机构 38 家，文物科研机构 1 家，文物行政部门 41 个，其他文物机构 7 个。从业人员共 3713 人。

（三）文物保护资金投入情况

2022 年，中央财政和市级财政安排文物保护专项资金共计 32948 万元，比 2021 年增加 13.6%。其中全国重点文保专项资金 16799 万元，较上年增加 37.7%；市级专项资金 2024 万元，较上年减少 11.9%；三峡后续经费 14125 万元，与上年基本持平。文物保护资金仍以中央投入为主。

（四）文物保护利用工程实施情况

全年实施文物保护工程 260 个，完工 127 个，其余正在实施。从保护级别看，市级以上文物保护项目占比较大，市保以上项目 185 个、区县及以下文物保护项目 75 个，占比分别为 71.2%、28.8%。从工程类型看，本体维护项目共 118 个，占比达 45.4%；另外，实施保护设施建设、环境整治及日常保养项目 43 个，展览陈列项目 23 个，文物保护三防项目（安防、消防、防雷）34 个，遗址公园建设、保护规划、数字化保护与预防性保护、大遗址保护、考古发掘等其他项目 42 个（见图 1）。从项目性质来看，新开工项目 183 个，续建项目 77 个。

2022 年，实施市级以上文物保护项目数量较 2021 年相对持平，占比略有上升。区县级以下文物保护项目数量减少，占比略有下降。2022 年，实施市级及实施区县级以下文物保护项目 166 个，占比 63.8%，相比上年 116 个（占比 44.1%）略有上升。文物本体修缮及三防工程项目数量较上年略有增加，在遗址公园建设、保护规划、数字化保护与预防性保护、大遗址保护等方面较上年有较大的提升。以上数据说明，重庆市坚持保护第一，加大文物保护修缮力度，持续改善低级别文物保存现状；全面加强文物科技创新，促进文物保护工作从抢救性保护到抢救性与预防性保护并重的转变。

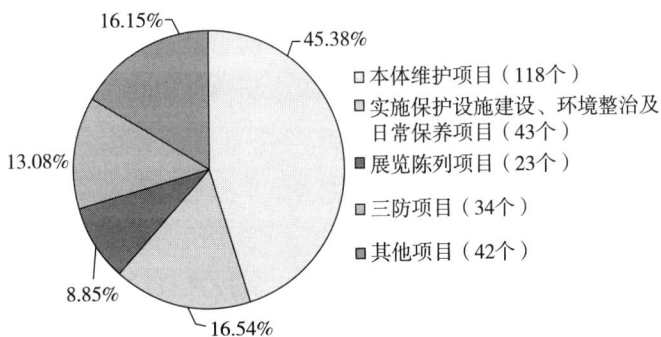

图 1　2022 年文物保护工程类型统计

二、主要成效

（一）文物保护管理体系不断健全

市委办公厅、市政府办公厅印发实施《重庆市关于在城乡规划建设中加强历史文化保护传承的实施意见》，市文物局联合相关部门出台推动文化创意产品开发、加强宗教活动场所文物安全管理等政策文件 8 件，具有地方特点的文物保护法规体系更加完善。印发实施《重庆市"十四五"文物保护和科技创新规划》，以及《重庆市三峡文物保护利用专项规划》《重庆市"十四五"石窟寺保护利用专项规划》等专项规划，加强各项规划实施情况监测、评估、统筹协调。建立基本建设文物保护协同机制，将交通、水利、能源等 145 个项目列入年度基本建设考古市级重大项目名单。持续深化"放管服"改革，文物考古调查勘探报告审批纳入全市"多规合一"平台，在土地出让前进行并联审批。

（二）革命文物保护传承水平持续提升

一体推进红岩村、曾家岩、虎头岩"红色三岩"保护提升，曾家岩文化客厅完成布展并对外开放，完成红岩文化公园二期项目建设方案设计和可研报告，"红色三岩"提升项目获评"全国革命文物保护利用十佳案例"。由国家文物局、重庆市人民政府主办的"中国革命纪念馆高质量发展峰会·2022"在重庆成功举办，推出论坛研讨、《见证新时代》新书发布及赠书仪式、红岩革命故事新篇《我们的新时代》展演等重磅活动。在红岩革命历史博物馆挂牌重庆市革命文物保护中心。高质量完成大田湾体育场、广普谢氏民居、聂荣臻故居、刘伯承故居、重钢烈士纪念碑等 113 处革命文物保护利用项目。革命文物保护利用改革经验纳入市级重大改革项目"我最喜欢的 10 项改革"宣传推广。国家文物局改革专报以《重庆用心用情用力把革命文物保护好管理好运用好》为题，专刊向全国宣传推广重庆推进革命文物保护利用的先进经验。

（三）三峡文物保护利用成效显著

完成重庆长江流域文物资源专项调查，核实不可移动文物 2.6 万处，可移动文物 19.6 万件（套），全面摸清文物资源底数，为长江国家文化公园建设奠定坚实基础。推进《长江国家文化公园（重庆段）保护建设规划》《长江国家文化公园（重庆段）建设实施方案》编制。印发三峡库区文物保护利用专项规划，明确加强三峡文物系统保护、完善保护管理体系、深化研究阐释、构建展览展示体系、创新保护利用方式等五大任务。加快推进长江三峡国家考古遗址公园建设，2022 年度落实三峡后续专项资金 1.4 亿元，万州天生城遗址、奉节白帝城遗址、忠县皇华城遗址、云阳磐石城遗址考古公园项目相继开工建设，两江新区多功城考古遗址公园项目前期工作完成。整体推进三峡考古研究报告编写及出版，出版《余家坝遗址》《尸山包墓群》等 6 部考古报告，完成 2022 年度目标任务。落实《重庆三峡库区出土文物修复三年行动计划》，2022 年实施三峡出土文物修复近 2000 件。

（四）石窟寺保护利用提质升级

市人大常委会修正《重庆市大足石刻保护条例》，将大足学研究和发展纳入法规内容，进一步厘清大足石刻保护管理职责。印发《重庆市"十四五"石窟寺保护利用专项规划》，实施石窟寺保护利用项目 19 项。川渝两地签订《川渝石窟寺国家遗址公园建设战略合作协议》，共同成立川渝石窟保护研究中心、联合实验室和科技创新基地。围绕川渝石窟寺国家遗址公园建设，编制大足石刻保护利用总体规划，宝顶山摩崖造像圆觉洞综合性保护工程纳入国家文物局重点项目。持续推进中小石窟保护利用示范工程，完成 10 余处中小石窟保护试点工程。大足石刻数字展示中心、4K 大足石刻宽银幕电影《天下大足》和 8K 大足石刻球幕电影《大足石刻》建成投用，建成开放大足石刻文物医院，加快推进大足石刻研究院建设世界知名研究院。

（五）世界文化遗产申报扎实推进

钓鱼城遗址列入国家《"十四五"文物保护与科技创新规划》重点申遗培育项目，完成钓鱼城范家堰衙署遗址保护展示工程，钓鱼城皇宫、武道衙门遗址新揭露一批高规格宋代院落基址，钓鱼城遗址悬空卧佛、南一字城西城墙、始关门遗址、古地道遗址等保护展示项目加快推进，出版发行《钓鱼城遗址考古报告（2004—2019）》。修订《重庆市长江白鹤梁题刻保护管理办法》，完成白鹤梁题刻文物本体和保护环境监测系统工程，完成《中国白鹤梁题刻——埃及尼罗尺石刻联合申遗可行性论证研究》。

（六）文物考古研究成果丰硕

市政府首次举办重庆考古成果专题新闻发布会，以考古成果阐释巴渝文化发展脉络和独特精神内涵。全年累计开展考古调查勘探 99 项，发掘面积 2.5 万平方米，新发现及复核不可移动文物 624 处，出土文物 4197 件。深入推进"考古中国—巴蜀文明进程研究"项目，启动涪江、小江等重点流域考古调查，新发现遗址 10 余处，江津梧桐土遗址、合川张家院子遗址出土一批重要遗存，完成"巴文化考古学综合研究"课题，实证了巴蜀史前文明演进历程和巴渝文化对中华文明的多重贡献。推进三峡大遗址考古，奉节白帝城遗址新确认战国至两汉墓葬 100 余座、各时期重要遗迹 178 处，忠县皇华城二期专项考古勘探新发现文物点近 100 处，梁平赤牛城新发现关子门等重要遗存。推进石窟寺考古，新发现唐宋时期摩崖造像 34 处，完成 80 龛造像三维模型。推进基本建设考古，完成基本建设考古调查 19 项、考古勘探 17 项，有效保障轨道交通、高速公路、航电枢纽等市级重大建设工程实施。出版《渝西长江流域考古报告集》《三峡后续工作考古报告集（第三辑）》等专著 9 部。

（七）让文物活起来取得新成效

市文物考古研究院依托院区打造多业态文旅融合空间，建成开放全国首个考古虚拟展示体验馆、考古标本陈列馆、重庆故事馆和考古书院"三馆一院"研学基地，在全国首创文物修复、动植物考古透明工作坊，引入社会力量打造考古咖啡馆、大溪文化考古盲盒、"雾起江州"沉浸式话剧等系列产品，成为人文美好生活的热门打卡地。江北区坚持"开门办文化"，面向社会公开征集文物建筑活化利用方案，利用市级文物保护单位石家花园打造徐悲鸿美术馆。巴南区引入社会资本参与文物保护利用，推动朱家大院等文物建筑打造成为精品巴县老院子民宿。丰都县推动小官山古建筑群打造成为首批市级非遗传习所、重庆电视台影视拍摄基地、国家 3A 级景区。《大美大足》《殊胜大足》《钓鱼城的记忆》在央视播出，全球播放大足石刻系列微视频 2000 万次，海外媒体覆盖人群达 3 亿人次。市文物考古研究院编发《重庆的脉络与文明特质》86 篇，举办公众考古、文化讲座、文物修复等各类研学活动 150 余场，启动拍摄《三峡考古纪录片》。重庆市考古标本库房及重庆考古展示中心项目前期工作有序推进。

（八）文物科技创新全面加强

推进国家重大社科基金项目《重庆地区石窟寺及石刻铭文史料抢救性收集与整理研究》《重庆江津石佛寺遗址发掘报告整理和研究》，以及《基于深度风格迁移网络的数字拓片图像生成技术》等课题研究。市文物考古研究院《古建筑木结构性态分析与性能提升关键技术及其应用》项目获市科技进步一等奖，完成国内首个出土陶瓷器生物绿色修复技术研究，科技考古实验室集群建设显见成效。大足石刻研究院联合复旦大学、重庆大学、上海大学、武汉岩土力学研究所等开展文物保护与科技创新课题研究，与日本奈良文化财研究所合作推进大足峰山寺保护研究，与乐山大佛石窟研究院共同参与的科技部国家重点研发计划项目"石窟文物本体风化病害评估系统及保护技术研究"加快实施。成立重庆市古迹遗址协会、重庆文物考古数字化研究中心、重庆历史影像和口述历史研究中心。成功举办重庆市首届文物行业职业技能比赛暨全国文物行业职业技能大赛选拔赛。全年全市文博系统共获评省部级奖项16项，市文物局文博精品共享课程征集工作获国家文物局通报表扬。

三、主要问题

（一）文物保护力度仍需加大

近年来，重庆市文物保护工作总体上开展较顺利，但仍存在文物资源系统性不强、文物保护资金投入不均衡、城乡发展统筹规划不足等问题。

（二）文物研究阐释有待加强

全市文物资源研究的全面性和系统性不强，在三峡地区人类起源与演进规律、先秦考古学文化谱系、巴文化起源与区域特性、三峡古代文明的进程以及以考古学为平台的多学科研究等方面的研究仍显薄弱，在典型性、独特性等方面对重庆文化遗产的内涵阐释与价值提炼力度不够。

（三）文物活化利用创新不足

目前，将文化遗产保护与经济社会发展相结合的深度不够，部分考古遗址和文物建筑配套设施尚不完善，不具备开放条件，资源转化利用不够。以文物为载体的交流互鉴不足，未能充分发挥文物展现文化自信、提高文化影响力的作用。

四、下一步工作

（一）坚持保护第一，系统推进重点文物保护工程

推进三峡文物保护利用工程，实施三峡出土文物修复三年行动，创建长江三峡国家考古遗址公园，示范引领长江国家文化公园建设。重点推进红岩文化公园二期项目，长征国家文化公园（重庆段）建设，推进酉阳、城口革命文物保护利用片区重点项目，不断提升革命文物保护展示水平。推进石窟寺保护利用工程，建设川渝石窟寺国家遗址公园，推进大足石刻研究院建设世界知名研究院，实施石窟寺保护、中小石窟寺保护利用示范工程。

（二）坚持加强管理，持续夯实文物事业发展基础

加强文物资源基础工作，开展第四次全国文物普查前期工作，新公布一批市级文物保护单位。根据国家文物局统一部署，启动第九批全国重点文物保护单位遴选申报。加强城乡建设中历史文化保护传承，加快推进老鼓楼衙署遗址公园、白沙沱长江铁路大桥遗址公园建设，实施"两江四岸"重点文物保护展示项目，推动民居大院、古塔、牌坊等乡村文物保护与活化利用项目。开展三线建设遗产专项调查，加强工业遗产活化利用。全力推进国家文化公园建设，积极创建长江三峡国家考古遗址公园，高标准建设钓鱼城遗址国家考古遗址公园。全面落实"先考古、后出让"制度和配套措施。

（三）坚持挖掘价值，不断丰富人民历史文化滋养

深入推进"考古中国——巴蜀文明进程研究"，实施九龙坡冬笋坝遗址考古发掘，系统梳理重庆历史文化起源和发展脉络。加强红岩文化研究阐释，建设红色基因传承示范区。深化文物价值阐释，发布重大考古项目进展。开工建设重庆考古标本库房。深化完善钓鱼城遗址和白鹤梁题刻突出普遍价值

研究，推进钓鱼城遗址考古发掘和保护展示，推动川渝宋元山城体系联合申遗、白鹤梁题刻与埃及尼罗尺石刻联合申遗。举办石窟寺国际论坛，推动大足石刻、三峡文物等申报国家文化地标和精神标识。

（四）坚持有效利用，让文物活起来服务发展大局

推动出台《重庆市关于让文物活起来扩大中华文化国际影响力的具体举措》，支持指导有条件的区县积极创建国家文物保护利用示范区。紧扣成渝双城经济圈战略，推进川渝石窟国家遗址公园建设，巴蜀文化遗址考古调查、研究与发掘，开展川渝两地汉阙文物资源调查研讨。深化拓展革命文物教育功能，运用革命旧址、纪念设施打造党史学习教育基地，红色旅游精品线路等。大力建设文物主题游径。全面加强重庆文物宣传平台建设，依托市文物考古研究院"三馆一院"平台，组织开展历史文化大讲堂、文物考古研学等特色公众考古活动，研发一批造型优美、内涵丰富的考古文创产品。

2022 年度重庆市博物馆事业发展报告

博物馆与社会文物处

2022 年，重庆市博物馆工作坚持以习近平新时代中国特色社会主义思想为指导，认真贯彻习近平总书记关于文物工作重要论述和党的二十大精神，全面落实"保护第一、加强管理、挖掘价值、有效利用、让文物活起来"的新时代文物工作方针，努力克服新冠疫情影响，积极发挥教育、研究和展示职能，切实做好公共文化服务，博物馆建设总体保持了良好势头。

一、发展情况

（一）博物馆建设

2022 年，全市新备案博物馆 8 家（国有 7 家，非国有 1 家），博物馆总数达到 130 家，其中免费开放 115 家。全市博物馆建筑总面积 80.87 万平方米，平均每万人拥有博物馆面积 252.33 平方米、每 24.65 万人拥有一座博物馆。

①按博物馆性质划分。文物系统博物馆 75 家、其他行业博物馆 29 家、非国有博物馆 26 家，分别占全市博物馆总数的 58%、22%、20%（见图 1）。

②按博物馆等级划分。国家等级博物馆共 24 家，占全市博物馆总数的 18.46%；其中一级博物馆 5 家、二级博物馆 7 家、三级博物馆 12 家。与上年度相比，无变化。

③按博物馆类型划分。综合地志类 33 家、革命纪念类 38 家、历史文化类 28 家、考古遗址类 8 家、艺术类 6 家、自然科技类 6 家、其他类 11 家（见图 2）。综合地志类博物馆新增 4 家，革命纪念类新增 3 家，其他类新增 1 家。

图 1　2022 年重庆市博物馆性质分布图

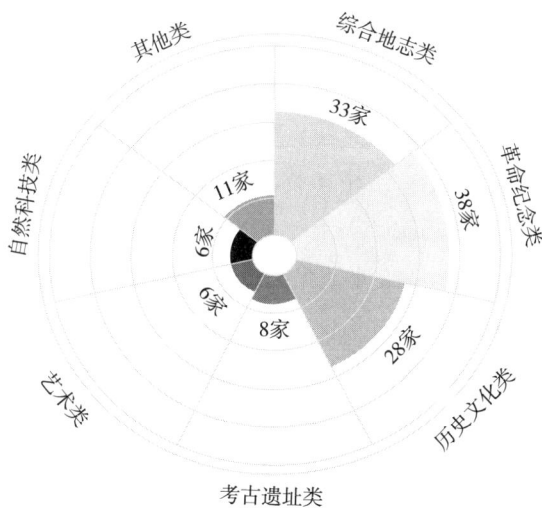

图 2　2022 年重庆市博物馆类型分布图

④按博物馆区域划分。主城都市区 92 家、渝东北片区 27 家、渝东南片区为 11 家，分别占全市博物馆总数的 71%、21%、8%（见图 3）。

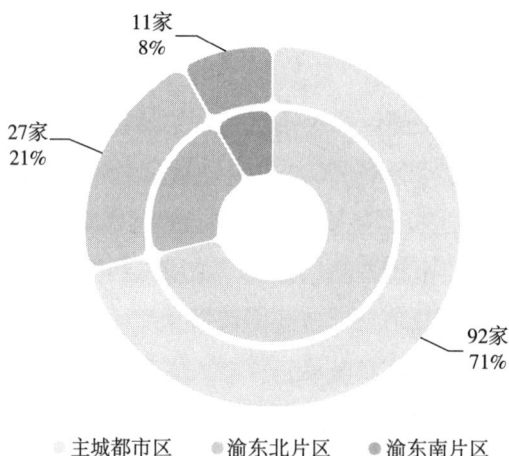

图 3　2022 年重庆市博物馆区域分布图

（二）博物馆公共服务

①陈列展览。2022 年，全市博物馆年度陈列总数为 782 个，其中展出的基本陈列为 337 个，与上年度相比，数量增加 16%；新推出临时展览为 445 个（其中原创展览 264 个），与上年度相比，数量减少 2%。

②社教活动。2022 年，全市博物馆共开展社教活动 7370 场次，其中线下 6463 场次，线上 907 场次，与上年度相比，场次分别减少 12%、18%。

③参观接待。2022 年，118 家博物馆保持正常开放，平均开放时间 284 天。2022 年，全年博物馆共接待观众 1783.38 万人次，其中，免费开放接待观众 1632.7 万人次，接待未成年观众 503 万人次。受新冠疫情影响，与上年度相比，观众接待总量下降 32.6%。

④线上服务。2022 年，全市博物馆官网浏览量达到 935.3 万人次，与上年度相比，官网浏览量下降 3.1%；新媒体浏览量达到 14491.12 万人次，与上年度相比，访问总量上升 41.2%。

（三）博物馆藏品

①藏品数量。2022 年度全市博物馆藏品总量达到 770046 件/套，新增藏品 31913 件/套，其中新征集 22109 件/套、考古发掘移交 4 件/套、接受捐赠 5343 件/套，公安、海关等部门移交罚没藏品 614 件/套，历年征集及旧

藏登账3832件/套，捡拾上交藏品10件/套，退役武器装备拨交藏品1件/套。与上年度相比，新增藏品数量上升39.4%。

②保护修复。文物保护修复能力进一步提升，2022年新增修复专业人员6人，全市保护修复专业技术人员达到165人。完成文物（标本）修复974件/套，其中二级文物35件/套，三级文物188件/套，修复一般文物510件/套，自然标本241件/套。三峡出土文物保护修复2022年度项目完成招标并进场施工，2023—2024年度项目已完成项目方案编制及申报。

（四）学术科研

2022年全市博物馆承担省部级（含）以上科研项目104个，其他科研项目136个，其中2022年度新立项94个，是上年度的1.8倍。出版著作85种（部），是上年度的1.6倍。发表论文522篇，其中北大核心期刊19篇、其他核心期刊30篇，SCI11篇、CSSCI62篇，与上年度相比，发表论文总数下降17.9%；获得国家专利17项，其中实用新型专利2项、设计专利5项、软件著作权8项、发明专利2项，与上一年度基本持平。

（五）文创产品开发

2022年，全市有92家博物馆参与文创产品开发，比2021年增加9家，共开发文创产品1477种，销售收入2439万元。其中重庆中国三峡博物馆开发文创产品213种；重庆红岩革命历史博物馆完成红岩文创Logo设计，新研发文创产品22种；重庆自然博物馆文创产品与云上博物馆后台实现销售链接，与阿里巴巴鲸探NFT平台、腾讯幻核平台、迪肯区块链等线上平台签订合作协议，授权30余个IP进行数字化文创开发，重庆市博物馆文创产品开发进入新的发展阶段。

二、主要特点

（一）博物馆改革发展措施有力

联合中共重庆市委宣传部、重庆市发展和改革委员会等市级有关部门出台了《关于推进博物馆改革发展的实施方案》《关于进一步推动重庆市文化文物单位文化创意产品开发的实施意见》，全力推进博物馆改革发展。联合重庆市财政局转发财政部、国家文物局《国有博物馆藏品征集规程》，明确了贯彻落实的具体要求。牵头起草重庆市《贯彻落实〈关于让文物活起来扩大中华文化国际影响力的意见〉的具体举措》，让文物活起来，服务于国家文化发展战略和经济社会发展大局，助推成渝地区双城经济圈和西部陆海新通道建设，助力建设文化强市。

（二）博物馆建设力度增强

市级重大项目建设快速推进，基本明确重庆博物馆新馆建设选址，进一步深化重庆自然博物馆园区项目总体策划方案，原则通过中国水文博物馆建筑设计方案，重庆特园民主党派陈列馆扩容升级工程推进顺利。区县博物馆建设力度加大，璧山区博物馆、开州博物馆新馆、云阳博物馆新馆等区县博物馆综合场馆建设有序推进，新备案渝中区博物馆、潼南区博物馆、重庆市荣昌陶窑口博物馆等8家博物馆（见表1）。

表1　2022年重庆市新备案博物馆统计

序号	博物馆名称	性质	所在区县
1	万州区博物馆（从重庆三峡移民纪念馆分离为独立法人）	国有	万州区
2	渝中区博物馆	国有	渝中区
3	南川区博物馆	国有	南川区
4	綦江区红军长征纪念馆	国有	綦江区
5	潼南区博物馆	国有	潼南区
6	荣昌陶窑口博物馆	非国有	荣昌区
7	城口县红三十三军指挥部旧址陈列馆	国有	城口县
8	刘邓大军挺进大西南司令部旧址陈列馆	国有	秀山县

（三）公共服务保障能力增强

2022 年，重庆市新增中央免费开放补助博物馆 20 家，纳入中央免费开放补助名单的博物馆总数达到 52 家。博物馆纪念馆免费开放补助经费达到 19598 万元，其中运转补助资金增长 54.2%、重点博物馆补助资金增长 23.6%、陈列布展补助资金增长 100%。中央免费开放补助经费增加，有力保障重庆市博物馆的正常运行，提升博物馆内容生产能力，增强了博物馆公共服务保障能力。

（四）博物馆展示教育成效明显

圆满完成庆祝党的二十大胜利召开"奋进新时代主题成就展"——重庆单元展等重大任务。推出《喜迎二十大奋进新征程——重庆红岩革命历史博物馆珍藏革命文献特展》《一见钟琴——从宫廷礼乐到文人雅兴》《鸥遇在冬季——红嘴鸥越冬重庆科普展》等 264 个原创展。持续打造"重博新声代——小小讲解员"教育品牌，提档升级"寻找红岩发声人"品牌活动，创新推出"遇见自然·行走科普""小小博物学家""科学小卫士"教育项目。3 个展览入选 2023 年度"弘扬中华优秀传统文化、培育社会主义核心价值观"主题展览集中推介项目。3 个项目入选"首届全国博物馆志愿服务典型案例推荐"。24 家博物馆荣获第九届博博会"弘博奖"。6 家博物馆入选全国"大思政课"实践教学基地。

（五）文博重大活动积极组织参与

川渝首次联合举办 2022 年"5·18 国际博物馆日"暨重庆市第十三届文化遗产宣传月活动，成立"川渝博物馆联盟"，共同揭晓"博物馆精品推介项目"，启动"百馆百物——川渝宝藏"主题宣推活动，推出"花开并蒂"巴蜀青铜文明特展，举办第二届"巴山蜀水"博物馆文创展。组织指导全市 25 家博物馆参加第九届中国博物馆及相关产品与技术博览会，参展博物馆围绕"山水之城 美丽之地"和"红岩精神 永放光芒"两大主题，推出 50 多个系列的博物馆文创产品 439 种、4280 余件，充分展示重庆文化地标和光荣的革命历史传统，受到观众的热情追捧。

（六）智慧文博项目取得新突破

重庆中国三峡博物馆建立了博物馆宣传推广采编发联动平台、多媒体直播系统和智慧媒体资源库。重庆红岩革命历史博物馆馆藏珍贵革命文物数字化保护项目顺利推进，"金牌解说数字文旅 VR 视频讲解系统"正式上线。推动和指导重庆华龙网集团、中国广电重庆公司以融媒体、全形态、多矩阵传播为手段实施"重庆云上博物馆"项目建设，永川云上博物馆、重庆自然博物馆和三峡移民纪念馆云上博物馆上线运行。依托文旅广电云平台，完成115 家博物馆共 145 个点位的观众数据接入并试运行。重庆云上博物馆等智慧文博项目建成后，进一步提升了重庆市文博场馆数字化、智慧化水平，助推文博事业的发展。

三、2023 年工作展望

（一）进一步增强文物活起来力度

出台重庆市《贯彻落实〈关于让文物活起来扩大中华文化国际影响力的意见〉的具体举措》，全面提升重庆市博物馆在文物价值挖掘、数字化建设、文旅融合发展等方面的能力水平。

（二）进一步推进博物馆重点项目建设

推动重庆中国三峡博物馆创建中国特色世界一流博物馆，大足石刻研究院创建世界知名研究院。推动中国水文博物馆、重庆革命军事馆等市级重大项目建设，加紧推进红岩文化公园二期工程、重庆自然博物馆园区和重庆特园民主党派历史陈列馆升级改造项目。

（三）进一步加快文物数字化变革

响应数字重庆建设，进一步增加"重庆云上博物馆"上线数量。新实施6 个馆藏珍贵文物数字化项目，继续推进红岩革命历史博物馆、三峡博物馆、刘伯承同志纪念馆等 3 个数字化续建项目实施。推进世界文化遗产、市级以上文物保护单位、馆藏珍贵文物高清数据采集。加强博物馆客流数据接入管理和未接入单位的数据接入，提升文博场馆数字化管理水平。

（四）进一步落实好文创产业发展措施

积极推进重庆中国文物文化创意产业基地建设。以试点单位为基础，探索建立重庆文物知识产权平台，构建授权体系和多元投入机制，畅通文物资源授权渠道，引导文博机构、文创企业、高校联合开展研发设计、艺术授权、品牌运营等合作。进一步扩大文创试点范围，以博物馆、文化产业园区等为发展平台，着手培育特色文物文化创意产业。以行业展会、博览会等平台，展示推介优秀文化创意产品。充分利用"互联网+"营销手段，推动文化文物单位发展电子商务和体验式营销。

2022 年重庆文物安全工作报告

文物督察处

2022 年，重庆市文物系统认真学习贯彻党的二十大精神，以习近平总书记关于文物安全工作重要论述和重要指示批示精神为指导，全面落实党中央、国务院和市委、市政府关于文物安全工作部署要求，坚持底线思维和问题导向，强化责任落实，加强文物安全应急管理建设，积极应对极端高温天气和山林火灾威胁，持续开展文物火灾隐患排查整治，依法督办、查处文物安全事故案件，加大文物犯罪防范和打击力度，全市未发生大的文物安全事故和案件，安全形势总体持续向好发展。

一、2022 年主要工作

（一）固牢底线思维

全市各级文物行政部门和各文博单位坚持加强文物安全教育培训，通过开展专题理论学习、安全会议、培训等形式，深入学习党的二十大精神和习近平总书记关于文物安全工作重要论述，提高政治站位；加强文物安全监管法规制度文件学习，提高从业人员业务水平。通过学习教育，进一步增强全体人员文物安全风险意识和责任意识，始终坚持把文物安全放在首要位置，强化文物安全红线、底线和生命线意识，始终坚守文物安全底线。

（二）细化责任落实

一是持续开展文物安全责任书签订工作。按照属地管理原则，区县政府和乡镇（街道）责任书签订率 100%，实现了不可移动文物、备案博物馆（纪念馆）全覆盖。万州、渝北、南岸、石柱、酉阳等 12 个区县逐处清查核实文物现状，精准落实文物安全责任。各区县落实文物安全巡查看护人员 3924 名，确保了每处不可移动文物有人负责、有人巡查、有人看管。二是全面推进直接责任人公告公示。按照《国家文物局关于公布〈文物博物馆单位文物安全直接负责人公告公示办法（试行）〉的决定》的要求，制作文物安全直接责任人公告公示牌 12364 块，设置在文物和博物馆单位出入口等明显位置，忠县、渝中、大渡口、南岸、涪陵、大足等区县基本做到直接责任人公示牌应挂尽挂。三是约谈文物安全责任人。各区县文物部门利用每年召开文物安全工作会议时机，坚持集中约谈文物管理单位责任人、管理人，明确其文物安全直接责任，提醒需履行的安全职责、需做好的安全工作。

（三）深化部门协作

一是与市检察院联合召开年度文化遗产领域检察公益诉讼联席会议，交流讨论开展文化遗产保护公益诉讼取得的成效。2022 年，大足石刻研究院、渝中、巴南、南岸等区县文物行政部门与当地检察机关签订《文化遗产领域检察公益诉讼协作协议》，将协作关口前移。大足石刻、合川钓鱼城和重庆红岩联线管理中心还设立文化遗产检察官办公室，强化文物保护。二是联合市民族宗教事务委员会印发《关于进一步加强宗教活动场所文物安全工作的通知》，从落实文物安全责任、强化依法监督管理、严格消防安全管理、严肃执法和问责 4 个方面，对宗教活动场所文物安全监管作了具体要求和强调。三是会同公安机关深入开展防范和打击文物犯罪专项行动，定期会商研究辖区内文物犯罪形势，研究防范措施。开展石刻文物拓印清理整治及盗窃损毁盗拓石刻文物犯罪线索清查，加大对盗窃、盗割、盗拓碑刻石刻文物等违法犯罪行为打击力度，联合开展文物博物馆单位安全保卫工作检查和田野文物安全巡查。积极协调巴南区、黔江区公安机关、文物部门完成涉案文物鉴定、移交工作，会同重庆市公安局、重庆电视台，根据重庆市近年破获的文物犯罪典型案例，拍摄制作了防范打击文物犯罪专题电视节目《斩断伸向文物的黑手》，并在重庆电视台社会与法频道《拍案说法》栏目播出，强化宣传警示教育，有效震慑犯罪分子。

（四）坚持预防为先

一是加强安全防护设施建设。八路军办事处旧址、中美合作所集中营旧址等4处全国重点文物保护单位的消防设施得到升级完善。各区县都投入一定资金，为文物单位完善消防设施、整改老化线路、配齐配足灭火器材、安装烟感报警器、张贴消防警示标牌等，有效提升了文物防范火灾能力。二是开展常态化巡查检查。全市各级文物部门、文博单位开展日常安全巡查检查104470次，检查文物博物馆单位25013处，超额完成年度文物安全巡查任务。发现安全隐患3918项，督促整改3724项，整改率95.05%。三是组织开展专项检查。圆满完成文物火灾隐患整治和消防能力提升三年行动，全市累计开展检查16335次，出动40887人次，检查文物博物馆单位30216处（家），排查整治隐患和问题4088项，三年行动工作扎实有效。根据国家文物局统一部署，深入开展文物系统安全生产大检查，组织158个检查组，出动6398人次，检查文物博物馆单位3545处（家），督促整改安全隐患和问题1221项。联合消防救援机构开展文物建筑消防安全专项检查，共组织161个检查组，出动3472人次，检查文物建筑1676处，排查整改隐患510项。开展古镇古寨文物火灾隐患整治"回头看"，全面梳理核查整治成效，制定遗留隐患整治清单，重点加强火源、电气、燃气、可燃物等火灾危险源治理，坚决遏制文物火灾事故发生。

（五）强化督查整改

一是建立文物事故案件督察督办台账，对发现的安全隐患，严格落实整改责任单位、责任人和完成整改时限，坚决跟踪督促整改。办理国家文物局转办群众举报文物违法线索1个，并按时将调查处理情况上报国家文物局；受理群众举报文物违法线索20条，全部跟踪督办完成。二是开展常态化文物执法检查20615次，发现各类文物违法行为17起，按简易程序责令改正处理12起，按一般程序立案查处5起。涉及市级文物保护单位违法案件2起，区县级文物保护单位违法案件1起，未定级不可移动文物违法案件1起，移交公安机关处理倒卖地下埋藏物案件1起。三是检察机关对文物保护不力或履行文物保护监管责任不到位的8个区县文物行政部门和17个乡镇政府（街道办事处）提出检察建议和提起公益诉讼。奉节、梁平、南岸等区县完成整改并收到终结案件审查决定书，开州区整改完成后向检察机关反馈了情况，其他区县还在持续整改中。

（六）完善应急机制

市文物局编制印发《重庆市文化和旅游发展委员会文物安全突发事件应急预案》，分总则、应急组织及职责、预防和预警机制、文物安全突发事件等级划分、应急响应、后期处理、责任追究、应急保障和附则 9 个部分，并配置文物安全突发事件应急处置流程图，对文物安全突发事件的应急管理和应急响应程序进行了指导性规范。8 月，涪陵、丰都、江津、北碚、巴南等区县突发山火，市、区县文物部门启动应急预案，采取开辟隔离带、切断电源、转移文物展品、打开消火栓对文物建筑周边预先浇水等措施，应急做好文物安全工作。及时将相关情况报告市委、市政府和国家文物局，协调市森林防火指挥部将南温泉片区、缙云山林区内文物纳入了火灾扑救重点保护对象，确保了文物的安全。

（七）创新精准管理

积极推动文物安全监管与现代科技融合创新，依托重庆智慧文旅广电云平台，建成集基础数据、安全巡查、视频监控、气象预警、保护范围和建设控制地带指示、督察督办等功能于一体的"全市文物安全巡查督察系统"。目前，已登记 24857 处不可移动文物和 30 家博物馆的基本信息，接入 34 处全国重点文物保护单位的视频监控和 16 处文物保护单位的"两线"地图。安排巡查人员 3924 名，利用手机 App 对不可移动文物定时巡查打卡，定期通报区县巡查情况，实施精准科学监管。积极探索文物安全示范区建设工作，制定了文物安全示范区管理建设标准，指导铜梁区试点建设文物安全管理示范区，建成文物安全视频监控系统，将全区文物保护单位纳入远程监管。

二、当前文物安全面临的形势和问题

2022 年，全市文物安全监管工作取得了一些成效，未发生较大文物安全事故案件，但安全形势依然严峻，呈现出新问题、新特点：安全从业人员能力不足，管理水平不高；文物管理使用单位文物安全责任意识不强，巡查、检查工作不落实；文物建筑依然存在火灾隐患、消防安全管理责任不落实、制度执行不到位；安全防护设施建设经费投入不足，设施不完善；工程建设中存在法人违法行为；存在盗掘古墓葬、倒卖文物案件；文物保护工程施工人员安全意识不强、现场安全措施不实等问题。

三、2023 年工作打算

2023 年，继续聚焦法人违法、盗窃盗掘、火灾事故三大风险，完善防控体系，加大执法督察力度，不断提升文物安全监管水平。

（一）落实文物安全责任

一是增强安全责任。开展文物安全责任评估，将文物安全纳入对区县政府经济社会发展业绩考核，落实政府主体责任。继续实施文物安全责任书签订，继续完善文物安全直接责任人公告公示，增强安全意识，落实安全责任，有效防范化解各种安全风险，确保人员和文物安全。

二是加大巡查检查和督察力度。抓好《重庆市文物安全检查督察办法》和《重庆市文物督察约谈办法》的落实，严格安全巡查、案件督察、督办约谈和信息公开制度，加大专业能力培训、考核，确保巡查检查到位、整改到位。

（二）筑牢文物安全防线

一是加强文物消防安全源头治理。坚持"以防为主，防消结合"的方针，始终把防火作为文物消防工作重中之重。强化风险意识，加强监督管理。持续将电气线路整改、生产生活用火、违规用火用电、违规燃香烧纸等作为整治重点，加大火灾隐患排查力度，提升源头治理和火灾风险防控水平。

二是严打文物违法犯罪。贯彻落实全国打击文物犯罪电视电话会议精神，按照《关于进一步加强文物博物馆单位安全保卫工作的通知》要求，会同公安机关定期分析研判辖区内文物安全风险，加强文物博物馆单位的安全防范工作，重点加大对石窟寺、石刻、古遗址、古墓葬等田野文物的巡查、防范；配合公安机关开展打击文物犯罪专项行动，做好涉案文物鉴定、移交、保管等工作，始终保持高压态势。

（三）强化文物安全管理

一是创新文物安全科学管理。建立健全安全管理制度，明确安全职责，实施规范化、精准化管理，增强文物安全治理能力。深入推进文物平安工程，完善文物安全防护设施。完善文物安全巡查督察系统，推进国保、市保单位视频监控接入系统，进一步推动文物安全防护与现代科技融合创新，提升文物安全防护能力。

二是完善文物安全工作长效机制。加强与检察机关、公安机关和消防救援、规划、城乡建设、宗教、市场监管等部门（机构）的密切协作，解决涉及跨部门文物安全重点难点问题。加大对文物违法线索举报奖励的宣传力度，积极引导和鼓励社会力量参与文物安全工作。

三是加强应急能力建设。进一步修订完善市文物局本级应急预案，指导督促区县文物行政部门和文物、博物馆管理单位结合自身面临安全风险，编制各类突发事件应急处置预案，并定期开展应急培训和突发事件应急处置演练。

2022年重庆文化旅游系统乡村振兴工作报告

公共服务处

2022年以来，重庆市文化旅游委深入学习贯彻习近平总书记关于"三农"工作重要论述和讲话精神，坚决贯彻落实市委、市政府的各项决策部署，坚持"四个不摘"，全力推动乡村振兴工作，取得了实效。现将2022年乡村振兴工作开展情况报告如下。

一、推进农村地区旅游资源开发

大力培育乡村旅游品牌，推荐申报涪陵区大木乡等全国乡村旅游重点镇3个，云阳县清水土家族乡岐山村等全国乡村旅游重点村6个，遴选巫山县竹贤乡等8个重庆市首批乡村旅游重点镇，遴选彭水县黄家镇先锋社区等45个市级乡村旅游重点村。安排区县市级旅游发展专项资金，支持巫山、云阳乡村文旅融合等项目建设。新评定万州三峡古枫香园景区、云阳环湖绿道旅游景区、巫溪灵巫洞景区等4A级旅游景区6个；新评定大足雍溪里3A级旅游景区1个。推荐梁平区梁山驿等3家民宿申报甲级旅游民宿，石柱县大湾民宿、开州区遇见·云上等4家民宿申报乙级旅游民宿。选派专家到涪陵武陵山大裂谷、美心红酒小镇等景区开展现场暗访检查，指导景区创建。开展2022年市级旅游度假区认定工作，完成巫山云雨康养、綦江高庙坝、潼南涪江、铜梁巴岳山玄天湖、酉阳乌江·龚滩、秀山川河盖等6家旅游度假区的基础评价和现场检查。举办全市旅游度假区创建现场推进会暨业务培训班，共计150人参训，有效提升了重庆市度假旅游管理业务水平。加强对区县乡村旅游节会、线路建设指导，"苗乡养心古镇游"等5条线路、壮美三峡观光游等2条线路、现代田园乡村游等2条线路分别入选"乡村四时好风光——

春生夏长·万物并秀、乡村是座博物馆、稻花香里说丰年"全国乡村旅游精品线路。璧山区将军村登上由中央电视台、文化和旅游部联合摄制的大型文旅探访节目《山水间的家》。武隆区仙女山街道荆竹村、巫山县竹贤乡入选《2022世界旅游联盟——旅游助力乡村振兴案例》，重庆荆驻村入选联合国世界旅游组织2022年"最佳旅游乡村"。贯彻落实文化和旅游部等国家六部委联合印发的《关于推动文化产业赋能乡村振兴的意见》，组织全市39个区县文化旅游部门在重庆市铜梁区召开"文旅赋能乡村振兴——乡村文化旅游产业发展现场会"。考察铜梁区农耕文旅体验、品质化乡村民宿、乡村露营新业态、美丽乡村写生基地和极具当地特色的龙灯彩扎传统工艺产业基地，文化和旅游部专家顾问赵志强作《文旅赋能乡村振兴》专题讲座，铜梁、垫江、石柱三个区县作乡村文旅产业发展经验交流发言。举办重庆文化旅游惠民消费季，将乡村文旅消费作为重要板块，配套消费补贴、举办特色活动，深推乡村露营、乡村民宿、乡村研学、乡村音乐会等新业态，受到市民追捧。成功举办2022中国武陵文旅峰会，开展"养心彭水梦·同源苗乡情"2022武陵山国际森林音乐季活动，上线武陵文旅营销推广平台，建成武陵文旅推广中心。统筹规划布局渝东南康养旅游产业发展，渝东南武陵山区城镇群共有在建和招商重点文旅康养项目55个，预计总投资859.32亿元。

二、提档升级农村地区公共文化服务体系

安排区县中央补助地方公服专项资金乡村文化振兴项目、重点项目和一般项目累计8599万元，用于提档升级市级乡村振兴重点帮扶乡镇基层综合性文化服务中心、群众文化广场等项目建设。推进文图两馆建设，各区县文图两馆总分馆建设提速，累计建设图书馆分馆1842个，文化馆分馆1272个，24小时自助图书馆（城市书房）105个；打造文化驿站、文化礼堂、乡村戏台等新型公共文化空间278个，现覆盖区县30个，覆盖率76.9%。以群众为主角，深度打造"乡村村晚"、乡村艺术节、"舞动山城"街舞大赛、广场舞、群众大家唱等品牌活动，惠及群众2000万人次（含线上）。加强公共文化云建设，扩充线上公共文化产品和服务，目前重庆群众文化云提供数字资

源 40.6 万个、文化资讯 6 万余条；实时调配的累计访问量 3 亿多次，用户数 111.34 万个；云平台音视频资源 9427 个，全市文化馆到馆客流达 311.27 万人次。"百姓大舞台"品牌活动项目已完成直录播 85 场，服务总数 5946.39 万人次。持续开展易地扶贫搬迁安置区公共文化服务活动，在巫山、石柱、开州等 17 个区县安置区开展公共文化服务活动 3406 场次。深入推进应急广播体系建设。下达中央专项资金 2406 万元，启动实施武隆、秀山、石柱、丰都、奉节 5 个区县老少边及欠发达地区县级应急广播体系建设。全市先后有 37 个区县实施应急广播系统建设，累计投入约 2.6 亿元，应急广播终端达 5.9 万组，覆盖 9079 个行政村（社区），建成以来累计播发信息 67.89 万条。推进区县公共博物馆建设。继续支持区县博物馆事业发展，重庆金融博物馆、中等师范教育历史陈列馆（江津区）、北碚教育博物馆建成开放，长寿区博物馆新馆年底前将正式开放；南岸、南川区、垫江等区县公共博物馆正在布展；璧山、丰都、石柱、彭水等区县公共博物馆建设在加紧推进。支持区县将 63 家开放未备案的类博物馆和 460 余家乡情馆纳入博物馆孵化培育范围。持续开展送展览下乡、进学校、进社区等服务工作。继续发挥重庆博物馆联盟作用，组织全市博物馆送展览到学校、乡镇、社区，配套开展社会教育活动，与相关区县中、小学开展馆校共建活动。

三、传承弘扬优秀传统文化

组织开展全市革命文物专项调查，摸清 417 处资源底数，编制完成《重庆市革命文物保护利用总体规划》。严格对照《长征国家文化公园建设实施方案》要求，统筹项目实施，加强市、区联动，一体推进长征国家文化公园建设。酉阳主体建设区以及黔江、石柱、秀山、彭水 4 个扩展区的项目进展顺利，已完成酉阳县南腰界红三军旧址、龙溪乡苏维埃政府旧址和秀山隘口红三军司令部旧址保护修缮等 20 余个项目。开展重庆市长江流域文物资源调查，推动三峡考古遗址公园建设，万州天生城遗址、奉节白帝城遗址、忠县皇华城遗址、云阳磐石城遗址考古发掘、保护展示项目等加快推进。持续加强川渝石窟寺保护，编制重庆市石窟寺保护利用专项规划、实施石窟寺保护项目 19 项，建成小型乡村遗址公园。开展巫溪县宁厂古镇保护和利用工作，启动实施全国重点文物保护单位巫溪大宁盐场遗址保护修缮（盐工俱乐部、秦家老屋遗址、供销社旧址）工作。配合开展历史文化名城评估，会同市住房城乡建委推荐万州区恒合土家族五星村等 80 个村落申报第六批中国传统村落。开展第六批非遗代表性传承人评审工作，新增市级非遗代表性传承人 240 名。新评选 40 个非遗进校园优秀案例。全市 19 个项目成功入选首批"全国非遗与旅游融合发展优选项目"名录，其中非遗旅游景区 4 个、非遗旅游小镇 9 个、非遗旅游街区 1 个、非遗旅游村寨 5 个。在第三届全球减贫案例征集活动中，重庆市"非遗助推乡村文化振兴——壹秋堂非遗工坊培育新农村手艺人"入选获奖案例名单。成功举办"2022 武陵山原生民歌大赛"。成功举办 2022 年"文化和自然遗产日"非遗宣传展示重庆主场活动——非遗购物节·第七届重庆非物质文化遗产暨老字号博览会，组织 104 家非遗工坊、302 家非遗店铺参加非遗购物节线上线下活动，在活动主会场设置乡村振兴产品展示专区，展示展销非遗和老字号产品 2000 余种。活动期间开通重庆地铁非遗专列，线上线下共有 900 余名非遗传承人、500 余家非遗店铺、130 余家老字号企业、83 个非遗工坊参与活动，销售产品近 70 万件，交易金额9000 多万元。

四、深化实施鲁渝协作计划

2022 年 7 月，山东省文化和旅游厅党组书记、厅长王磊来渝参加山东·重庆东西部协作第十八次联席会议和山东协作重庆挂职干部座谈会，市文化旅游委党委书记、主任刘旗陪同考察有关文旅项目，对接鲁渝文化旅游协作工作。鲁渝协作文旅项目 5 个，资金总额 330 万元。"十万山东人游重庆"和"十万重庆人游山东"宣传营销项目、鲁渝乡村旅游带头人精准交流培训项目、鲁渝共建"孔子学堂"项目有序推进。鲁渝共建红色文化题材文艺作品交流互演项目，由市川剧院组织体现红岩精神的国家级非遗川剧《江姐》到山东演出。14 个区县新建鲁渝共建非遗工坊 25 个，解决就业人员达 700 余人，城口、巫山、巫溪、酉阳、彭水县再新建鲁渝共建非遗工坊 5 个。继续推动 14 个区县 A 级景区对山东籍游客减免门票，并对山东旅行社组团进行奖励，促进旅游消费。在全市 14 个脱贫区县各选择 1 个乡镇中小学或综合文化服务中心建设"孔子学堂"，为每个鲁渝共建孔子学堂配置图书、书架、桌椅以及其他必备的设备和材料，为满足当地群众精神文化需求提供了场地。选派重庆市脱贫区县、乡村振兴重点帮扶乡镇村支两委干部、乡村旅游带头人及一线从业人员共计 55 人，前往山东省淄博市中郝裕村，采用课堂与实践相结合，全面、系统、深入学习山东乡村旅游成功经验，大大提高了乡村致富带头人的管理及从业技能。

五、统筹市文化旅游委帮扶集团定点帮扶巫山县竹贤乡乡村振兴工作

组织召开市文化旅游委乡村振兴帮扶集团 2022 年联席会议，联系市领导、市委常委、重庆警备区少将政治委员高步明出席会议并讲话，会议研究部署市文化旅游委乡村振兴帮扶集团帮扶巫山县及竹贤乡乡村振兴工作。积极协调市文化旅游委帮扶集团成员单位、市级相关部门和社会力量的大力支持竹贤乡乡村振兴工作，在帮扶集团的大力支助下，下庄教学点建成投用，竹贤乡小学全面提档升级，竹贤八一爱民小学挂牌；乡卫生院技术设备更新换代，完成下庄村卫生室改造和下庄驿站医疗服务点建设；乡综合文化中心项目加紧推进，建成阮村文化广场和石院、下庄重庆图书馆图书流通点，乡公共服务中心完成扩容，石院、石沟、下庄便民服务中心全面升级，为民服务功能进一步完善。巫山县委党校下庄分校建成投入使用，已开展培训 19 期，培训学员 1221 人。产业发展成效显著，推动万亩核桃科学管护全覆盖，2022 年核桃普遍挂果，产青果 25 万斤。2200 亩[①]烤烟产值达千万元。全乡 4000 亩米拉洋芋大获丰收，1000 亩辣椒、西红柿、甜玉米等蔬菜销往重庆农资集团、双福市场、新世纪和宜昌、武汉等地。推动发展生态旅游，美丽宜居示范场镇一期项目启动建设，下庄 4A 级旅游景区加快创建。下庄村入选

---

① 1 亩 ≈ 666.7 平方米。

"乡村是座博物馆"全国乡村旅游精品线路、全国"村晚"示范展示点。指导扶持发展农家乐 26 户，石院贤合驿站、下庄明月农家乐、福坪七贤寨等一批乡村农家乐和乡村旅游点生意火爆。竹贤乡获评重庆市首批乡村旅游重点镇。推动文化赋能乡村振兴，市文化旅游委委属单位重庆艺员管理中心、市群艺馆、市图书馆、市创作中心、市川剧院等单位先后到竹贤乡开展民间音乐、自然遗产的挖掘与创作，开展文化器材、图书捐赠、文化人才培训以及送文化、送演出下乡到村等活动，丰富群众精神文化生活。全年协调各成员单位主要负责人 20 多批次赴巫山县竹贤乡考察调研，对接落实乡村振兴帮扶项目。2022 年市文化旅游委帮扶集团落实帮扶资金达 9930.75 万元（含贷款项目 7400 万元和招商引资项目 800 万元）。1—11 月共计完成消费帮扶 948 万元。

六、扎实推进酉阳县车田乡产业指导

继续派驻专门人员常驻车田乡，加强旅游工作指导，推进车田桃源·天龙山度假区创建工作，启动"酉阳 Liawa 景区"创建工作并成功创建 2A 级景区。配套完善清明村苗营示范点、露营基地功能，促成清明村苗营示范点、露营基地于 2022 年 7 月 1 日开业运营。撰写完成《车田乡导游词》。协调重庆市嗨皮游旅行社推出车田专线旅游线路产品，一年来，已组织旅游团队近 60 批次 5000 人次到车田旅游，车田乡自驾游、散客游持续增长，有效促进了桃源人家、森林人家经营户增收及农产品销售。在车田乡车田村落户重庆市文化旅游委、重庆青年职业技术学院"重庆文化旅游乡村振兴培训基地"，2022 年共开展培训 6 期，培训学员 300 人次，学历教育 15 人。组织乡村旅游经营户、专业合作社负责人 5 人到山东淄博市中郝峪村开展乡村旅游专题学习，协调县酉州职业培训学校对全乡乡村旅游从业人员开展技能培训，从业人员 150 余人参加了培训学习。指导电商销售，帮助实现销售农产品 800 多万元。搞好文化服务，通过指导组协调，市文化旅游委为车田小学捐助办公电脑 20 台。市文物考古研究院加强对车田乡何土司城遗址开展考古发掘工作，形成《酉阳车田土司遗产与民族文化》一书。在车田乡挂牌重庆市群众艺术馆实践基地。重庆市少儿图书馆为车田乡中心小学捐赠科普图书 428 册。

重庆市曲艺团落实车田定点招生工作，在车田定点招收 10 名学生进入重庆市曲艺团曲艺表演专业学习。指导制作拍摄车田旅游宣传片。策划举办"我们一起过端午"群众文化活动。促成车田文化活动形成常态化，每日晚在车田文化广场，群众自发开展土家摆手舞表演、三棒鼓传唱、山歌对唱等群众文化活动，丰富了群众休闲娱乐内容。驻乡指导组还深入村、组、农户开展新冠疫情防控。依托村民小组会、院坝会等进行种养技术培训、医保、劳动力就业等政策宣讲，有效促进了工作落实。一年来，走访群众 150 余户。目前全乡实现外出务工稳定就业 1632 人，本地就业务工 475 人。指导组工作受到新华社记者的关注，并于 2022 年 3 月 9 日接受了新华社记者到车田的专访，指导组邓小军同志介绍了车田乡产业情况及指导组工作经验。

2022年重庆温泉康养产业发展报告

产业发展处

　　2022年，市文化旅游委以打好"温泉牌"为重要抓手，围绕世界温泉之都品牌建设主线，聚焦重大活动、宣传推介、产业发展等方面，积极推动温泉康养产业复苏提振、转型升级，推动全市温泉旅游高质量发展，取得了良好效果。

一、发展现状

（一）新冠疫情冲击消费市场

　　2022年，全市温泉领域消费受新冠疫情影响呈现下降趋势。全市正常营业的33家温泉企业接待游客194.2万人次，与2021年同期相比下降47%，恢复到2020年同期的84%；门票收入1.2亿元，与2021年同期相比下降34%；综合收入3.89亿元，与2021年同期相比下降42%。

（二）项目建设稳步推进

　　建立全市温泉产业项目跟踪平台，截至目前，全市在建、拟建项目26个，其中在建项目9个，储备招商项目17个。推进重点健康养老项目建设。积极引进星级酒店及精品旅游民宿等康养产业项目，推动健康养老产业高质量发展。推进远山有泉、缙云山露营基地、雨鸣涧等项目建设。围绕旅居养老和老年公寓等康养项目，适度扩大康养基地试点范围，打造歌乐山、缙云山、南山等一批品牌知名、发展融合的康养产业集群。充分利用相关扶持政策，依托特色的自然景观和优良的康养资源，建设一批森林康养示范基地、中医药特色康养基地，打造四季康养、各具特色的气候康养基地。

（三）产品供给不断丰富

重庆市温泉康养产品业态更加丰富完善，呈现出温泉度假村、温泉酒店、温泉水乐园、温泉水疗会所、温泉民宿、温泉山庄等多种形式。同时，以各个温泉企业为基地，结合周边旅游产品特色，设计了"温泉＋都市旅游""温泉＋乡村旅游""温泉＋森林康养""温泉＋气候康养""温泉＋文化养心""成渝温泉环线"等主题旅游线路。

（四）持续开展对外交流

加强与"世温联"交流合作，协调"世温联"主席索里曼教授为 2022 北京冬奥会录制祝贺视频；线上参加"世温联"第 73 届年会暨国际科学技术大会。与俄罗斯联邦卫生部国家康复医学中心、北碚区政府达成签署合作备忘录意向，未来将重点推进温泉与疗养、养老等项目的合作。支持市温泉旅游行业协会与澳大利亚温泉矿泉浴联盟、"世温联"重庆代表处签订合作备忘录，将在温泉旅游宣传及活动互动等方面开展合作。

二、主要工作举措

（一）坚持以重大活动为牵引，持续培育温泉消费市场

成功举办第二届中国温泉产业博览会暨第五届中国温泉与气候养生旅游国际研讨会、重庆温泉康养项目招商推介会，活动形式灵活多样，展示内容丰富多彩，参与度和关注度高，极大地提升了重庆温泉在全国乃至全世界的知名度和影响力；结合第七届文旅惠民消费季，积极协调市内各温泉企业、温泉旅游度假区，发挥自身优势，整合温泉周边资源，针对情侣、家庭、团队等不同需求，推出"温泉＋特色餐宿""温泉＋郊野踏青""温泉＋亲子研学""温泉＋轰趴团建"等套餐优惠产品，开展各项惠民活动。同时，巧妙融入温泉科普宣传，着力培育温泉消费市场。

（二）坚持以产业发展为重点，扎实做好招商引资工作

赴湖北武汉开展温泉专场招商推介会，精选中国温泉产业博览会、大洪湖温泉康养小镇、东温泉山水民俗温泉、风情家泽缘温泉康养小镇、菖蒲盖温泉康养中心、龙门国际健康温泉度假小镇等 6 个项目进行重点推介，并对重庆市温泉旅游线路、产品进行了集中推介；于第二届中国温泉产业博览会期间举办重庆市重点温泉项目投资推介会，展览面积达 10000 平方米，分设重点项目、装备制造、配套服务、特色文创、康养保健、户外露营 6 大展区 200 余个展位，集中展示温泉上下游产业链产品。

（三）坚持以宣传推介为方向，不断提升温泉之都影响

加强宣传推介力度，不断扩大重庆温泉影响力。为进一步提升重庆世界温泉之都品牌影响力，更好地展现重庆温泉的独特魅力，组织开展了以天赐温泉、天星温泉、龙温泉、南温泉、贝迪颐园、融汇温泉、心景温泉、统景温泉、铜锣峡温泉等 12 家温泉企业为拍摄点的《重庆温泉十二金钗》短视频拍摄活动，共拍摄短视频 12 集，每集约 5 分钟。目前已全部拍摄完成，正进行后续剪辑工作。持续开展 5G 新媒体宣传推介活动，扩大宣传效果。

（四）坚持发挥政府职能作用，为企业创造商机

积极发挥职能作用，协调企业做好援沪医疗队回渝隔离疗养工作。2022年 4 月中旬，重庆市援沪医疗队圆满完成任务平安返渝，应市卫健委请求，根据市委、市政府统一安排，温泉办在全市范围内精心挑选了统景两江酒店、心景乐养酒店、海宇温泉大酒店、天赐温泉度假酒店、贝迪颐园、天星两江假日酒店、美利亚酒店等 7 家环境优美、设施齐全、服务优质的温泉康养及星级旅游酒店作为集中健康休养场所，并安排专人做好服务保障工作，为 1564 名援沪医疗队员提供集中健康休养服务，全力守护全体队员的身心健康。7 家企业为医护人员提供了良好康疗服务，受到主管部门和广大医护人员的一致好评；企事业单位也因此得到相当收入，有力助力企业纾困，实现双赢，受到各方称赞。

（五）坚持以引导扶持为基础，充分发挥市场主体作用

加大对市温泉旅游协会的扶持指导力度，支持以协会的名义举办各类活动，充分发挥协会"上传下达"的桥梁纽带作用，带动重庆温泉产业共同发展；用好亚太（重庆）温泉研究院温泉产业研究平台，为重庆温泉产业提质增效赋能；向温泉企业"一对一"提出发展意见建议，指导融汇温泉、统景温泉、天赐温泉等企业深挖特色、创新发展，激发市场主体自身动能，推动温泉康养产业高质量发展。

三、2023 年工作打算

一是持续扩大品牌影响力。坚持以温泉康养为龙头，紧紧围绕世界温泉之都品牌提升计划，大力推动温泉康养旅游工作和温泉产业发展，持续抓好宣传推广工作，积极培育康养旅游消费市场，全力服务康养产业发展。高标准、高质量举办每年一届的"中国温泉产业博览会"，搭建温泉产业发展平台，提升重庆温泉整体形象，吸引温泉企业投资重庆，全城传递温泉养生文化，促进全市温泉旅游和温泉康养消费。

二是持续用力扩大宣传效能。着眼双城经济圈建设，针对川渝地区互为最大客源地，实施精准宣传营销，在中石油乐至南服务区打造重庆文旅惠客厅——康养推广展厅，将其作为重庆康养旅游宣传推广新阵地、新渠道，打造重庆康养旅游产品新的网红展示平台。同时，充分发挥中石油线上销售平台和在四川省境内 80 余个加油站点的作用，全方位推广售卖重庆康养产品，扩大重庆康养旅游影响力；继续开展 5G 新媒体宣传营销，完成《重庆温泉十二金钗》短视频拍摄工作，扎实做好宣传推广，提高传播效能，不断扩大重庆世界温泉之都影响力。

三是加快推动重大项目落实落地。依托"巴蜀文旅走廊""中国武陵文旅峰会"等平台，大力推进全市康养项目建设，抓好重点项目的落实落地。武隆区依托"中国天然氧吧"品牌，大力发展特色疗养项目，持续推进重大项目建设。

四是全力服务以温泉为龙头的康养企业。加强与区县政府合作，联合举办温泉旅游专场招商推介会及相关主题温泉活动，努力搭建温泉旅游招商引资和宣传推广平台；继续与"世温联""中温协"等国内外机构合作，在温泉节会举办、产品开发、品牌打造等方面进行合作；将相关温泉企业、项目纳入全市金融支持文化旅游领域重点项目储备库，择优、适时向全市银行（金融）机构进行推荐，助力温泉企业纾困解难。

专题篇

大力弘扬"行千里·致广大"的重庆人文精神

重庆市文化和旅游发展委员会综合协调处　成彦希　桑云通

在中央城市工作会议上，习近平总书记指出："一个民族需要有民族精神，一个城市同样需要有城市精神。"在中国文学艺术界联合会第十一次全国代表大会、中国作家协会第十次全国代表大会上，习近平总书记更强调"要挖掘中华优秀传统文化的思想观念、人文精神、道德规范"。

城因人而兴。人文精神，正是城市精神中不可或缺的部分。重庆市第六次党代会报告提出，要"弘扬'行千里·致广大'的人文精神，以文铸魂、以文化人，为重庆改革发展提供强大的价值引导力、文化凝聚力、精神推动力"，强调要"保护传承好巴渝文化、三峡文化、抗战文化、革命文化、统战文化和移民文化"，指出重庆是一座历史文化名城，"'长嘉汇'源远流长，'三峡魂'雄阔壮美，'武陵风'绚丽多彩"。这是重庆直辖以来首次提出重庆人文精神、首次明确重庆文化形态、首次凝练重庆特色文化，这对凝聚全市人民共识，激发全市人民干事创业的激情，激励各级党员干部朝着党代会确定的目标苦干实干，推动全市高质量发展、创造高品质生活，持续抓好文化强市建设，奋力书写重庆全面建设社会主义现代化新篇章具有深远的重要意义。

2022 年的盛夏彻底激发了重庆人的英雄气，也使得重庆成为全国甚至全球的焦点，极端高温、山火肆虐、新冠疫情来袭、干旱缺水、严重缺电等一系列困难接踵而至，对于个人来讲这是重如泰山般无法承受的苦难，但对于拥有着英雄气概、坚韧顽强、团结协作的重庆人民来说，这是一次披荆斩棘、迎来黎明的挑战，这个夏天重庆人民紧紧地团结在了一起，共同战胜一次又一次的困难，同时也对重庆人文精神赋予了新的意义，向世界展现了中国精神。

一、"人文""人文精神"的定义及其内涵

"人文"一词见于《易经》："刚柔交错，天文也；文明以止，人文也。观乎天文，以察时变，观乎人文，以化成天下。"由此可知人文强调的是人的交往礼仪，旧指诗书礼乐等。《辞海》将"人文"一词定义为"人类社会的各种文化现象"，文化从其广义上来讲是指人类创造的一切物质财富和精神财富的总和，狭义的文化主要是指精神财富部分。《大不列颠百科全书》对"人文"一词定义为"人的价值具有首要的意义"，所谓人的价值至上。

"人文精神"是一个外来词，源于英语"humanism"，在英语中狭义上它是指欧洲文艺复兴时期的一种思潮，广义上它是指由西方哲学所培育的那种欧洲精神文化传统。这个舶来品在 20 世纪 90 年代因文学危机和社会现实问题在中国文坛引发了激烈的大讨论，讨论的结果却并不令人满意，以至于对"人文精神"概念的界定至今未形成学界统一的认可，但也正是这样的大讨论肯定了"人文精神"这一话题在社会转型中存在的意义，使得"人文精神"从"一元化"的价值体系转向"多元化"，同时也在不断地传播、交流、互动中得以发展、取得进步。因此，本文所提的"人文精神"应是指一片地域、一个城市的根和魂，是区域文明、城市文明的核心，是生活在此的人民共同的精神追求。在推进物质文明和精神文明协调发展的今天，国家需要人文精神，民族需要人文精神，城市也需要人文精神。

二、重庆人文精神的历史延续及大力弘扬的积极意义

中华民族拥有生生不息、源远流长的文明历程，也形成了自身独具特色的文明理念与文明特性。英国哲学家罗素曾说："中国与其说是一个政治实体，还不如说是一个文明实体——一个唯一幸存至今的文明。"重庆作为最年轻、西部唯一的直辖市，必须构建属于自己的人文精神。

（一）重庆人文精神的历史延续
重庆是一座人文荟萃、底蕴厚重的历史文化名城。三千年江州城，八百

年重庆府。漫长的岁月在长江之畔的山水之城悠然而过，留下了星罗棋布的文化遗产和耐人寻味的历史记忆，文化与生态、城市与乡村各美其美、美美与共。早在春秋末期，老子有曰"千里之行，始于足下"；战国时期，商鞅有"飞蓬遇飘风而行千里"之句；荀子在《劝学篇》中说"不积跬步，无以至千里"；子思亦在《中庸》中有"致广大而尽精微"之说，古之先贤的智慧一直滋润着这片土地上的人民。1189年，宋光宗赵惇先封恭王再即帝位，升恭州为重庆府，双重喜庆，重庆由此得名，此外万川毕会的万州、忠肝义胆的忠县、人多寿考的长寿等区县也皆因当地的区域文化得名，一脉相承，代代延续至今。

中国的汉字是表意文字，它是从表形文字发展而来的，因其独特的结构，能增能减，能合能离，拆字也成了中国特有的一种文化。早在明代江盈科所撰的《雪涛诗评》、清人周亮工所辑的《字触》等书籍资料中有记载"千里为重，重水重山重庆府"，后人在此基础上对"重庆"二字予以拆解变得"千里为重，广大为庆"，拆字是入手，解字是关键，重庆市第六次党代会报告中首次提出了"弘扬'行千里·致广大'的人文精神"，首次将"行千里·致广大"定义为重庆的人文精神，这是对六种文化形态的精准概括，也是对"长嘉汇"源远流长，"三峡魂"雄阔壮美，"武陵风"绚丽多彩特色文化的高度凝练。自此，重庆人文精神有了新的定义："行千里·致广大"。

（二）大力弘扬"行千里·致广大"的重庆人文精神具有积极意义

人文精神不仅是精神文明的主要内容，而且影响物质文明建设，反映着一个地方的精神风貌，镌刻着一个地方的历史底蕴和文化渊源，是衡量一个民族、一个地区文明程度的重要尺度，对一个地方经济社会发展有着巨大的推动作用，大力弘扬"行千里·致广大"的人文精神对推动重庆全面建设社会主义现代化具有积极意义。

一是体现了历史和时代的统一。人文精神不仅因历史积淀构成了丰富的内涵，也因时代赋予了新的价值。重庆是一座人文荟萃、底蕴厚重的历史文化名城，在巫山县内发现的"巫山人"化石，是中国境内迄今发现最早的人类化石；中坝遗址出土的地层文物，完整包含了新石器时代晚期、夏商周、秦汉、魏晋南北朝、唐宋元明清不同时代的所有地层，可以让人们直观感受到中华五千多年文明绵延不绝的伟大与震撼；大足石刻，代表着公元9—13世纪世界石窟艺术最高水平；涪陵区白鹤梁题刻，是保存完好的世界唯一古代水文站；合川区钓鱼城，则被誉为"上帝折鞭处"；在20世纪，重庆更是成为世界反法西斯统一战线与中国抗日民族统一战线的交汇点。在重庆市奋进社会主义现代化建设新征程关键时期，"行千里·致广大"的人文精神提炼既有着对历史经验的借鉴作用，又有着对重庆特色的情境独创，这是传承发展中华优秀传统文化在重庆的积淀，也是文化自信在重庆的彰显。

二是实现了客观与主观的统一。人文精神既是在客观自然条件下形成的产物，也是广大人民群众充分发挥主观能动性不断创造的精神价值体现。在奔流不息的长江文化的滋养下，重庆有源远流长的巴渝文化、享誉世界的三峡文化、可歌可泣的抗战文化、彪炳史册的革命文化、独具特色的统战文化、感天动地的移民文化，内涵丰富、璀璨多姿。在大山大川与大风大浪的熏陶下，造就了重庆人极其鲜明的群体性格，更与富强、民主、文明、和谐、自由、平等、公正、法治、爱国、敬业、诚信、友善的社会主义核心价值观相契合。这是社会主义核心价值观在重庆的具体实践，也是历史发展进程中的必然结果。

三是做到了认知与实践的统一。"行千里·致广大"，从字面看是对"重庆"两字的拆分，但从更深层次看是对"千里之行，始于足下""不积跬步，无以至千里""致广大而尽精微"等古人智慧的高度提炼，彰显了天人合一、知行合一的哲学观点，蕴含着辩证唯物主义和历史唯物主义的世界观和方法论。"行千里"既是一种精神状态，也是一种方法论，就是要把习近平总书记的殷殷嘱托全面落实在重庆大地上，始终坚持从全局谋划一域、以一域服务全局，集中精力办好自己的事。"致广大"则是一种家国情怀，也是一种价值观，就是要有全球视野，高瞻远瞩，要立足"两点"，在实现"两地""两高"目标过程中提高政治站位，在发挥"三个作用"上展现更大作为，在成渝地区双城经济圈建设战略中取得更大成效。

三、重庆人文精神发展的态势分析及存在问题

人文精神的产生、形成和发展，都需要在一定的基础上和条件下进行，包括人文历史、政治经济、社会群体、地域特征等方方面面。弘扬"行千里·致广大"的人文精神，这不仅是重庆悠久历史文化的沉淀升华，也是重庆经济社会发展的必然要求，为重庆未来发展指明了方向。近年来，重庆不断推动各项事业取得新成效、迈上新台阶，彰显出重庆人文精神发展独特的优势和机遇。

（一）重庆人文精神发展的优势

一是新时代重庆人文精神获党中央高度认可。2018年3月10日，习近平总书记在参加十三届全国人大一次会议重庆代表团审议时，对重庆悠久的历史文化传统和优秀的人文精神积淀给予了高度评价，对重庆人坚韧顽强、开放包容、豪爽耿直的个性和文化给予充分肯定。习近平总书记的殷殷嘱托是激励我们前行的最大动力，党中央的期望和要求就是指引我们不断向前的方向，"行千里·致广大"的人文精神展现了新时代重庆人的精神理想和远大志向。

二是自然和区位条件优势明显。重庆作为西部唯一的直辖市、长江上游核心城市，是西部大开发的重要战略支点，是成渝双城经济圈的极核城市之一，处在"一带一路"和长江经济带的联结点上，集大城市、大农村、大山区、大库区于一体。近年来，重庆坚持生态优先、绿色发展，推进山清水秀美丽之地建设，山水之城、美丽之地魅力更加彰显，发展"行千里·致广大"的人文精神空间广阔、潜力巨大。

三是历史和社会条件优势明显。早在两千多年前的战国时代，在巴渝大地上就有巴蔓子以命护城、忠信两全的英雄之举，重庆山环水绕、江峡相拥，在大山大川中生长孕育了人文精神，在艰难险峻中养成了乐山乐水、仁山智水、坚毅劲勇的性格，在多次移民中铸就了兼收并蓄、兼容并包的品格。直至今日，重庆人民始终保持着坚毅自强、勇为敢闯、兼容开放、重信尚义的优良品质，这是重庆人文精神的生动体现，也是其得以培养、增强、发展的

重要条件。

（二）重庆人文精神发展的现实基础

一是经济社会高质量发展成效明显。全市供给侧结构性改革持续深化，产业转型升级步伐加快，支柱产业持续壮大，战略性新兴产业快速增长，新经济新业态新模式不断涌现，地区生产总值五年增加近 1 万亿元、年均增长 6.7%，2021 年达到 2.79 万亿元，人均地区生产总值达到 8.7 万元、高于全国平均水平，五年累计城镇新增就业 365 万人，全体居民人均可支配收入年均增长 8.9%，发展质量效益不断提高，社会保障体系更加健全，教育公平和质量较大提升，人民健康和医疗卫生水平持续提高，老百姓的获得感、幸福感、安全感明显增强，民生福祉不断改善，为重庆大力倡行"行千里·致广大"的人文精神提供前所未有的发展机遇。

二是生态文明建设力度加大。重庆始终坚持绿水青山就是金山银山的理念，把修复长江生态环境摆在压倒性位置，统筹山水林田湖草系统治理，开展自然保护地综合整治修复，治理水土流失面积 7192 平方千米，森林覆盖率达到 54.5%，2021 年空气质量优良天数达到 326 天，生产生活生态空间进一步优化，高标准打好蓝天、碧水、净土保卫战，真正实现了天更蓝、山更绿、水更清、生态环境更优美，为重庆特色文化的传播创造了良好的自然依凭。

三是思想文化建设成果丰硕。重庆持续扎实抓好宣传思想工作，文化影响力凝聚力不断增强。精心组织庆祝改革开放 40 周年、新中国成立 70 周年、中国共产党成立 100 周年等系列活动，全市人民爱党爱国爱社会主义的巨大热情充分激发，意识形态领域向上向好态势不断巩固。社会主义核心价值观得到大力弘扬，红岩精神第一批纳入中国共产党人精神谱系，时代楷模、道德模范等先进典型人物不断涌现。文化事业和文化产业健康发展，城乡公共文化服务体系进一步完善。全社会正能量更加充沛、好声音更加响亮，全市人民团结奋斗的共同思想基础更加坚实，为重庆文化形态的发展提供了强大的心态背景。

（三）重庆人文精神发展的目标导向

一是融入奋力书写推动高质量发展、创造高品质生活新篇章。"两高"要求，集中体现了新发展理念和以人民为中心的发展思想，是重庆全面建设社会主义现代化的中心任务和必由之路。推动高质量发展，就是要全力稳住经济基本盘，加快培育新的增长点，努力实现更高质量、更有效率、更加公平、更可持续、更为安全的发展。创造高品质生活，就是要推动社会全面进步和人的全面发展，朝着实现共同富裕迈出坚实步伐，让人民群众享有更好的教育、更稳定的工作、更满意的收入、更可靠的社会保障、更高水平的医疗卫生服务、更舒适的居住条件、更优美的环境、更丰富的精神文化生活。

二是融入奋力书写建设内陆开放高地、山清水秀美丽之地新篇章。建设内陆开放高地、山清水秀美丽之地，是重庆全面建设社会主义现代化的优势所在和责任所在。要积极主动服务国家战略，加快形成"一带一路"、长江经济带、西部陆海新通道联动发展的战略性枢纽，更好地在西部地区带头开放、带动开放。要深入践行绿水青山就是金山银山理念，强化"上游意识"，担起"上游责任"，走出一条以生态优先、绿色发展为导向的高质量发展新路子。

三是融入奋力书写成渝地区双城经济圈建设新篇章。建设成渝地区双城经济圈，饱含着习近平总书记和党中央对川渝两地的殷切期望，蕴含着发挥"三个作用"的内在要求，是重庆全面建设社会主义现代化的重大使命和强大引擎。要进一步提高战略站位，尊重客观规律，发挥比较优势，努力把成渝地区双城经济圈建设成为具有全国影响力的重要经济中心、科技创新中心、改革开放新高地、高品质生活宜居地，打造成为带动全国高质量发展的重要增长极和新的动力源，为国家构建新发展格局作出新的更大贡献。

弘扬重庆人文精神已拥有良好的自然条件、现实基础和明确目标，形成了一批研究成果，也取得了一定的成绩，但仍存在一些问题：一是对人文精神内容研究相对还不够深入；二是传播力量以政府体系为主，社会力量参与相对较少；三是全市规范有序、整体联动、系统化的研究体制机制还未形成。这些问题，都需要我们高度重视、认真研究、切实解决。

四、新时代新征程大力弘扬"行千里·致广大"的重庆人文精神建议

（一）进一步坚持以习近平新时代中国特色社会主义思想为指导，坚定文化自信

习近平总书记指出："文化自信是更基础、更广泛、更深厚的自信，是一个国家、一个民族发展中最基本、最深沉、最持久的力量。"弘扬重庆人文精神就是要接续民族传承，激活中华优秀传统文化的深厚底蕴，既要把社会主义核心价值观在重庆具象化，又要在继承与创新中将更多时代元素融入文化传统与人文精神，不断增强历史自觉、坚定文化自信，讲好"重庆故事"。

（二）进一步凝聚全市人民共识、激发干劲、推动发展，把习近平总书记殷殷嘱托全面落实在重庆大地上

弘扬重庆人文精神的目的是凝聚共识、激发干劲、推动发展，不能脱离实际去推动文化传播，要以激发全市干部群众投入全面建设社会主义现代化的斗志为传播导向，注重将"行千里·致广大"的人文精神转化成干事创业的信心勇气和自觉行动，将重庆文化形态融入全市人民的血脉，形成强大合力，激励全市人民苦干、实干、加油干，奋力书写重庆全面建设社会主义现代化新篇章。

（三）进一步丰富完善对重庆人文精神的研究，努力形成更多成果

要在现有研究成果的基础上，从新的视角、新的领域进行思考拓展，丰富完善重庆人文精神，努力形成更多成果。一方面要抓好《行千里·致广大——重庆人文丛书》编辑、出版、宣传、推广等系列工作；另一方面要结合新时代的特征，把重庆人文精神内涵更好更多地融入生产生活各个方面，提炼出能够凸显重庆地域文化特色的典型元素和人文精神符号，充分发扬地域特色，丰富文化内容，打造文化品牌，为建设文化强市发挥重要作用。

（四）进一步整合资源力量，加快重庆人文精神的传播

推动重庆人文精神的传播，亟须建立健全联动协调机制，通过整合资源优势、汇聚智力力量、深挖地方特色，充分发挥政府、高校、科研院所、大众传播媒介机构、学术团体和学者等社会各界的力量，形成强大的集聚效应。在政策、资源等方面进行倾斜，为人文精神的传播创造便利条件，不断推动文化内容形式、体制机制、传播手段创新，加强文化对外交流，让重庆人文精神成为引领重庆人民奋发向上的舆论引导合力。

（五）进一步营造全民大环境，丰富重庆人文精神的呈现形式

应广泛借鉴国内外先进经验做法，建立开放平台，不断丰富重庆人文精神内涵和外延，创新重庆人文精神的呈现形式和呈现载体，加快打造多元呈现和多样化表达的方式和手段。同时，大力推进文化遗产保护，推动文化遗产的合理利用和转化，努力使文化"鲜活"起来，推动富有巴渝文化特色的博物馆群和新形态博物馆发展，开展重庆人文精神进校园、进企业、进社区等活动，使"行千里·致广大"的人文精神在重庆大地上生根开花。

（六）进一步促进文旅深度融合，使游客在旅游中更深刻地感受重庆人文精神

坚持以文塑旅、以旅彰文，推动文化和旅游在更广范围、更深层次、更高水平上融合发展。持续用文化赋能旅游发展、丰富旅游内涵、提升旅游品位，用旅游带动文化传播、彰显文化魅力、促进文化繁荣，以社会主义核心价值观为引领，以满足人民文化需求和增强人民精神力量为着力点，努力创作优秀文艺作品、提供优秀文化产品和优质旅游产品，全力构建主客共享、近悦远来的美好生活空间发展格局，使游客在旅游中更深刻地感受重庆人文精神，让"诗"和"远方"在满足人民美好生活新期待中实现更好联结。

新发展理念引领重庆市建设世界级旅游目的地的策略

重庆交通大学　陈雪钧　李　莉

党的二十大报告提出"贯彻新发展理念，着力推进高质量发展，推动构建新发展格局，实施供给侧结构性改革"的战略发展方向。旅游业是重庆市国民经济的新兴支柱产业。2022 年 4 月，市政府印发《重庆市文化和旅游发展"十四五"规划（2021—2025 年）》，提出加快建成世界知名旅游目的地的目标。新时期面对前所未有之环境变化，重庆面临新挑战和新问题。要深入贯彻党的二十大报告提出的"完整、准确、全面贯彻新发展理念"精神，以高质量建设世界级旅游目的地为抓手，打造带动成渝地区双城经济圈乃至全国高质量发展的重要增长极和新的动力源。

一、重庆市建设世界级旅游目的地面临的问题

（一）五城市旅游目的地竞争力比较

2022 年，全国已有 24 个省（区、市）提出建设世界级旅游目的地战略目标，旅游市场竞争日益激烈。课题组构建了包含旅游资源、旅游经济、幸福感三个维度，18 个指标的世界级旅游目的地竞争力评价体系；基于典型性原则，选择北京、上海、广州、武汉、重庆五个城市作为案例，定量评价五个城市的世界级旅游目的地竞争力（见表 1）。评价结果显示：重庆市的整体旅游目的地竞争力处于中等水平。在五个城市排名中，整体竞争力排序由大到小依次为北京、上海、重庆、广州、武汉；在分项指标方面，资源系统和经济系统竞争力排序依次为北京、上海、重庆、广州、武汉；幸福系统竞争力排序依次为重庆、上海、广州、北京、武汉。调研结果表明重庆市在幸福

系统方面具有竞争优势（排名第 1），在资源系统和经济系统方面处于中等水平，其已成为制约重庆旅游目的地整体竞争力的重要瓶颈。

表 1　五城市世界级旅游目的地竞争力评价结果

城市	总体竞争力（排序）	资源系统（排序）	经济系统（排序）	幸福系统（排序）
北京	0.584（1）	0.675（1）	0.530（1）	0.428（4）
上海	0.515（2）	0.506（2）	0.523（2）	0.537（2）
重庆	0.370（3）	0.357（3）	0.347（3）	0.678（1）
广州	0.319（4）	0.298（4）	0.317（4）	0.450（3）
武汉	0.150（5）	0.160（5）	0.140（5）	0.156（5）

注：各项指标的取值范围为 [0，1]，最大值为 1。

（二）重庆市面临的主要问题

（1）市场国际化程度不高

世界级旅游目的地要求具有面向全球的多元市场结构。从国际旅游人数指标来看，2018—2020 年重庆市的国际旅游人数远远落后于广东、福建、上海、云南、广西等旅游强省（市）。从国际旅游收入指标来看，在全国范围内比较，2018—2020 年重庆市国际旅游收入排名稳定在第 13、第 14；重庆市的国际旅游人次增长率和国际旅游收入增长率均低于旅游强省（市）（见表 2、表 3）。这既反映当前我国激烈的国际旅游市场竞争格局，也反映出重庆在国际旅游市场的发展后劲不足、客源市场的全球吸引力较弱。

表 2　2018—2020 年国内部分省（市）国际旅游人次

省（市）	2018 年		2019 年		2020 年	
	入境游客（万人次）	外国旅游者（万人次）	入境游客（万人次）	外国旅游者（万人次）	入境游客（万人次）	外国旅游者（万人次）
广东	3748.06	862.37	3731.39	856.96	468.85	80.46
福建	901.24	344.19	958.28	373.23	229.67	93.92
上海	893.71	685.90	897.23	692.12	128.62	83.01
云南	706.08	549.94	739.02	586.50	57.65	51.36

续表

省（市）	2018 年		2019 年		2020 年	
	入境游客（万人次）	外国旅游者（万人次）	入境游客（万人次）	外国旅游者（万人次）	入境游客（万人次）	外国旅游者（万人次）
广西	562.33	270.19	623.96	294.8	24.68	12.13
重庆	388.02	220.2	411.34	234.93	14.63	7.65

表 3　2018—2020 年国内部分省（市）国际旅游收入

省（市）	2018 年		2019 年		2020 年	
	收入（百万美元）	全国排名	收入（百万美元）	全国排名	收入（百万美元）	全国排名
广东	20511.74	1	20521.31	1	2352.67	2
上海	7261.39	2	8243.51	2	3774	1
北京	5516.39	3	5192.47	3	480	5
江苏	4648.36	4	4743.56	5	1656.72	4
云南	4418	5	5147.36	4	403	6
重庆	2189.89	13	2524.83	13	107.92	14

（2）世界旅游精品供给不够

重庆市以森林公园、地质公园、峡谷风景区、乡村田园风光等自然观光型旅游产品占主导。统计显示，重庆市共有 4A、5A 级景区 131 家，其中以自然生态资源为主的景区有 77 家（占比 58.78%）。旅游业与文化、康养、娱乐、体育、商业等产业融合的广度和深度不足，缺乏高品质的集体验性、参与性、国际性于一体的多元化旅游产品体系，导致重庆市的高端旅游产品结构相对单一，旅游产业综合效益不显著。数据显示：2021 年五一假期重庆游客的人均消费为 2181 元，远低于成都（2600 元）、北京（2448 元）、广州（2437 元）、上海（2350 元）等城市的人均消费。

（3）国际旅游消费基础设施不足

对标世界级旅游目的地标准，重庆市国际旅游消费基础设施存在较大提升空间。首先，旅游接待设施的量与质亟待提升。2016 年至 2020 年重庆市旅游人次和旅游收入保持高速增长态势，但是星级酒店数量却连续五年持续减少，由 2016 年的 225 家减少至 2020 年的 163 家，年均减少 7.74%。五星级酒店、主题民宿等高端住宿供给显著不足。其次，国际旅游消费供给创新不足。一方面，消费性服务业的对外开放程度不足。与国际著名消费城市北京、上海、广州相比，重庆市在国际品牌资源集聚程度、免税零售体系、服务水平、消费环境与便捷度等方面还存在较大差距，缺乏具有国际影响力的标志性消费项目和品牌。另一方面，新型标识性消费场景创新不足。重庆市对地域传统消费资源的深度挖掘和创新开发不充分，缺乏与地域资源禀赋、时代流行时尚、市场需求变化相结合的高品质特色主题消费场景，导致新型消费市场消费活力不足。

二、新发展理念引领重庆建设世界级旅游目的地的总体方略

以高质量发展理论为指导，以建设世界级旅游目的地为总目标统领，以"行千里·致广大"为品牌价值定位，以"山水之城·美丽之地"为品牌个性定位，以打造世界级的旅游吸引物、被全球认知的旅游品牌、面向全球的多元市场结构、全球一流的旅游服务和设施为关键任务，将重庆建设成为具有重要世界影响力和竞争力的世界知名旅游目的地。

三、新发展理念引领重庆建设世界级旅游目的地的策略

（一）创新发展：塑造世界级旅游吸引物

适应多元化消费升级趋势，以创新发展理念塑造世界级旅游吸引物。基于国际化、市场化、特色化原则，高质量打造典型突出、门类多样、优势互补的世界级旅游吸引物体系。一是分类实施世界级旅游精品培育工程。对长江三峡、武隆天生三桥、奉节天坑地缝、大足石刻等传统世界级旅游吸引物进行科技创新和功能升级。采取政策引导、社会资本参与相结合的方式推进旅游景区数智化升级，将云旅游、云直播、云演艺、云娱乐、云展览等新业态嵌入传统观光型旅游景区，创造沉浸式情境体验型新旅游消费场景。同时，推动观光景区功能升级，拓展观光旅游产品的文化体验、身心健康、自我发

展、社会交际等延伸功能，提升旅游产业价值链的综合经济效应。对具备良好条件但尚不是世界级旅游吸引物的旅游产品进行精准培育。重庆市应将山城都市旅游、温泉康养旅游、红色研学旅游、民俗生态旅游、巴蜀文化旅游等列为世界级旅游吸引物的重点培育对象，专项编制长远发展规划，从政策、资金、经营、品牌、营销、人才等进行全方位扶持。二是加快培育世界级旅游消费新业态。以创新培育康养旅游、夜间旅游、会展旅游等新消费业态。康养旅游按照核心辐射与错位协同原则重点培育世界级温泉旅游、医疗医药旅游、生态康养旅游、体育康养旅游等。夜间旅游重点发展世界级特色夜间旅游消费集聚区，在重点旅游景区配套建设特色夜间游览、餐饮、购物、演艺、游戏等新型夜间消费要素。会展旅游重点创办、举办具有世界影响的大型体育、商贸、演艺、节庆、会议、展览等品牌活动，以会展平台营销城市品牌。

（二）协调发展：培育世界知名旅游品牌

统筹协调成渝地区双城经济圈优势资源，以创建世界级旅游目的地品牌为总目标，协调培育世界知名旅游品牌。一是实施"产品品牌＋企业品牌＋目的地品牌"的"三位一体"品牌战略。首先，打造世界级标志性旅游产品品牌。每两年在重庆市分类别评选世界级的都市旅游、森林旅游、民俗旅游、康养旅游、红色旅游、文化旅游、乡村旅游、古镇（村寨）旅游、体育旅游等精品产品品牌，并进行统一品牌推广和市场营销。其次，引育世界知名旅游企业品牌。实施重庆本土世界旅游企业品牌成长计划，在政策、资金、人才等方面对重点旅游企业给予专项品牌扶持，引导本土旅游企业参与国际权威行业认证和品牌评选，培育一批具有国际竞争力的本土旅游企业品牌。强化招商力度以大力引进世界知名品牌的旅游企业、旅游产业链群的关键核心项目。最后，创建"山水魅力重庆"目的地品牌。以"山水魅力重庆"作为母品牌，代表重庆统一的世界旅游品牌形象；根据各区（县）旅游资源禀赋，塑造"一城一品"的旅游子品牌，以众多特色旅游子品牌烘托母品牌，形成多维立体的旅游目的地品牌体系。二是实施世界旅游目的地品牌营销工程。构建世界旅游品牌营销整合机制，将旅游目的地品牌营销整合到重庆城市营销整体框架中；成立专门的旅游品牌营销组织机构，协调政府主管部门、企业、行业协会、媒体、社会组织等开展旅游品牌目的地营销活动。有计划地分期分批联合开展具有世界影响力的主题旅游节事活动，以节事为媒介宣传重庆品牌；策划实施影视营销、新媒体营销、事件营销等，营造市场热点以提升重庆旅游品牌的世界知名度和美誉度。

（三）开放发展：拓展面向全球多元市场

以开放发展理念全面拓展国际旅游市场，提升重庆在全球旅游市场的影响力和市场份额。一是拓展国际客源地范围。重庆应加强与世界旅游组织、世界旅游联盟、"一带一路"国际旅游城市联盟等国际组织合作，重点引进国际知名旅游运营商、代理商，深度融入国际旅游营销渠道体系，扩大国际客源地范围。二是开展国际客源地精准靶向营销。针对不同国际客源地市场制定一对一靶向营销策略，依据不同地域文化和市场特征制定相应的营销策略，开展国际旅游促销宣传、文化体验、营业推广、品牌经营等特色活动。共享利用驻渝境外媒体和机构、国家和重庆驻外机构、国际友好城市、国际友人等重庆朋友圈资源，积极拓展国际营销推广渠道。引导旅行社向集约型高质量发展方式转型，借助大数据、人工智能新技术新手段开发定制化、特色化、品质化的国际旅游产品和服务。三是优化国际旅游营销载体。运用新技术手段、新媒体技术抢占网络营销高地。在主要国际客源市场建立海外旅游营销机构，建设多语种的重庆旅游网站以及与主流国际旅游网站合作构建国际网络营销渠道；广泛使用推特（Twitter）、脸书（Face book）、Pinterest 等国际主流社交平台在世界范围内进行品牌推广。

（四）共享发展：升级世界一流基础设施

运用共享发展理念整合社会资源提档升级世界一流旅游基础设施。一是重点升级高端特色住宿设施。运用政策扶持和引导新建一批巴渝文化特色的五星级酒店，结合重庆地域资源和文化资源特色建设一批精品主题民宿和共享住宿，融合创意消费业态发展主题创意特色酒店与度假村，改造农家乐转型发展生态养生养老院、研学基地等。二是对旅游公路、旅游厕所、旅游标识系统、旅游交通工具等按照国际接待标准进行升级改造。在 A 级景区、星级酒店、旅游交通车辆、公共卫生间等开展无障碍设施全覆盖行动。建立国际智慧旅游信息服务平台系统，构建"一部手机游重庆"的全要素世界旅游目的地信息服务体系。三是建设世界级旅游消费设施。以全面提升消费的便利性和舒适性为目标，建设立体多维、特色互补的消费商圈体系。首先，从植入特色消费文化和升级改造数字化智能化设施两个方面提档升级中心城区主商圈、商业街商圈、旅游景区商圈、交通枢纽商圈、夜经济商圈等传统消费设施。其次，基于智能化、精准化、定制化新标准，新建改建"15 分钟社区商圈"、主题历史文化商圈、城乡融合商圈、特色产业（品牌）商圈、特定社群商圈等；以数字消费创新引领"互联网＋消费服务业"新模式，构建多层次、全覆盖的有机联动商圈体系。加强建设机场和市内免税店、退税店等城市免税店体系，提升购物离境退税服务水平，扩大购物离境退税政策覆盖面。

巴蜀文化旅游走廊旅游合作发展路径探讨——以"广合长"区域为例

重庆市文化和旅游研究院　余　炤　杨胜运
四川省广安市文化广电旅游局　杨媛媛

以习近平新时代中国特色社会主义思想为指导，深入贯彻党的十九届历次全会和党的二十大精神，全面落实《成渝地区双城经济圈建设规划纲要》，按照两省市党委、政府部署，立足新发展阶段，贯彻新发展理念，服务和融入新发展格局，不断探索经济区与行政区适度分离改革路径，充分发挥区位优势，主动服务配套重庆、成都双核，创新体制机制，推进基础设施、优势产业、城乡融合、生态环保、公共服务等领域协同发展，合力打造区域协同发展高水平样板和建设高品质生活宜居地，助推成渝地区加快形成有实力、有特色的双城经济圈。

一、"广合长"旅游发展基础

（一）区位交通条件良好

"广合长"即四川省广安市、重庆市合川区和重庆市长寿区。广安市紧邻重庆中心城区，襄渝、兰渝、渝利、渝万等铁路过境设站，兰海、银昆、沪蓉、沪渝、包茂等高速公路和国省干道纵横交错，拥有合川港、广安港、长寿港等功能完善的"铁公水"多式联运港口，属重庆江北国际机场1小时通勤圈范围。广安机场建设纳入上位规划，西渝高铁、渝武复线、钱双高速等重要通道加快建设，随着西渝高铁建成，广安将进入重庆中心城区"半小时通勤圈"。

（二）文旅资源禀赋较高

"广合长"位于川东平行岭谷，华蓥山、明月山、铜锣山等纵贯其间，长江、嘉陵江、渠江、涪江等大小江河穿境而过。三地历史文化悠久、文物古迹众多，8处全国重点文物保护单位（其中广安市5处、合川区3处）、省（市）级文物保护单位72处（其中合川区18处，广安市46处，长寿区8处），1个国家一级博物馆（广安市邓小平故居陈列馆）；非物质文化遗产资源丰富，人文气息浓厚，拥有2个国家级文化生态保护实验区、1项国家级非物质文化遗产代表性项目（广安市滑竿抬幺妹）；旅游资源数量多、品质高，生态类型多样，自然景观独特，拥有八大类旅游资源7969个，其中广安市拥有邓小平故里、华蓥山等四、五级旅游资源314处，合川区拥有钓鱼城等四、五级旅游资源13处，长寿区拥有长寿古镇、长寿湖等四、五级旅游资源24处。

（三）文旅合作基础坚实

文旅品牌基础不断夯实。三地拥有31个国家A级旅游景区（其中广安市24家，5A级景区1家，4A级景区7家；合川区4家，4A级景区2家；长寿区3家，4A级景区3家）、3家旅游度假区，为巴蜀文化旅游走廊建设奠定了坚实基础。文旅沟通合作日益深化。广安与合川、长寿分别签订了文旅战略合作协议，谋划共同实施了红色文化传承示范带、嘉陵江生态旅游带、华蓥山康养旅游度假区、明月山—大洪湖生态康养旅游带等一批重大项目和合作事项，在巴蜀文化遗产保护利用、宣传营销、文化交流等方面开展了深入合作，五华山康养休闲旅游度假区项目共建、文旅市场共推共享等方面富有成效。

二、"广合长"旅游合作的外部环境、动力与机制

（一）外部环境

推动旅游产业在地区间横向和纵向整合，统一区域旅游市场以提高资源配置效率成为旅游经济跨地区发展的内生性要求。特别是近三年受到新冠疫

情影响，旅游业及相关交通、住宿、餐饮等产业受到了较大冲击。防控解除后，人们对于外出娱乐的热情高涨，多个行业会迎来短时期内的爆发式消费增长，因此，在防控常态下的未来旅游业仍将成为人们持续旺盛的需求。境外游受限很多，国内游方面，跨区域、长周期的旅游也会大幅降低。据统计，2021年本地游的人次占比远远超过了跨省游，大众消费客群占比越来越高。广安、合川、长寿三地均在重庆主城1小时经济圈内，形成多条铁路、高速公路、国省干道和内河航运的"快旅慢游"交通系统。同时，广安、合川、长寿三地合作，可以充分利用各自的旅游资源，发展休闲旅游、近程游、乡村游、自驾游均具有得天独厚的优势，打造重庆都市圈休闲旅游带。

（二）合作动力

1. 空间结构

"广合长"山水相连、人文相亲、经济相融，是成渝地区双城经济圈的重要组成部分、川渝合作十大功能平台之一、巴蜀文化旅游走廊建设的两大核心片区。

2. 经济整合

"广合长"总面积101017平方千米，2020年户籍人口710万人，常住人口550万人，地区生产总值3005亿元。"广合长"协同发展示范区区位交通良好、文旅资源禀赋较高、文旅合作基础坚实，用好这一功能平台，共建巴蜀文化旅游走廊重要节点，助力广安加快建成川渝合作示范区，打造重庆都市圈北部副中心。

3. 行政引导

2020年7月，重庆市人民政府办公厅、四川省人民政府办公厅印发《川渝毗邻地区合作共建区域发展功能平台推进方案》，明确支持合川、广安、长寿打造环重庆主城都市区经济协同发展示范区等十大功能平台。2022年1月30日，重庆市发展和改革委员会、四川省发展和改革委员会印发《"广合长"协同发展示范区总体方案》，明确提出打造成渝地区高品质生活宜居地，构建山江湖秀、人城景相融的宜养宜游宜居地。2022年5月，文化和旅游部等四单位联合印发《巴蜀文化旅游走廊建设规划》，将"广合长"区域纳入了七大核心片区的古蜀文化与嘉陵山水休闲旅游协同发展区和大华蓥——明月山红色旅游与绿色康养协同发展区，明确重点发展红色旅游、康养旅游、山地避暑、人文旅游、山水观光等。2022 年 8 月 11 日，重庆市人民政府、四川省人民政府《关于印发重庆都市圈发展规划的通知》，支持广安市加快与重庆中心城区同城化发展，着力打造重庆都市圈北部副中心。支持四川省华蓥市、邻水县、武胜县、岳池县开展国家县城新型城镇化建设创建，立足资源禀赋和产业基础，因地制宜强化制造业配套、物流服务等功能，引导人口合理流动，打造特色鲜明、功能完善、协作高效的新型卫星城。推动合川区燕窝镇、武胜县万隆镇一体化发展，支持长寿区洪湖镇、万顺镇与邻水县黎家镇、御临镇等共同开发建设大洪湖及御临河流域。

（三）"广合长"旅游合作机制

1. 空间整合机制

根据"广合长"三地的区位、交通运输、城市服务、旅游资源等要素，确定各自在区域旅游空间中的功能与角色定位，构建旅游产业协作体系，挖掘资源潜力，通过地区分工与资源的独特性，降低旅游供给的同质性，提升"广合长"旅游规模水平。

2. 市场竞合机制

"广合长"三地要借助协作、学习、创新等方式降低旅游市场的无效竞争，提升旅游经济质量和效率。"广合长"以旅游者需求为导向整合地区旅游产业链，通过生产联动向市场提供跨地区旅游产品，带动"广合长"各地利益与区域利益，不断加强各地的联系度和稳定性，从而激励旅游主体进一步消除壁垒，持续参与到旅游合作发展中。

3. 效用均衡机制

"广合长"区域效用的增加，其核心是游客效用的增加，也就是跨地区旅游产品交易的产生。旅游企业和经营者是旅游市场的主体，"广合长"区域以开放的市场，通过跨区域的旅游活动来实现其效用增长，而"广合长"三地政府的效用空间也从地区扩展到整个区域，从而带动地区社会效用的提升。通过合作实现的旅游一体化发展带动区域内部经济关联，产业结构地区间通达度以及人才培养与就业等多方面的提升，实现了区域社会效用的提升。所以要开放各自市场，激活旅游主体潜力，实现三方共赢。总之，要借助"广合长"三地的行政力量和市场力量的推动，以地域空间、旅游市场、行政体制等多个层面的要素互动构建地区旅游合作规则。

三、"广合长"旅游合作发展路径探讨

（一）培育区域观念，打造跨地区旅游产品

1.协同开展巴蜀文化遗产研究保护利用

利用钓鱼城、大小良城、宝箴塞等文化遗产资源，共同开展宋蒙元山城防御体系、川渝石窟等课题研究，策划包装申报省（市）级乃至国家级项目，推进川渝两地就山城防御体系遗址共同申报世界文化遗产。重点有二：一是加快推进合广宋（蒙）元山城遗址考古及联合申遗工作。在省文物考古研究院的指导下，统筹境内山城遗址考古工作，制定详细的工作推进计划表，明确工作职责分工，争取在五年内完成境内山城遗址考古工作，成为省内宋（蒙）元山城遗址考古工作的标杆。二是加大合广"古镇＋石窟寺"保护开发利用工作。参考借鉴"合川涞滩古镇＋二佛寺"的保护开发利用模式，加强交流学习，着力打造"肖溪古镇＋冲相寺"保护开发利用。

2.协同推进红色文化传承示范带建设

整合区域重要红色旅游资源，以邓小平故里为龙头，带动陶行知纪念馆、卢作孚故居，打造红色文化教育、展示、交流平台，构建具有川渝特色、品牌响亮的红色文化旅游线路产品。推进红色旅游与城乡建设、研学旅行、文化创意等领域融合，强化三地在红色研学、主题游线、交旅融合等方面的合作，共建"伟人将帅故里行·川渝联线"品牌、争创全国红色旅游融合发展示范区。

3.共同打造嘉陵江生态旅游带

依托嘉陵江沿江通道共建嘉陵江风景旅游道，加快太极湖、沿口古镇、双龙湖等优质资源开发，串联沿线宝箴塞、白坪飞龙、岳池农家、地坑大瀑布、龙女湖、钓鱼城、涞滩古镇等景区景点，大力发展水上运动、江岸露营、文博研学等新产品新业态，开通江上游轮，构建"旅游吸引物＋旅游服务驿

站/码头+景观大道+水上游轮"游憩体系,打造全国首个跨省域水陆一体化生态旅游带。

4.联合开发华蓥山康养旅游度假区

统筹开发四方山锶泉、铜锣山温泉、五华山,高标准建设大华蓥山国际山地度假旅游示范区、明月山森林康养示范带,重点打造红岩文化公园、"华蓥山美好山居"民宿集群、四方山康养旅游区、五华山—千岛洪湖旅游度假区等项目,构筑世界一流度假核心产品集群,提供国际化"安逸服务",争创国家级旅游度假区,将华蓥山建成川渝地区生态康养旅游名山、明月山打造为践行"两山"理论样板地。

5.共同打造御临河(环大洪湖)文化旅游带

依托明月山、大洪湖等跨区域优质旅游资源,打破行政界限,推进整体开发,建设明月山—大洪湖生态康养旅游带,抱团纳入巴蜀文化旅游走廊建设。重点打造五华山—泥汉坪国家级森林旅游度假区,建设大洪湖生态旅游扶贫示范区,联合申报国家级生态湿地公园。将邻水的御临河小三峡、长寿的大洪湖,同时纳入渝北的统景温泉风景区、两江新区的民国街、龙兴古镇以及江北的箭沱峡等,打造御临河文化旅游带。

(二)制定合作规则,保障旅游合作有效运行

1.确立合作开发机制

成立文旅协同发展领导小组。强化党委领导、政府推动、部门协同、全行业参与的联动机制,领导小组负责研究制定区域文旅协同发展战略,研究推动"广合长"文旅协同发展建设的重大战略、政策措施、规划布局、合作协议、重大项目等方面重大问题,督促落实重大事项。领导小组办公室由各地文旅部门负责人担任,负责综合协调、沟通对接和跟踪落实。建立健全文旅协同发展联席会议制度,定期协商确定年度目标和重点任务,研究解决协同发展推进过程中的困难问题,为实现"广合长"文旅高质量发展提供坚实的组织保障。

2.建立旅游统一市场

探索建立一体化旅游市场。探索建立市场要素自由流动保障机制,扩大

要素市场化配置范围，健全要素市场体系，促进人力、资本、技术、数据等要素跨区域自由流动，实现资源优化配置。探索建立合作共建重大项目管理机制，加强项目共同谋划、统一储备、联合招商，协同开展监管执法，打造一流营商环境，协同做好项目全生命周期服务保障，实现跨区域重大项目共建共管共享。

（三）加强系统反馈，动态优化跨地区合作机制

1. 保障地区合作获利

探索互利共赢的利益联结机制，探索建立跨行政区协同投入机制，探索地区生产总值等统计分算方式，实现成本共担、利益共享。加强区域内公共服务、市场开发、产品发布、品牌营销、人才交流等方面互联互通，推动实现文旅项目行政审批共享互认，推进"川渝通办"等互联互通工作，共建区域市场推广平台，建立品牌宣传营销机制，促进区域内干部人才交流合作、挂职锻炼等，切实克服行政区域壁垒，推动文旅事业落实。

2. 完善过程反馈

三市区共同编制示范区建设发展规划，制定年度任务清单，明晰目标、压实责任。示范区建设重大事项及时向两省市党委、政府请示报告，及时总结经验做法及阶段性工作成效。强化评估问效，确保工作任务落地落实。加强宣传引导，营造共同推动示范区建设的良好氛围。

3. 协调差异与补偿

探索建立区域项目建设协同投入机制，合理确定跨区域共建的重大基础设施、重大公共服务等项目资本金比例及分摊比例。创新投融资模式，积极探索完善财政支出跨行政区结算机制，共同争取设立协同发展投资开发基金，采取PPP（公共私营合作制）、EPC（工程总承包）等模式，通过产业运作、资本运作和土地运营等方式，用好财政资金、债券资金。

四、展望

在成渝地区双城经济圈建设背景之下，"广合长"旅游合作发展有利于促

进重庆"一区两群"和四川"一干多支"发展战略协同，有利于发挥重庆中心城区优势带动周边地区共同发展，有利于促进新型城镇化和乡村振兴融合发展，有利于探索跨省域高质量协同发展新路径。三地应通力合作，破除障碍，携手打造成渝地区高品质生活宜居地，构建山江湖秀、人城景相融的宜养宜游宜居地。

重庆红色资源保护管理运用工作调研报告

重庆市文化和旅游发展委员会革命文物处　李珍杰

红色资源是我们党艰辛而辉煌奋斗历程的见证，是最宝贵的精神财富。党的十八大以来，以习近平同志为核心的党中央高度重视红色资源保护管理运用，习近平总书记对加强红色资源保护管理运用亲自谋划、亲自部署，为我们指明了前进方向、提供了根本遵循。重庆是一块英雄的土地，有着光荣的革命传统，红色资源丰富、红色底蕴深厚。为切实加强红色资源保护管理运用，弘扬红岩精神，打造红色基因传承示范区，我们组织开展了红色资源保护管理运用工作调查研究。

一、重庆红色资源基本情况

全市有以不可移动革命文物为核心的红色资源 417 处，其中全国重点文物保护单位 48 处、市级文物保护单位 106 处、区县级文物保护单位 136 处、一般不可移动文物 127 处，分布在 39 个区县。全市登记备案革命纪念馆 36 家，馆藏革命文物 29374 件 / 套，其中珍贵文物 5137 件 / 套，收藏在 54 家国有收藏单位。革命文物及革命纪念馆列入全国爱国主义教育示范基地 12 处、全国红色旅游经典景区 16 处、红色旅游 A 级景区 22 家。9 个区县纳入国家第一批革命文物保护利用片区分县名单。其中，城口县纳入川陕革命根据地片区名单，黔江、武隆、丰都、忠县、石柱、秀山、酉阳、彭水纳入湘鄂川黔革命根据地片区名单。綦江、酉阳等 5 个区县纳入国家第二批革命文物保护利用片区分县名单。其中，綦江纳入中国工农红军第一方面军长征片区名单，酉阳、黔江、石柱、秀山纳入中国工农红军第二方面军长征片区名单。

在空间分布上呈现"一心、两老、两帅、三片"的布局。"一心",即以红岩革命文物为中心的都市核心区;"两老",即老一辈无产阶级革命家杨闇公、赵世炎故居和纪念馆;"两帅",即刘伯承、聂荣臻元帅故居和纪念馆;"三片",即綦江中国工农红军第一方面军长征片区、以酉阳为重点的湘鄂川黔片区、城口川陕片区。

二、重庆红色资源保护管理运用工作现状

近年来,在市委、市政府的高度重视下,全市红色资源保护管理运用工作取得较大成就,特别是红岩革命文物保护传承工程推进经验在全国交流推广,红岩革命文物承载的红岩精神成为第一批纳入中国共产党人精神谱系的伟大精神。

(一)加强革命文物保护利用制度建设

市委、市政府将建设红岩文化公园、推进长征国家文化公园(重庆段)建设纳入全市"十四五"规划,召开全市革命文物工作会议,市委常委会会议、市政府党组(扩大)会议传达学习习近平总书记关于革命文物工作重要指示及全国革命文物工作会议精神,市委常委会听取红岩文化公园规划建设情况汇报,市委办公厅、市政府办公厅出台《关于推进革命文物保护利用工程(2018—2022年)的实施方案》《关于加强文物保护利用改革的实施意见》《关于进一步加强红色资源保护利用工作的通知》,《重庆市红色资源保护传承规定》颁布施行,为新时代革命文物工作提供政策指引。在市级文物部门专设革命文物处,41个区县(高新区)设立革命文物业务科室,"十三五"时期投入革命文物项目资金1.83亿元,占全市文物保护资金总量的21%,确保革命文物工作有人干、有钱干。完成革命文物资源"起底式"调查,全面摸清417处革命文物资源底数,全面公布全市革命文物名录,公布第四批11处革命文物类市级文物保护单位,编制出台《重庆市革命文物保护利用总体规划》,新增纳入中央免费开放补助的革命类纪念馆12家,总量达36家。

（二）实施革命文物保护行动计划

一体推进红岩村、曾家岩、虎头岩"红色三岩"保护提升，出台《重庆红岩革命旧址保护区管理办法》，完成八路军重庆办事处旧址大楼、桂园、曾家岩 50 号（周公馆）、《新华日报》总馆旧址等 31 处红岩革命文物保护展示并对外开放，红岩革命纪念馆入口及周边环境显著改善，红岩干部学院挂牌运行，曾家岩文化客厅完成布展并对外开放，红岩文化公园首期项目建成开放，"红色三岩"保护提升项目获评"全国革命文物保护利用十佳案例"，在红岩革命历史博物馆挂牌重庆市革命文物保护中心。长征国家文化公园（重庆段）建设成效明显，出台《长征国家文化公园（重庆段）建设保护规划》，实施文物保护、纪念馆建设、文旅开发、基础设施配套、环境整治等项目 43 个，完成綦江石壕红军烈士墓及纪念碑、石壕红一军团司令部旧址、西阳南腰界红三军司令部旧址、城口红三十三军旧址等长征文物保护展示，完成重庆红军长征纪念馆方案设计。完成王朴烈士故居、西阳南腰界红三军旧址、周吉可故居等保护状况差、群众意见大、媒体关注度高的低级别革命文物保护展示并对外开放，实施聂荣臻元帅故居、刘伯承同志故居、赵世炎烈士故居等重点革命旧址保护展示项目 85 个，市级文物保护单位以上的革命旧址保存良好。联合四川、陕西文物部门建立川陕片区协作机制，成立成渝革命纪念馆联盟，连片保护、整体展示的革命文物工作新态势正在形成。

（三）提升革命文物展示利用水平

以革命文物保护利用助推党史学习教育走深走实，创新推动 60 个革命文物保护利用项目纳入全市党史学习教育"我为群众办实事"重点民生项目清单，现已全部完成年度目标任务，运用革命旧址、纪念设施打造市级党史学习教育基地 40 个、研学线路 7 条，"踏寻红岩足迹·感悟红岩精神"等 4 条红色线路入选全国建党百年红色旅游百条精品线路，红岩干部党性教育基地入选中央国家机关党校首批党性教育基地，获评全国"我最向往的党史纪念地"。加强革命纪念馆内容建设，推出《不忘初心、牢记使命——中国革命精神联展（1929—1949）》《聂荣臻同志永远和我们在一起》《中华儿女革命的典型——江竹筠烈士生平事迹展》等一批革命类专题展览，完成《千秋红岩——中共中央南方局历史陈列》改陈并对外开放。推动红色资源与旅游深度融合，完成歌乐山烈士陵园环境整治 50 余个项目，出版的《重庆市红色资源概览》收录全市 39 个区县共 106 处红色景区景点，"红梅"系列和"小萝卜头"系列文创产品获评"全国优秀红色旅游文创产品"，统筹推出红岩精神、伟人故地、片区红色印记、抗战、西南大区建设等 9 大主题 20 条红色研学旅游线路，红岩村教学区研学线路获评"全国博物馆研学优秀线路"，革命文物在助推城市提升和乡村振兴中的作用更加凸显。

（四）加强革命文物传播传承

加强对革命文物和文献资料的调查征集、价值挖掘，成立红岩精神研究会，出版《中共中央南方局历史文献选编》《中共中央西南局历史文献选编》等重要文献。2021 年 6 月 12 日，由国家文物局、重庆市人民政府联合主办的"文物映耀百年征程"——2021 年文化和自然遗产日全国主场城市活动在重庆红岩村成功举办，推出主题论坛、革命文物保护成果展等系列精品活动，登上央视新闻联播头条，话题传播量超 3 亿次。2022 年 11 月 2 日至 4 日，由国家文物局、重庆市人民政府联合主办的"中国革命纪念馆高质量发展峰会·2022"在重庆成功举办，举行专家论坛、《见证新时代》新书发布及赠书仪式、红岩革命故事新篇《我们的新时代》展演等重磅活动，登上央视新闻联播，广受业内外好评。举办红色故事讲解员大赛、红色文物话百年全媒体宣传等特色活动，由红岩革命历史博物馆自编自导自演的"红岩革命故事展演"特色党史课赴全国各地演出 415 场、受众达 550 万人次，获评"2021 全国文化遗产旅游百强案例"，并由新华社、国家文物局作为革命文物新业态予以推介。

三、重庆红色资源保护管理运用工作存在的问题

（一）在管理体制机制方面

红色资源分布范围广、组成种类多、管理主体多，涉及区县政府、国企、私人，市级层面涉及退役军人、档案、规划、城乡建设等多个部门，存在各

自为政、工作联系和资源共享不够等问题，难以集中统一保护管理。比如，国有产权革命文物管理使用单位多达200余家，即使同一区县的革命文物也大多分属不同部门管理，无法实现有效的统一管理、统一利用。歌乐山烈士陵园所在地块，权属分属于党政机关、国有企业、高校等10余家单位，责任落实较差，加之过境交通贯穿景区，难以实现封闭管理、统一管理。

（二）在系统保护方面

重庆近76%的革命旧址分布在偏远地区和革命老区。因文物保护修缮实行分级管理，文物专项经费预算总量较少，如酉阳、城口等红色资源富集的区县财政无文物专项预算，市级革命文物保护单位以上保存良好，区县级以下的革命文物保存状况相对较差，在保存较差的40处革命旧址中，区县级以下的占比达90%。全市属私人产权的革命文物55处，面积约2.2万平方米，所有权人文物保护积极性不高、保护能力不足，加之当地财政大多较为困难，而国家、市级文保专项资金支持范围和额度有限，保护管理难度较大，属地政府落实帮扶责任较难。比如，酉阳县42处革命文物私人产权有19处，政府出资修缮需要征得产权人同意，若回购产权则涉及征地补偿、解决养老保险等多方面问题，实施难度较大。

（三）在研究展示方面

全市未形成统一的红色资源研究平台，研究阐释存在各自为政的形象，对外宣传口径不统一。对红色资源的系统性研究不够，尤其对其历史渊源、重大历史事件、重要革命人物、重要历史活动相关史料的收集梳理、研究阐释不够，宣传传播不系统。红色资源展示多以传统的平面静态展陈为主，表现形式较为单一、缺乏创意，部分革命类纪念馆、陈列馆，基本陈列内容陈旧，缺乏与观众参与互动的趣味性和积极性，社会教育效果不明显。比如，革命旧址内展示的藏品和实物原件少，基本是几幅图片、几张桌子、几把椅子、几张床。歌乐山革命纪念馆、赵世炎烈士纪念馆、王朴烈士陈列馆等基本陈列超过10年未改陈，在讲好红色故事上有差距。

（四）在开发利用方面

重庆市利用红色资源开辟为红色旅游 A 级景区仅 22 处，尚未利用及闲置革命旧址 92 处，资源转化率偏低。红色旅游开发缺乏统一科学的规划，尤其是对地处偏远的红色资源如何系统策划、开发利用、设施配套等缺乏针对性措施。

四、进一步加强红色资源保护管理运用工作的建议

（一）进一步理顺红色资源管理机制

建议建立一家部门牵头、相关部门各负其责的统筹协调机制，对不同产权的红色资源保护管理采取明确针对性措施，构建起统一协调、分工协作的保护管理体系和机制。尤其是对私人所有且无力保护的革命文物，通过合理方式，收归当地政府统一保护管理利用。

（二）进一步突出红色资源工作重点

建议结合重庆红色资源禀赋、保存现状、分布情况等因素，重点突出"一心"、"两老"、"两帅"、"三片"革命文物保护利用，打造具有标识性的红色基因传承示范区。一是加强以红岩革命文物为中心的都市核心区革命文物片区保护。该片区涉及主城都市区共计 55 处红岩革命文物，以红岩革命文物为核心和引领，突出重庆谈判、中共中央南方局团结带领重庆人民艰苦奋斗和歌乐山中国共产党人狱中斗争等革命史实，建立完善的红岩革命文物保护利用体系，形成红岩精神传承发展平台，一体推进红岩村、曾家岩、虎头岩"红色三岩"保护提升，确保红岩革命文物旧址保存完好率达到 100%、对外开放度达到 100%，推动红岩文化公园建设国家红色文化地标、全国一流党性教育基地、全国一流红色旅游景区。二是加强"两老""两帅"革命文物片区保护。该片区涉及以赵世炎故居、杨闇公故居、刘伯承故居、聂荣臻故居为核心的革命文物。以赵世炎、杨闇公烈士和刘伯承、聂荣臻元帅的故居和纪念馆为核心载体，实施革命文物保护修缮，提升纪念馆陈列展陈，推进周边环境整治，完善研学旅行服务配套，串联片区附近和川渝两地的老一辈革命

家、伟人故地文物资源，形成合作发展联盟，建立起具有重庆特色的红色文化地标集群，打造成为全国一流党性教育基地、全国一流红色旅游景区，助推巴蜀文旅走廊建设。三是加强中央红军长征、湘鄂川黔、川陕片区革命文物保护。中央红军长征片区重庆区域共涉及綦江区18处革命文物，以綦江区石壕、安稳为主，建设石壕—安稳中央红军主题文化园、重庆红军长征纪念馆、"保卫遵义会议"展示园、"转战綦江"展示园、王良故居特色展示点，建设长征国家文化公园（重庆段）綦江主体建设区。湘鄂川黔片区（革命根据地）重庆区域共涉及59处革命文物，以酉阳县南腰界为主，统筹整合黔江、石柱、秀山、彭水、武隆、丰都、忠县、涪陵的相关革命文物和文化资源，围绕建设长征国家文化公园（重庆段）酉阳主体建设区，打造酉阳"南腰界红二、六军团会师大会"重点展示园，力争在全国湘鄂川黔革命文物保护利用片区形成特色和示范。城口川陕片区（革命根据地）重庆区域共涉及城口县24处革命文物，围绕建设长征国家文化公园（重庆段）城口市级拓展延伸区，加强革命文物保护展示，打造川陕苏区（城口）主题文化园，并协同四川、陕西将川陕革命文物保护利用片区打造成为全国革命文物保护利用片区跨区域合作展示示范样板。

（三）进一步挖掘红色资源文化内涵

建议搭建全市统一的权威的红色资源研究阐释平台，在市社科规划项目中发布一批红色资源相关的重点课题研究，以社科课题吸引聚集人才、提升研究水平。深化系统研究，整合各研究部门、各高校的研究力量，大成集智，推出一批成体系、够系统的高水平理论研究成果和精品陈列展览，加快推进基本陈列超过10年的革命纪念馆全面改陈，基本陈列超过5年的革命纪念馆局部改陈。

（四）进一步促进红色旅游多元化发展

建议推动具备开放条件的红色资源全面对外开放。精选一批红色旅游资源，新建一批市级红色旅游景区，力争更多红色旅游经典景区进入全国红色旅游经典景区名录，创建一批3A、4A级景区，力争创建1~2

个 5A 级景区，建设完成以中山四路、嘉陵桥东村、西村为核心的重庆统战历史文化街区。围绕踏寻红岩足迹、访寻伟人故地、探寻红色印记、开天辟地历史、民族抗争历史、百废待兴开发西南、社会主义探索成就、改革开放跨越发展、新时代脱贫攻坚等九大主题，充实完善、梳理整合红色旅游景点景区，做精做靓 20 条能够满足大众化、多样化、特色化市场需求的红色旅游精品线路。提升既有红色旅游景区品质，在传统"看＋讲"的旅游体验模式上，采用声、光、电技术，以史为据开发出虚拟历史场景、用全息投影还原真实历史场景、VR 战争实景体验、AI 语音介绍等体验型项目，增加红色旅游产品吸引力。加强资源整合、联动，联袂打造更多、更优质的红色旅游精品线路。深挖红岩 IP 价值，构建以红岩文化旅游产业为龙头，集教育培训、展览展示、文化演艺、影视制作、文创产品等于一体的全产品链条。

（五）进一步强化红色资源保护工作保障

建议推动革命文物保护利用纳入各级领导班子综合考核，纳入市对区县意识形态专项巡视重点内容，落实保护责任。建议设立红色资源保护管理专项资金。同时，增加市级文物保护专项资金年度预算经费总量，将具有重要价值的低级别革命文物修缮和展陈等纳入重点支持范围。

运用红岩红色资源推动党性教育工作高质量发展调查报告

重庆红岩革命历史博物馆　王春山

近年来，重庆红岩革命历史博物馆坚持以习近平新时代中国特色社会主义思想为指导，弘扬伟大建党精神、传承红岩精神，全面落实《中共中央办公厅印发〈关于党性教育培训机构规范管理和质量提升的意见〉的通知》精神，扎实落实中组部《2019—2023 年全国党员教育培训工作规划》等要求，贯彻落实重庆市委、市政府的决策部署，充分运用红岩红色资源，立足重庆、面向全国、服务全党，打造规范化、特色化、专业化、系统化的红岩干部学院，积极为党性教育贡献力量，为革命博物馆开展党性教育探索路径。

一、对标对表、守正创新，加强"规范化"建设

（一）明确规范化的办学方向

以习近平新时代中国特色社会主义思想为指导，落实干部学院姓党的根本原则，始终把树立"四个意识"、增强"四个自信"、坚决拥护"两个确立"、始终做到"两个维护"放在教育教学首位，把习近平新时代中国特色社会主义思想作为所有班次的主课和必修课。以"创全国干部教育培训一流特色品牌，建新时代共产党人精神家园"为目标，努力把学院建成党性锤炼的大熔炉、理论学习的主阵地、能力提升的大舞台。

（二）建立规范化的组织架构

建立了"学院主体＋博物馆全体＋集团保障"的创新体制。学院依托博

物馆建立，博物馆 16 个处室，317 个事业编制，以及博物馆独立投资的红岩文化产业集团和 4 个子公司，为学院提供了教育培训、课程开发、科学研究、教学管理、后勤保障、安全保卫等全方位支持。同时，设立院务办公室，负责教学日常管理。建立了"市级指导团队＋学院管理团队＋学院运营团队"的组织架构。由重庆市委组织部牵头建立了"联席会议制度"，形成了市委宣传部、市委组织部、市委统战部、市委党史研究室、市委党校（市行政学院）等为主体的市级指导团队，解决学院建设发展中的重大问题和重要事项。学院管理团队由博物馆党委书记、馆长分别担任院长、常务副院长，其他党委班子成员各司其职，分管学院相关业务工作。学院运营团队由 1 名专职正处级干部和 16 名兼职处级干部担任，下属产业集团负责食宿、车辆服务等工作。

（三）构建规范化管理体系

一是加强党的建设。坚持从严治院，由党委统一领导，严格落实全面从严治党主体责任和"一岗双责"，以党的高质量发展引领学院高质量建设。二是健全管理制度。制定完善了党建工作、教学管理、科研管理、学员管理、行政管理、财务管理、安全管理等各项规章制度 100 余个。三是突出学风建设。强化阵地建设，落实意识形态责任制，把好教育教学内容关；加强学风建设，坚持理论联系实际，大兴调查研究之风。四是注重质量监督。强化办学过程监督，建立课程部门初评、教研人员复评、院领导终评的三审机制，健全网络教学评估系统和学员反馈机制。五是强化安全管理。严格落实安全工作责任，加强学院日常安全管理。自 2015 年以来，未发生一起安全责任事故。

二、深挖资源、发挥优势，加强"特色化"建设

在国民党统治区革命斗争实践中孕育形成的红岩精神，是伟大建党精神的传承弘扬，是共产党人精神谱系的重要一脉，也是在抗战时期唯一在大后方极其险恶的环境中孕育的革命精神，内涵独特、特色鲜明，为建设特色化的干部学院提供了先天优势。

（一）教学资源特色化

学院牢牢把握"红岩精神"这一核心教育资源，充分利用红岩博物馆的独特资源，先后整合红岩革命纪念馆、歌乐山革命纪念馆、《新华日报》总馆陈列馆以及文物遗址、旧址54处，挖掘利用10万余件馆藏藏品、3675件珍贵可移动文物，为教育教学服务。注重整合重庆地方资源，为学院开展具有重庆味、巴蜀韵的特色教育提供了丰富内容。

（二）主题凝练特色化

依托红岩文化资源特色，设置了三大教学区，确定了不同的教学主题、教学内容和教学目标。红岩革命纪念馆教学区，以"大德大智"为主题，着重培养学员"崇高的思想境界、巨大的人格力量"；歌乐山革命纪念馆教学区，以"大忠大勇"为主题，着重培养学员"坚定的理想信念、浩然的革命正气"；曾家岩周公馆教学区，以"大仁大义"为主题，着重培养学员"风雨同舟、肝胆相照"的团结合作精神，教育学员运用好"统一战线"这一党的法宝。

（三）教学内容特色化

围绕各教学区所承载的革命精神、人物故事、历史启示，优化教学内容，使每个教学区、教学点都形成了独具特色的教学内容。

三、面向全国、争创一流，加强"专业化"建设

（一）课程建设专业化

规划建设"四梁八柱"的课程体系，即以创新理论、红岩精神、党史党建、能力提升四大课程体系为主体，以理论教学、现场教学、案例教学、访谈教学、研讨教学、激情教学、情感教学、影视教学八种教学方式为支撑的课程体系。开发理论教学课程30余门，其中1门被评为学习贯彻习近平新时代中国特色社会主义思想全国好课程，1门被评为全国干部教育培训好课程，1门被中国网络干部学院评为"党性教育精品课

程"，1 门被评为重庆市"干部教育培训好课程"。自主研发特色课程 60 余门，包括《红岩革命故事展演》情感教学特色课，对外宣讲 700 余场，宣讲团队"红岩故事宣讲团"获评"2021 年度感动重庆十大人物特别奖"。策划推出了党性教育的红色电影《最后 58 天》。经过努力，"四梁八柱"的课程体系初步形成，专业化水平也越来越高。

（二）教学科研专业化

学院聚焦党和国家中心工作，市委、市政府重大决策部署，社会热点难点问题，加强对重大理论和现实问题的研究。组建"1+1+1"教学研发小组（即理论专家、研究人员和现场教员），开展系列专题研究。举办"红岩精神与党性教育""红岩精神与中国革命精神谱系研究理论研讨会"等全国性学术研讨会，与重庆大学等 4 所高校共建红岩精神研究中心，与西南大学联合创建国家革命文物协同研究中心。同时，持续实施课题项目研究，主持国家级课题 2 项、省部级课题 28 项，发表文章 357 篇，其中 1 篇入选"庆祝中国共产党成立 100 周年全国理论研讨会"，2 篇被评为重庆市优秀论文；出版教辅教材 20 部，其中《纤笔抒丹心——红岩英烈诗文选编》获评中组部"第五届全国党员教育培训优秀教材"。

（三）师资队伍专业化

实施"人才强院"战略，着力打造理论教师、科研团队、现场教员、带班助教、管理人员等"五支队伍"。引进、聘请理论功底扎实、教学经验丰富的理论教师 37 名，高级职称占比 87%。组建由 35 名学术造诣深厚、研究业务能力精湛的教师组成的教学科研团队。遴选参加全国红色故事讲解、全国英烈讲解、全国科普讲解等重大比赛并获得省部级以上荣誉的优秀讲解员 27 名作为现场教学教员（现有教员中有中宣部"金牌讲解员"2 名、"优秀讲解员"3 名，文化和旅游部"五好讲解员"3 名，全国科普讲解大赛一、二、三等奖 6 名）。培养了一批爱岗敬业、服务周到、吃苦耐劳的带班助教 16 名。建立了由 58 人组成的懂管理、服务好的日常运营管理团队。

四、服务全党、共建共享，加强"系统化"建设

（一）构建系统化服务体系

一是主动服务全国党员。构建"训前筹备＋学员培训＋食宿安排＋车辆保障＋教学评估＋成果宣传"一体化服务体系。2015 年 9 月以来，学院先后培训来自中央和国家有关部委、31 个省市以及香港、澳门的培训班次达 3200个、党员干部 12.12 万人次。二是主动服务全党教育。聚焦全党开展的主题教育，策划系列特色活动项目，为全党主题教育搭好台、服好务。2021 年推出党史学习教育"七个一"特色课程，服务参训班队 680 多个，党员干部超过 2.5 万人次。三是主动服务国家战略。主动融入"成渝双城经济圈"建设、"一带一路"建设、"长江经济带"建设、乡村振兴等国家战略，举办展览、开展党史教育活动、建立合作共享机制、举办专题培训，发挥红色资源优势，为国家战略服好务。

（二）构建系统化育人体系

学院全面贯彻党的教育方针，落实"为党育人"根本任务，搭建线上线下育人平台，建成了网上红岩干部学院，推出 40 余个数字展览、200 余人物故事、100 余部微视频，打造《红岩记忆》数字体验厅。着力构建立体化的育人体系，与中央广播电视总台、中国电信等单位共建，挂牌首个"中央广播电视总台党史学习教育基地"；与重庆市教委以及复旦大学、中山大学、四川大学等 20 家高校共建，挂牌重庆市大学生党员党性教育基地和院校教育培训基地；与市委党校、区县党校等市区干部培训单位建立联动联合机制，建立协同育人体系。

（三）建成系统化的教学设施

学院建设了"本部教学区＋现场教学区＋延伸教学点"系统化教学识施。本部教学区位于渝中区"红色三岩"的虎头岩，主要为集中教学和食宿场所，占地 30 亩，建筑面积 2 万平方米，教学用房面积 1800 余平方米。现场教学区主要为红岩革命历史博物馆的 28 个现场教学点，占地 1500 亩，建筑面

积 5.7 万多平方米，教学用房面积 2600 平方米，设立规范化的沉浸式专用教室 16 间、多功能教室 5 间。同时，延伸教学点至重庆各区县，设立 13 个教学点。

五、结语

充分利用红色资源开展党性教育是一项常做常新的课题，红岩博物馆将始终坚持以习近平新时代中国特色社会主义思想为指导，深入领会重庆市委提出的打造新时代"红岩先锋"变革型组织的重大意义，自觉当好"红岩先锋"变革型组织的践行者、推动者，为打造忠诚坚定、依法尽责、清廉为民、唯实争先、整体智治、协同高效的学习型、开放型、创新型、服务型、效能型组织贡献力量，也为推动新时代党性教育工作高质量发展贡献力量！

推进重庆城市精神生活共同富裕研究报告

重庆市文化和旅游研究院　陶　宇　杜　娜

一、关于精神生活：内涵与外延探讨

对于精神生活的内涵，马克思在其著作中进行了广泛、深刻、全面的解释。他认为，精神生活是人类基于与动物的根本区别——人有意识、有精神——所发展并特有的。精神生活与物质生活之间的关系表现为：物质生活是精神生活的基础与前提，精神生活是对物质生活能动的反映、凝练和升华；精神生活对物质生活具有巨大的反作用，同时相对于物质生活又具有独立性。在马克思看来，人的精神生活的需要是人的高级需要，它一部分是属于享受需要，更多是属于人的发展需要。它包括人们"对科学的向往，对知识的渴望，他们的道德力量和他们对自己发展的不倦的要求"，以及"为自身利益进行宣传鼓动、订阅报纸、听课、教育子女、发展爱好，等等"。在关于人的全面发展理论中，他更是指明了精神生活与人的全面发展之间的密切关系：精神生活不仅是人的全面发展的重要方面，而且是人的全面发展的推动力量。[①]

根据马克思对人的精神生活的基本观点，也为便于本调研确定观察和研究对象，我们将精神生活的外延进行了初步界定。首先，作为人本质的体现，从群体因素（年龄、收入层次、居住地等）来看，精神生活可以包括儿童、青年、中年、老年不同年龄段的精神生活，包括低收入人群、中等收入人群和高收入人群的精神生活，包括农村人口和城镇人口的精神生活。其次，由

---

① 陈春莲：《马克思论人的精神生活》，《北京政法职业学院学报》2009年第4期，第63—67页。

于精神生活是人的高级需要，可概括为享受需要型精神生活和发展需要型精神生活，在现实中可具象化为一切为实现这两类需要而进行的实践活动，例如娱乐休闲活动属于享受需要型精神生活，自主学习活动则属于发展型精神生活。还可以从实践活动的介质／平台进行概括，包括借助新媒体进行的活动和借助传统媒体进行的活动，又或者基于互联网技术构建的虚拟世界而进行的活动和线下进行的活动，等等。

正因为精神生活的外延如此广泛，评价精神生活的富裕程度无法使用恒定的标准，强调精神生活共同富裕，既非少数地区、少数人的富裕，也非整齐划一的平均主义。从城市和乡村来看，二者的精神生活也是无法一概而论的，二者在物质生活水平发展程度上的差异天然决定了精神文明也不可能完全实现同步，人口构成、人均收入水平、工业和经济发展水平、居住环境等种种因素均影响着居住人口的精神生活面貌。

习近平总书记强调："实现中国梦，是物质文明和精神文明均衡发展、相互促进的结果。没有文明的继承和发展，没有文化的弘扬和繁荣，就没有中国梦的实现。"这启示我们要正确认识精神生活共同富裕的重要性。精神生活共同富裕是人民美好生活的重要一环，是建设社会主义现代化强国的应有之义，实现中华民族伟大复兴的新征程上，不光要提升物质文明水平，提升精神文明水平、推动精神生活共同富裕同样不可或缺。精神生活共同富裕是共同富裕的重要内容。①

二、精神生活共同富裕是齐美尔城市精神问题的有效应对

纵横交错的道路、经济的迅速发展、社会生活丰富多变……城市与小镇及乡村之间的深刻差异使得人由此产生的心理状态也对比鲜明。基于对经历了两次工业革命的西方大都会的观察，19 世纪末德国社会学家格奥尔格·齐美尔在其论著《大都市与精神生活》中便分析了城市人的精神问题：以"算

---

① 刘东超：《精神生活共同富裕是共同富裕的重要内容》，《党建》2022 年第 2 期，第 35—37 页。

计"为城市生存原则，"持续"的精神紧张，对个人存在产生厌倦和无意义感，冷漠厌恶的人际交往态度等。[①]这些精神问题仍然是今天大部分大型城市以及特大型城市的"通病"。中国正处于两个一百年的历史交汇期，提出、重视精神生活共同富裕，对于解决中国城市的精神问题、"城市病"具有直接的意义。它有助于我们脱离从城市规划、城市管理、人口布局、劳动力转移等宏观角度解决城市精神问题的思维定式，而将问题焦点真正聚焦于作为主体性存在的人身上。

首先，作为货币经济中心的现代都市，个人主义、享乐主义、消费主义盛行，对物质生活的过度追求，导致城市人精神和心灵上的空虚。强调精神生活共同富裕，能够在保证高水平的物质生活基础上同时保证高水平的精神生活，防止精神生活的萎缩。

其次，"城市病"的背后是城市内部发展的不平衡性，这种不平衡集中表现在贫富差距的持续增大，即便抛开城乡差距，城市内部居民的收入分配差距、社会身份地位的差距，以及享受文化教育的不均等性、思想认知水平的差距，都被不合理化地拉大了。当这些不平衡性积累到一定程度，必将反过来加重城市精神问题，乃至激化社会矛盾，带来负面影响。强调精神生活共同富裕，有利于解决当前中国城市中不同人群面临的精神生活困境，物质与精神"两手抓"，解决人内心的"失衡"从而缓解社会结构的发展失衡。

强调精神生活共同富裕的意义还在于，它跳出了城市的空间限制，强调的是全体人民普遍共同的富裕，要求消除两极分化，不断缩小地区差距、城乡差距与群体差距。并且强调任务的长期性，需要循序渐进。这更加符合中国的国情，符合新时代中国特色社会主义的发展方向。

三、推进共同富裕——重庆城市精神生活截面观察

作为最大的直辖市，国家重要的中心城市之一、长江上游地区经济中心、

[①]【德】格奥尔格·齐美尔：《桥与门——齐美尔随笔集》，涯鸿、宇声等译，上海三联书店，1991年版，第258、259、260、261、262、265—266、271、275页。

国家重要先进制造业中心、西部金融中心、西部国际综合交通枢纽和国际门户枢纽，重庆的城市精神文明建设水平备受关注，在西部处于领先地位。近年来，作为全国排名前几的"网红城市"，重庆市对发展文化和旅游业的重视，"文化强市"口号的提出，使得重庆城市文旅业发展迅速，一系列成绩在保障人民基本文化权益，满足人民日益增长的美好生活需要，促进社会文明和谐等方面发挥了重要作用，城市精神生活面貌也随之悄然更新。为了具象化、直观性地展示重庆城市生活的图景，研究从重庆都市核心区中诸多可供人实现精神生活享受的地点中选取了2个，通过实地走访对重庆城市人的精神生活状态进行截面观察。

1. 山城巷——延续原汁原味的老重庆生活气息

山城巷位于渝中区南纪门街道凉亭子社区，北至重庆干休所，南以南区路为界，东接中兴路，西至石板坡立交。其历史沿革可以追溯到明清时期，1900年法国传教士在此巷坡上立杆点灯为路人照明，由此得名天灯巷、天灯街，1972年更名为山城巷。这里有建于明朝初年的老城墙，有清末重庆开埠时期修建的外国领事馆和教堂，也有抗战时期的吊脚楼、四合院、防空洞以及海派风格的石朝门建筑，还有新中国成立后不同时间修建的学校、居民住宅，是重庆现存不多的面积超过2万平方米的原生民居建筑聚集地，被称为重庆的"建筑博物馆"。

为进一步活化传承历史文脉，保护好历史文化资源和传统风貌，2018年渝中区启动对山城巷的"微更新"改造计划，在保留80%的原有建筑、保持原有的建筑肌理基础之上，美化片区人居环境、修缮片区重要历史文化遗址，升级完善片区功能和公共设施，并且注重历史建筑、传统民居的活化利用，将一些老旧、废弃空间加以改造利用，发展文化艺术公共空间、吸纳与山城巷所独有的老重庆生活气息调性相符的商业入驻。在依山而建、沿崖而上的步道上，虚拟的、真实的"老重庆"文化符号交相呼应：围墙上有"棒棒"、下围棋、喝茶的老居民等手绘形象，围墙里的老居民区内，"老重庆人"的生活仍在继续；将片区内的金马小学旧址进行修复，与实体书店合作开办共享图书馆，使人们可以在此实现闲置书籍的自由流动；历经岁月的法国仁爱堂仅剩残垣断壁，设计方依托废墟，以"遗迹花园 生活场坝 业态经营 文化剧场"的主题思想，打造了"仁爱堂·荒野花园"，场地上分别容纳了可供眺望江景的城市景观阳台、承载年轻人先锋文化的荒野剧场，并持续挖掘、修复废墟内的钟楼、防空洞等历史遗迹。沿石梯而上的吊脚楼内是各式各样的商铺，这些商铺将传统业态与新兴业态加以融合，售卖一些如今市面上已不常见的传统美食、手工艺品、非遗产品、山城巷主题的文创产品，使其既恢复重现了带有"老重庆记忆"的生活方式，也能符合当下的时代需求；这样一来，无论是重返山城巷的曾经的居民，还是新到此地的游客，都能在对山城巷的探访中体验到浓厚的山城生活气息与人文精神，正如随着城市的不断更新，居住在城市的人也需要寻求精神上的归属感，山城巷的微更新，则正是抓住了这一点，为"年轻的""年老的"城市人的精神生活带来了富有人文主义的升华，提供了一个精神栖息地。

2. 九九艺术长廊——"无心插柳"的重庆"小曼谷"

位于渝北区龙塔街道佳华北宸里的九九艺术长廊，起初由 300 米特色商业步行街及 2000 平方米佳华美术馆、99 艺术沙龙、佳华民俗馆、十八梯读书廊等多个项目组成，整个长廊仅利用沿街店面改造、调整原有街区商业业态而形成。在特色商业步行街，餐饮服务业在业态中占据最大比重，聚集了富有异国风味的各式餐饮店铺，如东南亚菜、法餐、日韩料理、烘焙、重庆特色江湖菜，还有诸如"日咖夜酒"①这样的新型复合店。此外还有多家中古商品店和服装零售店。如今这样的一条商业街不仅成为很多人的偏好饮食打卡地，更因为多元化、时尚化的业态为城市中的人们提供了个性化的消费场景、新颖的社交空间。即使是在普通工作日的上午，走在商业街上，也能看到消费者在各式各样的店铺"打卡"，消费者不仅限于周边居民，还有重庆主城其他片区慕名而来的人。在小红书、大众点评等知名生活方式分享平台上，搜索"黄泥磅紫薇路"（所在地大地名）、"九九艺术长廊"，发现大量博主发布的"探店"视频，网友自发将该商业街命名为重庆"小曼谷"。对于城市中崇尚时尚、潮流的人来说，在"打卡"的同时享受美食、享受与他人社交的

---

① "日咖夜酒"指的是同一家店白天卖咖啡、晚上卖酒的经营模式。咖啡与酒两种业态看起来截然不同、反差极大，但面对的客群却高度重合。

机会，或者一边"打卡"一边完成工作会谈，这样的"一举多得"使他们容易有前往消费的意愿。为补充街区的文化氛围，99 艺术沙龙是目前开放的重点区域，该沙龙藏书超过 5 万册，陈列有数百幅油画、国画，供居民免费参观、阅读；沙龙可供居民举办和参加各类文化艺术沙龙、主题文化展览活动。目前，特色商业街的长度因新型复合餐饮店铺的不断集聚而继续延伸，据负责人介绍，主打传统文化推广的十八梯读书廊后续也将开放，将吸引更多周边居民到这里免费参加活动。

四、推进重庆城市精神生活共同富裕的思考

推进重庆城市精神生活共同富裕，需要注重重庆城市文化对城市人精神世界的滋养。城市是人类主观投射的产物，它"绝不仅仅是许多单个人的集合体，也不是各种社会设施——诸如街道、建筑物、电灯、电车、电话等——的集合体；城市也不只是各种服务部门和管理机构，如法庭、医院、学校、警察和各种民政机构人员等的简单聚合；城市，它是一种心理状态，是各种礼俗和传统构成的整体，是这些礼俗中所包含，并随传统而流传的那些统一思想和感情所构成的整体"①。由于城市精神生活中的主要问题在于客观社会发展优于主观精神，一个能够滋养人的主观精神、关注并促进人的全面发展，且可持续的城市文化则是抵抗各种精神生活问题的根基。城市文化包含它发展过程中所呈现和沉淀的独具自身特色的精神品格、价值理想和文化知觉，代表着一种集体记忆的延续，与其通过书本、宣传广告的灌输，它对城市人的哺育更多是通过根植进城市的各种自然和人文景观、公共和商业设施、居民的日常生活而潜移默化地发生作用。所以山城巷的成功，是新时代与"旧时光"的碰撞下，唤起老重庆集体记忆，弘扬先进重庆城市文化的生动实践。反观当下的一些老旧建筑、街区更新改造计划，只是保留了老建筑的"外壳"，内里是与该地气质完全不相符的商业化项目，文化气息欠缺而

---

① 郭治谦、康永征：《城市精神问题"是"城市病"的应有之义——齐美尔〈大城市与精神生活〉述评》，《城市发展研究》2015 年第 8 期，第 80—85、100 页。

商业味道过重，则是对老重庆的优秀传统文化的一种破坏。

推进精神生活共同富裕，要满足重庆城市居民的精神文化生活新期待。对于城市居民的精神文化需求来说，"缺不缺、够不够"的问题总体上已经得到解决，但还存在"好不好、精不精"的问题。[①]一方面，要不断提高文化供给的品质，努力缩短重庆本土文化文艺创作与东部沿海发达地区之间的差距，提高代表重庆城市文化、彰显重庆城市气质的优质文艺作品的产出率；另一方面，要勇于创新文化供给的路径与方式，公共文化服务作为保障人民精神文化需求的基础，在城市应将其与社区建设联系起来，使公共文化服务真正延伸至城市的每一根"毛细血管"。可参考借鉴成都市玉林社区在社区改造时利用废弃院落发展社区文化的案例，通过招募专业规划师、居民规划师、社工规划师，"三师联动"，根据社区人口构成将院落改造为残障人士、老年人友好的文化空间，同时举办公共展览、公益文化活动，使居民在以打麻将、遛弯为主的休闲活动之外，接触到更具有现代感的文化，精神生活更趋丰富。在发展重庆文化产业上，可重点关注具备自我"造血"能力的新业态，鼓励企业商业模式的创新，鼓励自发形成的新的消费现象，如黄泥磅紫薇路商业步行街的走红，就是在最初少量的异国风情店铺走红后，形成了更大的集聚效应。还有各种去中心化的新型市集，如重庆南山"放风岛"，成都玉林啤酒节等，这些案例都使城市人在物质生活与精神生活上得到了双重满足，代表了城市文化产业最富有活力的发展方向。

推进精神生活共同富裕，还要重视舆论宣传引导的"力度""温度"与"深度"。城市中的人对媒介讯息的接收频率、速度、信息密度都是远远超过乡村的，通过媒介加强精神生活共同富裕的舆论引导，便于城市中的人最快地接受精神生活共同富裕的正确理念，以最直接的方式呼吁广大人民主动参与到实现共同富裕的行动中来，这也本就是精神文明建设的一部分。而在构建舆论环境中，除了注意加大各种媒体宣传的力度，以官方的、民间的不同叙事视角，直抒胸臆的、含蓄的话语体系使观念尽快深入人心，还要注意回应城市人的"存在虚无感"问题，回应个体要求发展个性的精神需求，帮助

---

① 　南方日报评论员：《更好满足人民群众精神文化生活新期待》，《南方日报》2022 年 2 月 18 日。

个体实现独立自主。因此，有关精神生活共同富裕的舆论应当将关注的目光尽量倾注到每一个普通的个体身上，让居住在城市的人感受到城市对他们自我发展的重视，对差异开放包容的人文关怀。在过快的城市生活节奏中，若能对人们在重庆这座城市中生存和生活面临的实际困境给予更加有深度的剖析，吸引到深层注意力，那么城市居民也会给城市的精神文明建设回馈以更多的关注与贡献。

"三生合一"与乡村精神生活共同富裕——以重庆市武隆区火炉镇为例

西南大学乡村振兴战略研究院　郭凌燕

重庆市文化和旅游研究院　魏锦

习近平同志主政浙江期间，就提出要改善农村生产、生活、生态"三生"环境，做到"三生"统筹发展。之后从 2013 年提出的"山水林田湖"是一个生命共同体，到 2017 年提出的"山水林田湖草"是一个生命共同体，再到 2021 年先后提出的统筹"山水林田湖草沙"系统治理、坚持"山水林田湖草沙冰"系统治理，习近平总书记关于人与自然生命共同体的论述、部署不断拓展深化，多次强调指出要坚持走生产发展、生活富裕、生态良好"三生合一"的文明发展道路，加快建设资源节约型、环境友好型社会。

一、火炉镇生产、生活、生态现状

火炉镇，古时又名火炉铺，古为渝至湘、鄂、赣、黔必经之道，是涪陵至彭水"一楼九铺"中的第一大铺，位于武隆区东北片区，处于仙女山、天生三桥、芙蓉洞三大景区的三角中心位置，区位优势明显，自古商贾往来，热闹繁华；火炉镇辖区面积 179.6 平方千米，现辖 1 个社区、14 个行政村，2021 年末，全镇公路总里程达 452 千米，行政村 100% 通畅、行政村 100% 通客、农业社 99% 通畅，农村公路网络密度达到 2.52 千米 / 平方千米。火炉镇海拔 200~1680 米，镇域内山脉众多，以山地为主，高中低山并存，属于温带季风区中的大陆性立体型气候，四季分明，冬温夏凉，年平均气温 18.3℃，气候资源丰富。全镇森林面积 19.65 万亩，森林覆盖率高达 65%，一些村庄更是高达 80%，动植物资源非常丰富，生态资源优势明显，有"江南水乡"

梦冲塘，"全国生态文化村""重庆市最美森林氧吧"万峰林海，神奇的"三潮圣水"。近年来，火炉镇的仙女脆桃、徐家猕猴桃、特色山珍、梦冲塘生态鱼、火炉羊肉等"火炉五宝"享誉全区乃至重庆市。

火炉镇依托独特的气候、农业资源、土地、集市、道路、水资源、森林，以及一整套的产业组织系统，将村庄与集镇和区域社会链接起来，依托武隆区的旅游，大力发展生态旅游和生态经济，当地生态维护也因此达到一个比较高的水平。火炉镇镇域生态环境较好，结构调整合理，第一产业比重较大，农业生产总值在武隆全区排名第一，而且由于典型的山区地形，现代化农业设施较难大范围开展，由此形成了半耕半工、种养结合、百业并举的多元生产、生活方式；基于不同地理区域形成了"十里不同风，百里不同俗"的多样民俗与信仰，并依托村社理性、乡规民约形成了相对稳定的低制度成本的乡土社会治理模式。在此基础上，进而形成一种交互平衡、互惠共生的社会系统，以多元并存格局构建成一个休戚相关、共荣共生的宜业、宜居复合系统，这正与当前人们追求的高质量生活水平与高质量发展要求相吻合。

与当今农村普遍的衰败景象不同，火炉镇的村民仍然居住在他们祖祖辈辈耕耘的土地上，过着"耕者有其田，居者有其业"的生活。在传统的种养殖业之外，他们依然有余力可以分配劳力和精力转向包括乡村旅游在内的二、三产业发展，依靠土地和生态资源便可轻易找到一份相对闲适、稳定的收入来源，过上富足而多彩的生活。对火炉镇人来说，他们的祖先在这里，他们的后代在这里，他们的家和亲人都在这里，火炉镇是他们永恒的家园：黄发垂髫，有恒产，秉恒心，各安其业，各守其所，各有所归，并怡然自乐。

二、火炉镇"三生合一"发展模式经验探究

（一）注重在地化、组织化发展，提升村庄的风险应对能力，百业兴旺，民众生活富裕

火炉镇现有户籍人口 9700 户 31357 人，其中常住人口 7438 户 22720 人，外流人口占总人口比例的 32%，占镇域劳动力总人口的 49.95%，区内市内打工者比例占全部外出打工者比例达到 59.64%，其中区内占 38.22%，可见，

大部分劳动力选择了就地就近就业。火炉镇农户收入来源以务工为主，种养殖为辅，据统计，2020 年全镇存款数额达 9.4 亿元，2021 年存款金额达 10.2 亿元，2020 年火炉镇农民人均可支配收入 18466 元，同期高出武隆区农村居民人均可支配收入 2993 元，高出重庆市农村居民人均可支配收入 2105 元，民众收入水平较区域内其他乡镇普遍偏高，生活较为富裕。

一是注重在地化发展。调研发现，跟普通的资本下乡不同，火炉镇外地业主较为少见，绝大部分业主是本地人，"火炉的业主基本都是本地人，我们是业主，又是本地人，要是产业发展不好，在家门口丢不起这个脸，更不用说拍拍屁股走人了，那是要遭打的"。火炉镇不仅注重本土企业的发展，还注重本土知识的运用与传承，以养猪产业为例，火炉镇历史上就有养猪的习俗，据《火炉镇志》记载，早在 1952 年就有生猪 2751 头、1970 年 1859 头、1981 年 5814 头、1995 年 3.2 万头、2015 年 9.5 万头、2021 年 19 万头，后槽村因为养猪产业出了很多"亿元户"。长久以来，镇域内民众有一套行之有效的本土知识：比如潲水不能喂猪，消毒防疫是统一的，邻里之间不串门，不跟外人接触，不扎堆，一般不去赶场，即使去了也是买完东西接着回；不许外面的人来收猪，在火炉镇消毒之后统一拉出去，有专门收猪的，统一消毒；兽医都是本村养猪的，打针消毒都是免费的，饲料几家人一起购买可以降低价格，也有大户人家带小户买的，很少一家一户单独去买，饲料钱先欠着，卖了猪之后给钱。

二是注重组织化发展。火炉镇针对当地产业发展成立了各类行业协会。比如林果协会，部分农产品可以实现内部定价，筏子村的脆桃产业价格是村庄内部统一定价，各家再根据质量等适当调整；梦冲塘村专门针对村庄养鱼户恶性竞争成立了协会，内部统一规定价格；万峰大米一般都是提前预订，价格提前订好。如此一来，就大大降低了生产者产业发展的风险，保证了他们的利益，提高了他们的积极性。同时，由于在地化、组织化的发展模式，也大大提升了他们应对风险的能力。比如脆桃产业基本"靠天吃饭"，但是由于价格稳定、多业并举等因素，平均下来，三年之中有两年赚钱即可保证生产者正常生产；再如火炉铺历来繁华，是周边乡镇最大的集市，民众历来有赶场的习惯，在集镇上出卖自己的产品，买回需要的物资，能保障村民的基本生活所需。

三是注重抱团发展。向前村凉水井 51 户农户共同筹资筹劳成立了鼎实农业发展有限公司，除了做好乡村旅游等配套设施，还对全社 525 亩耕地、485 亩林地进行统一流转和管理，统一规划种植。向前村凉水井还成立了由返乡能人、农户代表和德高望重老人组成的 26 人的"发展维和领导小组"。"凉水井所有的大事，都要由'发展维和领导小组'决策。"起初统一流转土地后，鼎实农业公司本想大力发展生猪养殖，但经过"小组"讨论后，大家都认为，规模太大会破坏环境，对今后进一步发展乡村旅游不利。最终，经过测算，小组同意饲养生猪 120 头，用以满足凉水井的生态种植业对农家肥的需求。生产抱团发展，生活中诸多事宜也通过"小组"讨论，集体决策，最终村民抱团获益。比如，全社农户常聚在一起，举行游园、乒乓球、篮球等活动，并开展先进评比，内容涉及"好婆婆""好媳妇""五好家庭""道德模范""劳动模范""绿化能手""最无私奉献奖"等，并颁发证书和奖品以示勉励。不仅如此，凉水井村民适应新的发展要求，还改变了之前春节不热闹、浪费等现象，一起聚餐过年，集中场地放鞭炮，使村民过上既有年味儿又不铺张浪费，既热闹又充实的"集体年"。

四是注重文化传承。火炉镇传承与推广本土优秀传统文化、风俗，作为规范人们遵纪守法、互助友爱等行为的重要依据。比如凉水井村民在代际传承中形成的杨氏家风，铸就了凉水井人普遍认同且自觉遵循的"孝道、诚信、团结、和睦、文明"的村规民俗。以在地化、组织化的发展模式来应对外部环境的变化，不仅能够内部化处理外部风险，还能防止两极分化，实现共同富裕。进一步地，能够发展出村庄独特的本地知识和文化系统的生活智慧，提升内部化处理外部性风险的能力，能够有效利用乡土社会的内部化机制处理乡村经济和社会问题，有效地维护乡村内部的稳态结构。

（二）低成本、高效率提升民众积极性与主体性，乡村治理有效，民众生活幸福

火炉镇在发展过程中，注重五个振兴一起抓，发展产业与乡村治理并举，正如镇党委书记所言，"自治做好了，产业就发展起来了"，努力实践发展型

治理之路。火炉镇的乡村治理不仅注重村庄层面，同时注重乡镇干部治理，初步实现全镇以自治为基础的法治与德治"三治合一"的格局。

一是乡镇干部治理。"一个老百姓不喊你到家里吃饭的干部，就不是一个合格的领导干部。"当地政府从重新树立政府的公信力抓起，重塑干群关系、干群互信，对乡镇干部进行分类（日常事务、引领者、监管者），并动员全体干部各司其职，对退休干部继续用，专门研究火炉发展，实现乡村振兴时时处处"见人"，"见得到人"。此外，尤其注重提升村干部积极性，物质奖励和精神奖励同时进行，助力提升他们的价值感和幸福感。

二是村庄治理。筏子村是发展型治理的典型村庄，通过走生态化发展之路，同时实现生态治理与村庄发展，另有专门案例，此不赘述。村庄充分运用一事一议制度，以项目制形式，通过群众内部协调，双方实现责任共担、共建共享，比如梦冲塘村修路占用了村民的土地，村委会通过内部协调解决，后槽村修水渠占用了村民较大面积的林地资源，最后都是村庄运用内部资源关系成功协调并无偿使用等。对于一些需要赔偿的，村庄通过听证会的形式内部协调价格，召集村民集体表达意见，最后确定合理的价格。近年来，火炉镇上访人员很少，基本做到了小矛盾不出社，一般矛盾不出村，大矛盾不出镇。不仅如此，整个镇域通过"三管"：基层组织管党员，行业协会管会员，自治组织管群众，让每一位村民和干部有归属，有认同。调研发现，火炉镇至今仍存在较为普遍的"转活路"，日常民众之间的免费帮工、换活路现象也较为常见；但对于违反村庄公共规则和利益的民众，还是有严重的惩戒的。可见，村庄自治程度较高，运转良好。

火炉镇通过发动并依靠群众最低成本地推进了村庄公共建设，并在发展建设的过程中让群众有家有组织，提升了民众的安全感和幸福感，火炉镇党委书记有一句话："安全感就是找到家，找到组织。"而只有让广大人民群众参与到生态化的乡村治理过程中，才能精准有效地治理乡村，进而达到可持续的生态化长效扶贫效果。同时，由于调动主体性、积极性，建立了相对合理的利益链接机制，促进了村庄的有机团结，如此一来就能够保障集体成员在村社内的"生产、生活、生态"三生权益，进而整合分散的资源和交易主体，降低交易费用和稳定契约关系，提升村社与外部主体的谈判地位。

（三）推动社会化农业、生态化发展，生态良好，民众生活美好

火炉镇社会化农业发展程度较高，比如万峰大米都是提前预订，或者生产者直接对接消费者，很少进入市场进行交易。旅游旺季，很多蔬菜、鸡鸭鹅都是直接售卖给游客，一般采取内部定价或者双方协商的方式，价格高于市场价，比如，一个鸡蛋可以卖到一块五，一只鸭子可以卖到三百元。不仅如此，订单农业在火炉镇也比较常见，以养猪为例，很多消费者与农户提前商议好，农户按照协议喂养粮食和各种猪草，长成之后按照高于当时市场价格进行交易；再比如脆桃，通过"承包"果树的形式，消费者认领桃树，农户进行管理，如此一来，通过发展社会化参与农业，实现了多方力量共同参与，生产者直接对接消费者，减少了中间环节。订单式农业也使得消费群体相对稳定，价格比较稳定，还可以带动市民，责任共担，共享收益与价值，利于多元社会群体的良性互动，利于城乡深度融合发展。

火炉镇在实践社会化农业发展，走城乡融合发展之路的同时，注重生态化发展，通过大力发展立体循环式生态农业，"景村融合""+旅游"等路径，在进行生产的同时兼顾经济与景观农业的发展，并将其变成旅游资源，注重唤醒沉睡的资产，将山林湖田草统一打包，整村"售卖"，实现三产的有机融合。同时，集体与个体分工合作，通过农房风貌改造，彻底改变了村落的旧模样，将家庭融入景区，把乡村民俗发展成旅游节会，村民与游客同乐。火炉镇的集体经济组织有明显的社会企业取向，兼顾经济的同时，还能跟村级的组织化程度提升以及生产相结合，秉持自然资源、生态环境的空间正义理念，助力生态资源价值化与村民生活美好化的同步实现。

（四）注重以"人"为中心，留住用好当地人才，人与乡村共发展

乡村振兴，人才是关键。火炉镇在发展过程中，不仅注重发展当地产业，为人才的"留住"创造良好的就业、创业环境，与此同时，还积极发现、用好本地人才，并积极吸引外出乡贤返乡及城市人才，实现镇域、城乡间人才的良性互动，实现人与乡村的共同发展。

留住人：一是村庄产业比较多，有较多大户的带动，基本形成"一村一

品"的产业发展格局，规模较大，区域内形成品牌效应，比如筏子村的脆桃产业，后槽村的养猪产业，万峰村的大米种植。二是持续大力发展循环立体农业，实现种养殖结合，多业并举，村民作为兼业化小农，收入来源途径多样，风险防控能力较强，如筏子村，养猪的粪肥用以脆桃施肥，并在桃树林下养鸡，平均一亩桃林放养 20 只鸡，一年便可增收 2000 多元，闲暇时间，还可以就近打工；不仅如此，全镇根据海拔高度不同，合理规划布局不同的产业，多业、错位发展产业，镇域基本实现家庭循环—村庄循环—镇域循环的多层次有机循环系统。三是积极抓住武隆大旅游的发展机会，发展生态产业，努力实现从"旅游+"到"+旅游"的发展思路转型，将镇域内主导产品引向旅游，用旅游的理念和当地文化做产品，在发展中持续重视并实践"基地变景点""景村融合"等理念，发展梯田、渔村、观光农业，努力做"一个产业一个景点，一个旅游线路"，初步实现了三产融合。

如此一来，火炉镇民众在传统种养殖业之外，还能利用农闲时间打工，而且在劳动力稀缺的情况下，家庭将主要劳动力用于打工和经商（筏子村的桃子与养猪），立体循环农业（将休闲旅游与传统农业结合，实现二次兼业），百业兴旺，多业态发展，业态之间构成的是一种人类生存最为有效的资源节约、环境友好型社会。在此基础上家庭劳动力资源的合理分配，进而形成代际分工、性别分工、半工半耕，实现了家庭经济利益最大化。2021 年火炉镇人均存款 3 万多元，高于全区平均水平。

吸引人：长久以来，火炉镇域内村庄有机团结程度较高，尤其基层政府和村庄精英近年来借助熟人社会差序格局关系的社会资源，通过婚丧嫁娶等"事件团结"较为成功地塑造了村庄生活共同体，进一步整合了村庄资源，加上火炉镇民众本身就近就地就业人数比例较大，村庄人才双向流动较为频繁。在火炉镇，村庄，尤其是一个村社或者家族内部，只要有红白喜事，村民不管在哪儿，不管之前有无矛盾都要返乡免费帮工，村民在农忙时期也会频繁免费帮工。不仅如此，火炉镇外出人才返乡创业现象较为普遍，调研发现，大部分村庄都有这种现象；火炉镇本土人才较多，如筏子村的申建忠，作为脆桃专家，又是火炉镇的科技特派员，当地还有给果树修剪嫁接的专家"杨一刀"，以及各类种养殖专家，对于留守本土的人才，当地政府积极创造条件，给予物质和精神双重奖励。

不仅如此，火炉镇还积极探索拓宽人才引入机制，如 1967 年，火炉镇来了 100 多名知青，当时万峰村分到 4 名。近些年，万峰村积极与重庆知青协会合作，目前有几十名知青在村庄避暑、购房，村庄给他们颁发"荣誉村民"证书，为村庄发展献策出力。

火炉镇在发展过程中，注重建构镇域、村庄与个体的互惠共生关系，通过产业发展、事件团结、镇域协调建构起一套共同发力、共同发展、共同富裕的利益和价值共同体，人才在镇域、城乡之间实现良好互动与合作，为当地发展提供源源不断的动力。

三、火炉镇"三生合一"发展模式为实现乡村精神生活共同富裕带来的启示

火炉镇以生产、生活、生态"三生合一"发展模式创造了乡村高质量发展与高品质生活的典范，对乡村振兴与乡村人民物质生活、精神生活全面实现共同富裕具有借鉴意义。

一是从生态系统整体性出发，促进生态化发展与共同富裕相结合同发展。火炉镇践行五个振兴一起抓，整体打包，全域推进，注重生态化发展，合理规划实践低碳化分布式立体循环之路，通过生态扶贫的制度创新和组织创新实现脱贫方式的生态转型，持续释放"三农"领域具有的生态资源价值化的巨大增值空间，镇域及村庄注重将沉淀于农村的巨大沉睡资产唤醒，整体打包，村民注重以物业包形式推进产业发展，分层分类稳步在生态产业化之中实现生态资本深化。在开发中注重结合生态理性和在地多元主体的权益实现生态经济收益的最大化，客观上要求生态经济增值收益分配的制度安排要实现环境和权益主体的本地化共享，整体打包，全域推进，实现发展和空间开发的正义，不仅助力生产发展，也达到共同富裕的目标。

二是秉持发展与治理并重理念，重塑人、社会、自然互惠平衡的关系。坚持走发展型治理，发展与治理并重，注重本土人才和本土知识体系的传承与推广，实现乡村资源整合、产业融合、功能契合，相互滋养，相互促进，

共同繁荣。进而，让长久以来乡土社会所承载的生态、生活、生产融为一体的生计模式、生活方式和乡土治理模式成为振兴乡村的重要内涵，并最低成本、最大限度地提升了民众的积极性和主体性，实现了最有效的民众参与，借此弥合现代化进程中割裂的城市和乡村以及人和自然，重新建构城乡融合、人与社会自然相互依存和平衡发展的动态关系。

三是宜新则新、宜旧则旧，因时因地制宜，柔性稳步推进乡村全面振兴。中国的农村是复杂的生态学和文化学系统，村庄内生因素决定了包括自然生态经济等的自身承载能力与发展进度，因此不能简单照搬西方经验。火炉镇在发展过程中极为重视因时因地制宜，稳步柔性推进乡村振兴，比如向前村凉水井社养猪多少头，不是农户自行决定的，而是根据当地的生态承载能力决定的，在喀斯特地貌这种生态脆弱的地方，种养兼业的农户理性提升为村社理性，进而达到降低风险，提升收益的目的；更为重要的是，镇域内在外追求个人利益最大化的经营管理人才，回到村社必须受到村社制约，在村社理性有效发挥作用的条件下，利于村社和个人的良性互动。而村社理性受到"三生合一"的制约，反过来又促进了村庄"三生合一"的进一步推进，实现经济与社会、文化"互嵌"并同步发展的状态。

2022 年武陵山区（渝东南）土家族苗族文化生态保护实验区调研报告

重庆市文化和旅游发展委员会　非物质文化遗产处　严小红　郑怀勇

一、渝东南文化生态保护实验区基本情况

渝东南文化生态保护实验区涵盖黔江区、武隆区、石柱县、秀山县、酉阳县、彭水县 6 个以土家族、苗族为主的多民族聚居区，是国家重点生态功能区和重要生物多样性保护区。2014 年 8 月，渝东南文化生态保护区获批国家级文化生态保护实验区；2015 年 8 月，市政府办公厅印发《关于加快武陵山区（渝东南）土家族苗族文化生态保护实验区建设的意见》，为推进渝东南文化生态保护区建设提供了制度保障。2018 年 9 月，文化和旅游部办公厅印发《关于同意实施〈武陵山区（渝东南）土家族苗族文化生态保护实验区总体规划〉的复函》，渝东南文化生态保护实验区进入全面实施阶段。重庆市政府成立武陵山区（渝东南）土家族苗族文化生态保护实验区建设管理工作领导小组，市区（县）两级财政将文化生态保护区建设资金列入财政预算项目，渝东南 6 个区县均设立生态保护区建设管理机构，并配备专职人员。截至目前，渝东南文化生态保护区范围内有 13 项国家级非遗代表性项目、13 名国家级代表性传承人，166 项市级代表性项目、220 名市级代表传承人，1230 项区县级非遗代表性项目、1471 名区县级代表性传承人；有不可移动文物 5086 处，其中全国重点文物保护单位 4 处、市级文物保护单位 41 处、区县级文物保护单位 357 处，可移动文物 5277 件（套）；认定 4 个中国历史文化名镇、78 个中国传统村落、26 个中国少数民族特色村寨（镇）、5 个市级历史文化名镇、26 个市级历史文化名村、94 个市级少数民族特色村寨（镇）。

通过创建国家级文化生态保护区，有力促进了重庆市区域内文化环境、社会环境、生态环境协调发展，更好地提升重庆市非遗系统性保护水平，形成了"遗产丰富、氛围浓厚、特色鲜明、民众受益"的良好氛围，让民众拥有更多的获得感、幸福感、自豪感。

二、总体规划实施情况及 2022 年工作成效

2022 年，渝东南文化生态保护实验区围绕"遗产丰富、氛围浓厚、特色鲜明、民众受益"的文化生态保护区建设目标，对照《国家级文化生态保护区管理办法》的工作要求，完成了总体规划第一阶段的建设任务。

（一）持续完善保护区工作机制

一是结合重庆市非遗保护和文化生态保护区建设工作实际，起草了《关于进一步加强非物质文化遗产保护工作的实施方案》；二是市政府首次将非遗工作纳入 2022 年区县经济社会发展业绩考核指标内容，制定《重庆市非遗考核工作细则》，其中渝东南非遗工作在文旅质效考核中分值比重最高；三是根据文化和旅游部《国家级文化生态保护区管理办法》，出台了《重庆市生态保护区管理办法》，启动了市级文化生态保护区创建工作；四是文化生态保护区所在的 6 个区县编制完成文化生态保护实验区规划实施细则，并将文化生态保护区建设纳入了本区县国民经济和社会发展"十四五"规划；五是印发了《渝东南文化生态保护区创建目标任务分解方案》，6 个区县相继成立了以各区县政府主要或分管领导担任组长的文化生态保护区建设工作领导小组，建立起统筹协调发展的联动机制；六是成立了文化生态保护区专家委员会，为文化生态保护区建设提供智力支持，同时，各区县组建起文化生态保护区建设服务、管理和研究的基本人才队伍。

（二）切实提升非遗系统性保护水平

一是加强传承人队伍建设。推荐渝东南地区 7 名市级非遗代表性传承人申报第六批国家级非遗代表性传承人；新认定公布第六批市级非遗代表性传

承人 240 名，其中渝东南地区 58 名；推动全市开展区县级非遗代表性项目和代表性传承人申报认定工作，渝东南 6 个区县新增区县级非遗代表性项目 101 项，新增区县级非遗代表性传承人 261 人。二是扎实推进传承人群培训。结合中国传承人研修研习培训计划，联合研培高校开展中国传承人研修培训班 4 期，培训传承人 135 名；组织渝东南 6 个区县开展非遗技艺培训 25 期，涉及非遗项目 19 项，培训学员人数 1909 人。三是开展了重庆市非遗数据库内容建设工作，策划建立渝东南文化生态保护实验区数据库模块。该平台通过数字多媒体，全面展示渝东南非遗项目，实现资源共享。四是实施国家级非遗代表性传承人记录工程。完成土家族吊脚楼营造技艺刘成柏、酉阳民歌熊正禄、酉阳摆手舞田维政、玩牛江再顺、苗族民歌任茂淑等 10 名渝东南地区国家级代表性传承人记录工作。五是开展国家级、市级非遗代表性传承人年度传承活动评估工作，渝东南地区分别有 4 名国家级传承人和 115 名市级传承人在评估中被评为优秀。

（三）推进保护区建设融入国家战略

一是加强与长征国家文化公园的有效衔接，完成酉阳县南腰界红三军旧址——红三军政治部旧址、大坝祠堂、贺龙召开积极分子会议旧址、红军医院旧址保护修缮工程，完成黔江万涛故居、秀山隘口红三军司令部旧址、石柱红军井保护修缮，以及彭水红军街、红军历史陈列馆提升项目。启动实施黔江水车坪长征文化公园项目、彭水红三军长征驻地重要遗址保护利用建设。二是着力将保护区建设与乡村振兴战略有机融合。持续做好非遗助力乡村振兴工作，强化黔江濯水古镇、武隆后坪、石柱西沱古镇、秀山西街、酉阳龚滩古镇、彭水蚩尤九黎城等 6 个文化生态保护示范点建设，使之成为乡村休闲旅游热门新景区；依托传统工艺工作站、非遗工坊开展夏布、苗绣、西兰卡普、浩口仡佬族蜡染等技艺培训，培训乡村人才 700 余人，辐射带动就业人群数量 663 人，其中渝东南石柱县中益乡夏布非遗工坊、酉阳县酉州苗绣非遗工坊、彭水苗绣非遗工坊被文化和旅游部、人力资源社会保障部、国家乡村振兴局评为 2022 年全国非遗工坊典型案例。三是将文化生态保护实验区建设与巴蜀文旅走廊建设有机融合。与四川省联合建立川渝非遗保护联盟，广泛开展以渝东南非遗为主的展演、展示、展销活动 20 余场次，策划推出一批跨省非遗旅游路线，重点培育的"渝东南秘境探寻非遗之旅"线路，推荐参加"2022 全国非遗特色旅游线路"申报评选，有效发挥了生态保护区建设在成渝双城经济圈建设中的重要作用。

（四）促进非遗融入现代生活

一是建成武陵文旅推广中心，成功举办 2022 武陵山原生民歌大赛、2022 中国武陵文旅峰会，共同签署《中国武陵文旅目的地共建计划》，率先破题探索出一条推动渝东南地区非遗与旅游深度融合，实现转化升级的绿色发展新路径。二是丰富渝东南非遗的题材和产品品种，苗绣、西兰卡普、竹铃球、石柱土家服饰等非遗项目创新研发文旅产品 1000 余件，非遗相关企业发展活力焕然一新。三是组织开展 2022 年"非遗和旅游融合发展"优秀实践案例征集评选活动，渝东南地区有黔江濯水景区、武隆喀斯特旅游区、酉阳龚滩古镇、彭水阿依河景区 4 个项目入选"非遗与旅游融合发展优秀案例"。秀山西街民俗文化景区、酉阳桃花源景区、西沱古镇、濯水景区等 11 项渝东南项目入选首批"全国非遗与旅游融合发展优选项目名录"。四是持续打造"非遗进校园"活动品牌，实现渝东南地区非遗进校园、进课堂、进教材等活动常态化、规模化，培养了一大批"非遗小小传承人"，学生传承群体数量日益增加。组织开展 2022 年"非遗进校园"优秀实践案例征集评选活动，有重庆旅游职业学院、石柱民族中学、酉阳新溪小学等 8 所学校的项目入选"非遗进校园优秀实践案例"。

（五）广泛开展非遗传播普及实践活动

一是组织渝东南地区非遗项目参加第七届中国非遗博览会、2022 年"文化和自然遗产日"活动、2022 年中国武陵文旅峰会等国家级、市级层面的非遗宣传展示活动，吸引 30 多万群众参与，形成人人参与非遗保护传承的社会氛围。二是春节期间组织渝东南非遗项目开展"文化进万家——视频直播家乡年""非遗闹元宵"等系列活动，让群众感受到浓浓的家乡年味。三是联合中央广播电视总台在渝东南录制播出《艺览吾"遗"——非遗文化寻访特别节目》重庆专辑，以渝东南地区项目为代表的重庆非遗项目第一次在央视集中亮相，全网累计曝光量近 1.5 亿人次，微博话题累计阅读量超 6530.8 万人次，获得国内多家媒体和广大观众的好评。四是组织濯水绿豆粉制作技艺、武隆碗碗羊肉制作技艺、土家倒流水豆腐干等非遗项目参与中国非遗美食大集视频展播，已播出重庆非遗美食短视频 56 期。五是加强与高等院校、科研机构、文化团体的合作，开展文化生态整体性保护理论和实践研究，为文化生态保护区建设提供常态化智力支持。编撰出版《石柱土家啰儿调》《酉阳土家摆手舞》《南溪号子传承》等专著 15 本；升级编排《天上黄水》《印象武隆》大型非遗实景演出剧目。六是持续打造非遗传播品牌。完善重庆非遗抖音号、微信公众号、订阅号等宣传平台，组建新媒体传播矩阵，以宣传推广渝东南 6 区县的非遗项目、传承人为主，及时宣传重庆市渝东南生态保护区工作的亮点，增强重庆市文化生态保护实验区的宣传力度和影响力。2022 年重庆非遗公众号、订阅号、抖音号刊发 600 余条信息，关注人数 4000 余人。

三、工作建议

下一步，建议按照《国家级文化生态保护区管理办法》规定，将国家级文化生态保护区建设与城乡建设规划、生态保护、全域旅游等工作同规划、同部署、同检查、同落实，全面提升渝东南文化生态保护实验区建设水平。

（一）对标对表做好验收准备工作

对照文化和旅游部批复的《渝东南文化生态保护区总体规划》，进一步压实地方政府主体责任，紧盯重点任务目标责任，严格按照文化生态保护区建设任务分解表逐项落实，开展文化生态保护区建设成果研讨交流，分类指导，督促各区县全面开展建设成果自评，着力以创建验收为抓手，全力推动渝东南地区非遗保护工作提档升级，切实提升渝东南地区文化生态整体保护水平，力争顺利通过国家级文化生态保护区验收。

（二）不断提升系统性保护水平

一是推动文化生态保护区综合性非遗展示馆、武陵山非遗展示体验中心（黔江）等一批展览展示场馆项目建设和玉带河文化旅游复合廊道项目、云梯街历史建筑修缮项目等项目实施。二是进一步完善非遗保护传承体系，启动第七批市级非遗代表性项目申报工作，巩固保护区建设成果，依托旅游景区建设一批非遗传承体验基地，提升生态保护区整体建设水平。三是持续开展文化生态保护实验区实践理论研究，完成渝东南非遗档案和数据库建设，为文化生态保护区的建设发展提供理论依据和决策参考。四是深入实施传统工艺振兴计划，继续加大非遗工坊建设和非遗传承人培训工作力度，进一步提升传承人群传承实践能力，带动群众就业增收，助力乡村振兴。五是重点策划组织开展宣传普及教育展示传播品牌活动，充分发挥武陵文旅推广中心的窗口作用，持续举办中国武陵文旅峰会、武陵山原生民歌节等系列活动，有序推进非遗进社区、进校园、进景区，不断提高生态保护核心区域内的非遗可见度和参与度。六是鼓励引导社会力量参与文化生态保护工作，着力让非遗更好地融入现代生活，推动渝东南各区县依托区域内独特的文化生态资源，开展观光游、体验游、休闲游、研学游活动，让非遗更好地服务于当地经济社会发展。

（三）加强保护区影响力和美誉度

联动市区两级宣传媒体平台，着力用好重庆非遗抖音号、微信公众号、订阅号等微信、抖音平台及其他多种媒体宣传平台，搭建"互联网＋非遗"传播新途径，充分利用"文化和自然遗产日"等重大活动契机，集中宣传渝东南文化生态保护区建设成果，通过视频直播、发放渝东南文化生态保护区创建宣传单、投放宣传视频、设立宣传标语、开设宣传专栏等形式，切实提升渝东南文化生态保护区影响力，营造全民共同创建国家级文化生态保护区的浓厚氛围。

2021—2022年重庆非物质文化遗产传承人研修培训计划实施情况调研报告

重庆文化艺术职业学院　杨　荣

中国非物质文化遗产传承人研修培训计划是中华优秀传统文化传承发展工程的重要内容，也是帮助传承人"强基础、增学养、拓眼界"的重要手段。为深入了解重庆非遗保护传承现状，更好地发挥院校在非遗保护和传承人才培养中的积极作用，推动院校非遗相关专业建设和理论研究，提高非遗教育水平和人才培养能力，本人对近两年重庆非遗传承人研修培训计划实施情况进行了调研。

一、总体实施情况

（一）开展国家级研培工作情况

2021—2022年，重庆市4所研培高校（西南大学、四川美术学院、重庆文理学院、重庆文化艺术职业学院）开展了国家级研培工作。获得批复研培班共7期，已完成入库7期，截至2022年底已实施完成研培班共5期，涉及苗绣、秀山花灯、巫溪嫁花、荣昌陶器制作技艺和传统音乐等多个国家级非遗代表性项目，培训学员人数223人，培训完成率92%，其中参与培训的建档立卡贫困户3人，辐射带动就业人群数量达500余人。

（二）开展省级研培工作情况

重庆市高度重视传承人研培工作，将此项工作纳入《重庆市"十四五"非物质文化遗产保护规划》，两年来，全市有31个区县依托酉州苗绣、濯水石鸡坨土陶制作技艺、大石竹编、开州汉绣、重庆烤鱼技艺等项目，结合非遗工坊建设和非遗进校园、非遗进社区等工作，举办非遗技艺培训班 60 余期，培训学员达 1800 余人次，其中参与培训的建档立卡贫困户 300 余人，辐射带动就业人群数量达 1000 余人，本地非遗从业人员数量明显增加，"培训一人，带动一片"的现象不断涌现。

二、主要工作成效

（一）整合多部门资源，完善配套政策和工作机制

为持续深入推进研培工作，市文化旅游委联合市教委、市人力社保局等相关部门共同建立完善工作机制，各区县乡村振兴、人力社保、妇联等相关部门深度参与研培工作，以投入资金、联合主办等方式开展非遗技艺培训，各部门共同发力，有力推动了重庆研培工作走深走实。

（二）以需求为导向，优化研培课程教学体系

在研培立项上，以促进非遗与现代生活融合、助力乡村振兴等为方向，依托面广量大、从业人员众多、产业发展基础良好的项目开展研修培训。在师资上，协助邀请高校、科研院所及相关企业专家进行讲学，形成"高校名师、非遗大师、传统技师、实训指导师"为主的师资结构。在课程设置上，强化专业训练，注重培训实践，开展实地教学，着重帮助传承人将自身技艺进行实践创作突破，重庆文理学院文化遗产学院将传统音乐培训班的实践课程环节与本地区"非遗进校园"活动充分融合，将荣昌陶器制作技艺培训班的实践与创作课程安排到荣昌陶项目保护单位实施，成效明显，研培计划实施的科学性、规范性、有效性进一步加强。

（三）坚持以人民为中心，增强服务社会能力

充分尊重传承人的主体地位，关注弱势群体参与研培、学习新技能的权利。2021 年苗绣培训班有残障人士 1 人，建档贫困户 1 人；2022 年巫溪嫁花培训班中有建档贫困户 2 人。结合成渝地区双城经济圈建设等国家战略，针对性地向民族地区、脱贫地区等中西部省份扩大学员招收范围，2021 年苗绣

培训班和 2022 年巫溪嫁花培训班学员主要来自川渝两地，同时也辐射到贵州、湖南、湖北、广西等周边地区，极大增强了非遗的影响力，提高了社会认可度。

（四）鼓励高校教学科研同步推进，以研培实践促进学术研究

研培高校教师团队坚持学术导向，结合研培计划加强学术理论研究。两年间，各研培高校申报与非遗研培相关项目共计 24 项，其中西南大学 4 项，重庆文理学院 14 项，重庆文化艺术职业学院 5 项，分别涉及国家级 2 项，省部级 5 项，市级 16 项，发表与非遗保护工作相关的学术论文近 20 篇。西南大学研培教师团队结合研培计划对夏布、蜀绣、苗绣、巫溪嫁花、手工杆秤制作等非遗代表性项目开展调研，研培教师刘一萍教授在大量田野调查基础上，以《西南民族地区传统麻纺织技艺的历史复原、文化挖掘与传承创新研究》为主题成功申报国家社科基金项目。重庆文化艺术职业学院艺术设计学院教师团队将研培计划与职业教育人才培养工作相结合，项目"三联·三融·四平台——研培计划融入高职设计类专业人才培养模式研究与实践"荣获重庆市教学成果奖励三等奖，极大提高了研培高校的非遗学科教育水平和人才培养能力，同时帮助传承人和高校学生增进了对中华优秀传统文化的认识，坚定文化自信，提高了专业技术能力和保护传承意识。

三、存在的主要问题

（一）课程内容安排的特色还不够突出

在研培计划实施的过程中，做到了按照预定教学方案和教学目标，合理设置基础课程、拓展课程和实践课程。但在课程内容安排上特色还不够突出，在结合研培高校教学资源特色打造重庆研培特色课程体系的力度上还不够，没有完全形成具有示范性、地域性和独特性的特色研培课程体系。

（二）社会关注程度还有待提升

在研培计划实施期间，各研培高校主要通过社会宣传、成果展示、汇报

演出和常规大型活动等方式宣传研培计划实施成果。但近两年由于新冠疫情原因，组织研培高校、学员作品参加市内外非遗主题活动不多，在一定程度上影响了重庆研培工作的受关注度。

（三）跟踪回访形式还不够灵活多样

重庆依托中国非物质文化遗产传承人研修培训计划系统平台建立学员跟踪回访档案，对研培计划的教学效果进行常态化调研，用以总结研培经验，改进课程设置。但因新冠疫情原因，两年间在实际实施过程中，对研培学员所在地或社区开展持续跟踪回访率还不够高，回访多是通过线上进行，形式较为单一。

四、工作建议

（一）完善对研培高校的激励机制

建议文化和旅游部能定期开展评选活动，对表现优秀的研培高校、研培项目负责人和研培教师给予表彰奖励。同时协同相关部委将非遗科研相关项目成果作为评价指标，纳入教师职级晋升和职称评定考核体系，激发研培高校教师积极性。

（二）加大对研培工作瓶颈问题的攻关力度

进一步关注目前在研培计划实施中遇到的问题，围绕制约研培工作发展的瓶颈，如体制机制创新和研培成果转化等问题进行分析，梳理形成选题指南，设立非遗科研项目，配套项目资金，攻克关键难题，完善研培工作体系，更好实现"强基础、拓眼界、增学养"的目标。

（三）完善系统平台形成品牌效应

完善和优化"中国非物质文化遗产传承人研修培训计划"线上系统平台，设计专门的研培计划标识，加大宣传推广，尝试将研培工作由培训教学拓展至融学科建设、学术研究、产品研发、展示推广、互动交流等环节于一体的综合教育平台，切实提升研培工作信息化管理质量。同时开放部分资源共享权限，增加互动体验，提升非遗保护传承的知识普及度，面向社会各界推介有潜力的青年工匠，为非遗融入现代生活，加快实现创造性转化和创新性发展搭建桥梁，更好地传承和弘扬中华优秀传统文化。

关于四川扬琴传承发展的调研报告

重庆市曲艺团　李　佳

　　四川扬琴这种特殊的艺术形式发展至今已有两百多年历史，它作为中国四大说唱艺术之一，被评为国家级非物质文化遗产。但近年来，在全国现存13种扬琴艺术形式中独一无二的四川扬琴，出现了创作和演出市场的低迷，四川扬琴传承发展面临亟待解决的问题。作者作为四川扬琴的传承人之一，借助到各地演出、学习培训的机会，通过实地调查、走访座谈等方式，对四川扬琴的传承发展进行了深入调查思考，分析了存在的问题，并提出了做好四川扬琴传承发展的建议。

一、四川扬琴的艺术特色

　　四川扬琴是川渝两地地方传统曲艺说唱艺术代表性曲种之一，主要流行于重庆、成都、泸州、自贡等地，早年称"洋琴"，因表演中主要以扬琴为伴奏主乐，后得名"四川扬琴"。四川扬琴约形成于清乾隆年间，至今大致有两百年历史，演出形式原为数人坐唱，各操一件乐器伴奏，以扬琴为主，另有鼓板、三弦、京胡、阮、二胡等，以唱为主、说为辅。演员分生、旦、净、丑等角色说唱，如今也有现代曲目以站唱的形式表演，更突显主唱演员的表演。四川扬琴曲目中的万千气象都由演员面部及嗓音表现，或含蓄羞涩，或嬉笑怒骂，或秋波传情。四川扬琴演员的表演特殊技巧全在唱功，其拖腔之长，委婉曲折和连续顿音之多，非经长期艰苦训练不能自由驾驭。四川扬琴音乐分为大调、小调。大调属于板腔体结构，是四川扬琴的主要腔调，以一字为基础，由一字、快一字、慢一字、二流、三板、大腔、夺子等组成；小调是联曲体，一般用于抒情的部分。四川扬琴音色清脆明亮，乐曲中常出现八度大跳或者旋律上或下的起伏，有明显的跳跃性，结束时还与之前的演奏形成强弱、快慢的对比，力度呈渐进式变化，音乐情绪朴实、豪放，注重内心的刻画，曲调委婉，刚柔并进。四川扬琴借鉴了川剧的唱腔，具有一定的戏剧性，大多数四川扬琴曲目用大调谱腔，并形成了一套按照人物角色来区分的性格化唱腔。由于生角（男）和旦角（女）在音高上有明显的差别，又发展形成了男腔和女腔。

二、四川扬琴传承发展面临的问题和有利条件

一方面，随着时代的发展，曾经繁荣兴盛的四川扬琴，其传承发展面临着较为尴尬的境地。当代人对这项传统的说唱艺术不够熟悉，媒体关注度不高，专业传承人和学术研究人员也不多。目前，川渝两地在编的四川扬琴专业演出人员也较为有限，具有高级职称的演员甚少，不少四川扬琴演员转唱通俗或进入其他行业。演出场次不多，稳定的观众群体呈现高龄化趋势，无论是演员还是观众，在青少年群体中受重视程度都不够高，演员报酬与自身所承担的传承发展四川扬琴的职能也不完全匹配。当前，各种现代艺术形式大量出现，传统艺术普遍受到冲击，四川扬琴艺术也面临困难，包括人才和作品的匮乏；老艺人大多年事已高；专业人员和业余爱好者缺少展示平台，这些因素都直接影响到四川扬琴艺术的传承和发展。

另一方面，四川扬琴的新生代艺术家也快速成长起来。在四川和重庆，新一代的扬琴人通过老一辈艺术家的口传心授，悉心教导，在继承了传统扬琴的曲牌、音乐及自打自唱的方式上，不断摸索并借用了当今时代的新元素，运用了不同形式唱法，涌现出了一批新的扬琴作品，如《闯夔门》《长城新谣》《香莲闯宫》《长相思》《霸王别姬》等，都比较贴合时代的背景。其中，作者李佳于 2016 年和 2018 年参加全国曲艺最高奖牡丹奖的比赛，演唱《香莲闯宫》《长城新谣》，相继获得"新人奖提名"；2020 年 6 月，获得第十一届中国曲艺牡丹奖"表演奖提名"。如今，在国家的重视和教育部门的政策支持下，四川扬琴在一些中小学校举行"非物质文化遗产进校园"系列活动，

仅在四川地区，就有 20 余所学校在进行非遗文化校园传承的工作。川渝两地的国家级、省级"四川扬琴"传承人、专家及学者也开展了常态化的交流研讨活动。以上种种努力，都使四川扬琴这一古老的艺术形式散发出新的时代活力。

三、做好四川扬琴传承发展的几点建议

（一）不拘泥于传统，大胆吸收现代音乐的曲式结构

根据现代观众的审美观，运用变化反复和严格反复等现代常用的音乐结构，改变与加固听众的印象和音乐记忆；在内容、伴奏和表演形式上，推陈出新，在传统四川扬琴朴素简约的音乐形态下充分发挥想象，拓展空间，增强扬琴的表现力，创新扬琴的表演形式，丰富作品编排中的肢体语言，改良音乐编配、舞台形式，合理安排演出场地，还可借用其他兄妹音乐的演唱技巧来丰富扬琴的音乐语汇，打破传统表演和音乐节奏的惯性，让观众有耳目一新的感受；适当改良舞台服饰和演出效果，并在音乐、配器、时间和结构上进行合理的调配，在素材、剧本上与时俱进，增强魅力，让传统的作品既不失古典之美，又流露出当下流行的新元素，以符合当代的审美情趣。

（二）创新管理机制，拓展市场空间

一方面，应加快体制改革，制定激励制度，推进艺术体制改革，改善四川扬琴艺术家的生活待遇，提高收入水平，为四川扬琴艺术的传承发展创造良好物质条件。另一方面，要走产业化的可持续发展道路。要推动四川扬琴持续发展，在做好事业化保障的同时，需要借助市场化，打造产业化模式，推动专业文艺团体进行市场化、企业化实践，使其能长久立足于当今市场的大潮之中。旅游消费群体是四川扬琴较大且稳定的演出市场，各地游客也对四川扬琴这种独具川渝特色的艺术形式颇感兴趣，可以在一些大型旅游景点、娱乐场所设置代表四川扬琴展演场所，为四川扬琴提供长期、稳定的演出场所和市场空间。

（三）推动曲艺进校园，加强后备人才培养

可利用丰富的校园资源，适当选取四川扬琴代表性曲目，采取学生们乐于接受的形式进行教育培养，定期开展民族音乐文化周活动，如举办讲座、图片展，组织以四川扬琴为主题的系列演出活动，广泛搭建四川扬琴的传承平台，争创办学特色。针对艺术专业院校，可将现有的扬琴专业、民族打击乐等专业学生中声乐条件较好的选拔进行四川扬琴的专业培养，等等。

（四）借力各类媒体，加大宣传力度

借助媒体特别是网络媒体的强大引导力，通过创办特色专栏或制作电视节目的方式，对四川扬琴加大媒体宣传力度，增加媒体人的跟踪报道。或是将经典的四川扬琴曲目录制成唱片，向全国发行。同时还可以利用网络媒体，以及报纸、杂志、画册等平面媒体，拓展扬琴文化的传播方式。通过包括各种媒体形式的立体传媒渠道，将以往表演者和观众面对面的交流，拓展为不受空间和时间限制的全方位交流，推动四川扬琴的艺术传播进入新时期，逐步扩大四川扬琴受众面，推动受众欣赏能力的全面提高，引导鼓励大众文化审美向曲艺文化回归，增强观众对民族曲艺、戏曲、戏剧等民族艺术形式的认同，尤其是培养青少年的认知与兴趣，从而提高社会各界的关注度。

以创新为动力 推动公共数字文化科学发展——重庆市文化馆系统公共文化服务大数据探索实践

重庆市群众艺术馆 金 勇 文思琦

进入 5G 时代，面对新形势、新要求和新需求，如何有效应对挑战、解决问题，不断提升公共数字文化服务效能？如何精准了解广大群众精神文化需求，并及时按需进行文化产品和服务配送？如何利用大数据进行科学决策、科学评估和高效管理，是我们必须回答的时代课题。为此，重庆市群众艺术馆坚持问题和需求导向，结合实际，开拓创新，大胆探索，多措并举，为有效解决时代难题探索出了新的路径，并取得了可喜成绩。主要做法如下：

一、以创新为动力，全面大力推进公共数字文化建设

重庆市群众艺术馆自 2013 年开启数字文化馆建设，2014 年底完成了重庆公共文化物联网和重庆群众艺术馆数字文化馆平台建设并正式向广大群众提供公共数字文化服务。为进一步加快数字化建设，我馆通过申请国家公共数字文化建设试点项目，并以此为契机，启动了重庆市文化馆（中心）融合发展建设，经过几年的努力，目前已基本建设完成了功能齐全、运行高效、性能良好的一体化网络服务平台。

（一）按照"六个统一"，推进网络服务平台建设

实行市馆牵头，区县文化馆（站）配合的形式，按照"六个统一"，合力共建，采取"试点先行、积极稳妥、逐步推开、注重实用"的原则，建立起了 1+40+1100+N 的一体化网络服务平台，并建立和完善了相关体制、机制，

出台了 57 项数字化建设和服务推广相关制度，公共数字文化建设有力推进，网络总分馆基本形成。

（二）开门办文化，引进社会力量共担服务

着眼 5G 技术发展方向和未来新需求，及时调整工作思路，坚持开门办文化，合力开展公共数字文化服务。一是社会参与，不断深化合作求成效。通过事企合作，依托企业人才和技术优势，承担起了网络服务平台开发、功能完善、性能提升、网络机房建设管理和平台的运行、维护和安全监管等业务，确保平台各项功能的完整性、运行的稳定性、升级迭代的及时性和管理维护的科学性。二是多方协同，形成联动保运行。坚持以重庆市群众艺术馆为主导，各区县文化馆（站）为重要组成部分，平台开发、网络支持、云服务中心、安全保障等企业为支撑，共同参与建设、管理、运行网络服务平台，建立和完善了相关机制，责任明确，分工细致，要求具体，配合协调，确保了重庆群众文化云 PC、App 和微信端的稳定运行与各项业务工作的顺利开展。

（三）推进"六个融合"，开启数字文化建设新领域

按照创新、融合、协调、高效的原则，不断进行体制机制、思路、手段、方法和内容的创新，着力推进平台融合、资源融合、队伍融合、服务融合、机制融合、文旅融合，着力推行公共数字化与党务、行政和业务各项工作的融合，上下左右和各系统之间的融合。力求通过融合发展，真正实现平台共用、资源共享、活动共办、服务共担、宣传共推和要素流动的一体化、协同化、全域化的服务新模式，为不断满足广大群众高品质精神文化生活夯实基础。

二、公共文化服务快速发展，服务效率显著提升

重庆市群众艺术馆以公共文化服务大数据应用实践基地建设为契机，充分利用数字文化服务云总平台和各分平台每日产生的大量数据，积极开展大

数据采集、分析和应用实践。

（一）线上线下，国家地区数据资源共享

通过将重庆市文化馆系统的公共文化数据与国家平台打通，为国家公共文化服务大数据体系建设提供数据支撑，实现国家对重庆地区公共文化数据的采集服务，完成服务对接数据试点建设，为国家公共文化服务政策的制定提供决策指导。一是与平台开发公司协作对重庆群众文化云平台进行历史数据采集治理。主要采集重庆市群众艺术馆的历史服务数据；采集重庆群众文化云开展线上服务所产生的历史服务数据；采集重庆地区部分公共文化服务单位的历史服务数据。二是汇聚平台实时数据。主要采集重庆群众文化云场馆设施数据，包括采集市馆及 40 个区县（含经济开发区、高新区）和 40%以上镇街场馆的预约量、发布量、场馆类型、使用率等数据；采集重庆群众文化云用户行为数据，采集市馆及 40 个区县（含经济开发区、高新区）所有镇街使用平台的用户注册量、浏览量、收藏量、评论量等数据（见图 1）。三是数据对接共享。活动数据、场馆数据对接实现重庆群众文化云市馆及 40 个区县（含经济开发区、高新区）和 30%以上镇街活动数据，同步到公共文化服务大数据系统；用户数据对接实现重庆群众文化云市馆及 40 个区县（含经济开发区、高新区）镇街用户数据同步到公共文化服务大数据系统（见图 2）。就对接机制进行研究，形成可推广的对接工作路径，并以实践报告的方式呈现。

（二）考核评价更加科学规范

一是以全市文化馆系统公共文化服务大数据为基础，建立起了较为科学、全面、实时的公共文化服务效能考核评价指标体系，主要通过对 8 个一级指标、200 多个二级指标，进行多维度、多角度的定量定性分析，全面科学准确地进行公共文化服务效能的评估（见图 3）。二是通过机器学习和大数据系统分析，为数字文化服务设施、内容、方式、群众需求等方面进行趋势预测。及时了解用户特征、喜好和需求趋势等，为其提供更精准的服务（见图 4）。

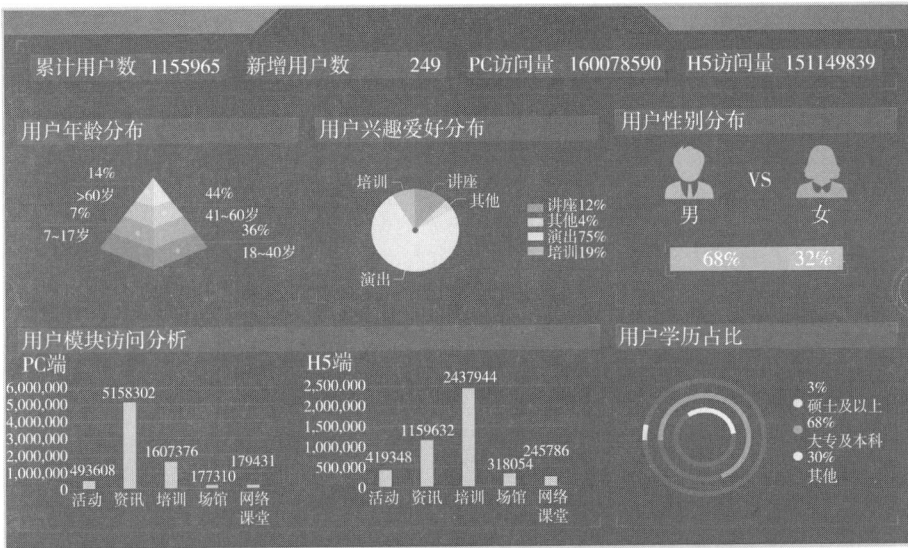

图1　重庆群众文化云用户注册量、访问量、收藏量评论量统计分析图

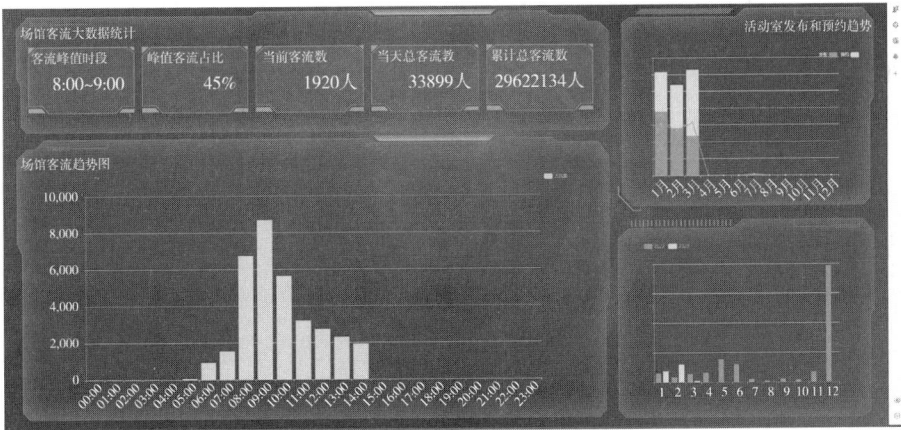

图2　重庆群众文化云客流统计分析图

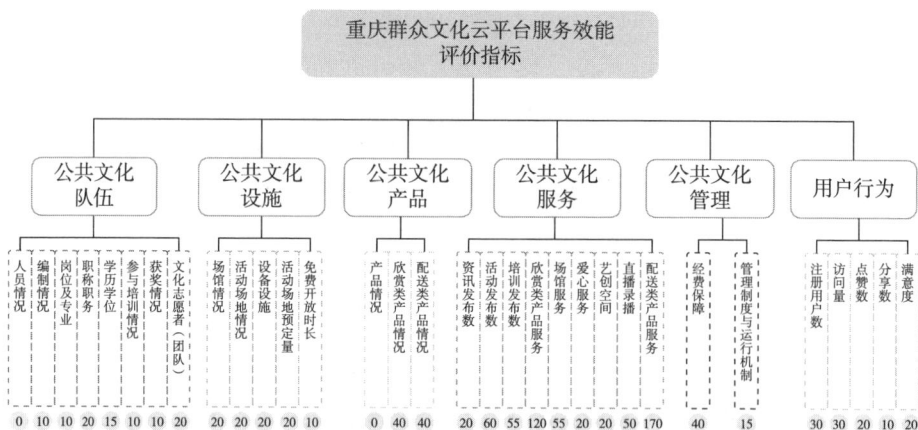

图 3　重庆群众文化云服务效能指标分析

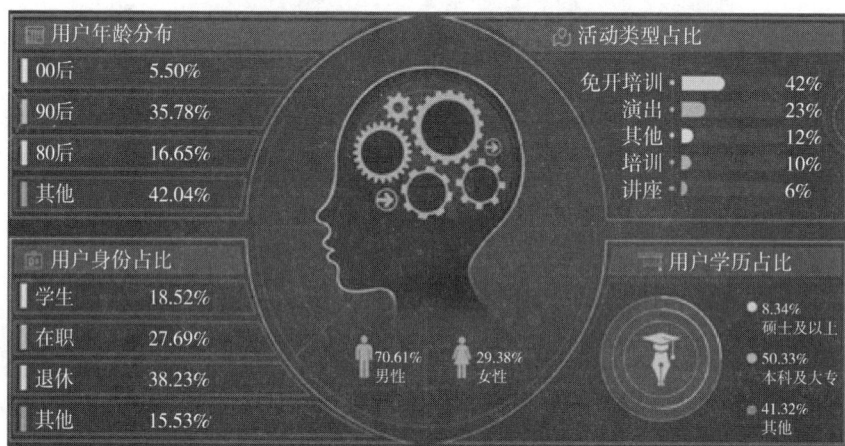

图 4　用户行为情况统计分析

（三）多措并举，不断丰富数字文化资源

一是通过对接、外链、共享等方式，及时与国家、省市、企业等相关网络平台，进行纵向、横向的对接融合，不断丰富平台资源，实行资源共享。二是着力资源特色，通过自建、购买、合作共建等方式，着力打造适合网络传播，具有时代性、趣味性、娱乐性和艺术性的微视频、微电影、脱口秀、动漫动画以及各个门类的艺术作品等，以不断满足广大网民的需求。三是开发个性化功能板块，如全民 K 歌、网络直播、艺创空间等，采取 UGC 的模

式，不断吸引网民自发参与，激发网民创作、创造的热情、激情和能力，力求开启网民自发参与、自发创作、自我展示，真正做到大众创作、创作大众的新局面。

目前，重庆群众文化云平台数字资源门类齐全、内容丰富，数字资源存储空间达 65 TB，可供实时调配的数字资源 40.6 万个（见图 5、表 1）。

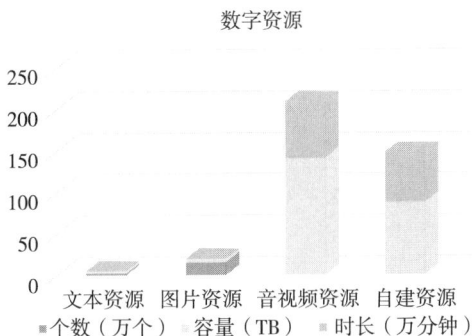

图 5　重庆群众云平台数字资源分类

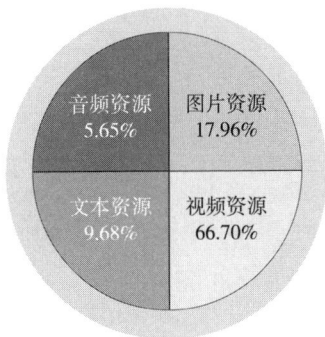

图 6

表 1　重庆群众云平台数字资源分类

资源门类	个数（万个）	容量（TB）	时长（万分钟）
文本资源	2.5	0.14	0
图片资源	15.2	3.2	0
音视频资源	21	142	67.4
自建资源	17	88	59.8

（四）群众参与更加踊跃

一是平台吸引力不断提升。截至 2022 年 12 月底，重庆群众文化云累计访问量突破 3 亿人次，用户数 115.59 万个（见图 6）。二是服务效能不断提升，通过对用户访问多维度数据进行分析，了解用户需求，大大提高了需求的匹配度，服务效能大幅提升。三是通过线上与线下结合，直录播与现场展示相结合，市级和区县联办的方式，通过各个省市数字文化馆等平台和媒体终端进行了全方位宣传推广。2022 年，实施线上数字文化服务推广活动 4 项，各省市直播联动 102 场，实施重庆市"乡村村晚"、广场舞展演等百姓大舞台品牌活动项目直录播 40 场，服务总数 1432.48 万人次，总计完成直录播 90 场，服务总数 6036.65 万人次。提供文化资讯 6 万余条；云平台音视频资源 15071 个；全市文化馆到馆客流达 3646.27 万人次。

图 6　重庆群众文化云访问量、注册用户统计图

（五）服务供需匹配性不断趋近

通过大数据的分析，不断调整服务方式、手段，拓宽服务渠道，增强服务体验，不断提升供需的匹配性。着力由"政府配送"向"百姓点单"服务模式转变，推行精准服务、个性化服务和网络化服务。目前，重庆市公共文化志愿服务产品涉及 7 大类 7.51 万个，全市群众文化志愿者总数达 3.2 万人（含志愿团队 2234 个），累计受理群众"点单"预约服务 13.1 万次，完成配送 13.1 万次，惠及群众 2963.8 万人次（见图 7、图 8、图 9、图 10），增加了广大群众的文化获得感和幸福感。

5G 时代，是一个巅覆性的时代，是人类社会从信息时代走向智慧化时代的起点，是机遇与挑战，新时代、新征程、新重庆，将充分利用新媒体便捷、快速、高效和智能的独特优势，进一步积极打造全民艺术普及 IP 服务，不断增加公共文化产品供给总量，着力解决公共文化服务与群众需求有效对接，不断满足广大群众精神文化新需求和新期待。

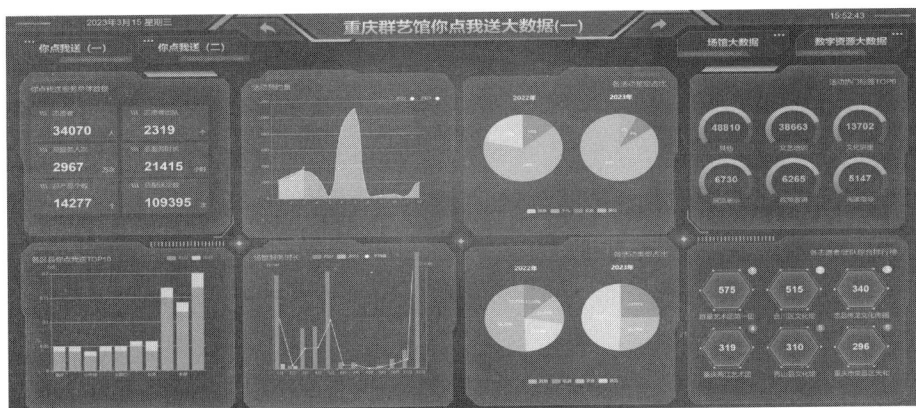

图 7   重庆群众文化云志愿服务预约配送统计分析

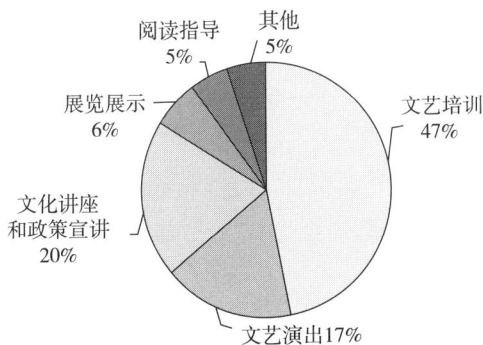

图 8   重庆市公共文化志愿服务产品配送分析图

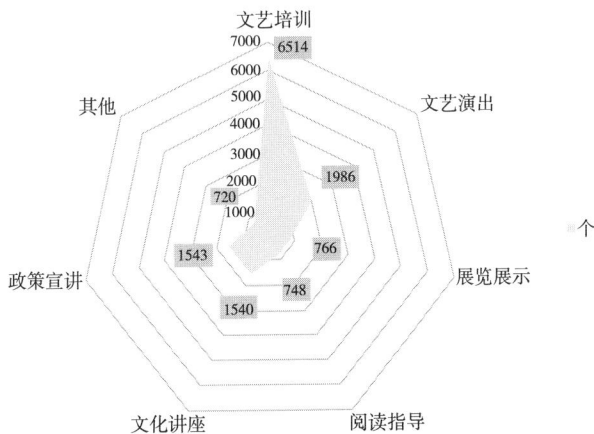

图 9   重庆市群众文化志愿者分类统计

（次）

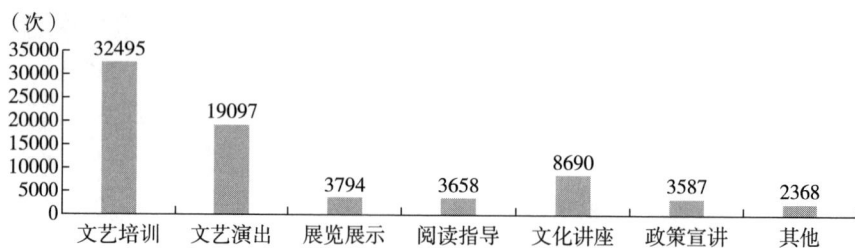

图 10　重庆市群文系统志愿服务产品配送统计

重庆图书馆关于川渝阅读"一卡通"项目主城都市区公共图书馆建设的调研报告

重庆图书馆　刘　丹

2020 年 1 月 3 日，中央财经委员会第六次会议研究部署了成渝地区双城经济圈建设重大战略。为做好成渝地区双城经济圈建设公共文化配套服务，川渝两地签署了《关于推动成渝地区双城经济圈文化和旅游公共服务协同发展合作协议》，确立建设川渝阅读"一卡通"项目。

为推进项目加速落地，2022 年，重庆图书馆着力开展此次调研。调研重点面向开放成人读者服务，以重庆图书馆、四川省图书馆和成都图书馆三个区域中心馆为代表进行信息收集。

一、调研内容和技术路线

（一）调研内容

一是调研建设过程中的优秀做法及难点问题，探讨业务流程规范化建设；二是调研读者满意度、建议等；三是调研社会保障服务机构和软件开发公司，研讨社保服务与公共文化服务实现资源共享和跨区域服务的可行性。

（二）调研技术路线

调研技术路线如图 1 所示。

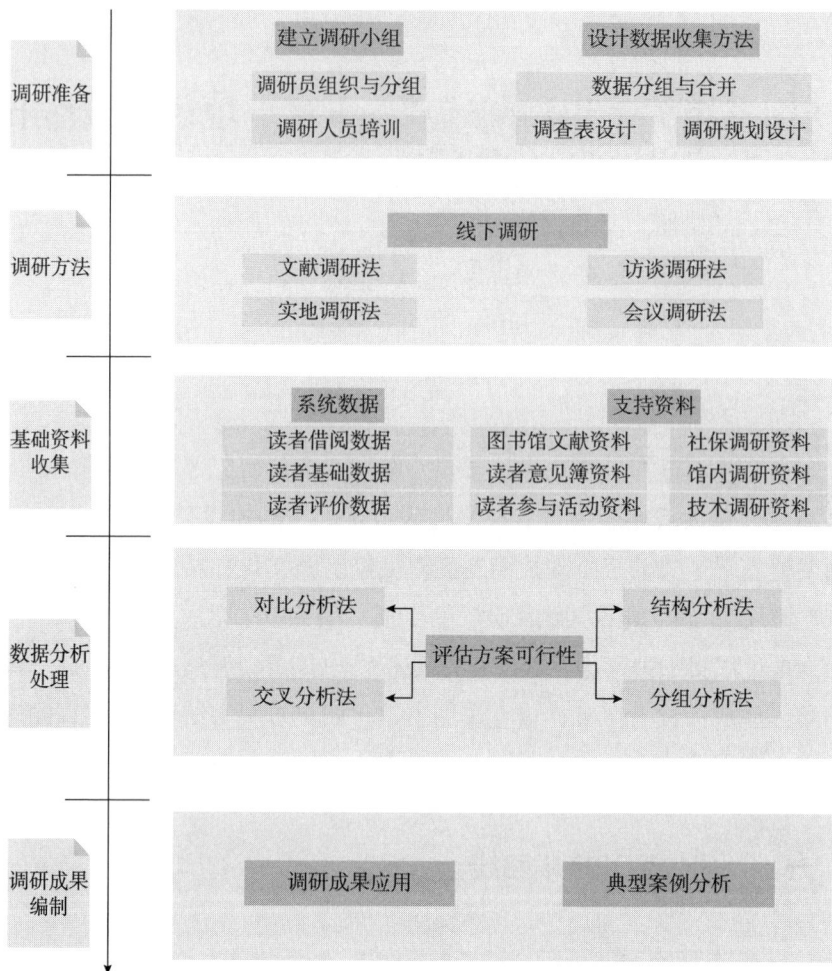

图 1　调研技术路线图

二、公共图书馆阅读"一卡通"建设现状

（一）国内现状

目前国内公共图书馆已陆续实现区域内阅读"一卡通"及文献资源一体化服务，但跨区域"一卡通"服务尚处于探索试验阶段。

（二）项目实施前川渝地区公共图书馆现状

1. 成渝地区公共图书馆概况

四川省纳入项目的公共图书馆共计 132 家，其中，省级馆 1 家，副省级馆 1 家，市、县级馆 130 家，服务居民超 7000 万人。

重庆市公共图书馆 42 家，其中，省（直辖市）级馆 2 家，区、县级馆 40 家，服务居民 3000 万人。

2. 成渝两地公共图书馆信息化系统情况

成渝两地三馆主要信息化业务系统情况如表 1 所示。

表 1　成渝两地中心图书馆信息化服务情况表

图书馆	核心业务系统		衍生自助服务系统	
	名称	架构方式	名称	芯片类型
重庆图书馆	DLibs	B/S	远望谷自助借还终端	超高频
四川省图书馆	Aleph500	C/S	远望谷/图创自助借还终端	超高频
成都图书馆	Interlib	B/S	远望谷/图创自助借还终端	超高频

3. 成渝两地图书馆文献资源服务情况（数据截至 2020 年底）

成渝两地三馆共计拥有馆藏 1270 万余册，珍贵古籍善本 118 万册，民国文献 43 万册，数字资源 440 TB。三馆基本服务情况如表 2 所示。

表 2　成渝两地中心图书馆文献资源年度服务情况表

图书馆	全年到馆读者量（人次）	注册读者总量	纸质文献总借阅		数字资源年访问量（人次）	官方网站访问量
			人次	册次		
重庆图书馆	1465694	498781	104337	876245	6372702	1844348
四川省图书馆	1872461	245755	47484	400872	3117656	3117656
成都图书馆	1070867	289108	86510	284557	4145523	558247

两地三馆在服务规则上有明显的区别，如表 3 所示。

表3　成渝两地中心图书馆文献资源服务规则情况表

门类	重庆图书馆	四川省图书馆	成都图书馆
借阅证类型	借阅证	身份证 借阅证	身份证 成都市社保卡
图书条码位数	14 位	8 位	15 位
借阅册数	4 册	5 册	8 册
借阅时间	30 天	30 天	30 天
续借次数及时间	1 次 30 天	1 次 30 天	1 次 30 天
滞纳金及上限	0.2 元 50 元／册	0.2 元 30 元／册	0.1 元 不封顶

成渝两地中心图书馆还积极开展新型文献资源服务。一是利用新媒体打造文献资源延伸服务平台（见表4）；二是与图书零售企业合作，开展"你阅读我买单"服务；三是与物流行业跨界合作，开展图书在线借阅服务。

表4　成渝两地中心图书馆新媒体服务情况表

图书馆	微信公众号 年访问量	微博 年访问量	抖音粉丝数量
重庆图书馆	60 万人	459.5 万人	1.2 万人
四川省图书馆	79.7 万人	299.8 万人	1.9 万人
成都图书馆	38 万人	164.9 万人	无人

4. 成渝两地图书馆文献资源一体化服务情况

截止到项目调研时，成渝两地公共图书馆已初步实现了自身区域的"一卡通"通借通还服务。

成都市于 2013 年成立了成都市公共图书馆服务联盟开展通借通还服务。重庆市于 2012 年开通重庆市主城区公共图书馆通借通还"一卡通"服务，覆盖主城 11 家公共图书馆，另外全市还有 20 家公共图书馆使用 DLibs 系统，具备"一卡通"整合条件。

（三）文献资源一体化服务技术实现现状

当前国内各馆的图书管理系统在底层架构上基本实现了总分馆式架构，可以支撑区域内一体化服务建设，但暂时无法满足跨区域服务需求，异构系统的对接存在一定困难。两地目前已打通社保信息系统，在此基础上，可进一步开展跨界融合项目建设。

三、川渝阅读"一卡通"项目建设面临的问题

（一）区域协作相关保障措施尚未完善

国家、市级对项目建设提供了良好的政策支撑，但开展一体化服务需要跨地域共建、跨行业协作、跨层级指导，实施难度大，仍需政府、行业从相关保障措施上给予支持。

（二）两地文献资源服务规则尚缺统一

为适应两地读者需求，需要在保持各馆原有规则最小变动的情况下，形成统一的整合，约定服务对象、内容、范围，实现两地文献资源服务规范统一化。

（三）两地文献资源服务尚待实现技术打通

1.馆内信息系统有待整合

当前，两地公共图书馆均已发展到系统平台融合阶段，但图书馆系统和数据建设方式未形成统一标准，无法形成有效互通，信息系统整合问题亟须解决。

2.区域内一体化服务仍需持续建设

目前已实现成渝两地中心城区公共图书馆的文献资源一体化服务建设，但街道、乡镇等基层服务场所未完全覆盖，两地区县级公共图书馆也未加入"一卡通"。

3.馆际业务数据缺乏交互渠道

目前，重庆市图书馆使用 DLibs 系统，成都区域图书馆使用 Interlib 系统

和 Aleph 500 系统，系统异构导致两地公共图书馆数据交互存在重重障碍。

4. 馆际资源共享机制仍需完善

两地已实现各自区域内的通借通还服务，但尚未搭建有效的跨区域文献资源共享机制，不利于成渝两地公共图书馆文献资源流通。

5. 跨界资源合作急需开展

借助人社系统社保卡服务等跨界资源合作能有效推进项目建设，社保卡作为读者证，能打破图书管理系统对接壁垒，减少读者持卡数量，利于大数据分析，提升可行性和民生服务作用。

（四）两地文献资源服务效能尚可提升

两地目前主要服务于区域内读者和相关机构，对成渝地区双城经济圈建设的文化支撑相对较为薄弱。项目实施后，可利用民生服务渠道将文化服务进行整合，实现两地文献资源互补。

四、川渝阅读"一卡通"项目实施情况及实践经验

（一）川渝阅读"一卡通"项目实施情况

项目在重庆分三期实施，截至目前，已完成一、二期建设任务，实现主城都市区 26 家公共图书馆全面部署，读者可在川渝两地 52 家公共图书馆享受通借通还服务。2023 年，项目将进一步覆盖渝东北、渝东南 17 家公共图书馆，力争实现"全覆盖"。

（二）川渝阅读"一卡通"项目实践经验

项目组从政策、机制、技术三个层面逐级解决存在的问题。

1. 充分利用政策红利助推项目建设

2020 年，重庆市委改革办公布《围绕推动成渝地区双城经济圈建设强化公共服务共建共享改革举措清单（第一批）》。重庆市文化旅游委与四川省文化旅游厅联合出台《深化四川重庆合作推动巴蜀文化走廊建设工作方案》（渝文旅发〔2020〕136 号）。2021 年，重庆市文化旅游委联合市发改委、市财政

局、市人力社保局印发《川渝阅读"一卡通"项目实施方案》。

各级文件、方案的出台，从政策层面给项目实施提供了保障，但仍需进一步完善，促进政策落实到对项目人、财、物的具体保障。

2. 积极细化协作机制推动政策落地

2020 年 5 月，成渝两地三馆共同签署合作框架协议，拟定《成渝地区公共图书馆共建公共文化一体化方案》。2020 年 7 月，两地图书馆分别与社保卡管理机构达成合作意向。在各参与单位达成初步合作意向的基础上，继续制定务实高效的协作机制。

3. 严格论证技术方案确保项目可行性

技术层面完成了两项关键任务：一是实现社保卡读者认证功能，搭建"社保卡信息中转平台"。二是实现纸质文献资源一体化服务，实现在 RFID 终端设备上对异地图书馆图书的识别和借还。

此次调研贯彻了中央重大战略精神，是落实重庆市委、市政府重点改革任务的具体实践，是对图书馆公共文化服务前沿理论和方法论的一项具有指导性与实践操作性的研究探索，为公共图书馆跨区域协同服务提供了新方法，对国内城市群公共图书馆一体化服务具有实践指导意义。

加强亲子阅读指导，构建书香家庭

重庆市少儿图书馆　周　欣　杨　柳　孙学娜　宋亚玲　王　玲

一、开展亲子阅读指导背景

亲子阅读是家庭教育的沟通桥梁，扮演全民阅读推广者角色的公共图书馆，承担了引导和组织全民阅读的职责。党的二十大报告指出，健全现代公共文化服务体系，创新实施文化惠民工程，图书馆作为提升公共文化服务的重要场所，要充分发挥其对家庭阅读的指导和促进作用，引导家庭成员主动阅读，进一步提升全民阅读水平，让家庭教育成为建设文化强国的重要推动力。

作为阅读推广的主要场所，公共图书馆可尝试搭建"家馆携手"的常态工作机制，通过主题化的设计和寓教于乐的亲子阅读推广活动，用孩子带动家庭，激活家庭阅读兴趣，从而达到提升公共文化服务效能、助力家庭家教家风建设的作用。近年来，国家对公共图书馆的建设投入力度加大，阅读资源、馆员素养、阅读空间和设施设备等阅读推广活动所必需的基本条件在公共图书馆中均有较大改善，这为公共图书馆开展亲子阅读活动奠定了良好的基础。

二、亲子阅读指导现状

从全国公共图书馆开展亲子阅读指导活动的情况来看，目前，大多数省市的公共图书馆在亲子阅读这项工作中的作用发挥空间还很大，家庭阅读的精髓和内涵尚未充分展现。在推动阅读融入家庭生活的过程中，仍存在一些问题，主要表现为：一是推广形式较为单一、吸引力不够。目前的亲子阅读推广以宣传为主，举办实践活动缺乏吸引力，以简单的家长陪读为主，尚未能在家庭中发掘足够的兴趣点，未能有效地激活家庭阅读的进行。二是缺乏足够的科学引导。图书馆推广活动未能形成体系，许多家庭不理解亲子阅读的内容与价值，不知道亲子阅读的方法等。三是缺乏对亲子阅读需求的反馈收集机制。图书馆每年增长的馆藏书籍与亲子阅读所需不能很好匹配，大量资源"沉积"，没能发挥出应有作用。

三、亲子阅读指导活动的意义

促进儿童早期阅读发展。早期亲子阅读能有效促进儿童的全面发展。通过阅读图画书来帮助儿童学习语言，贯通全面发展的学习，不仅能给儿童提供高质量的语言学习内容，而且让儿童拓展学习，认知世界。我国亲子阅读教育处于起步时期，尚未建立规范化的运作体系，如何针对儿童认知特点并结合家庭具体情况引导儿童高质量阅读已成为当前研究的重点。儿童的阅读质量在一定程度上影响认知能力的发展，亲子阅读是早期教育的重要环节，也是提升国民素质、影响国家发展质量的因素之一。

四、重庆市少儿图书馆开展亲子阅读指导活动

为带动广大家庭重视阅读，助力书香家庭、书香社会的建设，重庆市少儿图书馆组织讲师11人开展了重庆市家庭亲子阅读项目——亲子公益课堂，课程内容涵盖儿童心理发展、家长伴读技巧、美育教育等方面。比如《父母的语言，才是孩子真正的起跑线》《如何让孩子爱上阅读》《培养良好的积极心理品质——打造坚韧毅力》等15场公益课堂，其中活动还深入乡村振兴重点帮扶

图 1　线上活动宣传图片

区县秀山区涌洞乡川河小学，为当地的留守儿童活动举办了4场阅读体验课，发放"微爱阅读包"100份；公益课堂还邀请到国内知名儿童作家保冬妮带来线上讲座《0—6岁关键期发展与绘本阅读》。

（一）活动概况

活动通过亲子阅读会、家长课堂、儿童故事会等形式，聘请专业讲师团队开展亲子阅读指导活动，最后一场亲子阅读指导名师讲座在线上举行，并进行同步直播，免费向市民开放。讲师团队全部来自业务第一线，常年服务于广大读者。其中，有中国图书馆学会全国阅读推广人，有重庆市首届全民阅读点灯人，有高级早期教育指导师，有国家二级心理咨询师……名师讲座主讲人保冬妮，是知名儿童作家、中国作家协会会员、绘本课程专家。

图2　活动走进秀山县涌洞乡川河小学并为师生发放阅读包

图 3　活动家庭留影纪念

（二）活动亮点

一是活动形式丰富。本次活动包含亲子阅读公益课堂、线上名人阅读指导课、发放微爱阅读包等，活动参与人数多，以点带面，彰显了活动效能，扩大了活动影响力。

二是讲师队伍专业化。本次活动讲师团队专业性强，有儿童作家、心理咨询师、首届重庆"全民阅读点灯人"、儿童图书馆员等，常年服务于家长和小孩开展各种阅读推广活动。

三是课程内容针对性强。所有课件从家庭伴读技巧、儿童心理发展、亲子阅读课方面设计，针对各年龄段孩子及家长分享了阅读的乐趣、阅读的方法以及如何在遵循儿童成长规律的前提下引导孩子阅读等知识。

图 4　讲师指导活动家庭制作手工

（三）活动成效

所有讲师都具有较高的专业性，所有课件都教授家长阅读方法和技巧，从激发和培养小朋友阅读兴趣和习惯的角度来设计，生动有趣，通俗易懂。

传播了亲子阅读和科学育儿的新理念新方法，促进孩子的身心健康；提升文明素养，坚定文化自信，助力书香家庭、书香社会的建设。

五、重庆市少儿图书馆开展亲子阅读指导启示

亲子阅读指导活动不仅仅是重庆市少儿图书馆广大馆员对亲子阅读、家庭阅读推广深入研究探索的体现，同时也是联合社会力量共同助力全民阅读的成果。

（一）整合社会资源，让亲子阅读指导活动多元化

公共图书馆是国家文化发展水平的重要标志，是滋养民族心灵、培育文

化自信的重要场所，既是文献信息资源的集散地，也是传播文献信息资源的枢纽，在少年儿童阅读推广活动实践过程中，依托图书馆公共服务平台，整合社会资源，加强馆校合作，吸引专业力量，开展针对性的活动，比如增加儿童心理、家庭教育、文学素养等方面的内容，既满足儿童健康成长需求，又满足家庭成员掌握亲子阅读方法、有效开展家庭阅读的需求。

（二）夯实基础服务，让亲子阅读指导活动常态化

图书馆常态化开展亲子阅读指导活动，首先需打造符合儿童审美需求的活动场地，设立优秀绘本专架，美化阅读环境，营造阅读氛围，吸引儿童参与；采取激励机制，根据每个家庭的参与情况，定期评选优秀家庭并予以鼓励；建立效果反馈平台，建立亲子阅读交流 QQ 群、微信群，加强与家长的沟通，及时回答亲子阅读技巧方面的疑问，定期追踪活动效果，不断提升活动品质。

（三）利用新媒体，让亲子阅读指导活动便捷化

随着信息化时代的到来，公共图书馆也应该顺应时代环境的变化，迎合少年儿童、家长对阅读形式的新需求，建立便捷化的线上服务空间，使亲子阅读活动随时随地都能服务于家庭。重庆市少儿图书馆充分利用微信公众平台的宣传优势，最后一场的名师讲座通过微信公众号同步直播，广大家庭可以借助该平台享受到公共文化服务的均等性，最大限度地提高了公众的参与度。通过这种形式让广大家庭能够利用信息平台获取精准化的服务，实现了阅读数字化和信息化。

六、结语

亲子阅读指导活动旨在倡导、带动、吸引基层家庭重视阅读，公共图书馆在持续开展亲子阅读指导活动过程中，要在累积经验的前提下，注重理念和环节的创新，及时对活动的模式以及工作组织的方法进行动态调整，不断推出更多更优质的亲子阅读指导活动。

地方博物馆展陈体系设计调研报告

重庆中国三峡博物馆　管晓锐

一、调研背景

2012 年党的十八大以来，中国特色社会主义进入新时代，党和国家领导人多次就文物博物馆工作作出重要论述和批示，党中央和各级政府对文博事业给予了前所未有的重视与支持。近年来，地方博物馆通过拓址新建或原址扩建、新建等方式，主动融入新时代中国博物馆事业蓬勃发展浪潮，积极回应时代变革现实需求。与此同时，有关地方博物馆展陈体系构建的议题也渐成学界焦点，宋向光在《博物馆陈展体系的特点及规划策略》一文中就曾强调"博物馆陈展体系属于博物馆整体业务体系中的子系统，要始终遵循践行博物馆使命、立足博物馆定位"。重庆中国三峡博物馆（重庆博物馆）于 2005 年建设开放，目前，依托"十四五"时期重庆博物馆新馆建设这一市级重大文化设施建设项目，持续推进重庆博物馆新馆和重庆中国三峡博物馆展陈体系构建工作。总而言之，无论是国家总体部署、学界理论研究内驱动力，还是博物馆建设实践需求，都促使展陈体系构建成为新时代地方博物馆发展规划的重要导向。

二、调研概况

（一）范围和对象

地方博物馆，在国内博物馆界又被称为地方性博物馆，通常是指某一行政区划地具有代表性的博物馆，涉及综合性、历史（纪念）类、考古类、艺术类、民族类等类型。^①在中国博物馆现行体制下，采用"地方（local）"^②一词，实为强调博物馆建设和管理主体来自地方政府，其行为具有政府行政属性，其中，综合性和历史（纪念）类博物馆占比较大，^③这也是本报告选定的研究对象。

（二）内容和目的

结合新时代中国文博事业发展趋势，通过数据资料调查梳理，首先分析地方博物馆在展陈体系规划建设中现存的共性问题，探索实践的对策做法，然后运用博物馆学理论和博物馆实践案例，探讨地方博物馆新馆建设展陈体系设计的有效路径。目的在于，从学理层面为中国博物馆学研究提供新的议题，从实践层面为重庆博物馆新馆建设展陈体系规划提供可参考策略。

三、现状分析：以七个地方博物馆为例

选择近年来完成改扩建开放，或有新馆在建的国内地方博物馆为调研分析对象，针对其使命定位、展陈体系的官方表述，以及展陈体系构成进行梳理，如表 1 所示。

可以发现，社会使命的表述上，与地方建设战略定位、地方全域旅游规划和区域经济协同发展的国家战略布局紧密结合；展陈体系的表述上，尽管方式不同，但均紧扣该馆社会使命且强调特色；规划逻辑上，先明确博物馆的社会使命，再制定展陈策略，而展陈体系规划则是践行使命和实施策略的

---

① 国内博物馆界尚未发布博物馆分类标准，该分类按照业内以藏品性质来划分的常用方法，并参照国家文物局组织的年度博物馆年检备案，以及《中国博物馆》2022 年第 2 期刊载的龚钰轩、高华丽、黄永冲、康潘永的《浅谈博物馆类型划分依据及分类标准制度建设的思考》一文。

② 徐纯的《区域博物馆运动——看图认识博物馆（上）》一文曾指出，相对于强调自然界和地理因素的地区（area）一词，地方（local）一词更具有行政、政治意味，但无论是地区、地方还是历史发生地等性质的博物馆，都被纳入区域博物馆（regional museums）之内。

③ 数据参照前瞻产业研究院发布的《2020 年中国博物馆行业市场规模与发展前景分析》。

表1　国内地方博物馆体系分析表

博物馆	博物馆使命／定位	展陈体系描述	展陈体系构成		
			通史陈列	专题陈列	临时展览（列举）
湖南博物院	是一座主要反映湖南区域文明的大型历史艺术博物馆。立足于文化遗产的保护，致力于优秀文化的传播，以激发公众的参与和热爱，全力打造共有、共建、共享"我们的博物馆"。	两大基本陈列为核心，三大专题展览为补充，高水平的特展为活力。	长沙马王堆汉墓陈列；湖南人——三湘历史文化陈列	激荡于湘江——潇湘古琴文化展；瓷之画——从长沙窑到醴陵窑；画吾自画——馆藏齐白石绘画作品展	"东方既白：春秋战国文物大联展" "闲来生活风雅：宋朝人慢生活镜像" "王者归来：中国古代青铜器巡礼"
湖北省博物馆（北馆，老馆）湖北省博物馆（南馆，三期新馆）	是湖北省最为重要的文物收藏、保护、研究、展示、教育机构，是弘扬荆楚文化的阵地和展示湖楚文明的窗口。	按照"彰显荆楚文化魅力、展示湖北文明发展历程，突出馆藏文物特点，体现最新学术研究成果"的展览理念，建立既体现自身优势，又彰显个性的陈列展览体系。	湖北通史之湖北古代文明（改陈中）	曾世家——考古揭秘的曾国；越王勾践剑特展；曾侯乙；楚国八百年；梁庄王珍藏；八音和鸣——音乐文物展	"龢：音乐的力量：中国早期乐器文化展" "自然的力量：洛杉矶郡艺术博物馆古代玛雅艺术品" "大师智藏：近现代名家精品系列展"

续表

博物馆	博物馆使命/定位	展陈体系描述	展陈体系构成		
			通史陈列	专题陈列	临时展览（列举）
成都博物馆	立足西南，面向全国，致力于建设具有广泛影响力的都市博物馆。		花重锦官城——成都历史文化陈列（古代篇）	影舞万象——中国皮影展	"丝路之魂：敦煌艺术大展暨天府之国与丝绸之路文物特展" "文明的回响：来自阿富汗的古代珍宝" "秦蜀之路青铜文明特展" "列备五都：秦汉时期的中国都市"
			花重锦官城——成都历史文化陈列（近世篇）	偶戏大千——中国木偶展	
			花重锦官城——成都历史文化陈列（民俗篇）	人与自然——贝林捐赠展	
杭州博物馆[杭州博物院（筹）]	展现杭州历史变迁和文物珍藏的人文类综合性博物馆。	一为"最忆是杭州——杭州历史文化陈列"通史，二为"珍藏文物精品陈列"馆藏文物精品陈列系列专题，两者各有侧重、相互补充又有机关联。	最忆是杭州——杭州历史文化陈列	物华天宝——杭州出土文物精品陈列	"发髻（yè）的来潮" "青少年教育体验展" "海上丝路的中国与英国：从杭州到伦敦" "赏石记：馆藏赏石题材书画展" "红色印记 1921—2021：潮起钱塘 庆祝中国共产党成立100周年特展"
				意匠生辉——杭州不可移动文物纵览	
				翰墨丹青——馆藏书画精品陈列	
				闲情雅致——馆藏文房雅玩陈列	
				方寸之间——馆藏邮票陈列	

续表

博物馆	博物馆使命/定位	展陈体系描述	展陈体系构成		
			通史陈列	专题陈列	临时展览（列举）
浙江省博物馆孤山馆区	浙江省内规模最大的综合性人文科学博物馆。	浙江省博物馆之江馆区建成后，将与孤山馆区互为补充。之江馆区以陈列浙江历史为主，以展示浙江历史艺术为主要内容的陈列区；孤山馆区则是以艺术专题展示为主的陈列区。	越地长歌——浙江历史文化陈列	昆山片玉——中国古代陶瓷陈列	"越王时代——吴越楚文物精粹" "千年清音——唐宋古琴特展" "幽居与雅集——明清山水人物画中的文士生活" "天下龙泉——龙泉青瓷与全球化"
				画之大者——黄宾虹艺术陈列	
				重华绮芳——宋元明清漆器艺术陈列	
				瑞象重明——雷峰塔文物陈列	
			钱江潮——浙江现代革命历史陈列	文澜遗泽——文澜阁与《四库全书》	
				非凡的心声——世界非物质文化遗产中的中国古琴	
				意匠生辉——浙江民间造型艺术	
				十里红妆——宁绍婚俗中的红妆家具	

续表

博物馆	博物馆使命/定位	展陈体系描述	展陈体系构成		
			通史陈列	专题陈列	临时展览（列举）
浙江省博物馆之江馆区（在建）	以"现代化""数字化"和"国际化"为之江新馆建设目标，打造"国内领先、国际一流"的新型博物馆，开启数据驱动、智能互联、深度互享、开放协同共享，创新的博物馆新纪元。	浙江省博物馆之江馆区建成后，将与孤山馆区互为补充。浙江之江馆区以陈列为主，以展示浙江历代艺术为主辅，孤山馆区则是以艺术专题展示为主要内容的陈列馆区。	浙江艺术专题陈列版块（三楼）浙江古代文化艺术系列：包括《江南美学：明清以来文人的生活艺术陈列》《浙江青瓷：浙江青瓷文化艺术》《越中佛传：浙江佛教文化陈列》《漆彩纷呈：宋元明清漆器陈列》；（四楼）四楼书画展示浙江历代名迹中的浙江文脉陈列包括《千载遗芳：书画名品陈列》《德厚流光：馆藏当代名家书画陈列》《山水之间：黄宾虹精品陈列》《太古之音：古琴艺术陈列》《艺观：图风人文数字陈列》		
苏州博物馆	苏州博物馆本馆与西馆：一传统，一当代；一江南，一国际；一重观展，一重体验。两馆错位发展，创新发展，彰显苏州博物馆"代表江南文化，创新发展和引领行业发展的世界级博物馆"的发展理念，紧跟城市文化传播策略，以彰显江南文化品牌为宗旨。	以展示江南文化为主的定位。	无	吴门书画 吴中风雅 吴塔国宝 吴地遗珍	
苏州博物馆西馆	从文化艺术、苏作技艺，苏式生活等多个方面全面展示了吴地的悠久历史和特色工艺。在立足江南文化的基础上，积极探索世界多元文化的链接与融合。		纯粹江南——苏州历史陈列	技忆苏州——苏作工艺馆 苏色生活馆——数字媒体展 书画苏州——馆藏历代书画陈列 国际合作馆	"苏艺天工"大师系列、"苏·宫——故宫博物院藏明清苏作文物展"、"天下惟宁：汉代文明的四张面孔特展"

具体执行。由此可见，地方博物馆以特有的身份正在融入人文城市建设，[①] 肩负着"实现个人文化身份认同基础上的国族文化身份建构"的社会使命。新时代中国博物馆建设发展过程中，地方博物馆只有不断更新对社会使命的理解与表述，才能确保展陈体系构建拥有更加明确的目标。

四、现存问题与挑战

当前国内地方博物馆的发展处在重大机遇和重大挑战并存的新时代，陈列展览对创建中国特色世界一流博物馆的发展目标起着至关重要的作用。面对新任务新要求，博物馆陈列展览工作存在一些亟待解决的问题：一方面，适应高质量发展要求的体制机制还不够健全，陈列展览体系仍有待实践考验和探索完善，项目储备和战略谋划有待加强；另一方面，陈列展览品质和管理水平亟待提升，特色化、个性化和更具影响力的成果产出乏力，融入经济社会发展、文化强市建设和推动文明交流互鉴等国家战略布局仍需加强，专业人才队伍力量和梯队建设依然薄弱，与人民群众对高品质文化生活的新期待尚有差距，必须高度重视、切实解决。

五、对策措施

（一）增强陈列展览品质，推动高品质文化供给

坚持品质化、创新化、特色化理念，建立健全体制机制，优化提升展陈体系，着力打造品牌系列，加强优质展项谋划储备，以"全国博物馆十大精品陈列展览"和"弘扬优秀传统文化、培育社会主义核心价值观"主题展览

---

① 2014 年 3 月《国家新型城镇化规划》首次提出"注重人文城市建设"，把绿色城市、智慧城市、人文城市列为新型城市的三种形态。2021 年 3 月《中华人民共和国国民经济和社会发展第十四个五年规划和 2035 年远景目标纲要》提出"建设宜居、创新、智慧、绿色、人文、韧性城市"，人文城市成为"十四五"时期城市现代化重点建设的六种形态之一。以上海博物馆为例，根据上海城市建设的文化目标，2021 年 8 月发布《上海博物馆全力打响"上海文化"品牌 助力建设社会主义国际文化大都市三年行动计划（2021—2023 年）》。

推介活动为引领，形成一批注重反映社会发展和时代变革，注重展示特色地域文化，讲好重庆故事、彰显重庆内涵的高水平原创展览，大力推进重庆博物馆新馆和重庆中国三峡博物馆基本陈列大纲论证和编制工作。

（二）提高数字化展示能力，发挥智慧博物馆示范作用

以现代信息技术为支撑，围绕"云"展览、特殊体验展厅等数字化展示体验产品，依托云上三峡博物馆建设项目、三峡博物馆常设展览改陈和观众服务能力提升项目，提升公共服务效能和观展体验，提高博物馆数字化展示能力和水平，形成与时俱进的陈列展览与科技创新相结合的发展格局。

（三）深化交流合作办展，加强协同发展和引领带动

依托西南博物馆联盟、长江流域博物馆联盟、三峡博物馆总分馆制建设，利用全市历史博物馆群平台，持续深入推进馆际交流与合作办展，构建起协同联动的事业发展格局。发挥西南博物馆联盟、重庆文物外展精品工程等平台作用，不断优化提升项目库输出展项，拓宽境内外展览交流渠道，创新合作办展模式；引进优质展览，彰显"文化客厅"作用，打造开放互鉴的文化推介交流平台，提升国际影响力传播力。树立精品意识，将基本陈列和临时展览纳入博物馆品牌建设范围，利用基本陈列改陈和临时展览策划提升，打造一批特色化、个性化，具有影响力和知名度的品牌项目。

（四）积极融入国家重大战略和重庆市经济社会发展大局

结合共建"一带一路"、长江经济带发展、成渝地区双城经济圈建设、西部陆海新通道、西部大开发等国家战略部署，内陆开放高地、中西部国际交往中心、国际人文交流城市和国际消费中心城市建设，以及山清水秀美丽之地建设和城市重点片区打造等全市文化和旅游高质量发展，持续推进博物馆重大展览项目谋划和实施，主动服务国家重大战略、重大文化工程，为重庆市博物馆事业融入大局谋发展提供机遇、搭建平台。

探索老艺术家文艺志愿服务提升路径——以重庆艺员管理培训中心为例

重庆艺员管理培训中心　任　伟

2019 年以来，为深入学习贯彻中共中央、国务院印发《关于加强新时代老龄工作的意见》，适应人口老龄化发展新趋势和重庆市文化和旅游发展委员会工作部署要求，重庆艺员管理培训中心（以下简称重庆艺员中心）推动搭建志愿服务平台，统筹利用全市文化旅游系统老年文化艺术资源，走进城市街区、偏远乡村、高校等地，开展文艺辅导、文艺演出等志愿服务活动，取得了较好社会效益，得到社会广泛关注，为高质量做好老干部工作添砖加瓦。

一、离退休人员志愿服务现状

（一）平台搭建更加丰富完善

重庆艺员中心集中服务管理转企改制文艺院团 800 余名离退休人员，其中具有高级职称的老同志 200 余名，涵盖杂技、曲艺、京剧、话剧、歌舞、越剧等专业门类，艺术资源丰富，如何激活这个群体，服务全市文化旅游事业发展成为一个课题。重庆艺员中心高度重视、开发老龄人力资源，2019 年以来，发起成立重庆市文化旅游老年志愿服务协会，承办重庆市老年大学文旅分校，成立了重庆艺员中心文艺志愿者艺术团，组织老艺术家开展文艺演出、文艺辅导，为老同志搭建了多元化的余热发挥、志愿服务平台。

（二）整合资源建立专家库

按照老同志退休前从事的专业，分艺术门类建立人才库，组建了 200 余人的创作队伍、演出队伍和讲师队伍。根据老同志文艺志愿者活跃程度，组建了近 40 人的核心队伍，成立艺术委员会，每季度召开 1 次艺委会，学习贯彻上级重要文件精神，研讨艺术团文艺作品创作、审核、展演、队伍发展等事宜，规范操作流程，将资源有效整合起来，发挥实效，目前已完成艺术团节目 10 个类别 27 个节目的储备工作。

（三）拓展市场扩大服务面

重庆艺员中心积极主动与市关工委、市委老干局等部门和区县、高校进行对接，达成了初步长期合作意向，将老艺术家文艺资源转化为市场所需，组织文艺志愿者到酉阳县车田乡、巫山县竹贤乡、渝中区七星岗街道、市第二社会福利院等送文艺演出，组织王建武、戴克、卢小玉、孙志芳等老艺术家到重庆师范大学、重庆工商大学、渝中区青少年校外活动中心、市精神卫生中心等开展文艺辅导，打造"名师艺术课"，把这些"闲置"的艺术资源推送到需要的地方。

（四）制度建设更加规范有序

先后建立健全《重庆艺员管理培训中心艺术团管理办法》《重庆艺员管理培训中心文艺志愿服务记录办法》《重庆艺员管理培训中心文艺志愿者讲师授课工作审核办法》《重庆艺员管理培训中心演出排练管理办法》等制度。着力加强队伍建设、完善激励机制、引领创作展演、加强日常管理等，主动将老同志开展志愿服务情况加入"重庆文旅志愿者""志愿云"等网络数字平台，对接上级志愿服务管理要求，为志愿服务发展打下坚实基础。

（五）品牌打造影响力逐渐提升

坚持立足实际挖掘特色，打造名师艺术课堂、文艺小分队等，走进城市街区、乡村振兴一线和高校、区县青少年培训中心等地方开展文艺辅导、文艺演出服务活动，得到社会广泛关注和支持，志愿活动多次得到文旅中国、重庆日报、第一眼新闻、"七一网"、华龙网等媒体的宣传报道，架起了老艺术家与市场连接的纽带，为更多老艺术家到高校、区县青少年活动中心开展志愿服务活动，实现互利互赢，助力全市文化人才培训培养提供造势服务。2022 年 6 月，重庆艺员中心文艺志愿者艺术团走进巫山县下庄村开展文艺演出获得良好的社会影响。重庆艺员中心文艺志愿者艺术团团长郝士福获得文化和旅游部 2021 年文化和旅游领域学雷锋志愿服务先进典型——最美志愿者。

（六）夯实基础谋划长远发展

将组织离退休人员开展文艺志愿服务与贯彻落实党中央关于老龄工作的部署以及提升老干部服务管理质量结合起来，主动寻求上级部门支持、社会机构赞助和单位托底，解决资金来源渠道多元化，为文艺志愿服务提供经费保障。目前，活动合作方无偿提供场地、给予志愿者补助、开展活动宣传等已经形成共识，有力地促进了志愿活动开展。重庆艺员中心主要落实专人负责，文艺志愿者艺术团人员结构以市文化旅游委系统离退休人员为基础，积极面向社会，广泛吸纳文艺爱好者加入文艺志愿者队伍，重点保证志愿者队伍质量和文艺作品创作活力。

二、文艺志愿服务发展面临的困境

（一）思想观念滞后，参与志愿服务活动积极性不足

传统观念认为，老年人退休后就是完全退出工作岗位，在家颐养天年，将重心转移到家庭，这导致离退休人员参与志愿服务活动的整体氛围不够。同时，接受志愿服务的单位考虑老年人开展活动安全风险也较大，接纳老年人开展志愿服务的意愿也不够强烈。社会观念滞后，志愿服务氛围不够，实实在在地限制或阻碍了离退休人员志愿服务发展。

（二）教育培训不足，老年人适应新时代志愿服务技能不足

老年人从单位退休后，缺乏对专业知识的学习，仅凭经验，难以适应时代发展所需。2019 年，重庆艺员中心组织 3 名专业院团老同志参与石柱黄水免费教学活动，担任授课教师，在教学过程中，未能完全将自己所长转化教学，教学效果未达预期。老同志从工作岗位上退休后，愿意继续对曾经所从

事的专业技能进行再培训、再教育的，寥寥无几。

（三）政策支持缺力度，老年人文艺志愿服务难持续和壮大

组织老年人开展文艺志愿服务是重庆艺员中心深化离退休人员服务管理的一个有益探索，是为离退休人员搭建平台，实现老有所为、老有所乐的有力举措，兼顾助力文化旅游事业发展的职责。但在相应的配套政策方面，未形成完整的支持体系，在经费保障、人员力量等方面过度依靠行政资源和手段，融入市场机制不健全。

（四）创新机制不全，老年文艺志愿服务形式单一

组织老年人开展社会志愿服务的氛围不足，多依靠行政方式或人际关系的推动，志愿服务的社会性、自愿性较差，一些志愿活动成为一次性，缺乏持续性，缺少可持续的项目实施规划，也没有稳定的志愿者招募渠道和有效的激励措施，不利于老年文艺志愿服务事业发展。

三、对未来发展的几点思考

（一）完善志愿服务管理制度

广泛开展社会调研，充分借鉴全国或市内其他行业老年志愿服务管理经验，结合文化艺术行业志愿服务特点，因地制宜地制定志愿服务制度，既规范有序，又能激发活力，推动志愿服务发展。譬如将志愿服务纳入"银龄行动"一体规划、一体部署，对优秀的老年志愿者予以表彰奖励等，切实提高老年人志愿服务积极性。

（二）强化宣传引导，提升参与度

积极发挥离退休干部党组织战斗堡垒作用，发挥党员带头示范作用，树立老同志参加志愿服务的新风尚，引导老同志转变志愿服务观念，更加主动、更加积极地参加志愿服务。各单位对积极参与志愿服务的老同志适时加大宣传力度，树立老年人老有所为的良好外部形象。

（三）打造特色节目，提高艺术水平

针对老同志的身体健康情况和艺术特点，持续深化品牌打造，创作适应老同志展演的艺术节目，利用老同志丰富的演艺经验，开展文艺演出、文艺辅导等特色志愿活动，为群众提供赏心悦目的有水准的艺术享受。譬如针对老同志所长、基层所需量身打造非遗传承、艺术指导、公益演出等节目，覆盖公共文化服务所不及。

（四）夯实基础保障，提高积极性

坚持以公益性为根本，积极探索市场合作机制，多渠道多形式保障志愿服务经费来源，做好安全应急保障措施，降低活动风险，减除老同志参与活动的后顾之忧，激发老同志参加活动的积极性。政府部门要通过购买政府服务等给予志愿服务团体一些政策支持，老年人所在单位要购买老年人意外伤害保险，给予老年人实实在在的实惠。

重庆市剧本娱乐行业发展情况调研报告

重庆市文化和旅游发展委员会市场管理处 殷 强

"剧本娱乐"作为文化旅游产业发展的新"风向"。近年来，重庆市剧本娱乐行业不断更新迭代与其他产业融合"破圈"，但在丰富文化供给、满足群众文化娱乐消费需求的同时，也出现了一些不良内容及安全隐患。2022 年 6 月，文化和旅游部、公安部等国家 5 部（局）下发《关于加强剧本娱乐经营场所管理的通知》，对加强剧本娱乐经营场所管理提出具体政策措施。为深入了解重庆市剧本娱乐行业发展情况，推进下一步规范健康发展，日前，市文化旅游委牵头组成专题调研组，对全市剧本娱乐行业发展情况开展专题调研。

一、基本情况

（一）行业规模

2018 年至 2021 年，沉浸式剧本娱乐行业规模快速扩大，2022 年受新冠疫情反复影响，行业发展短暂受挫。根据美团、大众点评数据，从 2018 年至 2021 年，密室逃脱类、剧本杀类经营场所的总体数量增长幅度超过 400%，沉浸式剧本娱乐行业的规模快速扩大，截至 2021 年底，全国"剧本杀"线下实体店已经突破 4.5 万家。据中国文化娱乐行业协会数据显示，2021 年我国剧本娱乐经营活动规模达 170.2 亿元，同比增长 45%；预计到 2023 年，行业规模有望达到 566.8 亿元，2030 年有望突破千亿规模。经调研汇总，目前重庆市剧本娱乐经营场所共 572 家，产业规模预估约 10 亿元。其中：桌面剧本场所 222 家，沉浸式剧本场所 199 家，密室逃脱娱乐场所 151 家。据中国文化娱乐行业协会最新数据表明，重庆市 2021 年剧本娱乐经营场所门店数量排名全国第 7 位（见图 1）。

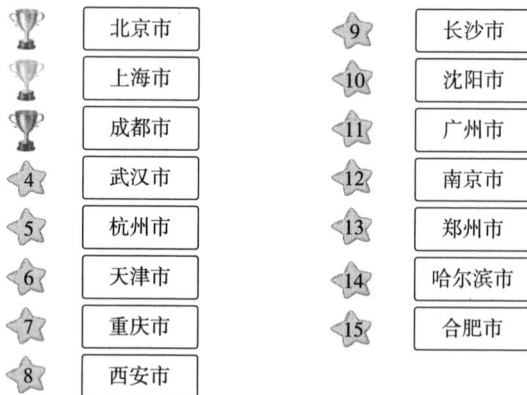

🏆	北京市	9	长沙市
🏆	上海市	10	沈阳市
🏆	成都市	11	广州市
4	武汉市	12	南京市
5	杭州市	13	郑州市
6	天津市	14	哈尔滨市
7	重庆市	15	合肥市
8	西安市		

图 1　2021 年全国各省市剧本娱乐场所门店数量排名

（二）总体分布

除彭水县和万盛经开区外，重庆市剧本娱乐场所分布在全市 39 个区县。其中：密室逃脱娱乐场所主要分布在江北区、渝中区、沙坪坝区、九龙坡区等主城区域（见表 1），桌面剧本场所、沉浸式剧本场所除在主城区域分布外，万州区、合川区、涪陵区、铜梁区等远郊区县也有所分布。同时，剧本娱乐场所主要集中在江北区观音桥、渝中区龙湖时代天街、沙坪坝区三峡广场等人流集中的商圈，仅观音桥"剧本杀"娱乐场所就高达 164 家（见表 2）。

表 1　重庆市密室逃脱娱乐场所主要分布情况

序号	区县	集中区域	数量（家）
1	江北区	观音桥	63
2	渝中区	龙湖时代天街	60
3	九龙坡区	袁家岗城开中心	13
4	沙坪坝区	三峡广场	9
5	南岸区	万达广场	6

表2 重庆市"剧本杀"娱乐场所主要分布情况

序号	区县	集中区域	数量（家）
1	江北区	观音桥	164
2	渝中区	龙湖时代天街	92
3	沙坪坝区	三峡广场	52
4	渝北区	两江影视城	26
5	南岸区	万达广场	25

二、存在的问题

（一）剧本脚本内容存在问题

一是未建立内容自审制度。经统计，全市572家剧本娱乐经营场所中，未建立内容自审制度的场所达186家，占32.5%。二是剧本脚本的内容问题突出。经抽查，全市剧本娱乐经营场所中存在内容问题的剧本脚本达103个，内容大多涉及色情、恐怖、暴力等。三是表演、场景、道具、服饰等存在内容问题。部分桌面剧本场所、沉浸式剧本场所、密室逃脱娱乐场所追求惊险、刺激、恐怖等，导致其在表演、场景、道具、服饰等存在诸多内容问题，经抽查存在此类问题的场所达39家。

（二）未成年人保护责任未履行

调研中，全市572家剧本娱乐经营场所中，未设置适龄提示范围的场所达181家，占31.6%，未提示不适宜未成年人的场所达176家，占30.8%，未在规定时间向未成年人提供服务的场所达125家，占21.9%，未进行实名登记的场所达502家，占87.8%。

（三）安全生产主体责任未落实

调研中发现，重庆市部分剧本娱乐场所采用易燃可燃物材料装修，普遍不具备安全疏散条件，场所内未按要求设置自动喷水灭火系统、防排烟系统等消防设施；场所内电气线路敷设不符合国家技术标准；部分场所无全程监控摄像记录。经统计，全市 572 家剧本娱乐经营场所中，未取得公共聚集场所消防审批的有 255 家，占 44.6%；设在居民楼内的有 45 家，占 7.9%；设在建筑物地下二层及以下的有 3 家，占 0.5%。

（四）内容版权无保护

调研中发现，目前重庆市剧本娱乐行业中网络平台盗版作品较多，没有相关保护措施，低价恶性竞争导致大量剧本内容抄袭以及同质化。经统计，全市 572 家剧本娱乐经营场所中，已备案剧本脚本 200 个，取得版号剧本脚本 312 个。从具体分布看，除江北、渝北等 8 个区县外，其余 31 个区县的剧本娱乐场所均无剧本脚本备案；除渝中区、沙坪坝区外，其余 30 个区县的场所使用的剧本脚本均未取得版号。

（五）行业从业人员短缺

一是专职编剧少。目前重庆市剧本娱乐的编剧以玩家、兼职写手为主，专职编剧较少；多数业余编剧创作水平低，作品质量难以保证。二是优秀 DM（主持人）缺乏。重庆市"剧本杀"门店专职 DM 占比较低，兼职 DM 控场水平不够高，影响玩家体验和回头率。三是人才培训能力不足。目前"剧本杀"行业 DM 和 NPC（非玩家角色）紧缺，培训规范、资质等级认定等行业标准规则领域仍为空白。

三、对策建议

（一）强化行业监督管理，推动规范有序发展

一是完善行业内容管理制度。落实文化和旅游部等五部门《关于规范剧本娱乐经营活动的通知》要求，引导剧本娱乐经营场所建立内容自审制度，推动实行告知性备案。鼓励相关行业协会积极参与制定行业标准，推动行业自律。二是履行未成年人保护责任。文化行政执法部门将是否设置适龄提示范围、是否在规定时间向未成年人提供服务、是否进行实名登记等纳入日常监管内容，进一步规范场所经营。三是强化安全监管。消防管理部门要严把

审批标准，强化对剧本娱乐经营场所的消防审批，对未经审批而擅自营业的场所要严格处罚。同时，加强对已通过消防审批场所的指导，确保场所绝对安全。四是建立部门联动监管机制。依托重庆市文化市场管理工作领导小组，推进文化旅游、市场监管、住房建设、公安、消防等部门建立协同监管机制，各部门各司其职，共同为剧本娱乐行业发展保驾护航。

（二）抓好优质剧本创作，奠定产业发展基石

一是依托资源优势打造特色剧本。鼓励剧本创作者面向市场、依托重庆厚重历史文化资源进行创作，支持一批实景"剧本杀"项目落地重庆。二是拓展剧本题材。满足不同消费群体需求，在内容选题上持续创新。支持推出亲子益智、红色记忆、研学类剧本，鼓励探索满足小众需求的个性定制类剧本。三是联合开展创作。进一步引导专业文艺院团、高校专家、专业编剧、作家等与行业开展合作，针对行业内容创作等方面合作创新。四是搭建剧本交易平台。在重庆举办中国剧本娱乐展示交易会，邀请全国优秀剧本创作生产商参展；探索打造"剧本版权交易中心"，对版权部门审核备案的剧本进行定期发布，每月组织主题性精品展销活动，形成常态化月度、季度会展模式。

（三）加快专业人才培养，满足行业发展需求

一是培养专业编剧。强化知识产权保护，规范编剧作品分成等行业规则，推动更多职业编剧和作家入圈剧本娱乐行业；充分发挥市艺术创作中心、市作家协会等作用，专题培训剧本娱乐行业内容创作人才。二是培养行业骨干。强化与市内外高校的合作，培养更多专业门店经理人、DM、NPC，发挥头部企业在培训方面的引领作用，提高线下门店人才市场占有率。三是强化职业教育。在全市孵化一批剧本娱乐行业职业培训机构，推动职业培训机构设置剧本创作、DM、NPC等相关专业，推动行业培训资质的全国认证，提升人才培训在全国的影响力。

（四）创新行业发展模式，推动产业融合发展

一是推动多业态融合发展。提升剧本娱乐行业与旅游景区、民宿、博物

馆等文旅产业融合发展水平，对相关产业的策划定位、场景设计、商业业态等进行优化整合，提高产业适配度，实现多方共赢。二是联合打造新产品。推动剧本娱乐行业与文学、动漫、影视作品等联动开发设计新的"剧本杀"IP，融合多元化娱乐方式，提升剧本娱乐产品的文化内涵，打造新型文旅融合产品。三是推动线上线下融合。结合线上＋线下的互动模式，打造线上交易平台，建设线下剧本超市，打造特色实景门店及沉浸式剧场，形成特有的文化IP，运用5G、全息以及AR/VR等技术手段，建设特色"元宇宙"空间。

区 县 篇

万州区 2022 年文化和旅游工作亮点

万州区文化和旅游发展委员会

一、经济指标圆满完成

2022 年规上文娱企业营收增速为 4.8%，贡献全区 GDP 增速 0.1 个百分点。新升规上企业 7 家。招商引资 5 亿元，超额完成 25%。推动实施 6 个文旅重大项目。

二、原创剧目亮点纷呈

情景歌舞剧《川江号子情》完成试演。大型原创现代川剧《峡江月》完成 50 场驻场公演，获第九届重庆艺术奖。广播剧《英雄的守护》获重庆市第十六届精神文明建设"五个一工程"优秀作品奖和 2021 年度重庆市广播电视优秀作品（文艺类）一等奖。广播作品《渔村改卖好风光 安溪村变"安逸村"》获 2021 年度重庆市广播电视优秀作品（新闻类）一等奖。

三、文艺创作成果丰硕

《秋天的歌谣》入选"唱支山歌给党听"全国群众歌曲征集展示活动优秀作品。歌曲《我的老家在康胜》获第十二届全国村歌大赛"优秀歌曲"，谐剧《我的母亲叫二妹》入围第十二届中国曲艺牡丹奖新人奖，获第九届重庆艺术奖，舞蹈节目《春来了》荣获第七届重庆市舞蹈比赛一等奖。四川竹琴《江姐进城》入围第八届重庆市曲艺大赛决赛。演唱《阿哥阿妹相思甜》和群舞

《山城记忆》分获第十九届全国群星奖重庆选拔活动的音乐类三等奖和舞蹈类三等奖。

四、公共文化服务可圈可点

确定 20 个重点文旅乡镇，常态化开展 150 名三员下乡，完成 7 个文化振兴示范村创建。完成流动文化进村 2015 场，开展文化进万家送文艺（戏曲）演出进基层 320 场。区图书馆获评国家一级馆。新建 1 个城市书房、2 个智能微图。新创万州"大讲堂""大舞台"，常态化开展活动。16 个曲艺传承培训基地开展教学工作 220 余场。

五、文物非遗扎实有效

重庆三峡移民纪念馆被确定为全国首批"大思政课"实践教学基地、首批重庆市水情教育基地。何其芳故居被纳入重庆市文物保护单位（革命文物类）名单。重庆三峡移民纪念馆完成云上博物馆建设。《芝兰其芳——何其芳生平展》获评重庆市 2021 年"十大优秀陈列展览"。推进西山钟楼钟表维修、瀼渡电厂文物本体观音阁、六角亭修缮保护等重点文保项目修缮。建设完成 23 个"智慧文旅——万州文物景点 VR 真人讲解平台"。新增市级非遗代表性传承人 11 人、区级非遗代表性传承人 33 人。1 人入选第六批国家级非遗代表性传承人申报人选。建成市级传承教育基地 5 个。

六、文化旅游深度融合

高质量举办长江三峡国际旅游节，世界大河歌会激情唱响。三峡古枫香园成功创建为国家 4A 级旅游景区。大周镇五土村获评市级第三批乡村旅游重点村。"万州—开州乡村旅游度假之旅"旅游线路入选全国乡村旅游精品线路。举行万开云集体婚礼和"我为美丽乡村代言"微视频大赛活动。开展三峡曲艺"周周演"、杂技驻场演出等 110 余场，助推文旅融合。

七、行政执法成绩突出

区文化执法支队被授予"第九届全国服务农民、服务基层文化建设基层文化市场综合执法队伍先进集体"称号，被国家版权局评为 2021 年度查处重大侵权盗版案件有功单位。全区文化旅游市场持续平安稳定。

黔江区 2022 年文化和旅游工作亮点

黔江区文化和旅游发展委员会

2022 年，黔江区深学笃用习近平新时代中国特色社会主义思想，以学习宣传贯彻党的二十大精神为主线，紧扣"文旅美城"建设，努力克服新冠疫情带来的不利影响，全力推动文化事业谱新篇、旅游产业构新局、文旅融合出新招，文旅集散功能不断增强，文旅工作取得新成效。

一、文化事业日益繁荣

深度挖掘民俗文化，建成渝东南首个非遗文化馆，武陵山区（渝东南）土家族苗族文化生态保护区创建工作有序推进，新获批市级非遗代表性传承人 15 名。打造三台书院等公共文化服务免费开放阵地，综合性文化服务中心覆盖率达 100%。原创民族音乐《南溪号子九道拐》、舞蹈《犇》获评第十九届全国群星奖重庆选拔活动二等奖，《溜溜的生活溜溜地唱》荣获第十届重庆市乡村艺术节音乐类一等奖。小南海镇桥梁村、鹅池镇南溪村和社溪村入选"第六批中国传统村落"，濯水景区获批全国非遗旅游小镇，小南海镇新建村获批全国非遗旅游村寨。

二、旅游产业加速提质

金山盖国际旅游康养度假区、水车坪长征文化公园、濯水古镇改造等文旅重大项目加快推进，文体产业园、城市大峡谷二期、正阳圣境森林康养小镇等大型文旅综合体项目达到形象进度，城市大峡谷等景区全部通过国家 4A

级旅游景区评定性复核，"1个5A+7个4A"的精品旅游景区品牌方阵立体呈现。旅游业态不断丰富，推出濯水竹筏夜游、花田游乐等经营性项目，创新工艺的土陶、西兰卡普、剪纸等旅游商品深受市场欢迎，实现收入2.5亿元。依托武陵山文旅发展联盟、武陵文旅推广中心等载体，积极开展区域旅游合作，实现优势互补、产品互推、游客互送，全区A级景区实现购票117.3万人次，增长80.5%。

三、文旅融合幸福升级

坚持以文塑旅、以旅彰文，以"中国峡谷城、武陵会客厅——清新黔江"品牌定位，创新宣传方式，拓展宣传渠道，发布推文和视频300余篇（个），拍摄的中英双语黔江文旅对外宣传片浏览量达上百万人次，品牌知名度和影响力持续提升。深入实施"文化进景区"工程，推出四季旅游线路、红色旅游线路等特色精品旅游线路10余条。积极践行"绿水青山就是金山银山"理念，大力推进"乡村振兴＋旅游＋扶贫"融合，成功举办"2022年中国农民丰收节""促文旅复苏助乡村振兴·组十万游客游重庆黔江"等活动，带动消费6.2亿元，阿蓬江镇大坪村获评"2022年中国美丽休闲乡村"，《创新"乡村振兴＋全域旅游"融合发展案例》被《中国改革年鉴》采用，作为典型案例全国推广。

涪陵区2022年文化和旅游工作亮点

涪陵区文化和旅游发展委员会

2022年，在区委、区政府的坚强领导和市文化旅游委强有力的指导支持下，涪陵区文化旅游工作取得了较好成绩。

一、厘清发展思路，完善强化顶层设计

文化和旅游部等单位联合印发的《巴蜀文化旅游走廊建设规划》明确提出对涪陵文旅工作7个支持和1个鼓励，白鹤梁题刻申遗和武陵山大裂谷创5A纳入市文化旅游委会议纪要，出台涪陵旅游业发展升级"1+5+N"方案，与时俱进重构涪陵文旅"四梁八柱"。

二、对准民生靶心，公共服务提质增效

荣获"全国书香城市"称号，完成的"川渝一码通""全市一卡通"项目是主城核心区外的第一家，新增文化分馆11家、乡情陈列馆5个，开展全民阅读、非遗进校园等活动1200余场次。

三、保护历史遗产，守住精神文化根脉

《涪陵历史文化陈列展》获评国家文物局主题展览推介项目，涪陵榨菜历史记忆馆、周煌故居等开工建设，小田溪巴王陵遗址博物馆方案完成初步编制，联合申遗提议得到埃及驻华大使馆临时代办赞同。新增市级非遗传承人

8 名、区级非遗项目 22 项，在全市率先启动市级文化生态示范区创建工作。

四、加强交流合作，文旅品牌形象凸显

国家级媒体宣传报道 160 次，"爱上涪陵"全民抖音挑战赛播放量超 2.7 亿次，《天天向上》816 工程专题五网收视第一，武陵文旅推广中心涪陵展馆建成投用。

五、夯实项目基础，文旅经济稳中有升

全年接待游客 2832.26 万人次，实现旅游收入 264.16 亿元，同比分别增长 10.06%、21.34%。招商引资雪峰山、巴清湖、罗云千亩彩色油菜花等 3 个文旅项目，协议资金 12.5 亿元。大木乡获评全国乡村旅游重点乡镇，武陵山大裂谷景区入选全国旅游厕所优秀案例，816 小镇入选全国首批"大思政课"实践教学基地。

六、加大执法力度，文旅市场规范有序

在全市文化和旅游市场管理水平考评中位列第三，取得近年来最好成绩；全市文化旅游市场管理工作会议在涪陵区召开，市文化旅游委将涪陵区文明旅游和推进"两单两卡"工作经验向全市推广。

渝中区 2022 年文化和旅游工作亮点

渝中区文化和旅游发展委员会

一、文旅产业提质增效，获国务院督查激励表扬

国家文化和旅游消费示范城市深入推进，精心营造消费场景 200 余个，建成投用重庆对外文化贸易基地等项目 22 个，成功引进开心麻花等 9 家"招大引强"企业，完成市外正式合同额 19.66 亿、固定资产投资额 4.49 亿元。成立渝中区文旅金融服务中心，依托重庆银行"文旅贷"累计为企业提供贷款 2650 万元。"十八梯·山城巷"传统风貌区入选第二批国家级夜间文化和旅游消费集聚区。

二、公共服务均等共享，以优秀等次通过国家公共文化服务体系示范区复评验收

启动实施朝天门—通远门文化艺术大道品质提升工程，新建 9 个文图分馆和 4 个图书漂流站，形成全域覆盖、布局合理的"10 分钟公共文化服务圈"。开展 2022 "人文渝中"文旅公共服务示范典型评选推广，推出 43 个特色文旅空间、特色文化活动、最美读书人，枇杷山书院等 5 处公共文化空间上榜全国"百佳公共文化空间奖""优秀公共文化空间案例"。创作提升舞蹈《盼归》、曲艺《红梅传书》等文艺精品，《绝对考验》入围第十三届中国舞蹈"荷花奖"，《太平门》等 3 部作品获评全市"五个一工程"。

三、全域旅游示范引领，旅游服务质量提升试点扎实推进

量身打造《云端之恋》等系列微电影，推出《雾起江州》等沉浸式演出 20 余个。举办品牌节会活动 20 余场，"火锅蜡烛"入选中国好礼推荐产品名录。新增时尚之旅等精品旅游线路 5 条，云端之眼观景平台亮相央视春晚，大鹅岭景区获评 4A 级旅游景区。成立"维旅解忧"调解室，高效运行"1+3+N"监管执法体系，旅游服务质量提升行动获市政府督查激励，执法支队获国家版权局查处重大侵权盗版案件有功单位。实现旅游收入 380 亿元，荣获"中国文旅融合创新典范区""中国最美绿色休闲旅游目的地""文化和旅游高质量优秀城市"。十八梯传统风貌区、湖广会馆获得"成渝十大文旅新地标"称号，重庆山城巷传统风貌区、解放碑—朝天门城市更新工程获得"2021 成渝城市更新十大地标"称号。

四、文化遗产培根铸魂，"红色三岩"保护利用获评全国十佳案例

挂牌成立区文物局，与区人民检察院签署《文化遗产领域检察公益诉讼协作协议》，编制革命文物保护利用等专项规划。争取上级资金 7000 余万元，加快推进老鼓楼衙署遗址公园修缮，完工佛图关碑记石刻等 10 处文物保护修缮，重庆金融历史博物馆等一批精品文物展示工程。联合打造"行走的思政课"，打枪坝水厂成功申报川渝文化教育实践基地，《新华日报》总馆旧址修缮等 7 个项目入选全市文物保护利用优秀项目。十八梯获评国家非遗旅游街区，贰厂文创公园获评国家工业旅游示范基地，三层马路觉庐特色文化艺术空间成为休闲潮流文化"打卡点"。

大渡口区 2022 年文化和旅游工作亮点

大渡口区文化和旅游发展委员会

一、公共文旅服务实现新突破

大渡口区首次登上央视"小春晚"实现精彩亮相影响深远。文化阵地建设实现新突破，文化馆完成搬迁；美术馆建成开放，屋顶空间引入市场主体打造运营被市文化旅游委评价为社会力量参与公共服务的典范；新建文图分馆 7 个，挂牌成立海康威视文图分馆。引进重庆民乐团启动钢花影剧院活化利用，举办《憧憬未来》等 2 场大型民族管弦音乐会，钢花影剧院被命名重庆市首批演艺新空间。图书馆在全市率先开通川渝阅读"一卡通"，博物馆荣获第九届全国博博会优秀展示奖。举办全民艺术普及活动 300 余场次，创设"花开的声音"沉浸式音乐会文化 IP 助推夜经济发展。参与"重庆青年合唱团"携我区原创作品《川江畅想》勇夺全国第十九届群星奖。

二、文旅产业发展培育新动能

启动中梁山康养旅游项目，"蒲公英成长酷玩营地"开工建设，"石场矿山越野基地"投入试运行，蜂窝坝村获评重庆市第三批乡村旅游重点村。金鳌山田园综合体"五彩梯田""七彩油菜""律动荷馆"等 1700 亩精品田园景观梯次呈现。与成都音乐坊管委会联合举办首届成渝青年"音乐＋"创新创业大赛，"小金鳌"系列产品荣获第二届巴山蜀水文创展优秀参展作品奖。启动大渡口区影视产业规划编制和全产业链打造，聚集上下游企业 23 家。重庆工业文化博览园成功创建国家 4A 级旅游景区，茄子溪长江音悦港湾开工建设。策划完成重庆移动电视《周末找耍事》和重庆交通广播《交广乐逍遥》大渡口文旅专场营销推介。全年文旅招商签约引进 9 个项目。

三、文物保护市场监管实现新发展

开展长江流域文物资源和碑刻石刻调查，登记摩崖题刻 2 处、碑刻 3 处。钢花影剧院、重钢烈士纪念碑入选重庆市文物保护单位（革命文物类）。公布第七批区级非遗项目、第五批区级非遗传承人，4 人入选市级非遗传承人名单。大漆制作"朱金斑菠萝漆长方文盒"获全国非遗"薪传奖"优秀奖，系重庆唯一获奖作品。扎实开展文旅市场监管和"扫黄打非"专项整治，全年文旅市场安全零事故。1 个案件被中宣部列为全国联合挂牌督办案件予以通报表扬，代表重庆市参加文旅部 2022 年重大案件评选。

江北区 2022 年文化和旅游工作亮点

江北区文化和旅游发展委员会

2022 年，江北区始终坚持以习近平新时代中国特色社会主义思想为指导，认真学习贯彻党的二十大精神，深入落实市委六届二次全会精神，紧紧围绕服务文化强市建设和打造世界知名旅游目的地，从全局谋一域、以一域服务全局，抢抓机遇、顺势而为、乘势而上，用"干在实处、走在前列"的工作态度、工作能力和工作实效，推进江北文旅发展迈向新高度、站上新起点。

一、紧扣"两副"担子，狠抓品牌建设取得大丰收

争创国家文化旅游消费示范城市取得积极成果，江北嘴获评第二批国家夜间文旅消费集聚区，大九街获评国家首批旅游休闲街区。中国舞协授予我区"中国顶尖舞者成长计划示范点"。鸿恩寺公园成功创建国家 4A 级旅游景区，美利亚酒店大剧场、知了剧场、Mao livehouse 获评全市演艺新空间，鎏嘉码头获评第二批市级夜间文旅消费集聚区。君豪饭店获 2022 年全国星级饭店服务技能竞赛重庆选拔赛一等奖，入围全国竞赛。

二、紧跟"城市能级"蝶变，狠抓人文品质绽放新魅力

建成全市第一个景区内的"森林图书馆"——鸿恩寺图书馆，市政府副市长但彦铮高度评价并亲自宣布开馆，央视《新闻联播》等中央媒体争相报道，日均人流保持峰值开放，网络热度持续不减，上榜全国微博热搜榜第八。

完成明玉珍睿陵陈列馆陈列布展改造升级工程，新增展陈设施面积约 800 平方米，陆克华副市长调研给予高度评价。牵头徐悲鸿艺术街区建设，完成徐悲鸿旧居修缮。

三、紧盯民生改善，狠抓惠民工程，群众文化获得感全面提升

原创音乐作品《远境》获评重庆市首届"巴渝金曲"。积极引导社会单位建设图书馆，世纪游轮江上图书馆获长三角最美公共文化空间奖、百佳公共文化空间奖。推进街镇文化艺术中心升级改造，郭家沱街道综合文化服务中心获长三角优秀公共文化服务空间奖。不断织密 15 分钟公共阅读服务圈，建成城市自助书房 15 个，拓宽公共设施面积近 5000 平方米。创新打造江北文艺小分队品牌活动，向一线工地、重点企业、乡村社区等送去"私人定制"演出，赢得上万群众好评。

沙坪坝区 2022 年文化和旅游工作亮点

沙坪坝区文化和旅游发展委员会

2022 年，全区文化和旅游系统加快推进文化强区和文化传承示范区建设，11 项工作走在全国前列，44 项工作获得市级荣誉，文旅部部长胡和平赴沙坪坝区专题调研文化强国，副部长杜江专题指导 5A 级景区创建，不断推动文化旅游工作高质量发展之路越走越宽广。

一、公共服务走上"创新路"

深入开展"冠红岩之名、铸红岩之魂"实践活动，累计注册红岩志愿者 30 万人，培育优秀"小小红岩讲解员"2000 余名。推动城乡公共文化服务体系一体化建设，新改扩建公共文化阵地 19 个，全年开展各类文化活动近 400 场次，惠及群众约 50 万人次。修缮文物保护单位 10 处，划定 15 处区级文保单位两线范围，引进 5 个国家级非遗项目入驻磁器口，新增 5 名市级非遗传承人。联动开展"成渝地·巴蜀情"交流展演活动，率先实现成渝两地"一卡通"借还服务。获全国最佳志愿服务项目 1 个、一星级全国青年文明号 1 个、"2022 年全国非遗与旅游融合发展优选项目名录"1 个。

二、艺术创作走上"丰收路"

联合打造的川剧《江姐》获第十七届"文华大奖"，入选国家级展出展演项目 8 个、重庆市"五个一工程"奖 2 个，故事《生死状》等 30 余部作品获得市级以上奖励，3 家单位被命名为首批重庆演艺新空间。

三、产业发展走上"快速路"

创成国家级文化旅游产业品牌 3 个、市级品牌 6 个。启动长江国家文化公园建设，持续推进歌乐山·磁器口文化旅游区创建国家 5A 级景区，建成洞舰一号、歌乐忠魂等重点文旅项目，全年招商引资文旅项目签约 46.16 亿元，旅游接待游客超过 2000 万人次，全年拉动消费 150 亿元。

四、行业治理走上"升级路"

联合主流媒体开展矩阵式宣传，连续 31 周位居重庆市抖音美好城市榜第一。行政许可项目网上审批实现"全覆盖"，群众网办满意度和旅游投诉结案率、满意率均达到 100%，实现安全生产"零事故"。红色 7 月联合执法值守行动得到但彦铮副市长现场指导和高度肯定，提升旅游市场管理水平被市政府予以督查激励，市场监管工作作为重庆市依法治国领域唯一元素入选"奋进新时代"主题成就展。

九龙坡区 2022 年文化和旅游工作亮点

九龙坡区文化和旅游发展委员会

2022 年，九龙坡区文化旅游委以文化发展为重点、旅游业为亮点，全力服务企业和群众，繁荣发展文化事业和文化产业，全年获"国家级夜间文化和旅游消费集聚区""国家群星奖入围奖"等国家级荣誉 7 项，"全市精神文明建设'五个一工程'奖""重庆市乡村旅游重点村"等市级荣誉 28 项，"群众工作突出集体""重点项目推进工作成绩突出单位"等区级荣誉 10 项，书写文旅高发展精彩"答卷"。

一、文旅产业发展动力更强

（一）暖企行动纾困破冰

开展市场主体培优育强、文旅产业增劲蓄能、文旅消费扩需提振、宣传营销聚客引流、市场监管保驾护航五大暖企专项行动，举办"我为企业找订单"、政银企对接会等系列活动，累计兑现各类企业扶持纾困资金 5666 万余元，做法被《经济日报》、人民网、新华网等媒体宣传报道。

（二）消费促进成效显著

巴国城成功创建国家级夜间文旅消费集聚区，陶家镇文峰村入选市级乡村旅游重点村，周贡植故居成功创建 3A 级景区，成功举办 2022"爱尚重庆·惠享九龙"暨文化旅游春夏惠民消费季、2022 重庆露营文化节暨休闲旅游展和第七届重庆文化旅游惠民消费季（冬季）主会场活动，开展"百万文旅消费券""百名大 V 游九龙"等系列活动。2022 年居民人均文化娱乐消费支出 3489 元，增速 1.3%，占居民人均消费支出比例为 10.4%，全年接待游客 4618.99 万人次、旅游综合收入 177.83 亿元，均位居全市前列。

（三）重点项目推进有力

五洲世纪文化创意中心建成投用，五洲世纪集团已入驻办公。京渝国际文创园已集聚企业 65 家、入驻率 80%。新晋网红打卡地九龙意库成功打造"新邻里艺术中心"创新模式，已入驻文创企业 37 家，入驻率超 60%。以喜盈门·范城为代表的新型文化娱乐综合体异军突起，集聚剧本杀、亲子游乐等企业 22 家。

二、公共文化服务质量更高

（一）设施建设不断完善

实施区文化馆、图书馆、巴人博物馆、刘伯承六店旧居改造提升工程。在全市率先试点建设 10 个 24 小时自助图书馆。全区公共文化服务设施开放面积达 8.06 万平方米，年均惠及群众约 80 万人次。

（二）奖项取得历史突破

原创曲艺作品《英雄机长》、音乐作品《心中的小萝卜头》入围全国最高文艺奖项"群星奖"全国决赛，获重庆市第十六届精神文明建设"五个一工程"优秀作品奖，取得历史性突破。广场舞作品《陶家汉俑》获市级比赛"优美队伍"称号。《扛起生活向前迈》《那一抹红》分获重庆市第十届乡村艺术节音乐类一等奖、舞蹈类三等奖。《华岩禅林》《九龙滩》视频入选文旅部国际交流与合作局指导主办的中国最美四季活动。举办"巴风烈烈——冬笋坝巴人遗址考古成果展"、重庆市传统工艺美术作品展、九龙坡区先进模范专题展。承办"以少年之我，担时代之责"——2022 年重庆市"书香重庆 红岩少年"阅读大赛总决赛，荣获一等奖一名、二等奖两名、三等奖一名。

三、文旅宣传营销品质更优

（一）节会活动广受好评

成功举办第二届长江文化艺术周暨中国·重庆首届国际光影艺术节，共吸引客流60万人次、带动文旅消费5800余万元，是新冠疫情防控常态化以来重庆市举办的最大规模的文旅盛会。黄桷坪新年艺术节入选中国旅游影响力节庆活动案例。举办"欢跃四季·舞动山城"广场舞展演、"寻迹九龙"定向越野赛、"遇见花与禅"华岩荷花节、"日本佳礼·心意成形"艺术展、中意文化交流年主题艺术展览。

（二）宣传营销卓有成效

开通"爱上九龙坡"抖音号、视频号，"九龙坡"话题播放量超2.2亿次。文旅宣传在全国主流媒体上稿200余条，创历史新高。官方微博综合影响力名列全市文旅系统区县第一。文创产品在2022年中国旅游商品大赛中荣获金奖第一名（重庆唯一）。

四、文旅市场监管力度更大

（一）保持安全稳定

开展常态化新冠疫情防控，持续落实安全生产"十五条硬措施"，专班化、网格制对景区、酒店、文化娱乐场所等开展监督检查，筑牢"疫情防控＋安全生产"双防线。

（二）强化管理实效

入选全市旅游服务质量提升试点区。全年出动执法人员2000余人次，累计检查企业1200余家次，共受理行政许可申请534件，保持"100%限时办结率"，实现零投诉和零差评，企业和群众满意率达100%。

南岸区 2022 年文化和旅游工作亮点

南岸区文化和旅游发展委员会

2022 年，南岸区文化旅游委坚持以习近平新时代中国特色社会主义思想为指导，认真贯彻落实中央决策部署和区委、区政府工作要求，坚持稳中求进工作总基调，夯实文化旅游行业基础，推进产业数字化升级，助推南岸"文化强区"建设。

一、成功获得两个国家级品牌

（一）成功创建第二批国家级夜间文化和旅游消费集聚区

一是提升顶层设计精准度。出台《南岸区"十四五"文旅产业高质量发展实施方案》，制定促进文化和旅游消费发展相关政策措施，积极创建国家文化和旅游消费示范城市，夯实创建夜间文化和旅游消费集聚区基础。二是提升文旅业态聚集度。引入潮玩、文创、艺术等文化新业态和特色品牌项目进驻弹子石老街、龙门浩老街等历史文化街区，发展沉浸式体验感强的"夜游""夜娱""夜购""夜赏"等新型业态，全年引入客流近 1000 万人次，夜间消费占比超五成，形成"吃住行游购娱"一条龙的夜间经济产业链条。三是提升文旅品牌知名度。持续举办南滨路国际音乐啤酒节、南滨路音乐夜市、戏剧节、电影展、文旅惠民消费季无人机表演等 10 余场文旅品牌系列活动，丰富多元的夜间文旅消费场景，打造南岸夜间文旅消费目的地。2022 年 8 月，南岸区龙门浩老街被文旅部授予"第二批国家级夜间文化和旅游消费集聚区"，继弹子石老街 2021 年荣获此项殊荣后南岸区又一文旅场所获此殊荣（全市总共 12 个）。

（二）成功创建南山街道第二批全国乡村旅游重点镇

一是注重资源整合，形成一批特色旅游名村。依托乡村旅游特色资源，建成观光园 20 余个、乡村酒店（含农家乐）150 余家，年收入超 100 万元农家乐达 130 余家，带动就业人数 2500 人。成功创建放牛村全国乡村旅游重点村、石牛村和双龙村两个市级乡村旅游重点村。二是注重宣传拉动，以活动促消费。策划实施南山樱花节、千盆杜鹃盆景展、农民丰收节等节庆和展会活动，央视等权威媒体对南山九街壹华里非遗市集等进行了全方位报道。编制了 10 余条乡村旅游推广线路，全区乡村旅游人数、旅游收入年均增幅均达 10% 以上。三是注重项目带动，提档升级基础设施。建成盆景一条街、南山桃花园、蜡梅园等园区，完成黄葛古道、老君洞等步道提档升级，南山城市山地公园等重点项目建设快速推进。2022 年 12 月，南山街道成功入选第二批全国乡村旅游重点镇（乡），南岸区成为重庆主城范围内第一个拥有入选国家级乡村旅游重点镇（乡）的区（全市共 3 个）。

二、成功举办 CUBA 总决赛

2022 年 7 月，第 24 届中国大学生篮球联赛男子全国总决赛（CUBA 总决赛）首次在南岸区圆满落幕。通过前期科学严谨的新冠疫情防控研判，南岸区果断接手阿里体育从成都移师重庆的 CUBA 赛事，区文旅、体育、卫健、公安、网信、教育、海棠溪街道等部门近 400 人通力协作，4 天完成赛事治安、交通、住宿、电力、防疫等各项保障预案，为赛事提供保姆式服务。活动全程实施"区级平台全媒体报道＋新媒体深度报道＋商业平台广泛推送"宣传方案，聚焦阿里体育、区融媒体和南岸文旅 3 家全市仅有的全程直播媒体平台，全网观看赛事直播人次达到 3500 万，中央和市级转载 30 余篇（其中中央主流媒体 14 篇），创造直接赛事经济超过 1200 万元。同时联合长嘉汇弹子石老街等举办 88 运动狂欢节，带动酒店、旅游、餐饮等综合效益约 5000 万元。

三、文物保护利用获得三个市级表彰

　　长期以来，南岸区注重做好文物建筑保护和利用相关项目的支持与服务，在 2022 年 6 月重庆市 2022 年度文物保护优质工程、文物利用优秀项目、文物科技创新项目获奖名单中，"联动保护传承红色基因"王朴烈士旧居活化传承项目、弹子石摩崖造像砂岩质文物保护材料及技术路线研究和立德乐洋行旧址（1 号楼）修缮工程，分别获评重庆市 2021 年度文物利用优秀项目、文物科技创新项目和文物保护优质工程，为本次唯一一个同时获得三项奖项的区县。

北碚区 2022 年文化和旅游工作亮点

北碚区文化和旅游发展委员会

一、文化供给精彩纷呈

加大文艺精品创作，广场舞《永远跟党走》、故事《生死状》获全国群星奖二等奖，原创音乐剧《江姐》在中央歌剧院上演。丰富群众文化活动，开展政府购买公共文化服务 220 场，举办"欢跃四季·舞动山城"广场舞展演赛、"缙云文化大讲堂"等活动 242 场。发扬灭火精神，在北宾文创园举办山火精神展，通过"百馆之声文化沙龙"直播讲述扑灭山火的感人故事，联合西南大学美术学院创作"烈火骑士""逆火而行"等 6 组雕塑作品。区图书馆"梧桐语小剧场"被市文化旅游委命名为首批重庆演艺新空间，北碚区乡村"村晚"入选"全国群众文化活动品牌计划"，区文化馆获评全国服务农民服务基层先进集体，国家公共文化服务体系示范区复核获评全国优秀。

二、文化遗产传承发展

共建"碚齐绵巴"非遗联盟，打造非遗街区 1 个、生活馆 5 个，深挖"老字号" 231 个。提质增效百馆之城，实施柏林楼、孙越崎办公地旧址等修缮活化项目 21 个，新建缙云山生态文明教育展示馆、金刚碑村史馆、柏林村王家院子乡情馆等 10 个，累计建成开放项目共 84 个，年接待游客 170 余万人次，博物馆综合利用名列全市第一，"中共中央西南局历史陈列展"荣获重庆市"十大优秀陈列展览奖"。

三、旅游推广成绩斐然

联动川陕甘渝 26 个县市组建嘉陵江文化旅游联盟，联动川陕鄂渝 8 个市（区）召开"5+N"城市文化旅游联盟推介会。启动"城市歌者"街头艺术表演项目，心景温泉、金刚碑温泉入选重庆"温泉十二金钗"。成立拥有粉丝量 2000 万的全市首个文旅自媒体协会，成功推出"重庆人共同的春游季""附近的远方"2 个旅游宣传品牌，打造"缙云有你"等 10 条特色旅游线路，柳荫镇东升村入选文旅部全国乡村旅游精品线路，3 条乡村旅游线路入选 2022 年全市乡村休闲旅游精品线路。柳荫镇、柳荫镇明通村、金刀峡镇胜天湖村入选市级乡村旅游重点镇、村，静观镇素心村获评中国美丽休闲乡村，金刀峡运动休闲小镇获评中国体育旅游精品目的地，北碚区入选《中国夜游名城案例》。

四、文旅产业不断壮大

紧扣"生态人文"建设，成立文旅招商专班，新签约北碚区体创孵化园等 8 个项目，完成合同投资 13.5 亿元，到位 0.82 亿元。新增 2 家规上文化企业，总数达 25 家，总营收 60.11 亿元。举办第二届中国温泉产业博览会暨世界温泉之都养生文化节。共建"乡建联线""商文旅体产业联盟"，联办"爱尚北碚·碚加美好"消费节、"不夜北碚生活节"等活动。首批评选乡根·乡舍等"缙云民宿"10 个，"既白"获评国家甲级旅游民宿。出台稳企惠企帮扶政策 11 条，指导金刚碑历史文化街区等 8 个项目申请市级产业发展专项资金 120 万元。北碚滨江休闲区成功创建市级首批夜间文化和旅游消费集聚区。

渝北区 2022 年文化和旅游工作亮点

渝北区文化和旅游发展委员会

2021 年，渝北区文化和旅游工作在年度市考（主城都市区）中排名第一，兴隆镇牛皇村、金港国际 24 小时城市书房获评 2021 年长三角及全国部分大城市最美公共文化空间大赛"优秀公共文化空间案例"，新光里获评市级夜间文化和旅游消费集聚区，际华园获评市级文明旅游示范单位，兴隆镇新寨村获评市级乡村旅游重点村。

一、产业发展快速复苏

全区有文化旅游经营单位 2.2 万余家，在报规上文化旅游企业 95 家，2022 年文化旅游产业增加值近 200 亿元。铜锣山矿山公园、龙兴古镇入选市级重点文旅产业项目，落实市区文件精神，兑现示范创建奖励 600 万元、新冠疫情补助 248 万元、旅行社乡村旅游线路推广补助 15 万元、暂退旅行社质保金约 1000 万元，贷款贴息 29.5 万元，帮助文旅企业渡过难关。继续开通统景温泉景区旅游直通车，出台帮扶政策，稳住市场主体，促成文旅产业快速复苏。持续开展惠民消费季，参展企业达 800 余家，展品 2000 余件，发放优惠券 2000 余万元，有效推动文化旅游消费结构升级，实现社会效益和经济效益的双丰收。

二、项目建设提速推进

重庆博物馆、重庆图书馆分馆项目获市规资局同意落户重庆中央公园北部片区。成立乡村旅游及精品民宿项目专项指导组，加强重点民宿项目建设指导，建成宿于·龙槐山院等精品民宿 20 余家。重点围绕南北大道沿线，加快乡村旅游产业示范带建设，完成南北大道旅游标识系统建设，推进木耳新乡田园等艺术赋能乡村旅游发展。

三、文化事业成效显著

围绕迎接宣传贯彻党的二十大主线，组织创作书法、美术、摄影作品1500余件，荣获国家级奖项1个、市级奖项30个；创作编排群众文艺节目20余个，荣获市级奖项7个。全面建成区、镇街、村社三级公共文化体系，设施总面积达20.7万平方米，全市领先。完成综合文化服务中心镇街提档升级10个、村（社区）建设7个，建成开放新型公共文化空间3个。持续举办"文以载道"专题培训班，拓展"乡村文化技艺"专题班，全年培训3000余人次。新建乡村文化振兴示范点5个，打造"一村一品"文化品牌1个。数字文化服务提质增效，优秀传统文化数字资源总量达到80 TB，更新文化云平台文图视频589个，公共文化物联网配送500余次。成功举办市级重大活动4场，组织开展群众文艺、全民阅读活动1000余场，服务近3万人次。新建家庭图书馆25个，建设典型案例获央视《新闻联播》播报。

四、文旅影响力不断扩大

推出5条精品旅游线路和渝北"新十二景"，有效地引导文旅消费，"主城周边游·渝北好地方"在主城市民心中形成广泛共识。2022年，精心制作画册、台历、旅游攻略、手绘地图，开发线上旅游小程序小游戏，设置户外广告，开展空中宣传等多维立体方式，连续3期在国航专刊《中国之翼》投放宣传信息，渝北电子旅游地图上线，实现全区180个文旅点位信息快速索引。2022年"渝北文旅"公众号原创推文195条，粉丝量2.2万余人次，阅读量超过125万人次，传播力WCI①综合指数达587.22（全市平均407.28）、互动性指数达29.17（全市平均8.71），均排名全市第一。

---

① WCI指数是由原始数据通过计算公式推导出来的标量数值。

巴南区 2022 年文化和旅游工作亮点

巴南区文化和旅游发展委员会

2022 年，巴南区文化和旅游工作以习近平新时代中国特色社会主义思想为指导，全面学习贯彻党的二十大精神，以党建引领促文旅融合发展，以建设文化强区和文旅融合发展示范区为目标，深入开展历史文化挖掘，做靓"古镇""温泉""巴县老院子""美丽乡村"四大文旅品牌，文化和旅游发展取得了一系列来之不易的新成绩。

一、文旅融合发展取得丰硕成果

云林天乡景区被评定为国家 4A 级旅游景区，全区 4A 级景区达到 8 家。重庆国际生物城被评定为国家工业旅游示范基地，木洞古镇入选首批全国非遗与旅游融合发展优选项目名录，有力促进全区大健康医旅融合发展。入选全国开发性金融支持文化和旅游领域重点项目 1 个、全国乡村旅游精品线路 2 条、全市入选"温泉十二金钗" 2 家，新增市级乡村旅游重点村 2 个，完成"巴县老院子"商标注册、LOGO 设计、品牌建设标准制定等。"古镇""温泉""巴县老院子""美丽乡村"四大文旅品牌打造成效明显。

二、优秀传统文化持续发光发热

推进 23 个镇街历史文化挖掘，形成巴南历史文化口袋书，出版《巴文化研究——巴南历史与文化研究文集》，有效推动优秀传统文化传播。修缮保护唯庐、覃家大院、故宫南迁文物朱川子、安澜宝丰塔、杨氏碉楼、太和门等文物建筑。"重庆留法勤工俭学运动史料展"获评全市"十大优秀陈列展览"。

三、文旅市场经济奋力复苏回暖

落实稳住文旅领域经济一揽子政策，规模以上文化企业实现营业收入432亿元，文化旅游项目实现固定投资60亿元，均奋力实现正增长。打造"巴实游"智慧文旅平台，举办文旅惠民活动，发放500余万元文旅惠民消费券刺激文旅消费。"巴巴虎"文旅IP进一步推广，文创产品开启市场化运营大门。西流沱滨江旅游度假区、华熙LIVE·鱼洞获评市级夜间文化旅游消费集聚区，推动夜间文旅经济发展。

四、公共文化惠民服务叫好叫座

重庆青年合唱团获得第十九届全国群星奖，实现巴南全国群星奖"零"的突破。率先在全市实现川渝社保卡图书借阅互通，建成全市首个川渝地方文献联合目录检索平台。开展文化服务小分队建设，组建文化服务小分队128支，新增城乡特色公共文化空间17个，建成民宿与图书馆相结合的旅阅书房12个。创作文艺作品600余件，创建"文化服务云课堂"，极大地丰富了群众的精神文化生活。

五、文旅市场安全平稳规范有序

探索旅游纠纷调解加司法确认新机制，切实解决基层旅游投诉处置最后"一公里"，被列为全市旅游服务质量提升试点区。加强文化旅游场所监管，出动4497人次，检查场所1658家次，办理行政处罚案件35件，无安全生产事故发生，护航全区文旅消费有序恢复发展。

长寿区 2022 年文化和旅游工作亮点

长寿区文化和旅游发展委员会

2022 年，长寿区文化旅游委紧紧围绕"两点"定位，"两地""两高"目标，发挥"三个作用"和推动成渝地区双城经济圈建设等重要指示要求，紧扣文化旅游强区目标，着力推进文化旅游高质量发展，圆满完成各项工作任务。

一、重大文旅项目建设取得新突破

统筹推进"3113"攻坚行动 62 个文旅项目，4 个特别重大项目签订框架协议，7 个项目开工，3 个项目已完成；全域旅游规划、长寿山文化公园、水电博物馆概念性方案等取得重要进展；长寿湖文化产业园项目入选全市重点文化产业项目，长寿湖文化产业园、五华山康养休闲旅游度假区入围《共建成渝地区双城经济圈 2023 年重大项目清单》。获 2022 年度全区重大项目攻坚行动及招商工作先进集体。

二、产业复苏回暖迈出新步伐

坚持以产业发展为重心，多方协调、减免、发放助企纾困资金 3000 余万元，新培育市场主体 181 家，净增加 106 家，新增规上企业 4 家，文化产业增加值达 12.3 亿元，同比增长 1.2%，旅游产业增加值达 19.8 亿元，同比增长 4.4%，双双实现由负增长转为正增长。旅游综合满意度测评效果持续向好，全年接待游客 1089 余万人次、实现旅游综合收入 91.7 亿元，分别增长 10.81%、5.22%。邻封镇邻封村获评"市级乡村旅游重点村"；清迈良园获评

"市级智慧旅游乡村示范点"。

三、公共服务质效实现新提升

应急广播系统、公共文化超市、川渝阅读"一卡通"等一大批惠及民生项目建成投用。成功承办"书香重庆 阅读之星"大赛、川渝文化艺术交流活动等文体活动150余场次。长寿区非遗文化馆、乡情驿站入选2022年度长三角及部分省市优秀公共文化空间案例，"学校—学生—家庭—社会"获评全市"优秀全民阅读推广活动"。长寿区荣获全国"书香城市"称号。

四、文艺创作繁荣发展呈现新气象

坚持以创作文艺精品为目标，一批文艺精品获得市级奖励，书法、摄影、剪纸、美术、音乐、相声共10件文艺作品在全国性比赛中获奖，1件书法作品被国家博物馆收藏。

五、文化保护传承取得新成效

长寿博物馆、杨克明故居陈列馆建成投用，并首次纳入国家免费开放体系，填补了我区文博场所纳入国家免费开放体系的空白。文峰塔修缮工程进场施工，实施林庄学堂旧址、五华寨东寨门等文物抢险加固工程。新增杨克明故居为市级文保单位，新增市级非遗传承人1人，新公布区级非遗目录23项和传承人21名。与市曲艺团签订非遗传习社项目合作协议，合作打造国家级非遗项目。花鼓进校园荣获重庆2022年度"非遗进校园"优秀案例。全区文保场所防火防汛等安全工作扎实有效，全年未发生安全事故。

六、文旅体行业管理展现新作为

落实安全生产主体责任，扎实开展歌舞娱乐场所、"剧本杀"场所、文物单位等安全生产专项整治行动，全区未发生安全生产责任事故。认真开展取缔私设景点、打击养老诈骗等专项整治行动，确保全区文旅市场健康稳定有序。我区代表全市接受全国安全播出督查检查，受到国家广电总局好评，在全市广电工作会上作经验交流发言；在全市文化市场综合执法案卷评查中被评为9个案卷办理规范性较好的单位和12个案卷报送门类齐全的单位之一，1个案卷被评为全区行政执法案件优秀案卷。

江津区 2022 年文化和旅游工作亮点

江津区文化和旅游发展委员会

2022 年，江津区紧紧围绕"彰显山水特色，建设休闲旅游胜地"发展要求，统筹推进新冠疫情防控和经济社会发展，迎难而上、真抓实干，文旅工作成绩喜人。

江津保坪村、太公山、白沙古镇入选"乡村四时好风光——春生夏长 万物并秀"全国乡村旅游精品线路；《虎啸风生步步高，非遗邀您过大年》短视频入选文化和旅游部"文化进万家——视频直播家乡年"优质视频；白沙古镇入选全国非遗与旅游融合发展优选项目名录；广场舞《永远跟党走》荣获第十三届中国艺术节暨第十九届群星奖入围作品（国家级二等奖）；《美丽乡村·丰收欢乐颂》荣获首届川渝两地乡村振兴新农民画联展一等奖。

一、提升服务效能，完善公共文化服务体系

2022 年新增文化驿站、乡村书屋、展馆等新型公共文化空间 30 个，新增面积 5809 平方米。承办重庆市乡村村晚大联欢等市级品牌活动 10 余场，持续开展第七届"金色黄庄"菜花旅游文化节、江津白沙"闹元宵"等品牌活动 36 场，开展免费开放活动 1862 场次，服务群众 200 余万人次，开展流动文化服务 689 场次，服务群众 68.5 万人次，举办线上活动 389 场次，服务群众 562.4 万人次。

二、融合多项举措，共促文旅产业恢复发展

2022 年，全区累计接待 1573.7 万人次；旅游综合收入 85 亿元；纳入固

定资产投入文化旅游项目 83 个，总投资额 57 亿元；新增区规上文化企业 12 家。先后印发《重庆市江津区推进休闲旅游胜地建设实施方案》《2022 年江津区促进文化和旅游业高质量发展激励资金项目指南》《江津区推动旅游民宿发展实施方案》等文件，助推高质量休闲旅游胜地建设。暂退、返还文旅企业贷款贴息，旅游质量保证金、文旅企业失业保险等各项资金 152 余万元。

三、宣传全面推广，文旅营销有声有色

2022 年，各类媒体刊出江津文旅信息超过 1100 余篇次。其中，国家级媒体 20 篇次，部委媒体 24 篇次，市级官方主流媒体 45 篇次。积极参与泸永江融合发展示范区、川南渝西文化旅游宣传营销联盟等平台工作，推送川渝两地文旅信息 40 余篇，举办川南渝西美术书法作品联展等多项文艺活动。区文化旅游委作为 2022 年度川南渝西文化旅游宣传营销联盟牵头单位，组织成员单位召开川南渝西文化旅游联盟工作会议。

四、传承优秀文化，强化文化遗产保护利用

完成南京内学院旧址、奎星阁等 13 处保护修缮、安全消防项目。开展长江流域文物资源调查，持续参与市考古研究院梧桐土遗址考古发掘及金刚沱区域考古调查工作。完成《御制历象考成后编》《初拓续三希堂原本》古籍再造 80 套。开展非遗图文展、非遗项目展演、非遗传承培训"三进"活动 50 余场。

五、加强行业管理，确保文旅市场平稳有序

开展各类专项行动 14 次，联合执法行动 4 次，检查各类文化场所 1000 余家次，出动执法人员 2000 余人次，共立案查办各类文化案件 37 件。妥善处理游客投诉及咨询，共处理并办结旅游投诉 26 件，核实举报 1 件。

合川区 2022 年文化和旅游工作亮点

合川区文化和旅游发展委员会

2022 年，在区委、区政府的正确领导和市文化旅游委的精心指导下，合川区文化旅游委落实区文旅系统"3213"工作思路，整体推进文化旅游体育业全区域、全要素、全产业链发展。

一、"三民"提升公服效能

（一）阵地建设惠民

新建及建成一批体育公园、社会足球场、登山步道、图文分馆等文体设施，全区公共文体设施达 285.5 万平方米。全力筹备市七运会，投资 15 亿元，建设可容纳观众 3 万人的合川区体育中心，已完成总投资的 31%。

（二）文艺创作亲民

联动全区 1500 余名文化人才，创作文艺作品 2000 余件，打造《记忆陶行知》等大型舞台剧 3 部，原创音乐作品《咱村有了新气象》获第十九届全国"群星奖"入围奖、重庆市"五个一工程"奖。

（三）文体供给为民

创新举办"周末悦读"沙龙，合川儿童画到浙江、河南、内蒙古等地举办巡展，全年开展送文化下乡、戏曲进校园等文体惠民活动 2500 余场次，直接服务群众 130 余万人次。区图书馆成为全市图书馆行业首个市级标准化示范项目试点单位。

二、"三要"讲好合川故事

（一）品牌宣传要亮

利用"合川文旅"视频号等新媒体平台，推出"合川原创 MV""你好！合川人"等系列短视频、推文等 338 期（篇），阅读量 307.1 万人次，转发量 11.9 万人次，构建多维宣传矩阵，打造"合川文旅"视频号 IP。

（二）形象宣传要广

在江北机场、解放碑步行街、中山四路等 9 处人流密集场所投放文旅形象宣传广告，面向全球发起合川城市形象宣传语征集活动，策划"我把镇街说给你听""爱合川"等微视频大赛，全面提升合川文旅知名度和美誉度。

（三）特色打造要精

钓鱼城国家大遗址保护展示项目成功进入长江国家文化公园（重庆段）建设十大重点项目，钓鱼城历史文化博物馆成功入围长江国家文化公园重点储备项目。小沔镇李湾村获评重庆市第三批乡村旅游重点村、钓鱼城获评市级文明旅游示范单位、涞滩古镇获评"成渝潮流新地标"。

三、"三新"加强文物保护

（一）文物修缮新进展

实施涞滩二佛寺摩崖造像至文昌宫段城墙岩体抢险加固等文保工程 7 项，启动钓鱼城古地道保护展示等文保工程 10 项，全区新增市级文物保护单位 2 处，2 处文保工程获重庆市文物保护优质工程、2 项文保工程获国家文物局立项批复。

（二）非遗保护新突破

新增市级非遗项目保护单位 21 家、市级非遗代表性传承人 5 名，2 个非遗项目被重庆市评为首批"非遗进校园"优秀案例，3 件非遗作品被认定为重庆首批工艺美术精品，在全市率先出台全面加强非遗保护实施方案，非遗文化影响力持续扩大。

（三）文物利用新成效

争取上级资金1558万元，申报2023年文保专项资金4000万元，完成二佛寺下殿考古（揭示了二佛寺下殿宋、明时期的建筑布局及形制）、周吉可故居展陈及对外开放工作。同步推进钓鱼城申遗和5A级景区创建工作，建立市区两级联席会议制度，合川成功创建重庆市级历史文化名城。

永川区 2022 年文化和旅游工作亮点

永川区文化和旅游发展委员会

一、文化强区强力推进

①永川图书馆惊艳开馆。大力推动"书香永川"建设，建成投用面积7000 平方米、藏书近 50 万册、符合国家一级图书馆标准的永川图书馆新馆，荣获市委宣传部组织评选的"2022'书香重庆'十佳最美阅读空间"称号，以及 2022 年长三角及全国部分省市最美公共文化空间大赛"优秀公共文化空间案例奖"。

②云上博物馆率先上线。建成运行全市首个云上博物馆试点项目——永川云上博物馆，我区公共文化服务智慧化建设再上新台阶，迅即成为全市智慧博物馆建设新标杆。

③精彩承办川渝春晚。2022 年 1 月成功承办首届川渝春节联欢晚会永川分会场活动，永川作为"2022 川渝春晚"重庆唯一分会场惊艳亮相川渝电视荧屏。

④非遗利用荣获国家级荣誉。松溉古镇入选中国非物质文化遗产协会评选的 2022 年"全国非遗与旅游融合发展优选项目名录"，我区非物质文化遗产保护及利用获得国家级荣誉。

二、旅游品质持续提升

①松溉古镇隆重开街。松溉古镇旅游综合开发项目一期工程顺利完工，2022 年 1 月 27 日隆重开街，一座集文化休闲、旅游观光、民俗体验等功能于

一体的人文风情古镇惊艳亮相，再现"白日千人拱手、入夜万盏明灯"盛况。

②茶山竹海新添"耍事"。茶山竹海景区投资 3000 万元，完成"中国杯"定向越野基地建设，进一步丰富景区业态，持续扩大茶山竹海影响力。

③全域旅游喜获殊荣。成功申报 HMC 华茂中心为国家级夜间文化和旅游消费集聚区，南大街街道入选全国乡村旅游重点镇，南大街八角寺村、代家店村获评市级乡村旅游重点村。

④宣传营销再造声势。邀请围棋世界冠军古力拍摄永川文旅宣传片，并依托微信、微博、江北机场、重庆西站、轨道交通等媒介全方位推送，持续保持外宣热度。2022 年，全区接待游客 2738.10 万人次，实现旅游收入 195.16 亿元，同比分别增长 3.88% 和 5.16%。

南川区 2022 年文化和旅游工作亮点

南川区文化和旅游发展委员会

一、旅游接待实现逆势增长

全面发力新媒体宣传营销，统筹举办四季旅游活动，针对自驾游、周边游推出具有吸引力的产品。2022 年全区实现接待游客 3551 万人次、增长 14.4%，旅游综合收入 210.9 亿元、增长 24%；乡村旅游接待 2326.9 万人次、增长 14.9%，乡村旅游收入 86.83 亿元、增长 26.4%。金佛山景区购票游客 105.3 万人次。

二、承办"2023 川渝春节联欢晚会"重庆唯一外景分会场

南川区景城乡"一山一街一原点"全新形象获得"2023 川渝春晚"青睐，成为"2023 川渝春晚"重庆唯一外景分会场，参与拍摄，并于 2023 年 1 月 20 日在重庆卫视与四川卫视播出。南川加快推进文旅融合提档升级，将在推动成渝地区双城经济圈和巴蜀文化旅游走廊建设中进一步展现南川作为。

三、发起川渝 10 个区县成立川渝冰雪旅游联盟

2022 年 12 月于第二十四届金佛山冰雪季启动仪式正式公布成立联盟，并持续发挥联盟作用，加强川渝合作，促进冬季旅游消费。还与洪雅县签订文旅融合发展协议，同峨眉山景区签订友好合作协议，与峨眉山、都江堰等地联合举办文旅产业推介会 6 场次，两地宣传片、文创产品互进景区，成渝

两地交流合作不断深入。

四、民宿露营成为新热点

编制《民宿发展规划》和《露营布局总体规划》，引入社会资本投资建设，出台《南川区露营营地管理暂行规定》《南川区露营营地建设和服务指南》，引领露营经济规范化、标准化发展。推出三线 1965、静缘小筑等精品民宿 33 家，全年接待住宿游客 30 万人次，客房平均出租率达 50%，近 20 家精品民宿节假日"一房难求"。建成开放睡佛山森林公园、万卷书台等露营地 35 家，接待游客 60 万人次，中秋、国庆等假期游客爆满。

五、冰雪旅游焕发新活力

编制《冰雪旅游发展规划》，升级金佛山北坡和西坡滑雪场，新建成开放奥悦湖畔滑雪场。承办重庆冬季旅游启动仪式，开启第二十四届金佛山冰雪季，在全市率先推动旅游业复工复产，激活旅游消费，金佛山冰雪游获重庆景区抖音热销榜第一名。

六、品牌创建取得新成效

金佛山入选"2022 中国体育旅游精品景区"、获评川渝十佳滑雪胜地；大观镇成功创建重庆市首批乡村旅游重点镇，大观镇金龙村、大观镇观溪村分别获评国家级、市级乡村旅游重点村；黎香湖获评成渝十大产业新地标，黎香湖大环线入选"2022 中国体育旅游精品线路"；东街获评重庆市夜间文化和旅游消费集聚区，正在申创国家级旅游休闲街区。

七、体育旅游开发新产品

把握户外运动和运动康养的市场需求，开发推出皮划艇、滑翔伞、山地摩托车、攀岩、溪降等 10 余个户外运动项目，备受游客青睐。神龙峡漂流季接待游客 88.09 万人次，金佛山 178 环山趣驾、德隆镇陶坪探秘、金佛山飞拉达等项目全年接待游客超过 200 万人次。

綦江区 2022 年文化和旅游工作亮点

綦江区文化和旅游发展委员会

2022 年，綦江区文化旅游委坚持以习近平新时代中国特色社会主义思想为指导，深入贯彻党的二十大精神，踔厉奋发勇担使命，笃行不怠再谱新篇，全区文旅事业呈现出良好向上的发展态势。

这一年，全区聚焦"文化兴"做文章，公服效能持续提升。区图书馆通惠新馆建成开馆，新建 5 个文图分馆；四川评书《英雄机长》时隔 21 年再次杀入全国群星奖决赛，获评"入围作品"（国家级二等奖），主演代浩获评牡丹奖新人奖提名，并斩获重庆市精神文明建设"五个一工程"奖，实现历史性突破；全年 36 件次作品获得市级以上奖励。农民版画普及推广工作入选文旅部中国民间文化艺术之乡建设典型案例，2 个项目入选 2022 年乡村公共文化空间设计展示活动、长三角及全国部分省市最美公共文化空间大赛；扶欢文化服务中心等基层公共文化设施建成投用，三馆免费开放年度绩效考核迈进二等以上。全年为街镇购买公共文化演出 84 场次，流动文化服务进村完成 1479 场次，承办首届川渝两地乡村振兴农民画联展、全市"阅读之星"诗文诵读片区赛等市级群文活动，开展区级示范性活动 40 次，完成对 5 个乡村公共文化空间打造项目、21 支群众自办文化团队和 21 个村（社区）文化服务中心设备器材更新扶持。

这一年，全区聚焦"文物活"抓保护，文博事业传承发展。1 月区文物局正式挂牌成立，全区紧紧围绕重庆重要红色文化高地建设，加快推进长征国家文化公园（重庆段）綦江主体建设区建设，梳理布展文物藏品 740 余件。完成红一军团二团指挥部旧址修缮布展并开放。石壕镇邱石坝长征宿营遗址群等红色景点正式对外开放，并多次获央视深度报道，全区红色旅游接待人数逆势攀升；完成长江国家文化公园长江文物（綦江流域）和永桐新城考古调查；组团参加第九届博博会展览和第二届巴山渝水文创展，获 1 个国家级和 2 个省级奖项。成功召开 2022 年中国僚学研究中心学术年会，成立重庆国学院僚学研究基地、重庆国学院文化振兴研究院。完成 1 人国家级非遗代表性传承人申报，2 人被评为第六批市级非遗代表性传承人，2 所学校入选全市 2022 年度非遗进校园优秀案例。举办"传承有我　非遗同行"系列活动，开展以版画为主题的创作培训会 5 期，培训 450 人。

这一年，全区聚焦"旅游热"强措施，全域旅游方兴未艾。印发实施《綦江区文化和旅游发展"十四五"规划》，构建"一核两轴四组团"的旅游发展空间布局和"三山一坝一温泉，一园一河一古镇"的全域旅游发展引擎。成功创建高庙坝市级旅游度假区，持续推进横山国家级旅游度假区创建，成功创建 1 个市级乡村旅游重点村，夏季纳凉旅游人数呈恢复性增长；持续完善全域旅游服务体系建设，16 个景区视频监控接入全市智慧文旅云平台，建成 2 个封闭式 A 级景区预约系统，新改建 6 个生态停车场，3 个景区上线金牌解说平台；成功召开主城都市区文化旅游协作组织 2022 年联席会议，举办春、夏季旅游养生季启动仪式，指导开展养生季活动 70 余个，新华社老区行重庆唯一专场直播《走进綦江看变化：红色热土的文旅融合路》。包装推介本区及跨省精品旅游线路 7 条，其中 2 条线路入选全市乡村振兴精品旅游线路，王良故居及纪念馆（中华村）入选全国 128 条乡村旅游精品线路。

2023 年，全区将继续踔厉奋发、笃行不怠，赓续前行、奋楫争先，以更加饱满的热情、昂扬的斗志、务实的作风，加速推进知名康养休闲目的地、重庆重要红色文化高地建设，为全面建成"如来·如愿"、美丽富饶的"多彩綦江、创新之城"贡献力量！

大足区 2022 年文化和旅游工作亮点

大足区文化和旅游发展委员会

2022 年，大足区文化旅游委坚持以习近平新时代中国特色社会主义思想为指导，全力唱响"精美的石刻会说话"，加快做靓享誉世界的文化会客厅。全区接待游客 3051 万人次、同比增长 3.6%，旅游总收入 161.9 亿元、同比增长 5.2%。

一、坚持项目带动，高标准打造文旅新供给

着力擦亮石刻文化名片，实施大足石刻宝顶山景区保护提升工程，加紧建设宝顶小住、如意花开、花卉餐厅，让遗产旅游"活"起来。以民俗民风为内涵，新推出 7 条乡村旅游精品线路，推动隆平·五彩田园景区、棠香人家景区、老家观音岩景区创建国家 A 级旅游景区，使游客在游览中听到文化之声、看见山水之美、领悟人文之韵，让乡村旅游"热"起来。成功创建香国公园、雍溪里景区为国家 4A、3A 级旅游景区，雍溪镇慈云村入选重庆市第三批乡村旅游重点村名录。

二、做强产业支撑，全方位激活市场新动能

先后与 21 家文旅企业招商洽谈，与中青旅、广州励丰、中建恐龙园合作项目推进顺利，与陈塘关文旅集团、大圆祥博物馆等 7 家单位初步达成共识，与 1 家单位达成意向协议引资 3 亿元，年度招商引资任务 10 亿元。全年文旅产业项目计划投资 60 亿元，实际完成投资 45 亿元。

三、深化交流合作，高水平打造融合新标杆

以石刻文化为纽带，与青城山—都江堰景区、金佛山景区、武隆喀斯特旅游区签订巴蜀文化旅游走廊世界遗产地景区战略合作协议，与资阳市、乐山市等 7 个川渝区（市）县签署文旅发展合作协议 14 个，倡导发起成立巴蜀文化旅游走廊世界遗产联盟、巴蜀石窟文化旅游走廊联盟等 6 个联盟，重点推动资大文旅融合发展示范区建设在规划衔接、基础设施、文旅融合等 10 个方面开展合作。扎实推进涉及资大文旅融合发展示范区 5 个共建项目。完成《川渝石窟寺国家遗址公园（重庆片区）总体规划工作方案》编制并通过市文物局评审。

四、着力提质增效，创造性满足文化新需求

双桥经开区新文化艺术中心、"星光舞台"运行使用。大足石刻博物馆、区文化馆、区图书馆建成国家一级馆，区科技馆成为全市区县中最大的科技馆，重庆红岩重型汽车博物馆建成重庆市第一家"三线建设"博物馆。建成文化馆、图书馆分馆 54 个，社会分馆 40 个，城市书房 3 个，文化广场 27 个，乡情陈列馆 14 个，数字农家书屋 6 个，基层综合文化服务中心、广播村村通、农体工程覆盖率 100%，基本建成"城区 15 分钟、镇村半小时"公共文化服务圈。

五、聚焦名气提升，创新性拓展营销新路径

面向全球征集大足城市形象暨文旅形象口号 6889 条，提炼推出大足形象口号"精美的石刻会说话"。4K 宽银幕电影《天下大足》和 8K 球幕电影《大足石刻》正式上映，《殊胜大足》在央视《人类的记忆》栏目播出。央视《跟着书本去旅行》"大足石刻"系列节目完成拍摄，新推出的大足印、大足色等城市文化符号被广泛应用。

璧山区 2022 年文化和旅游工作亮点

璧山区文化和旅游发展委员会

2022 年，璧山区文化旅游委坚持贯彻落实新发展理念，贯彻落实文化强国、美丽中国战略、成渝双城经济圈建设等党中央重大决策部署，推进全区文化旅游事业高质量发展。

一、推动文化传承，遗产保护稳步加强

启动区博物馆、重庆市考古标本库房及考古展示中心建设。推进市保单位璧山文庙、广普谢氏民居（谢唯进故居）2 处、区保单位狮子桥牌坊等 3 处保护修缮工程。开展长江流域文化资源调查，助力长江国家文化公园建设。持续加强文物安全巡查督察，开展科创小镇等 10 余个工程文物勘探调查工作。依托非遗项目打造《鼓儿叮咚》《刺绣欢歌》等 2 个作品在市级比赛获奖。新公布区级非遗项目 14 项，增加市级非遗传承人 3 人。

二、丰富文化供给，公共服务品质提升

投入 130 万元，专项用于推进基层文化服务中心提档升级。新建图书馆分馆 2 个、城市书房 1 个。创建无"小耳朵"小区 5 个。引入"遇见美好艺术·发现国际璧山"匈牙利当代艺术展等高品质展览 4 场，举办（协办）云雾花涧·第二届重庆乡村艺术集等大型文旅活动 10 场、线上文化活动 5 场。持续开展流动文化下基层、戏曲进乡村活动 30 场，流动文化服务进村 524 场。投用川渝阅读"一卡通"，开展全民阅读活动 156 场。《我的家乡年——重庆》

入选 2022 全国"村晚"优秀短视频。

三、推动文旅融合，旅游发展成绩明显

推进重点项目建设，编制茅莱仙境、石伞云遮、云雾花涧等 5 个重点文旅项目专项规划。茅莱仙境生态文旅项目启动区于国庆开园。打造"城市露营"业态，成功开启"箱遇音乐市集"。成功举办第十四届中国西部动漫文化节等品牌节会活动 14 场次。将军村获评全国乡村旅游重点村，沙塝村入选市级乡村旅游重点村。秀湖水街国际非遗手艺特色小镇获评"全国非遗旅游小镇"称号，秀湖景区获评重庆市文明单位称号，璧山区获评"全国市辖区旅游发展潜力百佳区"。

四、加强党的建设，文旅工作守正创新

坚持和加强党的全面领导，认真学习贯彻习近平新时代中国特色社会主义思想和党的二十大精神。贯彻落实习近平总书记关于文化、文物、旅游等工作的重要论述精神，推进文化旅游工作守正创新。落实意识形态工作责任制，抓好文化市场、重大活动和重要节点意识形态管控。落实文化旅游行业系统安全生产责任制和新冠疫情防控措施，确保全区文化旅游领域安全稳定。

铜梁区 2022 年文化和旅游工作亮点

铜梁区文化和旅游发展委员会

2022 年，铜梁区深学笃用习近平新时代中国特色社会主义思想，深入学习贯彻党的二十大精神，紧紧围绕奋力打造"产业高地、文旅胜地、宜居美地、民生福地"的目标，坚持农文体商旅融合发展，着力打造活力经济，实现文化旅游体育高质量发展。

一、文化旅游品牌持续擦亮

成功创建中国龙狮运动名城，安居古城入选全国非遗旅游景区，巴岳山玄天湖成功创建市级旅游度假区，少云村入选全国红色美丽村庄建设试点、获评"重庆市乡村旅游重点村"，龙城天街获评重庆市夜间文化和旅游消费集聚区。获得国家级奖项 10 个，市级奖项 27 个。"周末到铜梁"品牌持续唱响，中华龙文化旅游名城影响力不断提升，全年接待游客 1654 万人次，同比增长 10.3%，实现旅游综合收入 101 亿元，同比增长 18.8%。

二、文化旅游产业提档升级

启动小北海农文体商旅试验示范区、"巴岳农庄"建设，建成龙文化演艺中心、安居文庙县衙等项目 10 个。运营好铜梁龙艺术团，龙舞表演产业化迈出新步伐。出台《铜梁区促进文化旅游体育业高质量发展 10 条措施（试行）》，培育沉浸式体验业态 8 家，打造露营基地 5 个。加快文化创意产品开发，澳大利亚茶树精油洗护系列荣获 2022 年全国旅游商品大赛银奖。开展

"一镇一主题"乡村节会，双山、蒲吕等 17 个镇街以特色产业和特色活动吸引游客 129 万人次，乡村旅游综合收入超亿元。

三、文化旅游市场平稳有序

推动全国文化旅游市场信用经济试点工作，创新建立文化旅游市场信用评价指标体系，为文化旅游企业争取 20 亿元授信支持额度，发展"信易游"商户 296 家，拉动文化旅游消费 500 余万元，获全国信用应用场景最佳纪实奖。持续举办文化旅游惠民消费季，有力激发文化旅游市场消费潜力。统筹新冠疫情防控和行业发展，新注册文化旅游企业 41 家，文化旅游市场主体在新冠疫情影响下实现逆增长。

四、文化体育事业蓬勃发展

建设 24 小时城市书房，公共文体设施免费开放率达 100%，开展文化惠民活动 3776 场次，成功举办纪念周恩来总理珍品展。修缮巴岳寺，修复馆藏石质文物，博物馆藏品实现数字化管理，文物保护利用进一步加强。推进"非遗"项目活态化传承，新增 26 位市级、区级非遗传承人。《追梦·铜梁龙》非遗山水实景剧惊艳亮相，《铜梁焰火龙》获评山花奖，铜梁舞龙队获国际龙狮赛冠军。推进 333 个村社区健身点全覆盖建设，启动青少年校外活动中心建设，提质改造区运动场。携手市体育局共建铜梁龙足球俱乐部，代表重庆男子足球成功"冲乙"重回职业联赛。体教融合进一步加强，重庆市青少年足球训练基地落户铜梁，市区共建篮球、摔跤等训练基地 5 个。体育产业再添新动力，玄天湖文旅公司、龙文化公司获评重庆市体育产业示范单位。

潼南区 2022 年文化和旅游工作亮点

潼南区文化和旅游发展委员会

2022 年，潼南区文化旅游系统深入贯彻习近平总书记关于文化和旅游等工作的重要论述，围绕"举旗帜、聚民心、育新人、兴文化、展形象"的使命任务，按照市文化旅游委工作要求，坚持"以文塑旅、以旅彰文"，全区文旅工作取得新的进步，一些工作呈现亮点特色。

一、提升一个指标

大力培育文旅企业，新增规上企业 2 家，文化体育娱乐企业完成营业收入 3.93 亿元，同比增长 7%。文旅固投完成 21.19 亿元，同比增加 17.2%。接待游客 1320 万人次，实现旅游综合收入 85.8 亿元，均同比增长 17.37%。

二、办好两个节会

成功承办第七届重庆非遗暨老字号博览会，展示展销非遗和老字号产品 3000 余种。成功举办第十五届菜花节等系列乡村旅游节会，一周时间内，央视先后三次单条宣传报道潼南花事。

三、创新三项工作

成立潼南区文化旅游发展研究会，借智借力，组织区内外有关专家，常态化深入研究潼南文旅发展。设立"潼南文学艺术奖"，该奖项由区政府颁发，每两年评选一次，培养文艺骨干，推出精品力作。建立文旅体行业正负面清单管理制度，实行"月统计、季通报、年评比"的工作机制，形成闭环管理，全年意识形态领域没有出现一起负面舆情，文化综合市场安全稳定。

四、推进四项工程

启动农文旅深度融合的大佛坝新农城建设，打造成为大型产城景融合的农文旅综合体；稳步推进潼南博物馆建设，办成"小而美""小而精"的地方特色馆；建设潼南公共文化中心；推进基层应急广播体系工程项目。

五、创建五个品牌

成功创建双江古镇为"全国非遗旅游小镇"，入选"全国非遗和旅游融合发展优选项目名录"；金龙社区被评为"全国红色美丽乡村"；太安镇蛇形村被评为"2022年全国美丽乡村"；涪江旅游度假区被确定为市级旅游度假区；"杨尚昆生平业绩展"获评重庆市"十大优秀陈列展览"。

六、制作"六个一"宣传品

加大对潼南文旅的策划、推介和营销力度，打好"六个一"组合拳，即：一句具有代表性的城市宣传语、一部5分钟左右的文旅宣传片、一首广为传唱的潼南之歌、一台常态化演出的精品戏、一本精致的文旅画册（含地图）、一份独具特色的文创产品（潼南好礼）。原创新歌曲《潼川府之南》一经推出，已实现千万流量。

荣昌区 2022 年文化和旅游工作亮点

荣昌区文化和旅游发展委员会

一、公共文化服务获得新佳绩

成功举办重庆市广场舞（第三片区）展演，并在全市总决赛中获得一等奖。创新文化惠民方式，持续丰富"书香荣昌""印象荣昌""欢乐荣昌""运动荣昌"互送共享文化惠民服务品牌活动内容，围绕党的二十大等重要时间节点，开展文化活动 581 场，各类讲座、展览、培训、阅读推广等活动 544 场，惠及群众 30 余万人次。

二、全域旅游发展形成新格局

安富通安村入选市乡村旅游重点村，清江河中村、安富通安村获评市智慧旅游乡村示范点，万灵古镇获评市智慧旅游示范区。深化成渝地区双城经济圈合作，开展 2022 荣昌—内江双城文旅互动主题营销季活动，推出"陶哥""甜妹儿"IP 形象，5 天内全网曝光近 500 万人次。全区接待游客 1300 万人次，旅游综合收入 65 亿元，同比增长 17.33%。

三、文化遗产保护取得新进展

成功获批 2022、2023 年度"荣昌陶器制作技艺"中央专项资金 106 万元，新获认定市级非遗传承人 15 名，培育新农村手艺人非遗项目获评第三届全球减贫最佳案例，荣昌夏布传统技艺助力多点灵活就业非遗培训项目入选文化和旅游部非遗工坊典型案例，荣昌陶器、荣昌折扇在央视三套《艺览吾遗》栏目播出，编撰出版《非遗荣昌——重庆市荣昌区非物质文化遗产保护名录汇编》。投入300多万元，完成凉坪白塔与罗汉寺牌坊本体修缮及周边环境治理。

四、文旅产业发展实现新跃升

持续优化营商环境，规范行政审批工作流程，办理文旅行政许可事项68件，办结率100%。全区文化产业增势强劲，规上服务业收入8094万元，增速4.6%；规上工业收入915458万元，增速7.4%；限上贸易收入1366万元，增速29.5%。

五、服务行业发展展现新作为

组织开展助企纾困干部大走访活动，出台文旅招商引资优惠政策7条，减免房屋租金36.52万元，发放旅行社暂退质保金50万元。推动成渝地区双城经济圈文旅市场联合执法，围绕重大案件办理、新兴业态等实现跨区域合作。坚持常态化新冠疫情防控和应急处置相结合，组建文旅抗疫队伍，主动下沉一线，参与社区疫情防控志愿服务、小区值守等工作，参与率达100%。

开州区 2022 年文化和旅游工作亮点

开州区文化和旅游发展委员会

一、公服效能有提升

创作文艺作品 13 件，获市级三等奖以上 6 个，其中以非遗传统技艺织布为题材创作的舞蹈《织卡织卡》获第十届重庆市乡村艺术节舞蹈类一等奖。完成万开云"图书借阅一卡通""旅游一码通"建设。国家广播电视总局评选我委为基层广播电视统计工作考核优秀集体。成功举办"喜迎二十大·奋进新征程"——"万达开云"四地共庆"七一"文艺演出。开州公共文化活动三次登上央视专场，中秋晚会《月是故乡明》《农家院里过大年》综艺节目以及中央广电总台国际在线首播 2023 年渝川黔三省四地（万盛、开州、都江堰、桐梓）春晚，全面融入成渝双城经济圈建设。

二、项目建设有突破

开州区大德镇遇见·云上民宿获评乙级民宿。全新改陈布展刘伯承同志纪念馆和故居并恢复对外开放，故居周都村红色研学基地、红色村史馆、红色乡宿、红色文创馆一一落成。开州云上（智慧）文化馆，竹溪生态乐园（一期），雪宝山音乐营地（一期），开州故城一、二期工程全面完工并开门迎客。春节期间，全区接待游客总人数 103.6 万人次，同比增长 38.95%，实现旅游综合收入 6.19 亿元，同比增长 33.99%。其中刘伯承同志纪念馆及故居接待游客 6.62 万人次，同比增长 30.51%。汉丰湖景区推出惠民专线，方便了近 9 万市民游客出行。

三、文旅体融合有成效

高水平开展 2022 中国·开州汉丰湖水上欢乐季系列活动，各类媒体报道达 150 余篇次，主流媒体在线直播观众流量累计达 1300 万人次。开州汉丰湖被确定为首批国家水上（海上）国民休闲运动中心试点单位，并入选文旅部 113 条乡村旅游精品线路。推出"年味开州情满城"系列活动，春节民俗文化节、开州大舞台、非遗集市、流动图书车走进景区等丰富的文旅活动带动文旅消费，春节期间吸引游客 38 万人。刘伯承同志纪念馆及故居、汉丰湖景区（度假区）、开州故城、汉丰印秀、音阶广场等成为新的全区网红打卡地，在国家及市区级资讯类报道点击量和短视频等新媒体浏览量共计 1500 万人次，"帅乡帅湖，开心开州"成为近悦远来的旅游目的地。

梁平区 2022 年文化和旅游工作亮点

梁平区文化和旅游发展委员会

2022 年，梁平区新增文旅市场主体 209 家，21 家文旅规上企业产值达 26.56 亿元，同比增长 21.29%；全年共接待海内外游客 1400 万人次，实现旅游总收入 90 亿元，同比分别增长 27.3%、37.4%。

一、文化事业谱写新篇章

一是公共文化服务水平大力提升。预计投资 5 亿元，开工建设市民文化中心、都梁大剧院和提升融媒体功能；启动基层综合文化服务示范项目建设"三年行动计划"，新改扩镇、村综合文化服务中心 14 个。文化馆、图书馆等场馆常年坚持线上线下免费开放，累计举办培训班、讲座 60 余场（班）次，服务群众（游客）45 万余人次。成功举办"重庆格林童话之夜走进梁平"活动，持续打造"周周讲·月月演"全民艺术普及、"书香重庆·都梁之声"全民阅读推广等两大文化活动品牌。完善文艺创作奖励办法，兑现文艺创作奖励资金 11 万余元，扶持作品 74 件次。创作文艺作品 20 余件，10 余件作品荣获市级及以上重要奖项。

二是文物保护成效显著。挂牌成立重庆市梁平区文物局，划定公布全区 35 处区级文物保护范围和建设控制地带，实施双桂堂等 7 处文物保护单位修缮保护。赤牛城考古新发掘面积 1400 平方米，累计发掘 4000 平方米，发现了关子门瓮城、水坝遗址等重要设施遗迹。

三是非遗保护体系不断健全。启动创建全市首批文化生态保护区，新增区级非遗项目 12 项，各级项目达到 112 项。出版《梁平竹帘》《梁平癞子锣鼓》两本国家级非遗学术研究丛书，梁山灯戏进校园入选"中国民间艺术之乡"建设典型案例，创编梁山灯戏少儿灯戏操、梁平抬儿调原生态演绎作品，开发竹帘扇等文创产品30余种。

二、文旅融合迈上新台阶

一是文旅项目实现新突破。持续推动百里竹海国家级旅游度假区建设，启动实施百里竹海康养小镇、明月汇酒店等重点项目；引进社会资本投资民宿建设，初步形成以梁山驿、梦溪湉园、墨林竹院等为代表的百里竹海民宿群。双桂湖国家湿地公园获评国家4A级旅游景区、百里竹海猎神景区获评国家3A级旅游景区。启动实施双桂田园景区康养项目，提升双桂堂景区旅游环境。

二是乡村旅游展现新气象。大力发展乡村旅游，打造仁贤水果大观园、蟠龙露营基地等多个乡村旅游景点，评选蟠龙镇扈槽村"美丽乡村露营节"、竹山镇猎神村"采笋节"等首批梁平区乡村旅游节会特色品牌5个；积极推进铁门乡、明达镇红八村等乡村旅游策划，成功申报礼让镇川西村和蟠龙镇扈槽村成为第三批市级乡村旅游重点村。

三是品牌活动凸显新亮点。成功举办首届明月山生态旅游文化节、绿色中国行走进明月山、长江三峡耕春节、晒秋节、国际柚博会等系列文旅活动，做到"月月有活动、季季有亮点、全年不断线"。推出乘高铁免费游梁平、高考福利邀您游梁平、川渝一家亲门票买一赠一等多项优惠，带动文旅消费近5亿元。

四是区域联动释放新动能。以明月山绿色发展示范带建设为契机，联动明月山七区县共同举办大型电视访谈节目《绿色中国大讲堂》；深化川渝合作，国有A级旅游景区向四川籍游客推出首道门票买一送一的优惠政策；全方位融入"大三峡"国际黄金旅游带，制定出台高铁旅游专项优惠政策；加强对口协作帮扶，国有景区向璧山区群众免费开放，全年璧山区向我区发送游客1万余人。

武隆区 2022 年文化和旅游工作亮点

武隆区文化和旅游发展委员会

2022 年，开启以国际化为引领的武隆旅游"三次创业"，全年接待游客 4252.47 万人次，收入 207.37 亿元。

一、迎峰度夏扎实有序

全区公安、交通等多部门联动，做好迎峰度夏工作安排，热情提供咨询服务，加强旅游安全管理，规范景区购物市场，优化景区服务管理，快捷处理投诉纠纷，做到让游客称心、安心、放心、暖心和舒心。迎峰度夏期间，景区游客峰值 3 万人 / 天，度假区旅居客群峰值 30 万人 / 天。

二、营销活动持续火热

成功举办武隆喀斯特申遗成功 15 周年庆祝大会、全国旅行商武隆行推介会宣传活动 22 次，参加 2022 中国—东盟旅游博览会旅游展、第十届澳门国际旅游产业博览会等行业展会活动 7 次，创新开展老挝驻华大使代表团武隆行等涉外活动 4 次，精心拍摄《传奇中国节中秋节》《欢乐城市派》等央视节目、影视题材宣传视频 326 条。

三、重点项目有序推进

成功签约喀斯特星球元宇宙开放世界项目、仙女山"碳中和"景区及配套PPP项目、仙女山亚高原国家综合体育训练基地等项目3个，签约额75.86亿元。有力推进武隆旅游国际化配套PPP项目。"6+4"产业链建设全面铺展，33个重点文旅项目开工建设，29个项目前期工作强力在推，11个重点在谈项目持续跟踪，全年投资44.42亿元。

四、公共服务稳步提升

新建街道综合文化服务中心1个，启动建设乡村书房、社区艺术馆等3个，设立名家工作室2个。推出书画频道进万家、乡村音乐会等文化惠民活动43次。送戏曲进乡村156场，全民阅读推广活动97场，文物展览及讲座28场，全民艺术普及免费培训班53个。新增应急广播建设终端补点970个。开办重庆市老年大学文旅分校，培训学员2000余人。

五、文旅成绩可圈可点

仙女山街道荆竹村入选联合国世界旅游组织"最佳旅游乡村"，文化和旅游市场信用经济发展试点工作通过文旅部验收并获评"优秀"，区文旅委获评国家级"节约型机关"。后坪乡文凤村天池苗寨入选非遗旅游村寨，浩口苗族仡佬族乡中心小学"多彩非遗进校园传统技艺代代传"入选"非遗进校园"优秀案例，双河镇木根村入选重庆市第三批乡村旅游重点村名录名单。武隆喀斯特旅游区入选"成渝十大文旅新地标"，寺院坪、赵云山两地入选《重庆风车地图》，树顶漫步—仙女山自然教育基地入选重庆市体育产业示范项目，懒坝景区入选重庆粉黛花海观赏地图。1人获"全国文物系统优秀工作者"荣誉称号。

城口县 2022 年文化和旅游工作亮点

城口县文化和旅游发展委员会

2022 年以来，城口县文化旅游委在市文化旅游委的坚强领导下，坚持围绕中心，服务大局，着力战新冠疫情、促消费、稳增长、惠民生，在发展文旅产业、提升文化服务、培育旅游品牌、推动体育发展等方面取得了较好成效，也形成了一些工作亮点。

一、坚持"一核带动"，强化党建引领

坚持党建引领的核心地位。一是坚持通过党组会、中心组学习会等会议将学习党的二十大精神、习近平总书记关于文化和旅游工作的系列重要论述等作为重点，深入开展研讨，强化干部职工政治历练、实践锻炼、专业训练、作风锤炼。二是强化党风廉政建设、紧抓政治生态建设。认真组织召开党风廉政工作部署会，签订党风廉政承诺书，制定党风廉政工作要点。委机关班子成员积极履行"一岗双责"，带头督促检查全委党风廉政建设和反腐败工作任务落实情况，坚持重要工作重大问题亲自过问、重要环节亲自协调、重要事件亲自督办，注重源头预防，努力营造良好的政务环境，抓好全委政治生态建设。

二、探索"文体旅融合"，助力经济发展

一是初步探索了一条文体旅融合之路。成功举办 2022 年重庆夏季旅游启动仪式、中国大巴山（重庆·城口）第十三届彩叶文化旅游节开幕式暨亢家

寨景区（西线）试运营启动仪式、巴山蜀水·运动川渝体育旅游休闲消费季重庆·城口站暨第一届"渝陕之巅"全国自行车爬坡挑战赛及"奔跑吧·少年"夏令营等活动，发放体育惠民消费券 20 万元，惠及 10 万人次，刺激体育、旅游休闲消费近 500 万元，助推了全县文化体育旅游产业高质量发展。二是县图书馆启动了图书进民宿、图书进景区、图书进大院等文旅融合发展活动，针对不同旅游线路游客的不同特点，布局不同书籍风格的乡村书房，让乡村书房成为游客的"打卡地"，成为旅游线路的"文化粮仓"。

三、抓实"惠民本质"，充盈城市美誉度

一是全县公共文化场馆、站所全部实现免费开放。2022 年，川陕苏区城口纪念馆、县文化馆、县图书馆着力发挥好县城文化窗口作用，全年累计接待群众和游客 26 万余人次，乡镇（街道）文化服务站全年累计接待群众 10 万余人次。二是按需配送的原则，深入开展送文化下乡（进校园）活动，为各乡镇（街道）、村社区送流动文化 120 余场次。成功举办"我们的中国梦文化进万家"城口县 2022 新春文化惠民活动，观看群众达到 5 万余人次。三是成功举办全县广场舞坝坝舞展演，选送 2 支舞蹈队参加重庆市广场舞展演，亢谷舞蹈队在第四片区的 16 支队伍中脱颖而出，荣获片区赛一等奖并晋级决赛。选送大巴山合唱团参加重庆市大家唱群众歌咏活动（第四片区）获"优美队伍奖"。四是成功举办第十七届周末球赛，吸引全县 2000 余名干部职工参加，惠及群众达 20 万余人次，有力地提振了全县人民群众的体育热情和精气神。同时，品牌创建方面，城口县厚坪乡龙盘村获评重庆市第三批乡村旅游重点村、中国美丽休闲乡村。

四、发挥"阵地作用"，着力"红色之城"创建

一是充分发挥和利用城口红色文化资源优势，出台《城口县"红色之城"工作方案》，并强力推进在城市建设、乡村建设、交通建设中融入红色元素。二是开发红色旅游精品线路 1 条，红色研学线路 1 条，正在打造红色高速公

路 1 条。三是成立了两支红色文化志愿者服务队，分别是以老年艺术团成员、退休干部为主的文艺表演志愿服务队，以青少年学生为主的"巴山红小星"小小讲解员志愿服务队。结合城口独有的红色资源，传承、利用好城口红色历史，积极发挥阵地作用，通过音视频录制、红色情景剧展演、红色讲座、红色展览、红色故事宣讲等多种方式宣传城口红色历史文化，取得了良好的效果。截至目前，累计开展红色文化展览讲解 241 场、研学场次 25 次、主题讲座 19 场。

丰都县 2022 年文化和旅游工作亮点

丰都县文化和旅游发展委员会

一、注重改革创新 推动文旅顶层设计

成立丰都县文化旅游工作领导小组，书记、县长亲自任双组长；创新成立重庆丰都文化旅游集团公司，着力破解全县文化旅游发展资金瓶颈；率先在全市区县成立丰都县文化旅游研究院、重庆市文化旅游研究院丰都分院和重庆市文物考古研究院丰都分院，为全县文化旅游发展赋魂赋能。

二、注重文化研究 推动文化繁荣发展

精心举办丰都城市文化品质提升研讨会，邀请知名专家举办文化专题讲座 2 次，擦亮"黑珍珠"、绽放"红宝石"深入人心。积极推进丰都文化研究，形成《南游记时代价值运用研究》等研究成果 48 篇。将北宋大文豪苏轼的诗《题平都山》改编为课间操在全县中小学校推广。组织创作歌曲《孟婆汤未冷》喜获好评。开展戏曲进乡村 190 场。"巾帼夜校"实现全覆盖，举办 69 个培训班培训学员 35000 余人次。"善和之声"公益诗词活动被市委宣传部评为 2022 年优秀全民阅读推广活动。

三、注重传承保护 推动遗产活化利用

"丰都传统民俗活动展演"小官山古建筑群活化利用项目和馆藏金属文物保护修复项目被市文物局分别评为 2022 年度文物利用优秀项目、文物科技创

新项目。创新探索"文物+"活化利用模式，成功创建市级文保小官山古建筑群为国家 3A 级旅游景区，活化利用市级文保杜宜清庄园作为展陈馆进行对外开放，积极盘活陈国勇艺术馆联动县级文保培元塔作为丰都首个艺术展览馆实现对外营业。新增市县非遗代表性传承人 17 名，新评定县级非遗项目 8 个。

四、注重宣传营销　推动旅游持续火爆

率先完成重庆武陵文旅推广中心装修并入驻。修订实施《丰都县旅游营销团队组客奖励办法》。持续举办南天湖夏季避暑狂欢节和冬季冰雪旅游季活动，成功举办"南天湖杯"重庆市歌手大赛，南天湖上榜全国 20 个热门景区排行榜第 11 位。成功推荐双路镇入选重庆市首批乡村旅游重点镇、双路镇安宁场村入选重庆市第三批乡村旅游重点村。2022 年，全县共接待游客 2502 万人次、实现旅游综合收入 126.9 亿元，同比分别增长 8.72%、10.58%。

五、注重规划引领　推动文旅项目建设

编制印发《丰都县文化和旅游发展"十四五"规划》。完成牛牵峡、情旅峡改造提升规划和太平坝市级旅游度假区总体规划。完成民俗文化博物馆、唐王游地府、名山景区亮化提升工程、东作门保护修复工程等项目设计方案，完成名山文化公园和培元文化公园整体策划初案。策划编制长江三峡民俗文化非遗传承展示园等 3 个项目纳入长江国家文化公园（重庆段）项目库。

六、注重严格执法　推动行业规范管理

依法严格加强文化旅游市场管理，办理行政处罚案件 21 件。承办 2022 年重庆市旅游服务劳动和技能竞赛（景区景点讲解项目），丰都县推荐选手付菊荣获第一名。《文化和旅游市场审批过程中新冠肺炎疫情防控提示》做法得到市文化旅游委肯定，专门印发文件要求全市各区县学习借鉴。2022 年度文化和旅游市场管理水平获渝东北地区第一名。

垫江县 2022 年文化和旅游工作亮点

垫江县文化和旅游发展委员会

一、产业发展实现新突破

大力实施项目带动战略，全力推进重点景区提档升级。恺之峰旅游区获评国家 4A 级旅游景区，垫江李花源、仙草园获评国家 3A 级旅游景区。"巴谷·宿集"精品民宿一期正式开集，并喜获两项大奖（"2020 最受关注新开业民宿"和"新浪微博 & 宿集营造社致敬民宿大奖"），开创垫江民宿行业先河。五洞镇、沙坪毕桥村、恺之峰旅游区等 17 个镇村点获评市级休闲农业和乡村旅游示范单位，夯实垫江农文旅融合发展的广度和深度。文化产业稳步向好，采取多措并举克服新冠疫情对企业带来的严重影响，全年新增文化企业 80 家，总数达 1055 家，增长 8.2%，规上文化服务业营业收入达到 4128.2 万元，增长 17.93%，实现新冠疫情防控有力、复工复产有策，措施不断、增速不减。

二、公共服务展现新水平

全年开展送流动文化进村 3518 场，送演出进村 160 场，送图书阅览进村 115 场，送展览讲座进村 238 场，送辅导培训进村 288 场，送法规政策科技宣传进村 2717 场，使广大群众感知文化的魅力和公共文化服务的温度；全县 28 个文化服务馆所、中心全部免费开放，面积达 8.05 万余平方米，年接待群众 70 余万人次；连续多年实现广播电视安全播出无事故，完成数字电视 700 兆赫迁移，无线数字化频率、频道规范化管理，广播电视转播塔完成改扩建，有力助推了媒体融合发展；新冠疫情防控期间，创新开展"我在垫江等您"

云赏花活动，抖音平台点击量突破 1.1 亿次，新浪微博总阅读量 1100 万次，群众精神文化生活参与度达到新高。

三、大型活动提升美誉度

全年举办各类大型文体活动 11 场次，在全市率先恢复重大文旅节庆活动。第 21 届垫江牡丹文化节、垫江首届荷莲文化节、"全面小康·秀美垫江"垫江县特色文化文艺展演、垫江县"丹乡之杯"非遗文化传承竹编职业技能大赛、"欢跃四季·舞动巴渝"重庆市广场舞第三片区展演等活动轮番上演，精彩不断，热度不减。特别是"双晒"第二季大型文旅推介活动垫江专场直播当日，各直播平台观看人数达 2000 余万人次，点赞数超 6000 万人次，淘宝等平台销售总金额达 45.5 万余元，获"最佳营销奖"，垫江知名度、美誉度持续提高。

忠县 2022 年文化和旅游工作亮点

忠县文化和旅游发展委员会

一、刷新重大项目"进度条"

皇华城考古遗址公园项目建设完成文物保护一期工程前期设计，顺溪场移民安置区综合帮扶人居环境综合整治一期工程（二标段）项目完成总工程量的 73%。策划、申报乌杨新区文体中心等三峡后续项目 2 个，三峡考古博物馆建设等长江国家文化公园 3 个，"三年滚动"项目、国家 102 项目等 47 个，涉及投资 95.5 亿元。

二、打造公共文化服务体系"升级版"

推进"两馆一中心"及文图总分馆制建设，建成文化分馆 2 个、图书分馆 2 个。创新打造忠州老街城市会客厅、磨子文化服务中心、马灌凤吟园乡村书吧等新型公共文化空间。举办大型活动 10 余场，送服务送演出到各村（社区）1600 余场，开展戏曲进乡村进校园 29 场次。指导创建磨子土家画乡，创作农民画 200 余幅。

三、扩大文旅融合"交际圈"

原创展览"点透云心——忠州博物馆佛教文化遗址拓片展"亮相达州博物馆，选送 9 件青铜器参加宜宾市博物院《花开并蒂——巴蜀青铜文明特展》，配合成都武侯祠博物馆采集我县三国文化遗存资料，助力成渝"三国文旅"研学走廊建设。主动联动万州区、石柱县，推出 5 条精品旅游线路，发布"库心人游库心"惠民措施，涉及 13 个 A 级景区。实现接待游客 977.42 万人次，旅游综合收入 57.68 亿元，同比分别增长 11.91%、24.83%。

四、跑出文旅产业"加速度"

全县文化、体育和娱乐业新增企业 29 家、个体工商户 180 个。规上文体娱企业营业收入总额达到 21871.7 万元，比 2021 年同期增长 16.7%。全县完成固定资产投资 33652 万元，超过全年目标任务的 40.80%。协调将华夏神女1、2 号游轮以及香枫山酒店作为新冠疫情防控隔离点，为企业纾困近 100 万元。为企业争取贷款贴息和专项资金共计 45.86 万元。

五、提升品牌创建"含金量"

忠县文物保护中心被国家文物局表彰为全国石窟专项调查先进单位，白公祠文博景区荣获"重庆市文明单位"称号，石宝寨、白公祠获得"重庆市首批历史名园"称号。新立文笔社区获评全国第四批乡村旅游重点村名录，新立镇双柏村获评市级第三批乡村旅游重点村，新立镇入选市级首批乡村旅游重点镇名录。忠州老街项目成功申报为市级文化产业示范园区，烽烟三国景区项目成功申报为市级文化产业示范基地。

云阳县 2022 年文化和旅游工作亮点

云阳县文化和旅游发展委员会

云阳县文化旅游事业对标创建国家全域旅游示范县、文化强县"两个创建",抢抓"城镇群"建设、郑万高铁开通"两大机遇",实施文化提质、旅游提效"两大工程",2022 年,全县共接待游客 2250.78 万人次,实现旅游综合收入 96.12 亿元,文化产业、旅游产业增加值分别达 10.8 亿元、29.8 亿元,荣登 2022 年全国县域旅游发展潜力百佳县榜首,入选 2022 年中国县域旅游综合竞争力百强县。

一、文体服务提质显著

2022 年,全面实施文、图、博三馆免费对外开放工作,上线"万开云·一码通",开启三地同城化阅读服务。加强文化遗产保护,2022 年申报获批市级非遗项目代表性传承人 7 名,同市文物局、西北大学共建云阳县长江三峡文化遗产保护研究院,形成"三位一体"的文博事业新方向。全年举办全国沙滩排球巡回赛、"农高杯"大家唱歌咏赛等大型文体活动 20 场次,开展送文化进基层、全民阅读、全民健身等活动 1000 余场次,文化体育类培训 100 余期,惠及群众 60 余万人次。创作各类文艺作品近千件。《坐上高铁回云阳》歌曲播放量上亿次,创下郑渝高铁开通日抖音话题、播放量、转发量、收藏量、点赞量的五冠王。

二、产业培育成效突出

以"供给侧结构性改革"为抓手，创建环湖绿道国家 4A 级旅游景区，清水土家族乡岐山村入选全国乡村旅游重点村，编制完成《云阳县天文小镇概念性规划》与清水颐养小镇修建性详细规划，磐石城保护与利用项目、张飞庙屋面修缮工程等重点项目建设取得阶段性成效。发布《云阳县文化旅游品牌奖励扶持办法》，积极落实助企纾困相关措施，全年新增文化旅游市场主体 771 家，新增规上企业 7 家，共有规上企业 43 家，2022 年营业收入总额 15.98 亿元。

三、城市形象不断提升

与奉节、巫山、巫溪签订《2022 年长江三峡旅游一体化区域宣传营销合作协议》《2022 年大三峡旅游合作协议》，加快共建大三峡黄金旅游带。发布"云阳龙缸号"列车，创作文旅宣传片 7 条，短视频 20 余条，转发量近 100 万次。张飞庙"文明旅游 为中国加分"的导游文明引导短视频获文化和旅游部导游文明引导短视频优秀案例一等奖。推出云阳城市 IP——兴云兔，举办兴云兔主题文旅活动 5 场，打造 1600 平方米兴云兔彩绘网红打卡点，开发兴云兔微信表情包、纪念品、服饰等文创近 50 款。

四、服务环境持续优化

完成智慧旅游一期项目、智慧景区系统建设，上线"智游云阳"微信小程序，逐步实现一部手机游云阳。全面推进"星 A 双百"工程，现创建有 A 级景区 14 家，星级饭店 12 家。龙缸景区旅游厕所入选"2022 全国旅游厕所建设与管理优秀案例"。充分释放"放管服"改革动力，缩短审批事项办结时限，办理时限压缩比例达 89.29%。全年办理行政执法案件 73 件，受理各类文化旅游投诉及咨询 102 件，结案率 100%，市民满意率达 100%。县文化执法支队 3 人获国家版权局 2021 年度查处重大侵权盗版案件有功个人奖。

奉节县 2022 年文化和旅游工作亮点

奉节县文化和旅游发展委员会

2022 年，在市文化旅游委倾情指导和帮助支持下，聚焦打造世界级旅游目的地和长江三峡第一旅游目的地，推动旅游业由多数量向高质量转变、过境游向目的地游转变、一线游向纵深游转变，推动全县文化旅游业蓬勃发展。实现全县接待游客 2560.01 万人次，同比增长 12.3%；旅游综合收入 143.7 亿元，同比增长 20.7%；过夜游客 150.7 万人次，同比增长 15.1%。

一、坚持创新驱动，激发旅游发展新动力

以提升旅游品质为重点，突出"三峡门户""三峡之巅""三峡原乡"三张名片，实施重点景区提档升级工程，创新旅游产品和服务，白帝城·瞿塘峡成功创建国家 5A 级旅游景区，建设长江三峡游轮母港，实施环草堂湖片区开发、夔州博物馆二期、中国长江柑橘博览园等重大项目，加强信息化、智慧化建设，开发沉浸式、体验式项目，提高游客的参与性、互动性和满意度。

二、突出文化铸魂，开拓旅游发展新路径

坚持以文塑旅、以旅彰文，以"中国·白帝城"国际诗歌节、中国·重庆奉节国际橙博会等活动搭台，活态保护优秀文化遗产，提升张艺谋团队导演的大型山水文化实景演艺《归来三峡》市场影响力，新推出"赤甲一号"夜游奉节，持续唱响"三峡之巅 诗橙奉节"品牌。

三、注重生态赋能，打造旅游发展新载体

立足"三峡凉都"定位，科学编制康养发展规划，打造知名康养度假旅游目的地，促进旅游开发向集约型转变、促进城镇化建设向环境友好型转变、促进泛旅游产业向生态健康型转变，把"绿水青山"转化成"金山银山"。

四、推进价值转换，探索旅游发展新模式

深挖生态、人文资源内在价值，着力延伸旅游产业价值链条，实施"引客入奉"行动，紧扣游客需求，彰显奉节特色，大力推进餐饮、住宿、交通、产品、购物、娱乐六个"接得住"，促进消费业态升级，提高旅游综合效益。坚持抱团发展、开放协作、互利共赢，主动加强与郑万高铁沿线城市、"成渝五绝九城"等地区的合作，签订郑万高铁联盟旅游合作协议，升级"巅峰双峡"等精品旅游线路，助推"大三峡"全域旅游振兴。

巫山县 2022 年文化和旅游工作亮点

巫山县文化和旅游发展委员会

2022 年，在市文旅委的关心指导下，巫山县深入实施加快建设世界级知名旅游目的地三年行动，文旅赋能、旅游业升级等一批改革经验被人民日报、新华社和文旅部、市场监管总局刊载，文化旅游高质量发展起步坚实。

一、品牌创建可圈可点

巫峡·神女景区成功创建国家级文明旅游示范单位。三峡之光、天路下庄旅游景区成功创建 4A 级旅游景区。巫山云雨康养旅游度假区成功创建市级旅游度假区。权发村成功创建市级乡村旅游重点村。竹贤乡成功创建市首批乡村旅游重点镇（乡），入选 2022 世界旅游联盟—旅游助力乡村振兴案例。下庄村入选"瑞雪红梅 乡聚过年"全国乡村旅游线路。"壮美三峡游"入选"乡村是座博物馆"全国 128 条乡村旅游精品线路。

二、宣传营销绘声绘色

与新媒体平台合作，密集发布巫山文旅资讯和微视频，推出"坐高铁 趣巫山"等系列创意短视频营销活动，巫山文旅资讯持续登上今日头条、微博话题和抖音同城等热榜，累计曝光量达 7.5 亿人次。冠名高铁列车，组织开展"渝你相豫 共赴巫山"、高铁旅游团首发仪式等推介活动，签约旅行社 38 家、长江游轮公司 26 家 56 艘、OTA 平台 13 家，全年过夜游客达 111.82 万人次。

三、旅游服务高质高效

大力实施"旅游服务质量标准建设年"行动，成功申报重庆市旅游服务质量提升试点，创新打造"5员8度"匠心旅游服务品牌，旅游服务水平进一步提升。全县旅游服务质量提升工作获市政府真抓实干督查激励表彰。

四、要素配套相辅相成

"三峡之光"滨江休闲区获评市级文旅消费集聚区。三峡里·竹枝村开村迎客，成为新的夜间旅游"打卡点"。投用柳坪房车营地。新开业希尔顿惠庭、云水江畔等4家酒店，提档升级全季、汉庭、明珠等4家酒店，建成投用下庄院子等7家民宿，旅游住宿接待能力显著提升。

五、文体事业抓实抓精

县文化馆获评"国家一级文化馆"。龙骨坡古人类文化遗址保护列入长江国家文化公园重点项目。鎏金青铜器保护修复项目获评"重庆市2022年度文物科技创新项目"。成功申报国家级非遗代表性传承人1人。全速推进补短板工程，实现村级文体广场覆盖率97%、城镇社区"15分钟健身圈"覆盖率98%。

巫溪县 2022 年文化和旅游工作亮点

巫溪县文化和旅游发展委员会

近年来，巫溪紧紧抓住国家长江经济带、成渝地区双城经济圈，以及重庆"一区两群"协调发展等重大机遇，大力推进景区建设、旅游通道、公共文体、文旅小镇、旅游要素、宣传推介等重点工作，努力构建"一心一轴两翼三环"旅游发展格局。2022 年共接待游客 1000.46 万人次，同比增长 16.36%；旅游综合收入 52.11 亿元，同比增长 16.74%。

一、领导重视，干群齐心抓旅游

成立县委书记、县长任"双组长"的旅发领导小组，制定文旅发展"十四五"规划和《关于加快推进旅游高质量发展的实施意见》，推行县领导挂帅"景长负责制"，落实县旅发专项资金 1500 万元，升格增编县旅游发展中心，聘请专家为旅游发展顾问，建立全县导游（讲解员）人才库、签约摄影师库等，积极调动全县人民"要吃旅游饭"的工作热情，初步形成"一切围绕旅游转、一切围绕旅游干"的浓厚氛围，为旅游发展提供人财物全要素保障。

二、规划引领，定下目标强建设

编制完成《巫溪县旅游发展总体策划》《泛红池坝片区旅游发展规划》等规划 10 余个，策划包装文化旅游发展重大项目 4 大类 43 个、涉及资金 48.1 亿元（不含交通项目 60 亿元）。以全域旅游示范区建设为统揽，不断完善吃住行游购娱全要素保障体系，加快推进巫镇、两巫、巫云开三条高速公路建设，全力争取安张铁路（奉节至巫溪段）、巫神路（三期）等项目启动建设，招商落地红池坝滑雪场、三峡·兰英画家村等重点项目，成功创建灵巫洞4A级景区，大力推进红池坝国家5A级旅游景区和国家级旅游度假区创建，全力推进徐家"一线天"、通城龙池、兰英挂壁天路等3A级景区创建，加快推进红池坝大峡谷、柏杨河巫咸文化公园建设，按照"每年1个4A、2个3A，一批2A"景区创建时序，力争到2026年底形成"1+5+10+N"的旅游景区格局。

三、打造IP，立足文化做宣传

深入挖掘巫盐文化内涵，持续举办中国（重庆·巫溪）巫咸文化旅游艺术季，成功召开"天地灵气·逍遥巫溪"城市品牌发布会，提出旅游宣传口号"巫溪天地有灵气"，发布旅游动漫形象"灵兮"，以及城市LOGO，开发"灵气"系列文创产品11种，注册文旅商标9个，授权13家企业使用推广。整理出版《巫巴文化论丛（第一卷）》，编创"巫溪绞筷节"情景舞蹈，创作歌曲《归来不看溪》《幺妹喊你来巫溪耍》等，制播《巫咸鉴宝》6集、《巫溪有故事》36期，拍摄《阴条岭》《二十四户》等院线电影，跨县前置奉节高铁站巫溪游客服务中心，开展坐高铁游巫溪、灵兮带你游巫溪等9大主题宣传活动，2022年全年宣传曝光率达2亿次。

四、深度融合，赛事活动促发展

"体旅"融合跑出加速度，持续举办红池坝国际山地自行车赛、大宁河国际漂流节、三峡非遗龙舟赛、红池坝冰雪节等品牌文体旅赛事活动，红池坝先后获评重庆市级体育旅游示范基地、川渝体育旅游精品线路，其中红池坝山地户外体育旅游线路被国家体育总局、文旅部评为"2023年春节假期体育旅游精品路线"。"文旅"融合释放新动能，积极谋划"灵兮"形象大使选拔赛、中国·巫溪第五届华夏巫文化论坛、灵感艺术（绞筷节、高山花海音乐节）等主题活动，切实唱响"天地灵气·逍遥巫溪"城市品牌。按照"旅为龙头、农为基础、融合发展"思路，坚持一产围绕旅游调结构、二产围绕旅游抓转型、三产围绕旅游强服务，不断优化产业结构布局，以高质量的旅游业发展带动一二三产业融合发展。

五、科技助力，智慧旅游出奇招

积极探索"智慧旅游"发展新路径，与移动、电信、联通开展旅游大数据合作，对游客进行精准画像，定期分析研判全县旅游形势，成功入选"百度文心一言"（英文名：ERNIE Bot）首批生态合作伙伴，借力抖音巨量引擎，大力开展抖音全民挑战赛，探索全民营销新模式。积极搭建"一机游巫溪"小程序，全面整合宣传、订票、约车、点餐、购物等旅游服务功能。联合腾讯公司发布游戏《妄想山海》巫溪灵山版本，打造牛肉干、勺子蜂蜜等联名产品，吸引玩家"学"巫溪历史、逛巫溪美景、尝巫溪美食、购巫溪好物。

石柱土家族自治县 2022 年文化和旅游工作亮点

石柱土家族自治县文化和旅游发展委员会

2022 年，石柱县文化旅游事业取得长足发展：发展布局持续优化、产品供给不断提质、公共文化服务更加充实、文化保护和非遗传承更具实效、行业治理愈加规范，全县文化旅游品牌形象持续提升。特别是在黄水国家级旅游度假区创建、新经济业态、文艺创作和非遗传承发展等方面成效显著。

一、黄水国家级旅游度假区创建取得新成效

石柱举全县之力创建黄水国家级旅游度假区，实现了度假区环境大改善、品质大提升、流量大突破。通过改造风貌、规范店招店牌、改造人行道和更新绿化等措施，度假区面貌焕然一新；通过培育土家特色餐饮名店、升级酒店和民宿、改造停车位、丰富交通线路等措施，完善了设施；通过升级打造森林王国、重医黄水附属康复医院、体育公园等核心度假产品，产品供给更优；举办土家文化旅游季系列活动，沉浸式"文旅体验套餐"深受游客好评；整合力量常态开展度假区旅游市场秩序综合整治，完善度假区智慧旅游功能，度假区服务更加标准化、精细化、智慧化。2022 年单日接待游客突破 35 万人次，创历史新高，成为 2022 年"川渝网友喜爱十大网红打卡地"。

二、露营等旅游经济业态取得新发展

石柱借助优越的资源和区位条件积极发展旅游新经济业态。优化打造千野草场、冷水·风谷休闲度假营地、桥头喜马拉雅等各具特色的露营地；推

进文旅赋能乡村振兴，打造桥头瓦屋部落、湖畔野奢露营基地、冇名堂民宿等一批乡村旅游示范点和特色民宿。

三、公共文化服务和文化艺术创作取得新成绩

石柱不断提升公共文化服务效能、丰富文艺创作。延伸公共文化服务触角，推动文化书屋进景区、进乡村；开展良玉大讲堂、书香山寨行等品牌全民阅读推广、书之韵读书会；举办啰儿调歌手大赛等特色活动，承办重庆市广场舞展演活动，获组织奖、优胜队伍奖、优秀队伍奖，成为全市唯一有两个队伍进入决赛并获奖的区县，群舞《喝起！走起！摔起！》在第十九届全国群星奖重庆选拔活动中获舞蹈类一等奖并被选送全国决赛。

四、非遗传承保护取得新成果

石柱持续加强非遗传承保护。成功建成石柱县非遗馆、石柱竹铃球展览馆；民族中学、马武小学成功入选重庆市非遗进校园优秀案例；西沱古镇入选首批"全国非遗与旅游融合发展优选项目名录"，获评非遗旅游小镇；中益乡"壹秋堂非遗工坊"入选第三届"全球减贫案例"。

2022 年，石柱文旅发展布局更加均衡，邀请国家级规划团队打造"风情土家寨·精致山水城"，旅游产业布局从黄水避暑游一枝独秀向城郊休闲游、大黄水康养避暑游双引擎驱动转型。全年接待游客 1950 万人次，增长 13.7%，创旅游综合收入 146 亿元，增长 14.1%，首次进入重庆市城市热度美好城市榜前十榜单，成功上榜"2022 中国县域旅游发展潜力百强县市"。

秀山土家族苗族自治县2022年文化和旅游工作亮点

秀山土家族苗族自治县文化和旅游发展委员会

一、指标数据总体平稳

2022年，完成文化旅游固定资产投资45.28亿元，同比增长33.39%。实现旅游产业增加值19.74亿元，占GDP比重为5.5%，实现文化产业增加值15.30亿元，占GDP比重为4.3%。接待游客2135万人次，同比增长0.7%；实现旅游综合收入128亿元。

二、文旅品牌创建有力

成功创建川河盖市级旅游度假区。兴隆坳村入围全国乡村旅游重点村，妙泉社区、太平村成功申报市级乡村旅游重点村。西街入围"中国非遗街区"、洪安镇入围"中国非遗小镇"、大寨村入围"中国非遗村寨"，并入选全国非遗与旅游融合发展优选项目名录。"辛家豆腐乳""秀山米豆腐""洪安腌菜鱼"非遗项目入选"2022中国非遗美食大集"。川河盖露营基地、秀山秀水自驾精品5日游入选重庆旅游新产品新业态TOP10项目。"土家织锦"乡村振兴产业基地项目成功入选2022年度乡村文化和旅游带头人支持项目。

三、文旅活动亮点纷呈

首届乡村文化艺术节成功亮相，成功举办第九届清溪龙凤花海文化旅游节、"2022年第七届重庆文化旅游惠民消费季（春夏）秀山分会场"、"喜迎

二十大　奋进新征程"——2022"欢跃四季·舞动山城"中国广电5G重庆市广场舞（第二片区）展演等系列活动。"送演出进基层"惠及群众达6万余人次。

四、公共服务有序推进

智慧广电助力乡村振兴初见成效，广电5G全面开通，应急广播实现县乡村组四级全覆盖。《乡村旅游与文化振兴》《留守儿童文化服务》等公益讲座受益群众1万人次以上。文化艺术普及培训45期，培训学员2000余人；新建成投用城市书屋1个（"凤凰书屋"）；文图博免费开放持续开展。水源头游客接待中心"秀山非遗展馆""秀山传统手工艺体验馆"完成布展；文化生态保护实验区建设成效显著。

五、形象宣传持续开展

推出"寻梦边城""盖揽川河""踏歌武陵""赏灯秀山"4条精品旅游线路。围绕"追寻红色记忆·缅怀革命先烈"主题推出"刘邓大军解放大西南首站红色体验游""追忆红三军进军秀山之旅""红军黔东独立师秀山战斗足迹之旅"3条红色旅游线路。洪安边城入选"中国武陵十二景"网络投票前十强。

六、市场安全保障有力

文化旅游行业反诈骗宣传效果显著。禁毒工作、环境整治、虚拟货币整治、安全应急等专项治理工作有序推进。全面完成县上交办的新冠疫情防控任务。

酉阳土家族苗族自治县 2022 年文化和旅游工作亮点

酉阳土家族苗族自治县文化和旅游发展委员会

一、绘就文旅融合美好蓝图

编制完成《酉阳自治县文化和旅游发展"十四五"规划》《酉阳自治县全域旅游发展规划》，制定出台《关于加快旅游景区度假区创建工作的意见》《关于加快乡村旅游业发展的意见》，修订完善《车田桃源·天龙山旅游度假区总体规划》等，为促进文化旅游高质量发展提供科学指导。

二、"创 A 增星"争先晋位

成功创建 2 个国家 4A 级景区、1 个市级旅游度假区；成功申报 2 个市级乡村旅游重点村；酉阳桃花源景区、龚滩古镇、花田乡何家岩村入选全国第一批非遗与旅游融合发展优选项目名录——非遗景区、非遗小镇、非遗村寨；龚滩古镇"舞"动千年被评为重庆市 2022 年度"非遗和旅游融合发展"十大优秀案例；酉阳可大乡新溪小学"摆手舞"进校园舞出"最炫民族风"被评为重庆市"非遗进校园"优秀实践案例。截至 2022 年 12 月底，全县国家级文旅品牌已达 16 类 70 个。

三、文旅项目有序推进

完成了南腰界红三司令部旧址等 6 处革命文物修缮项目和苗绣·西兰卡

普乡村振兴示范基地项目建设；快速推进南腰界、龚滩、菖蒲等重点景区 7 个文旅项目建设；启动南腰界镇 10 处革命文物修缮工程，开展了 5 处文物保护单位展陈项目前期工作；策划储备文旅项目 85 个，为酉阳文旅发展跑出加速度"加满了油"。

四、推动文旅产业提质增效

新注册文旅市场主体 181 家，培育升规入库候选企业 14 家、入库 3 家。酉州古城、龚滩古镇成功入选第二批市级夜间文化和旅游消费集聚区。惠企政策有效落实，成功为企业申报贷款贴息资金 56.16 万元，延期补足旅行社旅游服务质量保证金，暂退保证金比例 100%。

五、持续擦亮文旅品牌

承办 2022·中国武陵文旅峰会、2022 武陵山原生民歌大赛等全国性、区域性活动；围绕"全域桃花源"基本品牌，常态化进行平台宣传，发布活动推文 550 余篇、宣传视频 420 余条、开展直播 65 场；文旅市场有效拓展，签约旅行社 800 余家，文旅市场营销渠道已覆盖全国一、二线城市。2022 年，全县接待游客 2122.7 万人次，实现旅游综合收入 101.6 亿元，同比增长分别为 5.81% 和 19.33%。

六、文化遗产保护利用

上报 3 处不可移动革命文物；3 处摩崖石刻、2 处可移动石碑入选全国名碑名刻文物遴选推荐名单。建成非遗传承所 6 处、非遗工坊 3 处；成功申报市级非遗代表性传承人 5 名；认定县级传承人 73 人；常态化开展非遗"六进"展演活动 200 余场次，惠及群众 30 余万人次。

七、推进文化惠民工程

高质量开展政府购买演出（送戏下乡）204 场次，常态化开展了群众文化服务活动 50 余场次，承办市级重大文化活动 3 场，新创作了《绣苗绣》《盘田歌》《村规民约》等 10 余个作品。持续推进公共文化数字化建设、乡镇文化广电服务站建设、"百城千屏"超高清视频落地工作。

彭水苗族土家族自治县 2022 年文化和旅游工作亮点

彭水苗族土家族自治县文化和旅游发展委员会

2022 年，彭水自治县以习近平新时代中国特色社会主义思想为指导，积极融入成渝地区双城经济圈和"一区两群"协调发展，推动建设渝东南武陵山区文旅产业融合发展示范区，认真学习贯彻党的二十大精神，推进文化和旅游深度融合发展，按照县委"三四六"工作思路，严格落实"八做两加大一推动"工作要求，充分彰显"民族、生态、文化"三大特色，做实"三品"合璧强产业，做优"九苗"归一兴苗乡，加快建设具有民族特色的国际知名旅游城市。全年接待各类游客 1600 万人次，实现旅游综合收入 85 亿元。

一、品牌创建捷报频传

阿依林海成功创建为国家 3A 级旅游景区，摩围山景区被评选为重庆市首批森林康养基地，黄家镇先锋社区成功申报为市级乡村旅游重点村，鞍子苗寨荣获全国非遗与旅游融合发展优选项目。彭水自治县 2019—2022 年连续 4 年入选全国县域旅游综合实力百强县。

二、融合发展纵深推进

深入挖掘盐丹文化、黔中文化、红色文化、民族文化等文化内涵，从"九苗""六馆"上下功夫，分解"九苗"建设任务，促进"九苗"建设落地落实。推进"六馆"建设。全面践行"绿水青山就是金山银山"的发展理念，倾力打造的《世界苗乡胜天堂》及专题 MV 在学习强国、中国网等 30 余种平台全网推广，并在国家级刊物《歌曲》月刊上发表，同时苗语版和广场舞版同步推出。

三、节赛活动创新开展

成功举办了主题为"养心彭水梦·同源苗乡情"2022武陵山国际森林音乐季，通过户外音乐会的形式，首次将交响乐、流行音乐与武陵山片区的民俗歌舞融为一体，实现高雅艺术与民俗文化的和谐交融，是推进"音乐＋旅游"深度融合的一次全新尝试。

四、公服供给有效提升

公开招募22名文化工作者，开展送演出、送法规政策宣讲等流动文化进基层1200场次，完成体育场馆综合改造，不断夯实文体设施建设。建成集1个指挥中心、1个县级平台、39个乡镇平台、296个村级平台、1970组终端、4040只喇叭（音柱）的应急广播系统。

五、文物保护坚定有力

认真落实文物安全责任制，定期开展文物安全巡查，举办第六届文化遗产宣传月系列活动，成立了文物保护志愿服务队伍，全面畅通了社会力量参与文物保护工作渠道。

六、促进非遗活化利用

推进武陵山（渝东南）文化生态保护区创建工作。全年公布11项县级非物质文化遗产项目，新增18名市级非遗代表性传承人。阿依河景区荣获2022年度"非遗和旅游融合发展"优秀案例，《非遗传承与产教融合的创新实践》被评为重庆市"非遗进校园"优秀案例。

两江新区 2022 年文化和旅游工作亮点

两江新区社会发展局

2022 年，两江新区以打造全域旅游发展升级版为抓手，持续优化旅游发展环境，激发旅游市场活力，提升旅游主体竞争力。新区有 A 级景区 5 家、星级饭店 9 家、旅行社 38 家，2022 年旅游收入 520 亿元，旅游产业增加值为 110 亿元，占 GDP 比重为 4.5%。

一、旅游发展环境不断优化

修订完善《两江新区促进旅游业发展办法》。将 28 家旅游单位纳入《两江新区稳住经济大盘 20 条政策举措》并给予扶持资金 380 万元。黄金假期旅行社获得市级贷款贴息 10.54 万元，欢乐谷获得智慧旅游景区市级奖励 15 万元。19 家旅行社暂退质保金 171 万元，3 家旅行社缓缴质保金 42.5 万元。36 家旅游主体享受社保失业保险稳岗返还政策；3 家旅行社享受国企房租减免 3 个月。推荐中国摩、悦来汇、欢乐谷、丝路花街等重点文旅项目参与银企对接。

二、旅游品牌知名度不断提升

以四个重点片区、五条精品线路为着力点，制定旅游宣传方案，塑造"智慧、科技、时尚"的品牌形象。举办"中国旅游日""文旅惠民消费季"等活动，7000 份两江旅游数字藏品和 40 余家单位提供的免费门票、现金补贴等优惠活动拉动旅游消费。指导各旅游主体举办电音节、冰雪节、悦来节、创意活动月等文旅节会，不断激发旅游市场活力。

三、旅游主体持续健康发展

一是提升旅游景区品质内涵。欢乐谷改造提升欢乐时光区，与重庆芭蕾舞团联合打造演艺精品；保税体验景区在丝路花街引进特色商业业态，落户"重庆国际文旅之窗"并开展境外合作交流；园博园丰富四季植物，开发研学旅行课程。欢乐谷被评为全市智慧旅游景区典型案例，光环购物公园被评为市级夜间文旅消费集聚区。二是提升旅游饭店服务水平。组织人员参加全国星级饭店从业人员服务技能竞赛并获优秀组织奖。组织星级饭店参与新冠疫情防控工作，高质量、高效率完成任务，得到政府认可和客人锦旗、感谢信等多种形式表扬3000余次。世纪同辉酒店被评为全市文明旅游示范单位。三是加快旅行社转型升级。90%的旅行社主营业务转为定制游、研学游、会议服务，并尝试直播、"互联网＋"等新业态。雪狼、传奇等旅行社结合乡村振兴政策，做靓文旅融合，灵活应对新冠疫情，营业收入不降反升。

四、"旅游＋"各业态融合发展

"商养学闲情奇"特色旅游不断推向市场，全市公布的旅游新玩法 TOP 10 中新区占 3 席。礼嘉智慧公园、两江数字经济产业园、各大智能工厂为代表的智慧旅游独树一帜；寸滩保税体验景区、悦来国际会展城、协同创新区为代表的开发开放平台成为旅游新引擎；欢乐谷、际华园、光环购物公园、熊婆婆的花园、云岭马会为代表的时尚旅游引领消费；园博园、照母山、九曲河、金海湾等城市公园为代表的生态旅游彰显"百园之城"特色；川剧院、两江影视城、宝林博物馆、金山意库为代表的人文旅游融合了历史和现代文化。

五、旅游公共服务设施提档升级

A 级景区和星级酒店实现免费 Wi-Fi 全覆盖，增设有手机充电座椅、智慧步道、无人超市等智慧化便民设施；新改建旅游厕所 48 座。城市面貌和公共交通优化提升，建成城市生态主题公园 132 个、绿道 300 公里；完善通景道路 7.6 公里，建成滨江步道、山林步道、街巷步道 26 公里；新增车库 74 个，停车泊位 4.3 万个；开行公交线路 6 条，优化调整公交线路 4 条；建设凤栖沱码头并开通观光轮渡。

万盛经开区 2022 年文化和旅游工作亮点

万盛经开区文化和旅游发展局

2022 年，万盛聚焦推动新时代文化和旅游高质量发展，全力以赴抓项目、强链条、兴文化，以业态创新提升融合力，以文化繁荣提升凝聚力，以品牌创建提升竞争力，以区域合作提升影响力，进一步聚商气、引人气、提名气，推动万盛文化旅游发展再上新台阶。全年接待来区游客近 2750 万人次，同比增长 3.77%。

一、奋力创先争优

荣获新华网"2022 文化和旅游高质量优秀城市"称号。成功承办 2022 重庆市广场舞市级集中展演并荣获全市第 1 名。"万盛石林景区红苗歌舞伴你行"和"金桥吹打地方特色课程"分别荣获全市 2022 年度"非遗和旅游融合发展"十大优秀案例和"非遗进校园"优秀案例。"万盛博物馆珍贵文物泉水展示"和"立夏"分别荣获重庆市"十佳文物活化利用优秀作品"和"十佳博物馆优秀海报"。市级部门刊发《万盛经开区聚合"五力"推动文旅高质量发展》《万盛经开区大力推进文化旅游融合发展，助推国际消费中心城市培育建设》专报，向全市推广万盛经验做法。

二、发力产业经济

强力推进万盛旅游"三次创业"，谋划 13 大重点文旅项目。成功举办万盛·都江堰专场招商会，签约文旅项目 8 个，签约资金 34 亿元。万盛红岩煤矿、砚石台煤矿入选"第二批重庆市工业遗产名单"。推出"万盛三朵花"美食品牌，成功举办"夜万盛·潮生活"、文化旅游消费季、板辽湖夜场等特色商文旅体促进活动。

三、力促文化繁荣

与北京赛点文化传播中心签订战略合作协议，在文旅演艺等领域开展合作。成立非物质文化遗产馆。推出"我为家乡代言"万盛原创十大金曲。创意研发黑叶猴"万万"、苗族姑娘"阿彩"等文创产品10余类。深入推进川渝阅读"一卡通"项目，培育发展"成渝地·巴蜀情"文化活动品牌。加快创建重庆大娄山市级文化生态保护区。评定第三批区级非物质文化遗产代表性项目15个，申报第六批市级非遗代表性项目传承人11人。

四、做实文博工作

区文物局挂牌成立。播州界石刻项目获市文物局批复入库。深化渝川黔博物馆联盟合作。万盛博物馆获批免费开放中央专项资金123万元，石刻文物修复项目获市级文物修复专项资金59万元。《探秘海孔洞》入选2022年度重庆市广播电视创新创优引导扶持节目。

五、创新品牌宣传

与麦芽传媒签署战略合作协议，打造"旅游＋直播"新业态。成功打造"张秋霞""倩倩来了""万幺妹""丹丹老师"四个网红IP，推出的80余个视频点击率达百万余次。推出第一期黑叶猴表情包"万万来啦"上架微信平台。参与录制文化旅游推广综艺《黄丝玛玛城市真探》上线重庆卫视频道。创新举办苗族踩山会、巴渝非遗英雄会等重大文旅节会。参加《中国推介》、"打卡巴渝美景"全媒体推介及各类展示展销活动。加强与都江堰、开州等地区域合作，共出优惠政策、共推精品线路。

六、优化市场管理

修订《旅游消费无理由退货管理办法》。积极推荐万盛场老街申报市级旅游休闲街区、东林街道新工区旅游休闲街区申报市级旅游休闲街区。万盛老街、万盛博物馆分别被评定为国家 4A 级旅游景区、国家 3A 级旅游景区。作为全市两家受邀区县之一，在"2022 智汇文旅创新发展论坛"上交流发言。金桥镇金堰村、丛林镇绿水村成功创建重庆市智慧旅游乡村示范点。黑山镇入选全市首批乡村旅游重点镇，黑山镇南门村成功入选市级乡村旅游重点村。

高新区 2022 年文化和旅游工作亮点

高新区公共服务局

一、聚焦文化惠民，持续提升公共文化服务效能

启动科学会堂重要文化设施设计工作，布局图书馆、文化馆、青少年活动中心等一批重点文化设施。高品质建设 1 个川剧特色 24 小时智慧书房；截至 2022 年底，高新区三年内共建成 7 个各具特色的城市书房，镇街覆盖率达 70%。与重庆武警总队白市驿机动大队联合建设"高新区军民书房"，服务对象范围更广。新增公共阅读空间图书资源 2 万册，数字图书馆电子阅读资源提升至 22 万册。大力实施文化惠民，结合党的二十大、科学城建设、民法典宣传等重要主题，开展送文化进基层文化活动近 900 场，服务群众超 16 万人次。

二、聚焦文艺创作，打造精品文艺作品和文化活动

加强文化文艺创作培训，开展曲艺、摄影、舞蹈等 8 大类别共 100 课时的全民艺术普及教育培训，惠及 5000 余名居民。筹备建设高新区文艺人才库，组建高新区教师舞蹈艺术队，打造高新区特色原创舞蹈节目《穿越科学城》，联合走马镇打造原创小品节目《让我再看你一眼》。举办第四届"走马杯"讲好中国故事曲艺展演，收到来自中国曲协 26 家团体会员和专业文艺院团推荐的节目 115 个，涉及 64 个曲种，融汇南北、形式多样，29 个节目入选展播。组织参与各级文化文艺活动，获得国家级、市级有关奖项 25 个，四川评书《抗日英雄王二小》入选第十届全国少儿曲艺展演优秀节目。

三、聚焦文化传承，保障文化遗产保护到位

市级文物保护单位国民蒙藏委员会旧址修缮保护工程、红旗渡槽迁移保护工程顺利竣工验收，推进古洞寺摩崖造像群等 3 项文物抢险排危保护工程。完成工业用地文物调查勘探及 6 处区级文物保护范围和建设控制地带划定工作。深化文教融合，促进非遗传承。多所中小学持续开设非遗特色课程，其中，走马小学、重庆市工贸高级技工学校获评"2022 年重庆市'非遗进校园'优秀实践案例"；川剧《金山寺》《思凡》分别获得第五届重庆市中小学戏曲小梅花展演一等奖、二等奖。

特　载　篇

中共重庆市委宣传部　重庆市发展和改革委员会
重庆市教育委员会　重庆市科学技术局　重庆市民政局
重庆市财政局　重庆市人力资源和社会保障局
重庆市文化和旅游发展委员会
关于印发《关于推进博物馆改革发展的
实施方案》的通知

渝文旅发〔2022〕8 号

各区县（自治县、经开区）党委宣传部、发展改革委、教委（教育局、公共服务局）、科技局、民政局、财政局、人力社保局、文化旅游委、文物局、两江新区社发局，委直属文博单位：

根据中宣部、国家发展改革委等 9 部门《关于印发〈关于推进博物馆改革发展的指导意见〉的通知》（文物博发〔2021〕16 号）要求，市委宣传部、市发展改革委、市教委、市科学技术局、市民政局、市财政局、市人力社保局、市文化旅游委制定了《关于推进博物馆改革发展的实施方案》，经市委全面深化改革委员会文化体制改革专项小组第 12 次会议审议通过，现予印发，请结合实际认真贯彻落实。

中共重庆市委宣传部　　　　　　　重庆市发展和改革委员会
重庆市教育委员会　　　　　　　　重庆市科学技术局

重庆市民政局　　　　　　　　　　重庆市财政局

重庆市人力资源和社会保障局　重庆市文化和旅游发展委员会

2022 年 1 月 13 日

关于推进博物馆改革发展的实施方案

为深化改革，持续推进重庆市博物馆事业高质量发展，根据中宣部、国家发展改革委、教育部、科技部、民政部、财政部、人力资源社会保障部、文化和旅游部、国家文物局等 9 部门《关于印发〈关于推进博物馆改革发展的指导意见〉的通知》（文物博发〔2021〕16 号）精神，结合重庆市实际，制定本实施方案。

一、指导思想

以习近平新时代中国特色社会主义思想为指导，深入贯彻习近平总书记关于文化、文物和旅游工作重要论述，主动融入"一带一路"倡议、长江经济带发展、推动成渝地区双城经济圈建设和重庆市经济社会发展大局，坚持正确方向，坚持改革创新，坚持统筹协调，坚持开放共享，以人民为中心，秉承新发展理念，推动创造性转化和创新性发展，加强中华文明传承和重庆地域历史研究成果的转化与传播，满足人民美好生活需要。

二、总体目标

到 2025 年，重庆市历史、革命、抗战、工业、自然"五大博物馆群"的布局更加合理、结构更加优化、功能更加完备，红岩革命文物的独特价值和影响力更加彰显，全市每万人拥有博物馆数量达到全国平均水平，新增一批国家等级博物馆，区县公共博物馆覆盖率达到100%，社会教育功能发挥好，基本建成全国一流的文物博物馆公共服务体系、全国一流的文物科技保护体系。到2035年，全市每万人拥有博物馆数量超过全国平均水平，建成博物馆强市。

三、重点任务

（一）统筹推进"一区两群"博物馆发展

着力提升主城都市区博物馆品质。加快推进重庆博物馆、红岩文化公园、重庆自然博物馆园区、中国民主党派历史陈列馆改扩建等市级重大项目。推动建设中国水文博物馆、重庆非物质文化遗产博览馆、中国共产党重庆历史陈列馆、重庆革命军事博物馆等一批反映党和国家建设成就的当代主题博物馆，重点推进重庆红军长征纪念馆、大河文明馆等专题博物馆建设。推进区县公共博物馆建设，加快渝东北三峡库区城镇群和渝东南武陵山区城镇群中小博物馆发展。支持依托文物遗址、历史建筑、工业遗产、农业遗产、文化景观和非物质文化遗产等建设特色专题展馆，推动在文化文物资源富集的区县建设博物馆集群聚落。

（二）推动实施博物馆提升计划

推动重庆中国三峡博物馆、大足石刻博物馆创建中国特色、世界一流博物馆，发挥其示范引领作用。支持重要市级和国家一级博物馆参与卓越博物馆发展计划。支持等级博物馆提档升级，新创建一批国家等级博物馆。实施类博物馆培育计划，开展调查摸底，将具备发展潜力，但尚未达到登记备案条件的社会机构，纳入行业指导范畴，做好孵化培育。

（三）协调推进行业和非国有博物馆建设

建立行业博物馆联合认证、共建共管机制，将高校博物馆、国有企业博物馆等纳入行业管理体系，引导文物系统利用富余资源在藏品研究、陈列展览、运营管理、保护修复、开放服务等方面支持行业博物馆。围绕乡村振兴，利用地域文化资源建设乡村记忆博物馆。规范发展社区、生态和乡情村史博物馆。完善并落实非国有博物馆扶持政策，推进非国有博物馆发展。指导非国有博物馆健全藏品账目及档案，依法依规推进博物馆法人财产确权。按照"谁审批、谁监管，谁主管、谁监管"和属地管理原则，加强对博物馆和未经备案但以"博物馆"等名义开展活动的机构的管理。

（四）推动完善五大博物馆群

充分利用依托重庆历史资源，依托社会主义建设重大工程、重大项目、重要事件，推动完善反映重庆历史和建设成就的历史博物馆群。依托"红岩文化"、长征文化、"两老两帅"、英雄模范等革命文化资源，完善革命历史博物馆群。依托重庆丰富的抗战文化资源，完善抗战博物馆群。依托重庆丰富的自然资源，完善以重庆自然博物馆为龙头，其他自然类博物馆为补充的自然博物馆群。依托工业遗产、三线建设遗址等遗产资源，完善重庆工业遗产类博物馆群，使重庆市博物馆体系更加完善、结构更加合理、服务更加便捷。

（五）优化征藏体系

树立专业化收藏理念，重点加强重庆地方党史、红军史、西南大区史、改革开放史、三线建设史、三峡移民和直辖发展史等相关主题的藏品征集，加强经济社会发展变迁物证征藏。加强工业科技、现当代艺术、非物质文化遗产等专题收藏，鼓励反映世界多元文化的收藏新方向。落实考古出土文物和执法部门罚没文物移交工作机制，常态化开展文物移交专项行动。考古发掘单位一般应在发掘结束后3年内完成考古发掘报告编写，其后6个月内履行出土文物指定收藏程序，由市文物局按规定指定具备收藏条件的国有博物馆收藏。落实国有公益性收藏单位进口藏品免税政策，鼓励公众向博物馆无偿捐赠藏品。

（六）提升保护能力

建立博物馆藏品管理信息系统，推进藏品档案信息化标准化建设，完善藏品数据库，结合藏品数字化分类逐步推行藏品电子标识。编制实施《三峡出土文物保护修复三年行动计划》，重点实施三峡出土文物和濒危易损珍贵文物、革命文物的保护修复。强化预防性保护，完善可移动文物保存环境区域监测平台，加快推进文物中心库房建设和博物馆馆藏文物预防性保护，逐步完成馆藏珍贵文物囊匣配置，优化文物储存条件，有效提高文物保护能力。

（七）强化科技支撑

推动全市文物大数据及智能化建设，全面推进博物馆智慧服务、智慧保护、智慧管理，在国家文物局指导下，持续开放中国国际智能产业博览会智慧博物馆展区，推动重庆智慧博物馆群建设走在全国前列。推进实施馆藏珍贵文物数字化，每年公布一批馆藏文物信息。推动研究型博物馆建设，加强与高等院校、科研院所合作，推动文化与科技融合，协同开展文物保护利用科学研究与成果示范。发挥三峡文物科技保护基地和文物科技装备产业基地的作用，提升文物保护科技含量。推动大足石刻研究院创建国家文物局重点科研基地、国家文化和科技融合示范基地、重庆市对外文化交流基地。新增一批市级以上文博科研基地，出台《重庆市文博科研基地（单位）管理办法》。推动市级以上文博科研基地落实科技成果转化收益分配相关政策。

（八）提高展陈质量

深入挖掘展示中华优秀传统文化中跨越时空的思想理念、价值标准、审美风范。重视展览前期研究和主题提炼，加强对藏品当代价值的挖掘阐发，促进研究成果及时转化为展览、教育资源。突出巴渝文化、三峡文化、红色文化、移民文化、工业文化等重庆地域文化特色，每年新推出各类展览不少于 200 个，鼓励博物馆推出原创展览，完善博物馆展陈的审核和备案程序。支持联合办展、巡回展览，每年巡展不少于 1000 场次。支持有序推进博物馆 5 年以上的基本陈列实施局部改陈，10 年以上的基本陈列实施全面改陈。坚持每年开展全市博物馆优秀展览评选和表彰，持续推荐参加全国博物馆十大陈列展览精品推介活动、"弘扬中华优秀传统文化、培育社会主义核心价值观"主题展览推介活动。探索独立策展人制度，鼓励公开征集选题，推广以需定供的菜单式互动展览服务。

（九）发挥教育功能

广泛深入开展博物馆里过传统节日、纪念日活动。建立利用博物馆资源开展中小学教育教学长效机制，将博物馆教育纳入中小学生素质教育体系，将巴渝文化、三峡文化及地方特色文化融入中小学校本课程，探索"互联网＋博物馆学堂"等教育形式，促进馆校课程和校本课程的深度融合。鼓励和规范博物馆开展研学活动，支持一批博物馆创建市级中小学社会实践教育基地和国家级研学实践教育基地，推介一批博物馆研学课程和研学路线。鼓励博物馆专业人员为观众提供专家讲解服务，提升教育和讲解服务水平。支持有条件的博物馆纪念馆创建爱国主义教育基地。

（十）优化传播服务

支持博物馆开发网站、微信公众号、微博、短视频，拓宽传播途径，全方位为公众提供高质量的公共文化服务产品。推进博物馆数字产品融入"文旅广电云"，大力发展博物馆云展览、云教育，构建线上线下相融合的博物馆传播体系。突出文化遗产保护和非物质文化遗产传播与传承，每年开展重庆市文化遗产宣传月活动。助力乡村振兴，每年展览、教育活动进乡村不少于200场次。集中优势资源策划推介一批具有浓厚中国元素、重庆特色的对外交流精品展览项目，打造"重庆文博"展示品牌。引进一批国外精品展览，促进人民对世界文化的了解。

（十一）加强文创开发

加强资源梳理，完善授权机制，采取合作、授权、独立开发等方式，推进文创产品开发。深入落实文化文物单位文化创意产品开发试点政策，适时、有序将试点范围扩大至馆藏资源较为丰富、管理制度较为完备的博物馆。将博物馆文创产品开发项目列入市级产业资金支持范围，培育一批市级博物馆文创开发示范单位，支持成渝地区双城经济圈文创试点单位之间建立合作发展机制。完善文创管理机制，允许博物馆于自有空间、城市公共空间及网络平台开展文化创意产品的展示和销售。

（十二）完善管理体制

推进博物馆治理体系和治理能力现代化，深化博物馆领域"放管服"改革，探索类博物馆管理制度。博物馆举办陈列展览 10 个工作日前完成陈列展览主题、展品说明、讲解词等备案。推进国有博物馆理事会制度建设，扩大法人治理结构改革试点范围，开展理事会制度建设评估。深化人事制度改革，切实增强博物馆干部人事管理、职称评审、岗位设置工作。继续推广博物馆总分馆制，以重庆博物馆、重庆红岩革命历史博物馆等国有大型博物馆为主导，设立分馆。对于部分符合条件的博物馆，在不改变藏品权属、确保安全的前提下，经批准可以探索开展国有博物馆资产所有权、藏品归属权、开放运营权分置改革试点，提升博物馆公共服务效能。

（十三）健全激励机制

健全博物馆文化服务与经营收入管理制度，对博物馆利用馆藏资源从事展览、教育、服务、文创开发、IP 授权等取得的事业收入、经营收入和其他收入，纳入本单位预算统一管理，用于加强博物馆公共服务、藏品征集、文创研发投入和对符合规定的人员予以绩效奖励等。合理核定博物馆绩效工资总量，并对符合规定条件的给予适当倾斜。同时，完善内部考核制度，强化考核结果运用，绩效工资分配向关键岗位、业务骨干和做出突出成绩的工作人员倾斜。

（十四）鼓励社会参与

发展壮大博物馆之友和博物馆志愿者队伍，在加强监管、防范风险的前提下，鼓励社会各界参与博物馆建设与发展。推动博物馆公共服务市场化改革，引入竞争机制，鼓励社会力量参与展览、教育和文创研发，适时开展社会力量参与优秀成果评选活动。实施"博物馆+"战略，推动博物馆与教育、科技、旅游、商业、传媒、设计等跨界融合。

四、保障措施

（一）加强组织领导

把博物馆事业发展纳入重庆市经济社会发展总体规划及专项规划，加强部门协同支持，加大政策、制度、人才和资金保障力度。建立部门联席会议制度，由市文化旅游委牵头，成员由市委宣传部、市发展改革委、市文化旅游委等相关市级部门组成，定期研究博物馆改革发展推进情况。把博物馆建设纳入重庆市公共文化服务体系建设、文明城市（城区）创建及城市自体检考核，市级相关部门、各区县要落实任务分工，细化工作责任，着力推进实施，强化督导检查，确保各项政策落地见效。

（二）加强政策支持

建立和完善博物馆与重庆市国民经济与社会发展水平相适应的经费保障机制。市区两级政府应将文物保护事业所需经费和国有博物馆的正常运行经费列入本级财政预算，按照《重庆市公共文化领域市与区县财政事权和支出责任划分改革方案》部署，落实博物馆有关支出责任，向财力困难区县倾斜，加强藏品本体保护、预防性保护、数字化保护和陈列展览、科学研究等项目支持。推动出台《重庆市国有博物馆纪念馆藏品征集管理办法》，加大市区两级财政对博物馆藏品征集的支持力度。修订完善《重庆市博物馆纪念馆免费开放绩效考核实施办法》，健全博物馆免费开放机制。鼓励区县出台支持非国有博物馆发展政策措施，支持非国有博物馆持续发展。完善文博机构市场准入制度，探索博物馆展陈、可移动文物保护技术方案设计与施工一体化招标模式。

（三）加强队伍建设

健全博物馆人才激励机制。将在国家文物局指导、中国博物馆协会主办的全国性评奖推介活动中获得名次的单位纳入表彰范围，并作为单位创先争优和个人职称评定、职务晋升的重要参考。加强管理型、专业型、研究型、创新型人才培育，为人才发展营造良好的制度环境，强化人才培训，提高队伍整体素质能力。优化岗位设置，加强考核管理。加强文博单位特殊岗位人才招聘和引进，重点编配藏品管理、文物保护、研究、展览、教育等核心部门、专业技术岗位人才。加强引进管理，提高专业水平。加强青年策展人培养，支持文博领域对外交流与合作，组织优秀人才到国际著名博物馆学习交流，合作开展人才培养，推动重庆市博物馆策展人队伍建设。

（四）加强监督管理

通过日常巡查、"双随机、一公开"检查、备案管理等方式，加强对博物馆的监督管理。完善博物馆绩效考评机制，考评结果作为年度绩效奖励的重要依据。建立博物馆年报和信息公开制度，每年发布博物馆事业发展蓝皮书，主动接受社会监督。通过购买服务等方式支持博物馆协会发展，引导其强化行业自律、反映行业诉求，鼓励博物馆协会承担文博行业立法、规划、标准制定、数据统计、博物馆评估、人员培训等工作。

附件：重庆市推进博物馆改革发展重点任务分工

附件

重庆市推进博物馆改革发展重点任务分工

序号	具体内容	实施时间	牵头单位	责任单位
1	推动重庆中国三峡博物馆、大足石刻博物馆创建中国特色、世界一流博物馆，发挥其示范引领作用。支持重要市级和国家一级博物馆参与卓越博物馆发展计划	长期	市委宣传部、市发展改革委、市财政局、市文化旅游委	重庆中国三峡博物馆、大足石刻研究院、红岩革命历史博物馆、重庆自然博物馆、重庆三峡移民纪念馆
2	推进重庆博物馆新馆建设	2021—2025年	市文化旅游委	市发展改革委、市财政局、相关区政府、重庆中国三峡博物馆
3	推进红岩文化公园建设	2021—2025年	市文化旅游委	市委宣传部、市发展改革委、市财政局、红岩革命历史博物馆

序号	具体内容	实施时间	牵头单位	责任单位
4	推进中国水文博物馆建设	2021—2025年	市水利局	涪陵区政府、市文化旅游委、重庆中国三峡博物馆
5	推进重庆自然博物馆园区建设	2021—2025年	市文化旅游委	市发展改革委、市财政局、北碚区政府、自然博物馆
6	推进中国民主党派历史陈列馆改扩建	2021—2025年	市委统战部	市发展改革委、市财政局
7	推进重庆非物质文化遗产博览馆建设	2021—2025年	市文化旅游委	璧山区政府
8	推进中国共产党重庆历史陈列馆建设	2021—2025年	市委党史研究室	市文化旅游委
9	推进重庆革命军事博物馆建设	2021—2025年	重庆警备区	市发展改革委、市财政局、市文化旅游委、相关区县政府
10	建设重庆红军长征纪念馆	2021—2025年	市委宣传部	綦江区政府、市文化旅游委
11	推进大河文明馆建设	2021—2025年	广阳岛片区建设领导小组办公室	南岸区政府、市文化旅游委
12	规范发展社区、生态和乡情村史博物馆。探索在文化资源富集的区县建设博物馆聚落	长期	相关区县政府	市文化旅游委
13	推动"两群"公共博物馆建设，支持区县特色专题博物馆发展，实现区县公共博物馆100%覆盖	2021—2025年	相关区县政府	市文化旅游委
14	完善并落实非国有博物馆发展经费扶持政策	2021—2025年	市文化旅游委	市财政局、各区县政府
15	实施类博物馆培育计划，做好调查摸底，将具备发展潜力，但尚未达到登记备案条件的社会机构，纳入行业指导范畴，做好孵化培育	2021—2025年	各区县政府	市文化旅游委

序号	具体内容	实施时间	牵头单位	责任单位
16	加强重庆地方党史、红军史、西南大区史、改革开放史、三线建设史、三峡移民和直辖发展史等相关主题的藏品征集，经济社会发展变迁物证征藏，开展科技工业、现当代艺术、非物质文化遗产等专题收藏	长期	市文化旅游委	市财政局、相关区县政府
17	落实考古出土文物和执法部门罚没文物移交工作机制，适时开展文物移交专项行动	长期	市文化旅游委	市公安局、市人民法院、市市场监管局、重庆海关
18	建立博物馆藏品管理信息系统，推进藏品档案信息化标准化建设，完善藏品数据库，结合藏品数字化分类逐步推行藏品电子标识	长期	市文化旅游委	各区县政府
19	编制实施《三峡出土文物保护修复三年行动计划》，重点实施三峡出土文物和濒危易损珍贵文物、革命文物的保护修复	2021—2025年	市文化旅游委	各区县政府
20	建立可移动文物保存环境区域监测平台	长期	市文化旅游委	市财政局、各区县政府
21	推进实施馆藏珍贵文物数字化，每年公布一批馆藏文物信息	长期	市文化旅游委	各区县政府
22	出台《重庆市文博科研基地（单位）管理办法》。推动市级以上文博科研基地落实科技成果转化收益分配相关政策	2021—2025年	市文化旅游委、市人力社保局	市科技局、市财政局
23	推动博物馆享受科研单位同等的激励、分配政策，提高科研人员（团队）薪酬待遇	2021—2025年	市人力社保局、市科技局	市文化旅游委、市财政局

序号	具体内容	实施时间	牵头单位	责任单位
24	推动大足石刻创建中国南方石质文物保护重点科研基地、国家文化和科技融合示范基地、重庆市对外文化交流基地	2021—2025 年	市文化旅游委	市科技局、大足区政府、大足石刻研究院
25	每年新推出各类展览不少于 200 个，每年巡展不少于 1000 场次	长期	市文化旅游委	各区县政府
26	每年推出一批"社会主义核心价值观"主题展览，开展一次全市博物馆陈列展览精品评选推介活动	长期	市文化旅游委	各区县政府
27	支持有序推进博物馆 5 年以上的基本陈列实施局部改陈，10 年以上的基本陈列实施全面改陈	长期	市文化旅游委	市财政局、各区县政府
28	开展博物馆里过传统节日、纪念日活动，加强对中华文明的研究阐发、教育普及和传承弘扬	长期	市文化旅游委	各区县政府
29	将巴渝文化、三峡文化及地方特色文化融入中小学校本课程，借助"三通两平台"，探索"互联网＋博物馆学堂"等教育形式，促进馆校课程和校本课程的深度融合	长期	市文化旅游委	市教委
30	推动各类博物馆数字资源接入国家数字教育资源公共服务体系	长期	市文化旅游委	市教委
31	支持一批博物馆创建市级中小学社会实践教育基地和国家级研学实践教育基地，推介一批博物馆研学课程和研学路线。博物馆中级职称以上专业人员每年提供至少 1 次专家讲解服务，提升教育和讲解服务水平	长期	市教委	市文化旅游委

序号	具体内容	实施时间	牵头单位	责任单位
32	助力乡村振兴，每年展览、教育活动进乡村不少于200场次	长期	各区县政府	市文化旅游委
33	推进博物馆数字产品融入"文旅广电云"，大力发展博物馆云展览、云教育，构建线上线下相融合的博物馆传播体系	长期	市文化旅游委	各区县政府
34	每年开展重庆市文化遗产宣传月等活动	长期	市文化旅游委	各区县政府
35	集中优势资源策划推介一批具有浓厚中国元素、重庆特色的对外交流精品展览项目，打造"重庆文博"展示品牌	2021—2025年	市委宣传部、市文化旅游委	市外办、各区县政府
36	深化博物馆领域"放管服"改革，探索建立新建博物馆属地区县文物行政部门备案制度	长期	市文化旅游委	各区县政府
37	规范陈列展览备案，市文物局直属博物馆陈列展览向市文物局备案，其他博物馆陈列展览向举办地区县文物主管部门备案	长期	市文化旅游委	各区县政府
38	开展国有博物馆资产所有权、藏品归属权、开放运营权分置改革试点，提升博物馆公共服务效能	长期	市级相关部门、各区县政府	各级文化旅游委
39	实施"博物馆+"战略，促进博物馆与教育、科技、旅游、商业、传媒、设计等跨界融合	长期	市文化旅游委	市教委、市科技局
40	推动出台《重庆市博物馆纪念馆藏品征集管理办法》，加大市区两级财政对博物馆藏品征集的支持力度	2021—2025年	市文化旅游委	市财政局、各区县政府

序号	具体内容	实施时间	牵头单位	责任单位
41	修订完善《重庆市博物馆纪念馆免费开放绩效考核实施办法》	2021—2025 年	市文化旅游委	市财政局
42	完善市场准入制度，探索陈列布展、可移动文物保护技术方案设计与施工一体化招标模式	长期	市文化旅游委	市财政局、各区县政府
43	加强管理型、专业型、研究型、创新型人才培育，为人才发展营造良好的制度环境，强化人才培训，提高队伍整体素质能力	长期	市人力社保局	各级文化旅游委、各博物馆
44	优化岗位设置，加强考核管理，重点编配库管、文物保护、研究、展览、教育等核心部门、专业技术岗位人才	2021—2025 年	市文化旅游委	市人力社保局、各级文化旅游委、各博物馆

重庆市文化和旅游发展委员会
重庆市发展和改革委员会
重庆市财政局
关于印发《重庆市关于推动公共文化服务
高质量发展的实施意见》的通知

渝文旅规〔2022〕1号

各区县（自治县）文化旅游委、发改委、财政局，两江新区社发局、重庆高新区公共服务局、万盛经开区文化旅游局：

现将《重庆市关于推动公共文化服务高质量发展的实施意见》印发你们，请认真贯彻落实。

重庆市文化和旅游发展委员会　　　　　　重庆市发展和改革委员会

重庆市财政局
2022 年 10 月 25 日

重庆市关于推动公共文化服务高质量
发展的实施意见

为认真贯彻落实文化和旅游部、国家发展改革委、财政部《关于推动公共文化服务高质量发展的意见》、文化和旅游部《"十四五"公共文化服务体系建设规划》，加快推动全市公共文化服务高质量发展，构建更加优质、均衡、开放、融合的公共文化服务发展格局，现结合重庆实际，制定本实施意见。

一、总体要求

（一）指导思想

以习近平新时代中国特色社会主义思想为指导，深化落实习近平总书记对重庆提出的营造良好政治生态，坚持"两点"定位、"两地""两高"目标，发挥"三个作用"和推动成渝地区双城经济圈建设等重要指示要求，立足新发展阶段，完整、准确、全面贯彻新发展理念，积极融入和服务新发展格局，坚持以人民为中心工作导向，以公共文化服务高质量发展为主题，以深化供给侧结构性改革为主线，树立系统观念，强化底线思维，准确识变、科学应变、主动求变，进一步健全具有重庆特色的现代公共文化服务体系，为人民群众提供更高质量、更有效率、更加公平、更可持续的公共文化产品和服务，为文化强市建设奠定坚实基础。

（二）发展目标

到 2025 年，全市公共文化服务效能和品质明显提升，"一区两群"公共文化服务协调发展，涌现一批有影响力的公共文化场馆和新型公共文化空间；建成一批公共文化服务高质量发展示范乡镇（街道）和村（社区），打造一批国家级和市级"民间文化艺术之乡"；群众文艺创作更加繁荣，全民阅读和全民艺术普及活动品牌深入人心；公共数字文化服务水平大幅提升；广播电视基本公共服务均等化总体实现；跨领域、跨区域融合发展更具深度广度；社会力量参与率、人民群众满意率达到新水平，公共文化治理能力明显增强。公共文化服务在凝聚人民精神力量、增强文化软实力、促进城市经济社会发展方面发挥更大作用，形成西部领先、全国前列的公共文化服务新格局。

二、主要任务

（一）完善公共文化服务标准化体系

全面落实《国家基本公共服务标准（2021 年版）》和《重庆市基本公共服务标准（2021 年版）》，区县（自治县）修订完善本级公共文化服务目录。高标准开展公共图书馆、文化馆评估定级工作，到"十四五"末，两馆全部达到国家二级标准以上。分层制定乡镇（街道）、村（社区）综合文化服务中心建设标准和服务规范，推动乡镇（街道）综合文化服务中心评估定级和专项治理，搭建四级公共文化服务标准和服务规范体系。推动出台公共数字文化服务标准规范。细化完善广电公共服务标准和服务流程。进一步健全"三馆一中心"免费开放绩效评价标准体系，引入第三方机制，优化结果运用。

（二）推动公共文化设施提档升级

科学规划市、区县、乡镇（街道）、村（社区）四级公共文化设施，推动纳入国土空间规划、城市更新规划、乡村振兴规划，逐步实现布局与常住人口规模匹配。新建公共文化设施向基层延伸、向农村覆盖、向边远地区和居民集中区倾斜。加快建设重庆市青少年活动中心等重大文化设施项目，加快推动重庆图书馆分馆建设前期工作，更新提升现有基层公共文化设施，使其成为城市文化名片和人民群众的精神家园。探索模式更加多元、特色更加鲜明、机制更加灵活、效能更加凸显的总分馆制，增强总馆资源配置、人才配置、统筹协调等能力，拓展分馆覆盖范围、服务项目。充分发挥各级公共文化设施、资源、组织体系等优势，推进与新时代文明实践中心融合发展。推动公共图书馆、文化馆、博物馆、美术馆、非遗传承体验场所、实体书店等建立联动机制，加强功能融合，提高综合效益。强化基础建设，进一步加强传统技术与新技术统筹协调，加快人工智能、大数据、云计算、区块链等高新技术运用，促进公共服务承载网络转型升级。

（三）拓展公共文化服务新型空间

立足城乡特点，打造外在形式美、功能服务好、理念模式新的新型公共文化空间。创新打造一批融合图书阅读、艺术展览、文化沙龙、轻食餐饮等服务的新型文化业态；鼓励公共文化服务机构对功能布局进行创意性改造，营造有特色、有品位、小而美、舒适化的公共阅读和艺术空间。因地制宜建设文化礼堂、乡村戏台、文化广场、非遗传承体验场所、乡情陈列馆、农家书屋、农村发行网点等主题功能空间。结合老旧小区、老旧厂区、城中村等改造，积极推进社区文化"嵌入式"服务，提高环境的美观性和服务的便捷性。"十四五"期间，全市新建"城市书房""乡村书房""文化驿站"等新型文化空间 500 个以上。

（四）开展公共文化服务示范创建

加强国家公共文化服务体系示范区（项目）后续创新发展，推动创建全国公共文化服务高质量发展先行区、样板区。2025 年底，评定 100 个公共文化服务示范乡镇（街道）、1000 个公共文化服务示范村（社区），发挥高质量发展示范带动作用。优化民间文化艺术之乡建管机制，打造一批特色鲜明、效益显著、影响广泛、传承与创新相结合的民间文化艺术之乡。遴选基层公共文化服务创新案例，搭建公共文化服务合作交流平台，争取入选国家优秀案例，逐步放大基层公共文化服务的创新价值。鼓励有条件县区积极创建国家最美公共文化空间。

（五）促进公共文化服务效能提升

推动基本公共文化服务融入城乡居民生活，提高群众知晓度、参与度、满意度。持续深化实施公共文化场馆免费、错时和延时开放，适度开展夜间服务。鼓励公共文化机构优惠提供特色化、多元化、个性化非基本公共文化服务，实现优惠有标准、质量有保障、内容有监管。面向残疾人、老年人、未成年人等特殊群体开展形式多样的个性化差异化服务。丰富"公共文化＋"业态，实现与科技、教育等领域的融合创新，鼓励公共文化场馆与学校合作开设美育课程，面向中小学生设立课外研学基地。推进公共文化服务领域军民融合发展。完善易地扶贫搬迁安置社区文化设施配套，每个安置点至少发展一个文化中心户，每年至少送一场文艺演出。推动有线电视网络整合与广电5G一体化发展，智慧广电实现由"户户通"向"人人通"、由"看电视"向"用电视"的新跨越。促进智慧广电参与数字社会、数字政府、数字乡村建设，推动广电公共服务由功能型向智慧型转型升级，提升综合服务能力水平。强化公共文化服务传播能力，利用智能化移动终端和数字化传播技术，拓展有效传播渠道，落实公共文化机构服务公开公示制度，全面及时发布服务信息，引导公众积极参与。健全公共文化服务质量监测体系，2025年底，公共文化服务群众满意度达到85%以上。

（六）健全全民阅读推广服务体系

巩固提升"书香重庆"系列活动，持续开展"百本好书送你读""阅读之星""红岩少年"等系列全民阅读品牌项目。倡导家庭亲子阅读和青少年阅读。支持公共图书馆、文化馆（中心）、博物馆、美术馆、农家书屋等公共文化场所和实体书店开展公益性讲座、读书会、文化沙龙、新书首发等阅读活动与文化惠民活动。规范引导线上线下"讲书人""阅读推广人""图书推荐者"等阅读推广人队伍的专业化发展。到2025年底所有区县和一半以上的乡镇都有品牌阅读活动覆盖。开展古籍保护和活化利用推广，促进公共图书馆等古籍收藏单位与高等院校、科研院所学术交流合作，推出更多古籍整理研究成果。

（七）做大做强群众文化活动品牌

跨领域、跨部门整合资源，构建"大普及"体系。深挖巴渝文化、抗战文化、红色文化、民族文化等本土特色文化内涵，以全国、全市"群星奖"为引领，推动创作更多有力量、有筋骨、有温度的群文精品。持续打造文化进万家、都市艺术节、社区文化艺术节、乡村文化艺术节、戏剧曲艺大赛、美术书法摄影联展、"欢跃四季·舞动山城"广场舞、街舞大赛、大家唱等市级品牌活动。推进全民艺术知识普及、欣赏普及、技能普及和活动普及，把文化馆打造成为城乡居民的终身美育学校。以文化馆（中心）为主导，联合社会艺术培训机构，组建全民艺术普及联盟，搭建推广平台。引导区县每年主办多主题多形式的群文活动。

（八）加快公共文化服务智慧化建设

持续建设智慧图书馆和公共文化云项目，进一步健全大数据管理和服务功能。围绕图书馆馆藏特色资源、古籍文献等开展数字资源建设，全市图书馆100%接入阅读一卡通网络，探索从数字图书馆到智慧图书馆的转型发展。加强"学习强国"重庆农家书屋建设。开展全市性全民艺术普及核心功能服务和资源库建设，提供看直播、享活动、学才艺、订场馆、读好书等服务，建设全市公共文化服务领域的资源、活动、服务汇聚的基础服务平台。推进广电网络高清化、IP化、智能化升级，加快构建泛在、互动、智能的广播电视协同覆盖体系，不断满足人民对跨屏、跨域、跨网、跨终端的收视和信息需求，力争实现智慧广电人人通。建立与完善公共文化服务日常监测、效能目标分析、投入标准测算、数据统计使用系统，实现公共文化数据的共享交换、数据治理，推动实现公共文化服务精细化、智能化。加强优质公共文化服务信息的集成和发布。鼓励各级公共文化机构与数字文化企业对接合作，大力发展基于5G等新技术应用的数字服务类型。

（九）推进公共文化服务社会化发展

加大政府购买公共文化服务力度，完善社会主体参与的准入、退出和评价、激励机制。深化区县图书馆、文化馆、博物馆、美术馆法人治理结构改革。推广政府与社会资本合作模式，完善配套政策制度，吸引社会组织、企业和个人等通过直接投资、捐助赞助等方式提供公共文化产品和服务。探索基层文化设施社会化服务模式，人才及资源薄弱的乡镇（街道）、村（社区）公共文化场馆，可根据实际，通过政府委托运营整体场馆或部分项目的形式，引入符合条件的企业和社会组织，提高运营效率和服务水平。鼓励不同行业、不同部门的党政机关、事业单位以及各类企业、社会组织的内部设施向公众免费开放。充分发挥图书馆、文化馆等行业协会在行业自律、行业管理、行业交流的作用。

（十）促进文化志愿服务特色化发展

构建参与广泛、形式多样、机制健全的文化志愿服务体系，完善文化志愿者选拔招募、服务管理和激励保障机制，建立全市统一的文化志愿者注册系统和数据库，提高志愿服务管理专业化水平。逐步建立星级文化志愿者认证制度。推动实施全民阅读推广人和全民艺术普及推广人培育计划。持续实施"春雨工程""阳光工程""圆梦工程"等项目。依托公共文化机构和文化类社会组织开展常态化、多样化的文化志愿服务；推出一批线上线下结合，既具有行业和地域特色，又具备社会影响力的志愿服务项目，形成文化志愿服务品牌。

（十一）加大乡村公共文化供给力度

全面融入乡村振兴战略，建立"种文化"城乡帮扶机制，鼓励和支持区县图书馆、文化馆等公共文化机构与乡镇（街道）、村（社区）结对子，提升基层服务水平。持续开展"戏曲进乡村"文化惠民活动，保障每个乡镇每年不少于6场。常态开展流动文化进村服务，增加农村公共文化服务供给总量，每年达到3.3万场以上。实施惠民电影公益放映工程。打造一批"一村一品"文化活动品牌，深植本土农耕文化和民族文化，传承地方故事和民风民俗。积极支持带动基层群众自主开展文化活动。在民间文化艺术之乡、乡村旅游重点镇（村）、美丽乡村、巴渝民居等地方，规划一批乡村文化旅游线路，持续推进城乡公共文化服务一体化建设。

（十二）推进文化旅游深度融合发展

探索建设、改造一批文化和旅游综合服务设施，实现资源共建、优势互补。文化、文博空间融入旅游功能，在旅游公共服务设施修建、改造中增加文化内涵、彰显地方特色，将图书馆、文化馆、博物馆、美术馆、陈列馆、剧场、音乐厅等文化设施嵌入旅游路线，借助公共文化机构平台，加大文明旅游宣传力度。推动公共文化服务进旅游景区、旅游度假区，在游客聚集区、休闲、康养景区和度假区引入影院、剧场、书店等文化设施，增强惠民演出与旅游推介交流的关联度，构建主客共享的文化和旅游新空间。

（十三）推动成渝地区文化共建共享

共同培育"成渝地·巴蜀情"文化活动品牌，共办"巴蜀合唱节"、川剧节、成渝双城文旅公共服务产品采购大会、"川渝乐翻天"、"阅读之星"市民诵读大赛，互派支持举办"乡村村晚""乡村文化艺术节"等活动。实施川渝阅读"一卡通"工程，打通两地公共图书馆图书资源网络，实现基于居民社会保障卡（电子社保卡）的图书通借通还服务。实施巴蜀文献保护利用工程，共同开展巴蜀特藏文献保护、研究和利用工作。开展公共文化用户人才培育交流合作，联合举办专题论坛、学术研讨会、业务技能大赛，互派优秀专家支援地区文艺创作、群文服务。

三、保障措施

（一）加强组织领导

强化各级党委和政府公共文化服务建设的主体责任，加强对公共文化服务建设工作的组织领导。积极配合宣传、发展改革，人社、财政、广电、体育等部门，在规划编制、政策衔接、标准制定和实施方面加强合作，形成推动公共文化服务高质量发展的工作合力。将公共文化服务工作纳入年度政府目标责任考核，持续加强日常监管机制、公众评价机制和绩效评估机制，推进高效能治理。

（二）健全法治体系

全面贯彻落实《中华人民共和国公共文化服务保障法》《中华人民共和国公共图书馆法》《重庆市实施〈中华人民共和国公共文化服务保障法〉办法》等法律法规。加强公共文化服务执法检查，督促各级政府明确保障责任，严格依法履行职责。进一步健全公共文化服务政策法规，推动出台《重庆市公共图书馆条例》，修订《重庆市公共图书馆服务规范》。强化川渝两地公共文化服务的政策协同，对双城经济圈内各方原有政策进行优化组合，构建具有协同性、系统性的政策体系。制定各类公共文化服务规范和实施标准，以科学规范的制度和机制支撑有效服务和持续运行。

（三）完善经费保障

建立健全权责明晰、保障有力的公共文化服务财政保障机制，落实国务院办公厅《公共文化领域中央与地方财政事权和支出责任划分改革方案》《重庆市公共文化领域市与区县财政事权和支出责任划分改革方案》，把基本公共文化服务产品和项目纳入各级政府的预算。进一步拓展资金来源渠道，创新投入方式，采取政府购买、项目补贴、定向资助等政策措施，支持包括文化企业在内的社会各类文化机构参与公共文化服务体系建设。建立健全公共文化服务资金绩效评价机制，发挥绩效评价的激励约束作用，提高资金使用效益。

（四）加强队伍建设

完善公共文化人才队伍培养、使用、评价、激励和保障机制，推动人员编制和经费向基层倾斜，保证基层文化人才队伍稳定。适当提高基层中高级专业技术岗位结构比例，加强急需紧缺高层次人才引进，探索建立专业技术人员创新创业绩效激励机制。加强公共图书馆、文化馆（中心）干部的专业化建设，开展分级分类职业培训和业务轮训。充分发挥高等院校、职业学校、科研院所作用，创新公共文化服务人才培养模式。实施乡村文化能人支持项目，支持培养一批扎根乡村、乐于奉献、服务群众的乡村文化骨干。鼓励乡村文艺团队参与乡村文化设施的管理运营和服务，激活基层文化阵地。

重庆市文化和旅游发展委员会　中共重庆市委宣传部
重庆市发展和改革委员会　重庆市财政局
重庆市人力资源和社会保障局
重庆市市场监督管理局
重庆市知识产权局
关于印发《关于进一步推动重庆市文化
文物单位文化创意产品开发的实施意见》的通知

渝文旅规〔2022〕2 号

各区县（自治县）文化旅游委、党委宣传部、发展改革委、财政局、人力社保局、市场监管局、知识产权局，两江新区社发局、党工委宣传部、经济运行局、财政局、社会保障局、市场监管局、知识产权局，重庆高新区公共服务局、党工委宣传部、改革发展局、财政局、政务服务和社会事务中心、市场监管局、知识产权局，万盛经开区文化旅游局、党工委宣传部、发展改革局、财政局、人力社保局、市场监管局、知识产权局，各相关单位：

现将《关于进一步推动重庆市文化文物单位文化创意产品开发的实施意见》印发你们，请按照文件要求贯彻执行。

重庆市文化和旅游发展委员会　　　　中共重庆市委宣传部

重庆市发展和改革委员会　　　　　　重庆市财政局

重庆市人力资源和社会保障局　　　　重庆市市场监督管理局

重庆市知识产权局

2022 年 12 月 12 日

关于进一步推动重庆市文化文物单位
文化创意产品开发的实施意见

为加强重庆市文化文物单位文化创意产品开发工作，根据文化和旅游部等8部委《关于进一步推动文化文物单位文化创意产品开发的若干措施》（文旅资源发〔2021〕85号）精神，现制定以下实施意见。

一、坚持正确导向

坚持以社会主义核心价值观为引领，保护传承弘扬中华优秀传统文化、革命文化和社会主义先进文化，深入挖掘文化文物资源的精神内涵。坚持把社会效益放在首位、实现社会效益和经济效益相统一，鼓励开放兼具艺术性和实用性、适应现代生活需要、符合市场消费需求的文化创意产品。坚持文旅融合发展，以文塑旅、以旅彰文，通过历史文化与科技生活的有效连接，促进文化创意产品开发和消费。坚持保护为先，合理利用文化文物资源，避免过度商业化、娱乐化。革命历史类文化创意产品要以历史事实为基础，反对历史虚无主义。

二、推进试点工作

（一）落实试点政策

在坚持事企分开原则基础上，文化和旅游部、国家文物局确定的试点单位可通过知识产权作价入股等方式投资设立从事文化创意产品开发的企业，并按要求将企业国有资本纳入统一监管体系。支持试点单位按照相关程序设立企业，鼓励多家试点单位联合与社会资本合作设立企业。相关部门加大对文化文物单位文化创意产品开发的政策、资金支持，并在机构设置、法律咨询等方面提供专业指导，避免国有资产流失、涉密信息外泄等情况发生。推动构建科学有效的容错纠错机制，鼓励试点单位积极作为、先行先试。

（二）创新开发方式

鼓励试点单位结合自身情况，采取合作、授权等方式，引入竞争机制，吸引社会力量参与文化创意产品研发、生产、经营等。推动试点单位与文化创意设计机构、科研单位、高等院校等开展合作，支持试点单位与职业学校合作建立实训基地。鼓励学校开设文化创意设计专业课程，鼓励师生参加文创设计大赛。试点单位要加强对文化创意产品开发经营的管理，慎重选择合作单位，积极稳妥推进工作。

（三）深化管理评估

分层次建立试点单位，培育一批馆藏资源较为丰富、管理制度较为完善的区县级文化文物单位和非国有博物馆为市级文创试点单位。出台试点单位文化创意产品开发工作成效评估办法，将机构设置、人员配备、工作机制、产品数量、文创收入等纳入评估范围。

三、健全收入分配机制

（一）合理建立收入分配制度和激励机制

按照事业单位相关财务规定，文化文物单位文化创意产品开发取得的事业收入、经营收入和其他收入等纳入本单位预算统一管理，明确区分盈利和亏损情况的处理办法。文化文物单位文化创意产品开发收入用于加强公益文化服务、藏品征集、继续投入文化创意产品开发等。

（二）合理确定绩效工资总量

贯彻执行事业单位工作人员收入分配有关制度，推动出台试点文化文物单位文化创意产品开发的认定及流程，市文化旅游委会同市级相关部门对试点文化文物单位上一年度文化创意产品开发情况进行评估，评估结果作为核定试点文化文物单位绩效工资总量的重要依据。在全市文化文物单位定级评估和免费开放绩效考核中突出文化创意产品开发的重要性和指标权重。

（三）落实文创开发奖励机制

充分调动文化文物单位参与文化创意衍生商品（含数字文创产品）研发销售人员的积极性和创造性。按文创产品开发获奖情况给予一次性奖励，按完成开发产品数量、质量以及销售额比例提取年度奖励金。文化创意产品开发取得收益的，可按规定程序申报追加绩效工资总量，用于项目团队组成人员的奖励，不受绩效工资总量限制。

四、用好税收优惠政策

简化申报流程和手续，积极引导符合条件的相关企业用足用好支持科技创新、改制重组和小微企业普惠性税收减免等优惠政策。对经认定为高新技术企业的文化创意和设计服务企业，按规定减按15%的税率征收企业所得税。落实研究开发费用税前加计扣除有关政策，企业为获得创新性、创意性、突破性产品进行创意设计活动而发生的相关费用，可按照规定进行税前加计扣除。

五、增强文化创意产品开发主体活力

（一）加强市场主体培育

文创设计开发实行总体布局和分系列分时间分步进行，广泛调研和收集全市文化旅游市场需求信息，将市场需求作为建立文化创意产品开发信息名录的诉求点和开发方向。

（二）搭建展示推广和交易平台

支持重庆市文博系统建立文创联盟，联合广电网络、互联网企业搭建智慧博物馆网络云平台，促进市场主体资源共享、渠道共用，联合打造具有社会影响力的文化创意产品品牌体系。充分利用各类行业展会、商品博览会等平台，展示推介优秀文化创意产品。鼓励将文化文物单位文创产品作为重庆市对外宣传和交流的礼品。

（三）提升文化创意产品开发科技应用水平

支持数字文化创意产品开发，加强文化创意内容和技术装备协同创新。加强大数据、物联网、人工智能等技术在文化创意产品开发领域的应用。支持文化文物单位创新利用虚拟现实、增强现实、全息成像等技术，增强文化创意产品的文化承载力、展现力和传播力。

（四）推动旅游商品提质升级

策划节假日文化创意产品营销活动，打造网红品牌。在旅游景点、重点商圈、交通枢纽、大型文化设施等区域重点布局，引进社会力量建立文化创意产品集中展销点。鼓励文化文物单位在保证公益服务前提下，将自有空间用于文化创意产品展示、销售。同时利用"互联网+"营销手段，推动文化文物单位发展电子商务和体验式营销。高层次、高质量举办文化创意产品设计大赛，获得优质的文创 IP 资源。

六、提升知识产权评估管理水平

文化文物单位对用于投资设立文化创意产品开发企业、对外授权合作开发文化创意产品的知识产权要进行专门评估、规范管理，由第三方专业资产评估机构进行评估，合理确定知识产权价值。做好知识产权登记管理相关工作，尤其是 LOGO 和标志性的图案要进行商标注册。鼓励文化文物单位采用公开招标方式确定合作方。

2022年重庆文化旅游工作大事记

1月

1月5日，重庆市启动舞台艺术国家级后备人才培养工作，通过自主申报、专家评审、研究审定等程序确定培养人，采取"一人一策"方式签订培养协议，确保培养工作精准高效。

1月8日，"石窟寺岩体裂隙灌浆材料产学研一体化基地"揭牌，基地由复旦大学与大足石刻研究院共建，双方围绕国家重点研发计划项目"砂岩质石窟岩体裂隙渗流精细探测与防治关键保护技术研究"展开合作，通过多学科联合攻关，向石窟寺水害治理这一世界级难题发起冲击。

1月10日，文化和旅游部公布首批54个国家级旅游休闲街区，重庆市江北区大九街旅游休闲街区、南岸区弹子石老街、沙坪坝区磁器口街区入选，数量位居全国第一。

1月13日，市文化旅游委等8部门联合印发实施《关于推进博物馆改革发展的实施方案》，制定14个方面44项重点任务，优化布局重庆市历史、革命、抗战、工业、自然"五大博物馆群"。

1月19日，文化和旅游部发布10条"筑梦冰雪·相伴冬奥"全国冰雪旅游精品线路，重庆市南川等7个区县被纳入"冬日烟火·南国雪乡"精品线路主要节点。

2月

2月11日，第十五届中国民间文艺山花奖公布，重庆市国家级非遗代表性项目铜梁舞龙作品《铜梁焰火龙》获评优秀民间艺术表演作品。

2月11日，中国科协办公厅认定800家单位为第一批全国科普教育基地，重庆市聂荣臻元帅陈列馆、重庆白鹤梁水下博物馆和重庆自然博物馆三家文博单位入选。

2月11日，《重庆市"十四五"文物保护和科技创新规划》出台，设立10个重点任务，32个项目，确立2025年实现"五个一流"目标。

2月17日，《重庆市旅游业发展"十四五"规划（2021—2025年）》（以下简称《规划》）印发实施，《规划》围绕加快建成世界知名旅游目的地，从旅游经济总量、旅游服务和旅游核心吸引物三方面共设置15个主要指标。强调加快发展都市旅游、三峡旅游、民俗生态旅游、温泉旅游、红色旅游、乡村旅游、康养及休闲度假旅游等核心旅游产品。提出到"十四五"期末，国家4A级以上旅游景区达180个、市级以上旅游度假区达35个，市级以上旅游休闲城市达10个，国家级旅游休闲街区达20个，精品特色旅游线路达180条。

2月18日，《重庆市革命文物保护利用总体规划》印发实施。《规划》推出"重点保护、展示陈列、基础支撑、传承传播、文旅融合"等5个革命文物保护利用工程，共162个项目。

3月

3月1日，大足石刻研究院、复旦大学、日本奈良文化财研究所签订中日合作大足石刻保护协议，三方以大足石刻峰山寺摩崖造像为研究对象，围绕环境监测、保存状况评价等8个方面深入合作。强化重庆市文物科技创新"全链条"布局，助力大足石刻研究院加快建设世界知名研究院。

3月31日，"戏剧中国"2021年度作品征集推选活动发布入选名单，市曲艺团青年编剧钟吉成参与创作的话剧《漳河之畔》获评中国戏剧"话剧类优秀剧本"。

4月

4月8日，第一批"重庆市华侨文化交流基地"名单公布，全市共计8个，大足石刻研究院入选。

4月10日，第三届（2021年）全国革命文物保护利用十佳案例发布，重庆市"红色三岩"革命文物保护利用项目入选。

4月13日，《重庆市文化和旅游发展"十四五"规划》印发，《规划》围绕加快建设文化强市和世界知名旅游目的地目标任务，按照可评价可考核的要求制定了 18 个量化指标。

4 月 15 日，2021 年全国县融中心优秀奖项获奖名单公布，荣昌区《爱·无声》荣获优秀短视频策划奖、江津区《大国重器上的江津造》系列报道荣获优秀专题报道奖、渝北区海外社交媒体平台账号"Chongqing Airport City"（临空渝北）荣获优秀国际传播奖、綦江区红蚂蚁商城荣获优秀商务服务奖。

4 月 22 日，中国考古学会、《中国文物报》共同开展新时代百项考古新发现展示推介系列活动，重庆市合川钓鱼城范家堰南宋衙署遗址、渝中区老鼓楼衙署遗址 2 项入选。

4 月 22 日，国家广播电视总局发布了"十四五"纪录片重点选题规划（第二批）目录，重庆市两部纪录片——《嗨！十年》（重庆广播电视集团）和《华夏湿地》（重庆崖柏影视传媒有限公司）入选。

4 月 24 日，2022 年重庆打卡点地图正式发布，该地图集结南川金佛山景区等全市各区县最热门目的地 71 个。

5 月

5 月 5 日，文化和旅游部推出"乡村四时好风光——春生夏长·万物并秀"全国乡村旅游精品线路 113 条，重庆 5 条线路上榜，分别是：苗乡养心古镇游、酉阳乡村旅游农耕体验之旅、万州—开州乡村旅游度假之旅、北碚—合川最美乡村研学之旅、永川—江津美丽乡村观光休闲之旅。

5 月 27 日，《重庆渝东南武陵山区文化和旅游产业融合发展规划》印发实施，规划范围为渝东南两区四县，面积为 19855.3 平方公里，联动涪陵区、丰都县、忠县等周边区县发展。规划期限为 2021—2035 年，分近、中远期实施。

5 月 30 日，2022 年全国茶乡旅游精品线路征集结果正式发布，共推选出"春季踏青到茶园""夏季避暑到茶乡"茶乡旅游精品线路 60 条，重庆南茶春韵·重庆生态大观园自驾游路线、秀山县兴隆坳农业园区、定心茶园茶文化休闲游 3 条线路入选。

6 月

6 月 1 日，《2022 年全国美术馆馆藏精品展出季活动目录》公布，重庆美术馆《春之序曲——吴凡美术作品与文献展》入选。

6月10日，据携程《2022端午假期旅行大数据》显示：重庆入围2022年端午民宿最热省份TOP10。

6月11日，重庆市文物局与四川省文物局签订《川渝石窟寺国家遗址公园建设战略合作协议》，将共同建设川渝石窟寺国家遗址公园，打造中国南方石窟寺保护利用典范，走出一条具有川渝特色的石窟寺研究保护利用之路。

6月16日，"重庆市艺术创作本土人才库"正式组建，成员为户籍在重庆的本土艺术创作人才或重庆籍在外有一定影响的艺术创作人才，首批入库63名，后续将保持动态调整。

6月22日，重庆市推出全国首个高德"演艺地图"，首批上线100个重庆演艺文化场所，通过在高德地图App中搜索"重庆演艺""重庆演出"等关键词，即可看到全市范围内的演艺文化场所。同时，市文化旅游委联合高德地图发放总额超过1000万元的打车优惠券，市民和游客可使用高德打车，享受优惠前往演艺文化场所。

6月29日，第五届川剧节在渝启幕。此次川剧节是第一次走出四川落地重庆，在重庆川剧艺术中心大剧院等剧场开展为期15天的展演演出。其间举办了川剧广场舞展演、川剧嘉年华、"新时代·新机遇·新流派"川剧学术交流会和川剧立体影像艺术线上展等活动。

7月

7月6日，第十三届中国长江三峡国际旅游节暨"高铁带你游三峡"活动在万州启动。本届旅游节由渝鄂两地联合主办，举办"畅游大三峡""舞动大三峡""跃动大三峡""乐享大三峡"4大主题活动，在沿江区县开展长江三峡（巫山）国际红叶节等20余项配套活动。

7月16日，2022中国武陵文旅峰会在酉阳县成功举办。峰会期间，武陵文旅营销推广平台上线，重庆、四川、湖北、湖南、贵州五省市签署《中国武陵文旅目的地共建计划》，举办峰会论坛，11个武陵山重大文旅项目集中推介，发布武陵山文旅吉祥物，达成了战略性、建设性的文化和旅游产业合作项目16个，签约金额近245亿元。

7月16日，重庆"万人游昌都"旅游直通车正式首发，该线路以昌都为旅游目的地，固定持续向旅游目的地输送游客，拉动昌都旅游消费。

7月26日，重庆市建立首批乡村旅游重点镇名录名单，南川区大观镇、巫山县竹贤乡、忠县新立镇、奉节县兴隆镇、巫溪县红池坝镇、丰都县双路镇、万盛经开区黑山镇、北碚区柳荫镇入选重庆市首批乡村旅游重点镇。

7月29日，重庆市出台《重庆市旅行社组客观看旅游驻场演艺营销推广奖励方案》。对重庆市旅行社设置组织观看旅游驻场演出人数奖，支持旅行社为演艺新空间开展营销组客，通过专项奖励支持旅行社恢复发展，提升演艺新空间上座率，促进文化旅游消费。

8月

8月10日，第三届中国短视频大会结果公布。重庆广电集团（总台）、重视传媒斩获3个奖项，其中《第五十位客人》荣获短视频单元剧情类一等作品，《阳光总在风雨后》荣获短视频单元MV类一等作品，《好生活够时尚》荣获短视频单元形象宣传类三等作品。

8月16日，《中国文物报》公布新时代博物馆百大陈列展览精品，三峡博物馆基本陈列展览《抗战岁月》入选。

8月16日，中共中央办公厅、国务院办公厅印发《"十四五"文化发展规划》，在"加强文物保护利用"板块和"历史文化遗产保护利用"专栏中，将大足石刻作为重要石窟寺保护示范和川渝地区中小石窟寺保护示范，重点推进区域性石窟寺保护研究管理机构建设。

8月25日，文化和旅游部正式公布了第二批国家级文化和旅游消费集聚区名单。重庆市再次上榜6个集聚区，分别是渝中区"十八梯·山城巷"传统风貌区、江北区江北嘴、沙坪坝区三峡广场片区、九龙坡区巴国城、南岸区龙门浩老街、永川区华茂中心。至此，重庆市国家级文化和旅游消费集聚区总数已达12个，在数量和密度上均位居全国各省（自治区、直辖市）前列。

8月30日，文化和旅游部印发《2022—2023巴蜀文化旅游走廊建设工作方案》，将充分发挥相关部委协调指导作用和四川省、重庆市主体作用，重点从推进巴蜀文化和旅游资源保护利用、推进旅游产品提质升级、共塑区域品牌形象、抓好工作落实等4个方面，明确12项重点任务，支持推动巴蜀文化旅游走廊建设。

8月31日，抖音发布的《2022中国数字旅游地图研究报告》显示，在大众关注的十大城市中，重庆成为最受美食城市类游客喜爱的城市之一。

9月

9月3日，中国非物质文化遗产保护协会面向社会公布2022年"全国非遗与旅游融合发展优选项目"名录，重庆市4个非遗旅游景区、9个非遗旅游小镇、1个非遗旅游街区、5个非遗旅游村寨共19地入选，占比9.5%。

9月14日，新华网主办的"第九届文化和旅游融合与创新论坛"公布2022年文化和旅游新发展典型案例征集展示。重庆歌舞团《舞剧绝对考验：以舞叙事讲好红色故事》入选"2022文化获得感典型"展示。

9月15日，"考古中国·川渝地区巴蜀文明进程研究"重点子项目——江津梧桐土遗址完成2022年度考古发掘。发现3座陶窑、4处石堆遗迹、24个早期灰坑、34个柱洞，出土了含有文化交融因素的石器、陶器及少量铜器。其中礼仪性质的石璋、与铸铜相关的折肩铜钺石范均为重庆地区首次发现。

9月29日，"全国智慧广电网络新服务案例"征集评选结果揭晓。重庆市"5G社区居家养老""来点微电视"项目分别入选智慧城市、智慧家庭创新应用。

9月29日，市文物考古研究院建设的"三馆一院"考古研学项目正式投运。该项目围绕考古虚拟展示体验馆、重庆考古标本陈列馆、重庆故事馆、枇杷山书院，打造集陈列展示、研学旅行、文化交流、文旅融合等内容于一体的多业态综合文化服务体系，全面推动文物活化利用。

10月

10月17日，重庆市新增6家市级旅游度假区。分别是巫山云雨康养旅游度假区、铜梁巴岳山玄天湖旅游度假区、潼南涪江旅游度假区、秀山川河盖旅游度假区、乌江·龚滩旅游度假区、綦江高庙坝旅游度假区。

10月28日，三峡博物馆与重庆冠达世纪游轮有限公司签署文旅战略合作协议，并举行"江舟博苑"揭牌仪式，联合打造"江舟博苑"文旅融合品牌，是国家一级博物馆首次进驻中国内河豪华游轮。

11月

11月2日，"中国革命纪念馆高质量发展峰会·2022"在渝举办。国家文物局、市委、市政府相关领导出席峰会。本届峰会由国家文物局、重庆市人民政府主办，重庆红岩革命历史博物馆执行，是国家层面革命类纪念馆高规格、高水准峰会。全国各地43家代表性革命纪念馆，40余名专家学者参会，围绕"学习贯彻党的二十大精神，弘扬伟大建党精神，守正创新、踔厉奋发，统筹推进新时代革命纪念馆高质量发展"主题进行充分研讨，取得圆满成功。

11月2日，文化和旅游部公示53个国家工业旅游示范基地。重庆市国际生物城、TESTBED2贰厂文创公园入选。

11月15日，文化和旅游部公布了第四批200个全国乡村旅游重点村和第二批98个全国乡村旅游重点镇（乡）名单。重庆市涪陵区大木乡、重庆市南岸区南山街道、重庆市永川区南大街街道入选全国乡村旅游重点镇（乡）名单。重庆市六个乡村入选全国乡村旅游重点村。

12月

12月20日，武隆区仙女山街道荆竹村入选联合国世界旅游组织公布的2022年"最佳旅游乡村"名单。全球共32个乡村入选，其中我国广西壮族自治区桂林市龙胜各族自治县大寨村、重庆市武隆区仙女山街道荆竹村入选，加上此前入选的浙江余村和安徽西递村，我国已有4个乡村入选联合国世界旅游组织"最佳旅游乡村"。

后 记

　　《重庆蓝皮书·重庆文化和旅游发展报告》是了解重庆文化旅游发展的重要读本。2009年以来，由重庆市文化和旅游发展委员会（原重庆市文化委员会）每年编辑出版1辑，目前已出版13辑。《重庆蓝皮书·重庆文化和旅游发展报告》主要内容分为综合篇、专题篇、区县篇、特载篇等4个部分，旨在全面展示重庆文化旅游业的发展现状，客观分析重庆文化旅游业的发展形势，积极探索重庆文化旅游业的改革发展规律。《重庆蓝皮书·重庆文化和旅游发展报告（2022）》，收录82篇文章、3个重要文件和全年大事记。

　　《重庆蓝皮书·重庆文化和旅游发展报告（2022）》的编辑出版，得到各方面的大力支持和鼎力相助。重庆市文化和旅游发展委员会领导高度重视，重庆市文化和旅游发展委员会党委书记、主任舟华章和其他委领导分别担任主编、副主编，为本书倾注了大量心血。重庆市文化和旅游发展委员会相关处室、部分委属单位以及各区县（自治县）文化和旅游发展委员会积极参与本书各项课题的调研撰写，积极提供文稿。在此，对为本书编辑出版工作付出辛勤劳动的领导和同志们表示衷心的感谢！

　　由于编辑工作能力和水平有限，难免存在疏漏和不足，敬请广大读者批评指正。

《重庆蓝皮书·重庆文化和旅游发展报告（2022）》编辑部

2023年8月